苏州本土品牌企业发展报告
上市公司卷

主编/魏文斌　洪海

苏州大学出版社

图书在版编目(CIP)数据

苏州本土品牌企业发展报告. 上市公司卷 / 魏文斌,洪海主编. —苏州:苏州大学出版社,2015.11
 ISBN 978-7-5672-1572-6

Ⅰ. ①苏… Ⅱ. ①魏…②洪… Ⅲ. ①企业管理—品牌战略—研究报告—苏州市②上市公司—研究报告—苏州市 Ⅳ. ①F279.275.33

中国版本图书馆 CIP 数据核字(2015)第 272661 号

书　　名	苏州本土品牌企业发展报告·上市公司卷
主　　编	魏文斌　洪　海
责任编辑	王　亮
装帧设计	吴　钰
出版发行	苏州大学出版社(Soochow University Press)
社　　址	苏州市十梓街1号　邮编:215006
印　　刷	苏州市正林印刷有限公司
网　　址	www.sudapress.com
邮购热线	0512-67480030
销售热线	0512-65225020
开　　本	787 mm×1 092 mm　1/16　印张25.5　字数443千
版　　次	2015年11月第1版
印　　次	2015年11月第1次印刷
印　　数	1~3000 册
书　　号	ISBN 978-7-5672-1572-6
定　　价	46.00元

凡购本社图书发现印装错误,请与本社联系调换。服务热线:0512-65225020

《苏州本土品牌企业发展报告·上市公司卷》编委会

名誉主编： 刘海东　朱雪明

主　　编： 魏文斌　洪　海

参　　编：（按姓氏笔画排序）

王玉香	王艳新	王玺龙	王海燕	王智会	尹　杰
平　磊	申振林	叶建慧	朱才军	任孝峰	刘　泓
汤　华	孙小青	杜　莉	杨　峰	杨　曦	李兴旺
肖耀良	吴　清	吴如其	何　聪	佘彩云	沈　正
沈君豪	宋　莹	宋才俊	张　伟	张　涛	张阿沛
张艳波	张荷萍	张智慧	陆建华	陆健豪	欧　洋
金　依	周云瑞	周成明	周微微	房师华	居路琴
赵　昱	赵　娜	胡　勇	胡　菊	柳一虹	冒小燕
姜　艳	姚　远	袁　红	袁　鑫	顾志锋	徐蓉蓉
彭梓铃	童　宇	雷星星	翟英才		

前　言

上市公司是经济运行中最具发展优势的群体,是地方经济与产业发展的主要载体,也是资本市场投资价值的源泉。苏州是我国经济发展最为活跃的地区之一,上市公司的数量和规模不断增长。截止到2015年6月底,苏州市上市公司共有96家,分别在上海主板上市16家,在深圳主板上市3家,在深圳中小板上市35家,在深圳创业板上市21家,在境外上市21家。其中,苏州中小板和创业板上市公司在苏州A股上市公司中的占比达74.67%,其数量增长速度更快,并显示了更强的活力,对苏州地区经济发展和产业转型升级起着重要的推动作用。

随着国内资本市场的发展,苏州市上市公司赢得了良好的发展机遇,在我国资本市场上已形成了富有区域特色的"苏州板块"。但应看到,苏州上市公司与国内其他地区优秀上市公司相比,还存在诸多问题,如上市公司治理结构和激励体系不够完善、社会责任信息披露比例偏少、自主创新能力不强、品牌竞争力和企业文化建设的"软实力"偏弱等,因此,加强对苏州上市公司可持续发展的研究,不仅对上市公司自身的持续发展,而且对苏州加快产业转型升级、提升区域竞争力都有着重要的现实意义。

苏州市工商行政管理学会和苏州大学MBA案例研究中心于2012年6月合作成立了"企业案例研究基地",以"研究本土品牌企业,促进企业持续成长"为宗旨,确定了以苏州本土品牌企业为研究对象,已编写出版了《苏州本土品牌企业发展报告·驰名商标卷》和《苏州本土品牌企业发展报告·老字号卷》两本书。图书得到了国家工商行政管理总局、江苏省工商行政管理局、苏州市政府有关部门领导和有关本土品牌企业高管的肯定。调研报告《苏州驰名商标发展的现状、问题与建议》刊载于苏州市政府研究室《调研通报》2013年第12期,《苏州老字号品牌发展存在的问题和对策》刊载于苏州市政府研究室《调研通报》

2014年第16期,取得了良好的社会效果。今年,课题组选择了苏州上市公司发展为研究课题,获得了苏州大学人文社会科学院立项(项目编号:AZ11000115)。课题以苏州A股上市公司为研究样本,以上市公司可持续发展为主线,以苏州A股上市公司年报、内部控制评价报告、社会责任报告为主要研究素材,并先后进行了10余次实地调研,邀请江苏吴中、东山精密、苏州高新、创元科技、江南嘉捷、东吴证券、纽威阀门、澳洋科技、澳洋顺昌、天顺风能、亨通集团、天孚通信、中利科技等上市公司进行了访谈,为本书的相关分析提供了第一手的企业发展资料。

  本书是苏州市工商行政管理学会和苏州大学MBA案例研究中心合作研究、众多人共同参与完成的集体成果。本课题在调研和编写过程中,得到了苏州工商行政管理局刘海东局长和朱雪明副局长、下属各工商局领导以及各下属工商行政管理学会的大力支持,得到了调研的上市公司董秘及其他管理人员的积极配合,得到了苏州市哲学社会科学联合会、苏州市政府政策研究室、苏州市政府金融工作办公室、苏州市上市公司协会、苏州大学东吴商学院、苏州大学出版社等单位有关领导的关心和支持,在此一并表示感谢!

  《苏州本土品牌企业发展报告·上市公司卷》作为一种学术资料性著作,力求客观介绍和分析苏州上市公司发展状况,专题探讨上市公司可持续发展问题,努力做到资料翔实,数据全面,案例典型。本书分为概述篇、地区篇、行业篇、专题篇、案例篇、附录等部分,可作为政府部门、行业协会、企业决策的参考资料,也可供研究人员、专业院校学生和社会人士阅读。当然,由于编者水平有限,以及调研访谈企业的行业广泛性不够和上市公司涉及面的庞杂,书中肯定存在不足甚至错误之处,敬请读者批评指正。

编 者
2015年8月

目录

概 述 篇

苏州市 A 股上市公司发展报告 …………………………………………… 3

苏州市中小板上市公司发展报告 ………………………………………… 12

苏州市创业板上市公司发展报告 ………………………………………… 22

地 区 篇

常熟市上市公司发展报告 ………………………………………………… 33

张家港市上市公司发展报告 ……………………………………………… 38

太仓市上市公司发展报告 ………………………………………………… 46

昆山市上市公司发展报告 ………………………………………………… 52

苏州市吴江区上市公司发展报告 ………………………………………… 57

苏州市吴中区上市公司发展报告 ………………………………………… 64

苏州市相城区上市公司发展报告 ………………………………………… 71

苏州市高新区上市公司发展报告 ………………………………………… 78

苏州工业园区上市公司发展报告 ………………………………………… 85

行 业 篇

苏州市仓储物流业上市公司发展报告 …………………………………… 91

苏州市电气机械和器材制造业上市公司发展报告 ……………………… 99

苏州市化学纤维制造业上市公司发展报告 ……………………………… 109

苏州市化学原料及化学制品制造业上市公司发展报告……… 120
苏州市计算机和通信电子设备制造业上市公司发展报告……… 129
苏州市金属制品业上市公司发展报告……… 140
苏州市通用设备制造业上市公司发展报告……… 147
苏州市橡胶和塑料制品业上市公司发展报告……… 157
苏州市有色金属行业上市公司发展报告……… 166
苏州市专用设备制造业上市公司发展报告……… 175

专题篇

苏州市姑苏区上市公司发展的对策与建议……… 187
上市公司的知识产权问题探讨……… 192
苏州市上市公司社会责任披露与分析研究报告……… 201
企业文化与上市公司成长的关系研究
　　——以苏州市上市公司为例……… 217
上市公司治理结构对企业可持续发展的影响研究
　　——基于苏州市上市公司的实证分析……… 229
高管团队内部薪酬差距对公司绩效的影响研究
　　——基于沪深上市公司的经验数据……… 246
科技型中小企业治理结构与绩效关系的实证研究
　　——基于中小板上市公司的经验数据……… 260

案 例 篇

东吴证券　财富家园
　　——东吴证券股份有限公司成长之路 …………………………………… 275
战略转型与企业成长
　　——创元科技的发展阶段及其对国企改革的促进作用 …………………… 282
区域发展的重要引擎
　　——苏州新区高新技术产业股份公司的产业转型 ………………………… 287
创新魅力在太湖之滨尽情绽放
　　——苏州东山精密制造股份公司发展之路 ………………………………… 295
江苏吴中实业股份公司的转型升级之路 ……………………………………… 299
亨通集团的社会责任 …………………………………………………………… 304
利益相关者保护
　　——中利科技集团股份有限公司发展之道 ………………………………… 313
"好孩子"的商标品牌战略 ……………………………………………………… 319
战略引领未来
　　——天顺风能（苏州）股份公司的发展战略 ……………………………… 324
纽威阀门的竞争优势与发展战略 ……………………………………………… 329
培育竞争优势，推动企业持续发展
　　——苏州天孚光通信股份有限公司案例研究 ……………………………… 335

附录一　上市公司相关法律法规 ………………………………… 344
　　中华人民共和国证券法(2014年8月31日修正) …………… 344
　　首次公开发行股票并上市管理办法 ………………………… 373
　　首次公开发行股票并在创业板上市管理办法 ……………… 380
附录二　苏州市上市公司大事记 ………………………………… 386
附录三　苏州市上市公司名单 …………………………………… 393

概述篇

苏州市 A 股上市公司发展报告

一、苏州市上市公司发展概况及特点

上市公司是指所发行的股票经过国务院或者国务院授权的证券管理部门批准在证券交易所上市交易的股份有限公司。自飞乐音响（600651）在1986年发行了新中国第一支股票以来，中国的上市公司已经经历了近30年的发展历程。1990年12月19日上午11时，浦江饭店孔雀厅内的一声锣响宣告了上海证券交易所正式开市营业，标志着新中国证券市场的正式诞生，中国证券市场的帷幕正式拉开。

苏州地区是中国经济最活跃的地区之一，苏州市上市公司在全国资本市场的舞台上也占据着举足轻重的地位。从创元科技股份有限公司在1994年登陆深圳主板开始，苏州的企业开始了20多年的上市发展历程。从实现零的突破，到 A 股主板市场、中小板市场和创业板市场的全面绽放，苏州市上市公司经过20多年的发展，初步形成了独具特色的"苏州板块"。截止到2015年4月底（2014年度上市公司年报公布截至2015年4月30日），苏州市 A 股上市企业（包括上海主板15家、深圳主板3家、中小板35家和创业板21家）共74家，排名江苏省地级市第一位。

概括而言，苏州市上市公司有以下特点：

1. 从总体看，苏州市上市公司数量逐年稳步发展

创元科技股份有限公司在1994年成功登陆深圳证券交易所 A 股市场，这是苏州市第一家上市公司（不包含境外上市）；苏州新区高新技术产业股份有限公司于1996年在上证 A 股成功上市，这是苏州市第一家成功登陆上海证券交易所

A股市场的企业。在此后的20年时间内,苏州市上市公司无论在数量上还是在资本实力上,都有了很大的提升。尤其是在2010年这一年的时间内,就有16家公司上市(其中14家中小板,2家创业板)。2015年一季度又有苏州柯利达装饰股份有限公司、苏州天孚光通信股份有限公司以及苏州苏试试验仪器股份有限公司3家公司成功上市。这表明苏州市的上市公司正在稳步地发展。截至2015年4月,苏州市共有74家A股上市公司。见图1。

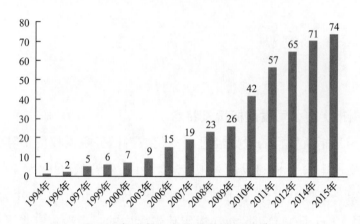

图1 苏州市上市公司总量增长情况

2. 从地区分布看,苏州市上市公司覆盖广泛

苏州市共有常熟、张家港、太仓和昆山4个县级市以及吴江区、吴中区、相城区、高新区、姑苏区和工业园区6个区。常熟有7家上市公司;张家港有15家上市公司,是苏州市拥有上市公司数量最多的地区;太仓有4家上市公司;昆山有6家上市公司;吴江区有8家上市公司;吴中区有6家上市公司;相城区有5家上市公司;高新区有9家上市公司,其中创元科技股份有限公司是苏州市范围内最早上市的,而苏州新区高新技术产业股份有限公司则是最早登陆上海主板的公司;工业园区有14家上市公司,仅次于张家港;到目前为止,只有姑苏区暂时还没有上市公司。见图2。

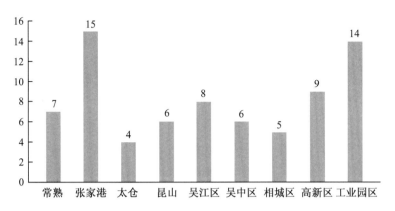

图2 苏州市上市公司各地区分布情况

3. 从行业分布看,苏州市制造业上市公司独占鳌头

苏州市上市公司共分布于十大行业:电力、热力、燃气及水生产和供应业,房地产业,建筑业,交通运输、仓储和邮政业,金融业,科学研究和技术服务业,批发和零售业,文化、体育和娱乐业,综合产业以及制造业。其中,制造业共拥有58家上市公司,占到了总体的78.38%;交通运输、仓储业有4家上市公司,占总体的5.41%;建筑业、科学研究和技术服务业、批发和零售业以及综合产业均有2家上市公司;其他产业均有1家上市公司。见表1。

表1 苏州市上市公司行业分布情况

行业	上市公司数量	占总体数量的百分比(%)
电力、热力、燃气及水生产和供应业	1	1.35
房地产业	1	1.35
建筑业	2	2.7
交通运输、仓储和邮政业	4	5.41
金融业	1	1.35
科学研究和技术服务业	2	2.7
批发和零售业	2	2.7
文化、体育和娱乐业	1	1.35
综合产业	2	2.7
制造业	58	78.38
总计	74	100

根据中国证监会《上市公司行业分类指引》(2012年修订),苏州市58家制

造业上市公司共分为14个大类:电气机械和器材制造业,纺织业,黑色金属冶炼和压延加工业,化学纤维制造业,化学原料和化学制品制造业,计算机、通信和其他电子设备制造业,金属制品业,木材加工和木、竹、藤、棕、草制品业,其他制品业,通用设备制造业,橡胶和塑料制品业,仪器仪表制造业,有色金属冶炼和压延加工业以及专用设备制造业。见图3。

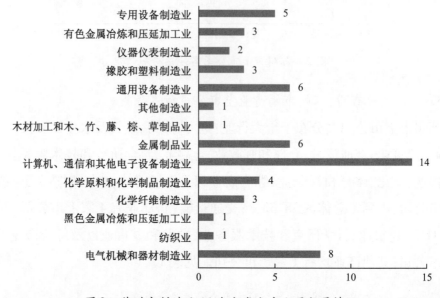

图3 苏州市制造业14个大类上市公司数量情况

二、苏州市上市公司发展面临的问题

1. 上市公司的区域分布不均衡,两极分化严重

苏州市74家上市公司分布于苏州的4个县级市以及6个辖区。其中,张家港和苏州工业园区分别有15家、14家上市公司,在数量上遥遥领先于其他地区,这两个地区的上市公司数量之和占到了总体的近40%;而其他地区,如常熟、太仓、昆山、吴江区、吴中区、相城区、高新区的分布则相对比较均衡,但姑苏区作为苏州市的城市中心所在,至今为止还没有一家上市公司。即使不谈政府对于姑苏区的特色发展定位(主要是指旅游、商贸业),这样的现状也不免令人遗憾。所以,苏州市上市公司的区域分布存在着较为严重的两极分化现象,亟须改观。

2. 上市公司的行业结构较为失衡,高新技术产业亟须大力发展

通过对本研究调查数据进行整理分析,我们发现苏州市的上市公司虽然总体上覆盖面已经较为广泛,共分布于十大行业,但行业之间的失衡情况其实非常明显,如制造业下14个大类共占据着总量78%的上市公司,而像科学研究和技术服务业以及金融业这些高技术含量、高产品附加值的行业加起来也不过4%的占比。失衡如此严重,这在一定程度上反映了苏州市上市公司产业结构布局不够合理。

3. 上市公司的治理结构不够完善,自主创新能力有待提升

伴随着中国资本市场的不断发展深化,上市公司治理结构的重要性已经引起了政府管理部门、企业和学术界的足够重视。在苏州的上市公司中,同样存在股权结构不够合理、股东大会和独立董事未能真正发挥有效作用、内部激励机制有待完善等问题,这些问题在很大程度上制约了上市公司的可持续发展。

从行业分布来看,苏州市74家上市公司除了金融业、科学研究和技术服务业以及计算机和通信电子设备制造业外,其他行业从根本上说都还是传统行业,而这些行业的上市公司占到了苏州市上市公司总量的近80%。这些传统行业依然以实体经济为支撑,产品科技含量、附加值以及核心竞争力很难跟高新技术产品相提并论。部分企业出于自身发展的顾虑,考虑得更多的是利润以及市场份额,对于产品创新和研发投入只能"忍痛弃之"。所以,苏州市上市公司要进一步更好、更快、更强地发展,必须注重产品的创新开发,加大研发投入以及人才的引进,进一步提升企业自主创新能力和核心竞争力。

4. 上市公司的社会责任意识较为淡薄,社会责任水平有待提升

企业社会责任是指企业在创造利润的同时,还应该承担相关利益者的责任。上市公司企业的社会责任主要包括对股东、对债权人、对员工、对客户、对环境、对消费者、对政府以及对社会公益的责任。通过对上海证券交易所以及深圳证券交易所公开发布的信息进行查询,我们发现苏州市74家上市公司中只有9家公司发布了2014年度企业社会责任报告,仅1家公司发布了2014年度环境报告书。企业社会责任报告在一定程度上反映了企业面对社会责任的真实态度,是企业非财务信息披露的主要方式,也是企业与其利益相关者,如员工、消费者、社会公众等,进行沟通交流的重要载体和依托,但很多企业仍然在摸索的阶段。通过上市公司社会责任信息披露的数据,我们认为苏州市的大多数上市公司仍然处在社会责任管理的起步阶段,很多公司还没有把社会责任上升到企业战略的高度,社会责任意识较为淡薄。

5. 上市公司的企业文化建设参差不齐，普遍缺乏企业文化管理系统

在苏州市74家上市公司中，有37家企业在官方网站设立了企业文化专栏，但内容并不详尽。除少数公司重视企业文化实践外，大部分公司仅仅停留在口号和宣传上，有些公司的文化甚至就是"老板文化"。总体来看，苏州市上市公司对企业精神文化的塑造依然不够，这需要引起企业的重视；企业的制度文化和行为文化建设所处的水平还不高，还需要通过完善人力资源管理体系以增强企业的成长性和盈利性；企业的物质文化建设尤其是研发投入和品牌建设投入较为不足。

三、苏州市上市公司可持续发展的总体建议

1. 完善苏州地方金融体系，出台促进上市公司发展的政策

金融是现代经济的核心，地方金融是支持地方经济发展的关键要素。企业尤其是具备一定规模的上市企业，是地方经济与产业发展的主要载体。因此，苏州应大力推进地方金融改革创新，提升地方金融资源的集聚能力和配置效率，完善地方金融体系，为上市企业及后备上市企业提供金融支持平台。

苏州市政府应制定《苏州市上市公司发展战略规划》，尽快推动各地出台扶持政策和激励措施来推动企业上市。如对拟上市企业在项目立项、用地审批等方面开通"绿色通道"，对改制上市的企业实施税收减免或优惠，对成功上市的企业或以其他方式实现融资的企业或个人给予适当奖励等。在这些方面，苏州工业园区已于2011年出台了《关于进一步鼓励和扶持企业上市的实施意见》，起到了很好的推动作用，其他地区可借鉴出台相关政策，加大促进上市公司发展的政策支持力度。

2. 地方政府引导上市公司的地区分布、产业结构合理布局

上市公司在带动区域经济发展上的作用是不可忽视的，而上市公司数量的多少基本上又与经济发展程度是相一致的，因此，要重点培育上市公司后备力量，并大力推动那些上市公司少的地区的企业上市，帮助这些地区的优势企业和高新技术企业在证券市场上市融资，从而推动这些地区的经济发展，达到地区经济协调发展的目的。

针对苏州上市公司产业布局不合理的状况，在产业布局上，首先要继续培育高科技上市公司，充分发挥科技产业园的作用，促进科研成果向生产领域转化，

使众多科研机构和高等院校的科技实力得以展现。其次要扶持发展旅游产业,苏州市旅游资源丰富,应该重点扶持和发展一些特色旅游项目,推动这些项目的股份制改造,加快其上市速度。在地区布局上,力争助推姑苏区实现上市公司的"零的突破"。同时,应重点挖掘和培育中小企业。以创业板、中小板、"新三板"为契机,重点挖掘和培育具有很强成长性的中小企业,使之成为苏州企业的主要上市后备力量。

3. 完善上市公司治理结构,加大研发投入,提升核心竞争力

在上市公司治理结构的完善方面,对于股权集中度高的公司,可通过引进新的投资主体,形成多元化的股权结构,形成"多股制衡机制",优化上市公司的股权结构;完善上市公司的董事会制度,真正发挥独立董事的监督作用;建立健全经理层激励机制,引入股票期权激励机制。在苏州的上市公司中,股票期权激励的范围依然很小,需扩大股票期权激励的范围,加强对经理层股权激励,完善激励机制,加大经理人员的持股比例,提升经理人员为股东创造财富的积极性。

上市公司持续发展的关键是核心竞争力的形成。核心竞争力是企业持续有效地调控资源以适应外部环境,领先竞争对手,以创造超额顾客价值来保持竞争优势处于核心地位的关键能力。苏州上市公司要充分认识企业核心竞争力对公司发展的重要作用,重视对核心竞争力的培育;要结合公司自身实际来制定、实施和完善核心竞争力的发展战略,立足公司自身优势,将资源集中配置于核心主业,从事某一专业化经营领域,形成公司独有的、其他竞争对手在短时间内无法模仿的能力,使公司在市场竞争中保持优势,确保公司持续经营。

4. 积极承担社会责任,实现利益相关者共赢

根据对苏州2014年已披露的社会责任报告的分析,披露社会责任报告的上市公司数量占比仅有14%,其中披露3份以上的企业不足10%。对此,我们呼吁上市公司应自觉履行企业应当承担的社会责任,并健全完善企业社会责任报告体系,根据具体细化的内容,进一步加强行为建设,优化公司运营模式;应当把企业社会责任报告相关内容纳入到公司治理中去,使企业社会责任报告内容规范化、常态化。

从利益相关者角度来看,社会责任要求企业必须重视多方利益相关者的合法利益。所以,苏州上市公司在坚持实施已尽到的利益相关者社会责任维护的基础上,应当继续加强与履行社会责任还不到位的利益相关者的联系沟通,形成

互动,对利益相关者履行相应的社会责任,实现利益相关者共赢的局面,这样更有利于上市公司平衡、持续发展。

5. 培育优秀的企业文化,提高公司品牌附加值

企业文化是上市公司可持续发展的内在要求。由于我国上市公司都处于发展阶段,企业文化凝练不足,缺乏核心竞争力,从而导致部分上市公司可持续发展能力不足。本报告以苏州上市公司为例,选取企业制度文化、行为文化和物质文化为自变量,专题探讨了企业文化与上市公司成长的关系(详见本书专题篇)。研究表明,拥有企业精神文化的企业盈利能力和成长性要优于没有企业精神文化的企业;对于企业的制度文化和行为文化,通过回归分析看到,股权集中度、公司董事长受教育程度和员工受教育程度对企业的盈利性和成长性均能起到促进作用;企业的物质文化与企业成长性有显著正相关关系。但是,企业董事长的专业技能、企业是否是高新技术企业以及企业是否是名牌企业与企业成长性是否有显著正相关关系,还有待进一步检验。因此,苏州上市公司需要构建企业文化管理系统,以文化的力量指引企业持续、健康地发展。

公司品牌是企业文化的外在体现,是企业文化的重要组成部分,塑造和提升丰富而独特的品牌文化是打造企业核心竞争力的重要内容。上市公司可以通过建立品牌传播系统、不断提高产品品质和服务水平、积极参与社会公益活动、主动承担社会责任等举措塑造公司品牌,不断提升企业自身的无形资产,为企业可持续发展注入内在的"软实力",从而实现基业长青。

参考文献:

[1] 苏州市统计局.苏州市2014年统计年鉴[R].2014.

[2] 崔媛媛,王建琼,卢涛.我国上市公司社会责任现状调查——基于沪市上市公司调查问卷的实证研究[J].西南交通大学学报(社会科学版),2011(2):92-97.

[3] 汤文华,刘小进.企业文化创新与公司绩效——基于中国上市公司的实证研究[J].理论观察,2013(4):82-84.

[4] 曹建新,李智荣.上市公司社会责任履行与企业价值相关性研究[J].财会通讯,2013(21):104-107.

[5] 张燚,刘进平,张锐,等.企业文化、价值承诺与企业绩效的相关性研

究——来自沪市上市公司的经验证据[J].中国矿业大学学报(社会科学版),2014(4):94-103.

[6] 翟华云,方芳.区域科技金融发展、R&D投入与企业成长性研究——基于战略性新兴产业上市公司的经验证据[J].科技进步与对策,2014(5):34-38.

[7] 李金淼,宋海风.企业社会责任报告质量影响因素研究——基于沪深主板上市公司2011年度企业社会责任报告[J].财会通讯,2014(9):60-62.

[8] 韩少真,潘颖,张晓明.公司治理水平与经营业绩——来自中国A股上市公司的经验证据[J].中国经济问题,2015(1):50-62.

(魏文斌、洪 海、汤 华)

苏州市中小板上市公司发展报告

一、苏州市中小板上市公司发展概况

（一）苏州市中小板上市公司现状

我国于2004年6月25日推出中小板市场,此后,中小企业逐步开始利用资本市场解决自身融资问题。截止到2014年末,我国已有732家企业在中小板上市,相比上年增加31家公司,同比增长4.42%。中小板公司股票总市值也增长到51 058.20亿元,比上年增加了13 894.46亿元,增幅37.39%;平均市盈率也比上年增加了20.52%,截止到2014年12月31日,平均市盈率已达到41.06%,比上年增加了6.99%,如表1所示。数据显示,2014年中小板市场累计成交金额达到152 166.56亿元,同比增加了51 942.16亿元,增幅达51.83%;股票筹资额累计有1 699.32亿元,比上一年度增长216.67%,如表2所示。

表1　2014年中小企业板市场概况(截至2014年12月31日)

指标名称	数值	比上年增加	增幅(%)
上市公司数	732	31	4.42
总股本(亿股)	3 470.59	652.11	23.14
流通股本(亿股)	2 552.05	499.06	24.31
总市值(亿元)	51 058.20	13 894.46	37.39
流通市值(亿元)	36 017.99	10 474.29	41.01
中小板指数 P	5 461.19	481.33	9.67
加权平均股价(元/股)	14.71	1.52	11.52
平均市盈率	41.06	6.99	20.52

(数据来源:深圳证券交易所)

表2　2014年中小板市场交易情况

指标名称	数值	同比增加	增幅(%)
本年累计成交金额(亿元)	152 166.56	51 942.16	51.83
本年累计股票筹资额(亿元)	1 699.32	1 162.69	216.67
其中:IPO公司数(家)	31	31	—
IPO筹资额(亿元)	197.66	197.66	—
本年累计交易印花税(亿元)	152.17	51.95	51.84

(数据来源:深圳证券交易所)

从上述数据可知,整个中小板市场总体良好,规模也在不断地扩大,越来越多的中小企业通过金融市场来解决资金问题,中小板已成为中小企业高效的融资平台,为中小企业的可持续发展提供了充分的保障。

苏州作为经济快速发展的城市,拥有大量的中小型企业,这些企业如何长期稳定发展,一直是政府和企业自身所关注的焦点。随着中小板越来越成熟和规范,与市场的联动性也越来越大,苏州市越来越多的中小企业选择在中小板上市,从而有效地开拓了企业的融资渠道,降低了企业的经营资金压力,提升了企业对外投资和并购扩张的能力。

1. 地区分布

表3　苏州市中小板上市公司的地区分布情况

地区	常熟	昆山	太仓	张家港	吴江区	工业园区	高新区	吴中区	相城区	合计
数量	3	2	1	12	5	4	3	3	2	35
占比	8.57%	5.71%	2.86%	34.29%	14.29%	11.43%	8.57%	8.57%	5.71%	100%

(数据来源:根据苏州市中小板上市公司2014年年报整理所得)

截止到2015年6月底,苏州市共有35家企业在中小板市场上市,它们分布在5个县级市和4个管辖区,其中张家港市中小板上市企业最多,共有12家,占比达到34.29%;其次是吴江区,共有5家中小板上市公司,占苏州市中小板上市公司总数的14.29%;排名第三的苏州工业园区,在中小板上市的公司有4家,其占比达到11.43%;还有剩下的40%的苏州中小板上市公司,分布在高新区、吴中区、常熟市、相城区、昆山市及太仓市,中小板上市公司数量分别为3家、3家、3家、2家、2家、1家。从表3可以看出,苏州市大部分地区都有中小板上市企业,并且分布相对集中。

2. 行业分布

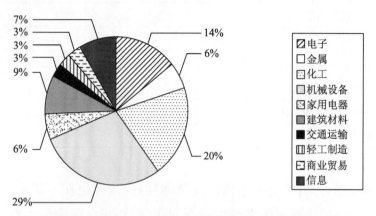

（数据来源：根据苏州市中小板上市公司2014年年报整理所得）

图1　苏州市中小板上市公司的行业分布情况

如图1所示，苏州市中小板上市公司主要集中于机械设备行业，其中电气设备3家、通用设备3家、专用设备4家，份额共达到29%；排在第二位的是化工行业，占比达到20%，涵盖了化工合成材料、化学制品、基础化学等门类；排名第三的行业是电子行业，共有5家，占苏州整个中小板上市企业总数的14%；其他的中小板上市企业分布在金属、家用电器、建筑材料、交通运输、轻工制造、商业贸易、信息等行业。总体而言，苏州市中小板上市企业涉及领域比较多，共分布在10个行业，其中机械设备、化工、电子行业分布比较多，占比达到63%。

3. 上市时间

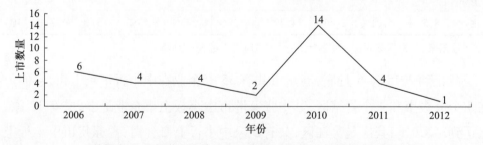

（数据来源：根据苏州市中小板上市公司2014年年报整理所得）

图2　苏州市中小板上市公司的上市时间

从2004年6月到2014年底，在这10年里，苏州市已经有35家企业在中小板市场上市。张家港的长城影视股份有限公司，股票代码002071，在2006年10月12日成功上市，也成为苏州最早在中小板上市的企业；2006年共有6家企业上市,占比达到17%;截止到2014年底,2010年上市企业最多,有14家,占到上市公司总数的40%。从图2可以看出,从2006年到2009年,苏州市在中小板块上市的企业数量有递减趋势,从2006年的6家递减到2009年的2家企业,之后在2010年的时候突然有一个快速增加的趋势,有14家企业上市,在之后的两年里,上市企业数量又呈递减趋势,2012年只有相城区的苏州扬子江新型材料股份有限公司这一家企业在中小板上市,在2013年到2014年间整个苏州市都没有在中小板上市的企业。

(二)苏州市中小板上市公司的特点

1. 中小板上市公司的数量不稳定

我国金融市场发展明显晚于欧美国家的金融市场,同时在金融市场的基础制度以及自身的稳定性等方面都存在着明显的不足。2004年中小板块推出以后,我国的金融市场迎来了股权分置改革,这是一个重大的制度变革。在此过程中,新股发行暂停了相当长一段时间,加上股票市场熊市、平市、牛市的交替,这些都使得苏州市中小板公司上市数量不稳定。根据苏州市逐年在中小板上市的公司数量可以看出这种变化,2004年至2014年公司首发上市数量分别为0、0、6、4、4、2、14、4、1、0、0家。

2. 中小板上市公司的主要财务指标良好

表4 苏州市中小板企业2014年净利润情况

范围(万元)	数量	占比
<0	5	14.29%
0~5 000	10	28.57%
5 000~20 000	14	40.00%
>20 000	6	17.14%
合计	35	100.00%

表5 苏州市中小板企业2014年每股收益情况

范围(元)	数量	占比
<0	5	14.29%
0~0.5	23	65.71%
0.5~1	5	14.29%
>1	2	5.71%
合计	35	100.00%

(数据来源:根据苏州市中小板上市公司2014年年报整理所得)

从中小板2014年度报告中可以发现,苏州市中小板公司经营情况良好。如表4所示,从净利润来看,5 000万元~20 000万元的企业最多,达到14家,占比为40%;净利润在0~5 000万元范围内的企业也偏多,共有10家企业,占比28.57%;在20 000万元以上的有6家企业,分别为:长城影视、金螳螂、江苏国泰、中利科技、康力电梯、康得新;然而,也有一部分企业净利润为负值,在2014年度中经营亏损,共有5家企业,占比达到14.29%。净利润作为一个非常重要的经济指标,是企业经营管理决策的基础,也是衡量企业盈利能力、管理绩效和偿债能力的基本工具,是一个可用以反映和分析企业多方面情况的综合指标;同时,对于企业经营而言,净利润也是其最后成果,是企业经营效益最直观的反映。总体而言,苏州市85%以上的中小板公司处于盈利状态,财务效益良好。

从每股收益可以看出,苏州市中小板企业中,每股收益在0~0.5元范围的企业最多,总共有23家,占比达到65.71%;每股收益0.5~1元的企业有5家,占比达到14.29%;每股收益1元以上的企业有2家,分别为金螳螂、康得新这两家企业;然而,还有14.29%的企业每股收益为负值,共有5家公司。为了反映企业的经营状况,企业常常选择每股收益来反映普通股的投资风险及盈利水平。从表5可以看出,苏州市中小板上市公司中,85.71%的企业每股收益为正,说明绝大部分企业盈利能力良好,有较好的企业成长潜力。

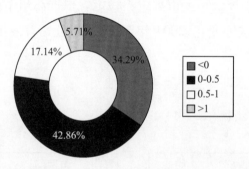

(数据来源:根据苏州市中小板上市公司2014年年报整理所得)

图3 苏州市中小板上市公司2014年每股经营性现金流量

从图3可以看出,2014年,苏州市中小板上市公司中有34.29%的企业每股经营性现金流量为负值,现金流量在0~0.5范围的企业占42.86%,在0.5~1范围的企业占17.14%,还有5.71%的企业资金宽裕,经营性现金流量在1以上。每股现金流指的是本期净现金流量与总股本的比例,该比例为正数且较大时,对现金红利支付的期望值就越大,如果为负数,则分配股利的压力较大。总体而言,苏州市65.71%的中小板上市公司经营状况良好,可以配发红利。各企业2014年年报中显示,苏州市中小板上市公司有24家在报告中提出通过派发或者转增的方式分配红利。

3. 中小板上市公司的融资方式较单一

从苏州市中小板上市公司的情况可以看出,从2004年到2014年末,苏州市中小板35家上市公司自IPO实现第一次融资后,仅有23家公司实现了再融资;主要通过增发方式获得融资,总共有21家,其中有18家在10年间仅有1次以定向增发方式融资,有3家企业实现了多次再融资;通过配股和可转债方式获得融资的企业各有1家,这两家公司分别为:苏州新海宜通信科技股份有限公司、江苏通鼎光电股份有限公司。目前苏州市中小板上市公司融资方式仍较为单一,通过资本市场主要的融资途径还是增发,在已实现再融资的23家次融资行为中,增发为21次,配股为1次,可转债为1次;而且相比于首次公开发行的融资额,各企业再融资的融资额也大幅增加。

二、苏州市中小板上市公司发展存在的问题

通过对苏州市中小板上市公司年报进行分析可知,苏州市从2006年第一家中小板上市公司开始,越来越多的企业在中小板上市,总体上企业经营业绩良好,但由于市场及企业自身等众多因素的影响,苏州市中小板上市公司在发展中仍面临许多新情况和新问题。概括而言,主要有以下几个方面。

1. 企业上市速度起伏较大

2006年,苏州市中小板上市公司有6家;2007年和2008年,苏州各有4家企业在中小板上市;2009年,仅有2家企业在中小板上市;到了2010年,在中小板上市的企业突然增长到14家;2011年和2012年,苏州市中小板上市企业数目分别为4家和1家;从2013年到2014年末,苏州市没有一家企业在中小板上市。这种上市速度起伏较大的情况,其主要原因可能是受资本市场波动的影响。2008年的金融危机导致股票市场不景气,企业对股票市场不看好,因此在2009年苏州市中小板上市的企业仅为2家;从2010年开始,股票市场逐步从熊市恢复过来,在这一年度苏州市中小板上市的企业达到最高点,总共有14家企业上市,这一状况很可能不利于企业抓住市场机遇,对于企业自身的长期发展以及苏州地区经济的发展都会带来不利影响。

2. 上市公司行业结构和地区结构不够合理

首先,从行业结构来看,大部分苏州中小板上市公司集中在机械设备、建筑材料、电子等传统制造业,共有24家企业,占比达到68.57%;而生物工程、信息

技术、消费升级、服务业等高科技或高成长的行业上市公司仅有11家,仅占苏州中小板上市公司总数的31.43%。因而,不仅仅公司自身要加快产业升级,政府也要尽量培养高科技产业上市,从而不断改善上市公司的行业结构,留更多的机会给创新型、成长型的民营企业。否则,这些企业的市场份额将越来越少,市场利润也越来越稀薄,最终将会被市场所淘汰。

其次,在地区结构上,苏州市的上市公司主要集中在张家港市、吴江区、常熟市、工业园区、吴中区、高新区等地区,而且这些地区的上市公司数量也存在明显的差异。苏州处于得天独厚的经济发达的江浙地区,而且作为苏南模式的代表,拥有众多的民营企业,所以理应有更多的公司上市,但是实际上仅有少部分的企业能成功上市,并且在地区分布上也存在不和谐,差异较大,比如,张家港市有12家企业在中小板上市,而其他地区仅有1~5家企业在中小板上市。近些年来,上海自贸区的建立以及"一带一路"战略的实施,进一步扩大了苏州市的开放优势。另外,以中欧快线"苏满欧"(又名"苏蒙欧")为主要载体,以"苏新欧"为辅的苏州铁路国际货运中心平台(以下简称"中心")建设,对稳定本地区产业链、保持外贸增长有着不可替代的作用。在这些得天独厚的优势下,苏州市政府和企业应该抓住机遇,企业要学会运用资本市场融资,做强做大,从而不断带动苏州地区经济的长足发展。

3. 中小板上市公司的产品附加值低,成长速度较缓慢

经过20多年的发展,我国中小企业已经成为国民经济和社会发展必不可少的力量。到目前为止,在我国企业中占比达到99%以上的中小企业,其创造的GDP已经有60%左右,我国50%左右的税收也是中小企业所交纳,同时,在中小企业就业的人口数也达到了就业总人口的75%以上。但是由于中小企业发展时间短,因而在创新能力和竞争力等方面都需要加强。调查显示,在我国,中小企业的平均生命周期仅有3年左右。中小企业要想长久生存和发展,就必须构建自身的核心竞争力,而这与技术创新投入不可分离。

对于上市公司而言,更是要不断加大创新能力方面的投入,从而提升企业的核心竞争力。从目前苏州市在中小板上市的企业来看,企业由于技术创新投入较低、研发人员较少、专利申请量和许可证不足,导致其主营业务收入增长、利润增长等各项财务指标较差,很多产品附加值偏低。但是在技术创新上做得好的企业,其发展能力也较好。这些都表明技术创新不仅能提高企业产品附加值和

获利能力,而且可以提高企业的发展能力。

三、促进苏州市中小板上市公司发展的建议

(一) 政府层面

1. 引导企业规范发展

政府可以通过简化程序、提高服务效率推动公司规范发展,为企业的上市和成长提供力所能及的支持。政府还应该积极推动新出台的法律法规的实施,让企业在一个完善的法律体制和金融市场中竞争,而不需要过多干预企业发展,让企业对政府具有信任感,从而在政府和企业间形成一个协调的良性循环。通过对典型企业发展的支持,引导企业主动规范自身行为,从而让企业完善自身的治理结构,增强公司透明度,提高信息披露质量,主动承担社会责任。

2. 加大市场培育力度,稳健提高上市公司速度

政府须不断加强对上市公司的指导和培育力度,并不断提升上市企业的金融市场规范发展的观念,从而夯实金融市场发展的基础。通过指导、培育、筛选优秀的公司,大力挖掘行业的龙头企业,通过金融市场发展的路径,进一步拓展中小板市场规模,增强板块稳定性,促进多层次资本市场的协调发展。特别是对于那些具有发展前景和投资价值的企业,政府要重点培养,不断提升企业的质量,让企业有一个长足发展的可持续力,从而让这些企业稳健上市。

3. 制定金融税收政策,扶持中小企业

在金融政策方面,政府应该引导银行等金融机构加大对中小企业的扶持力度,也要健全风险投资机制,拓宽中小企业的融资渠道,争取解决企业融资难、融资渠道窄的难题,使中小企业能有足够的资金进行技术创新。在税收政策方面,政府应该制定中小企业税收优惠政策,比如,可以通过减免高新技术企业的所得税、免征进口高科技设备及原材料的进口关税等来增加企业产品技术含量,加快企业产品结构升级,让企业更加重视对技术创新方面的投入,为企业可持续发展提供有力的支持。

(二) 企业层面

1. 以企业为主体,以市场为导向

企业在可持续发展过程中,应进一步规范自身的行为,遵守法律法规和金融市场秩序,在一个自由竞争的环境中不断提高自身的核心竞争力。处于技术创

新过程中的企业,应积极发挥企业在创新投入、研发、生产和销售以及其他方面的主体作用。此外,企业需要更加注重面向市场的产品的创新及创新产品的产业化,不断提升创新产品的市场价值。同时,企业更要挖掘市场上的潜在需求,抓住市场机遇,不断开拓新的产品,并不断优化产品结构。

2. 加强与外部机构合作,加快企业转型升级

企业可以与高校、科研机构等进行技术创新的合作,并在结合生产、教学和科研的过程中,明确双方定位。一方面,企业要开拓合作和发展渠道,需要与外部科研机构主动加强沟通和交流,让科研机构明白自身的创新需求;另一方面,对于科研机构,应主动与企业进行沟通,并针对市场需要以及消费者的需求来进行研发,进而根据消费者需求将科研成果转化为消费者认可的产品或服务,从而针对性地帮助企业,也就是科研创新成果的市场和产业转化。只有这样,双方的价值才能得到最大程度上的体现并实现共赢。为了让企业享受到创新成果带来的高附加值,使创新产品的价值最大化,企业要加快实现自身结构的转型升级。

3. 制定技术创新战略,认真贯彻执行

企业可以通过致力于技术创新来制定创新战略以明确企业技术创新方向,从而获取更多的竞争力,提高可持续发展能力。重要的是,企业需要在全面分析了解自身内外部环境及自身能力的前提下,制定一套适合自身发展的创新战略。当然,仅仅制定技术创新战略是不够的,实施是关键,有些企业没有实现创新目标,部分原因是没有开发出真正的科学合理的战略规划。所以,在制定了适合企业自身文化的创新战略之后,企业应逐步贯彻执行,同时还要进行战略控制,不断纠正偏差从而确保规划有效实施。

4. 完善激励机制,加大技术创新投入

在有了完善的创新战略的基础上,企业还需要加强激励以完善企业的激励机制,比如股权激励和技术入股激励等方式,采用物质和精神激励相结合的方法,不断激发员工的创新热情,从而为企业创造更多高附加价值的产品或服务。此外,唯有创新投入才能有创新产出,所以企业对于研发人员和研发资金等方面的投入是必不可少的,比如科研经费和科研人员薪资的投入等,只有这样才能在竞争激烈的市场环境下得以可持续发展。当然,中小企业在进行技术创新时,应根据企业长足发展的需要进行适度的创新投入,避免适得其反。

参考文献:

[1] 刘歆衍,何茜. 对完善我国上市公司监管的几点思考[J]. 知识经济, 2009(3):102,97.

[2] 徐雪霞. 中小企业资本结构实证研究——基于中小板上市公司的数据分析[J]. 财会通讯,2009(6):100 - 102.

[3] 张蓝中,刘浩. 中小企业板上市公司治理模式与治理要点探析[J]. 武汉金融,2009(5):17 - 18.

[4] 沈海平,吴秋璟. 中小企业成长性影响因素分析——基于中小板上市公司面板数据的实证研究[J]. 金融发展研究,2010(2):66 - 70.

[5] 王嵩,程海东. 我国中小企业技术创新现状研究——以中小板上市公司为例[J]. 商场现代化,2012(17):38 - 39.

[6] 陈宏明,胥思. 中小板上市公司研发投入对盈利能力的影响研究[J]. 商业会计,2013(6):93 - 94.

[7] 鲁桐,党印. 中国中小上市公司治理与绩效关系研究[J]. 金融评论, 2014(4):1 - 17,123.

[8] 刘飞,王开科. 我国中小板上市公司是投资不足还是投资过度?[J]. 经济评论,2014(4):122 - 135,160.

[9] 李佳. 长三角中小板上市公司融资效率分析[J]. 南京邮电大学学报(社会科学版),2015(1):57 - 64,82.

[10] 张泽,许敏. 中小板上市公司 R&D 投入绩效的实证研究[J]. 科技管理研究, 2015(4):76 - 80.

(洪　海、刘　泓、王玉香、胡　菊)

苏州市创业板上市公司发展报告

一、苏州市创业板上市公司发展概况

苏州市是全国经济强市,也是推动江苏省经济发展的主力之一。苏州自2012年以来,经济总量一直高达1.2万亿元以上,且每年以不低于8%的水平持续增长,预计在2015年GDP收入增长将达到8.5%左右,居民人均可支配收入增长将高于地区生产总值的增幅。苏州市经济持续增长,离不开苏州企业的有力推动,企业为地方经济发展和劳动就业提供了强有力的保障。苏州不仅是外资企业的聚集地,也是百强民营企业的摇篮,良好的地理环境、经济实力和城市规划等吸引了一批又一批的企业家把企业建设于此,形成了苏州独有的工业园、产业园发展模式。苏州企业在推动地方经济发展的过程中,苏州创业板上市公司也为其经济增长贡献了一部分不容小觑的力量。

创业板市场是仅次于主板市场的二级证券市场,以美国纳斯达克市场为代表,在中国特指深圳创业板市场。创业板市场是指专门为主板市场以外的创业型企业和高科技产业企业等需要融资发展的企业提供筹资渠道的新型资本市场,是对主板市场的重要补充。创业板市场的主要特点有:一是与主板市场相比,上市门槛较低,其成立时间、中长期业绩和资本规模等要求都较低;二是创业板上市公司多从事于高科技业务,有较高的成长性,但一般规模较小,成立时间短,业绩并不突出。可以说,创业板是一个低门槛、高风险、严监管的股票市场,是有利于有潜力的中小型企业获得融资机会的股票市场。

2007年7月,深交所开始筹备创业板。2009年3月31日,中国证监会正式发布《首次公开发行股票并在创业板上市管理暂行办法》,该办法自2009年5月

1日起实施。2009年10月23日,中国创业板正式开板,首批上市公司28家,到2015年4月29日,创业板共有446家上市公司披露了2014年的全年业绩。据Wind数据统计,446家公司加权平均每股收益0.38元,同比下降13.2%;加权平均净资产收益率为8.72%,同比下降4.08%。

苏州第一家在创业板上市的公司是江苏新宁现代物流股份有限公司,于2009年上市,属于交通运输、仓储和邮政业行业。2010年,有2家制造业企业上市;在2011年,股市行情走好,相应地有7家企业选择了在创业板上市筹措资金;2012年,也陆续有5家企业上市;随后在2014年和2015年上半年分别有2家和3家企业也选择了在创业板发行股票进行融资。截至2015年6月底,在创业板上市的苏州企业共有21家。从行业划分来看,苏州创业板上市公司最多的是制造业,共有18家,占比高达85.7%;从地区划分来看,苏州创业板上市公司聚集相对稍多的地方是工业园区,共有6家,占比为28.6%。

二、苏州市创业板上市公司地区分布情况

苏州市21家创业板上市公司,从地区分布来看,工业园区6家,占比为28.6%;昆山4家,占总数的19%;常熟3家,占总数的14.3%;太仓、吴中区和相城区各有2家,分别占总数的9.5%;张家港和高新区各1家,分别占总数的4.7%;而苏州市吴江区到目前为止还没有创业板上市公司。见图1。

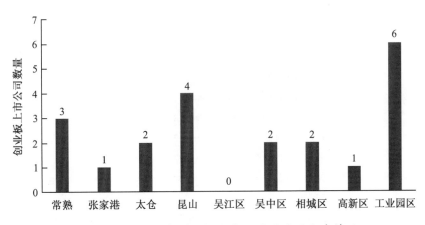

图1 苏州市21家创业板上市公司的地区分布情况

三、苏州市创业板上市公司行业分布情况

根据《中国证券监督管理委员会上市公司行业分类指引(2012年修订)》,以下对苏州市 21 家创业板上市公司的行业门类进行归类分析。按照证监会的行业划分标准,苏州 21 家创业板上市公司门类行业共有 3 种,分别是 C 类制造业、G 类交通运输、仓储和邮政业和 M 类科学研究和技术服务业。其中制造业有 18 家,占比高达 85.7%;交通运输、仓储和邮政业有 2 家,占比为 9.5%;科学研究和技术服务业只有 1 家,占比为 4.8%。见图 2。

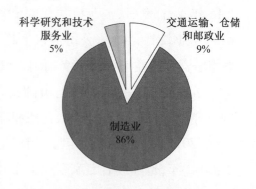

图 2　苏州市 21 家创业板上市公司的行业分布情况

再进一步细化,按照门类行业中的大类行业进行划分,2 家交通运输、仓储和邮政业类别的企业都属于仓储业,1 家科学研究和技术服务业的企业属于专业技术服务业。制造业作为苏州创业板上市公司权重最大的行业,也是最重要的一部分,按照证监会发布的《上市公司行业分类指引》对制造业进行大类行业细分有 8 种。具体划分如下:计算机、通信和其他电子设备制造业类别的企业共有 7 家,占到制造业 38.9% 的比重;电气机械和器材制造业 2 家,化学原料和化学制品制造业 2 家,仪器仪表制造业 2 家,专用设备制造业 2 家,各占总数的 11.1%;其他制造业 1 家,通用设备制造业 1 家,橡胶和塑料制品业 1 家,各占总数的 5.6%。见图 3。

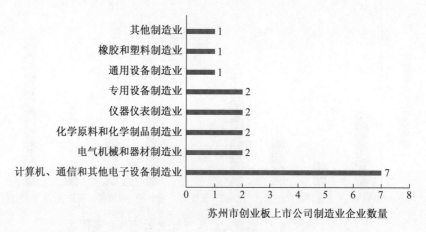

图 3　苏州市 18 家创业板上市制造业公司的行业分布情况

四、苏州市创业板上市公司发展存在的问题

1. 总体缺乏国际竞争力

随着市场竞争越来越激烈,出现了更多的竞争企业,产品同质化的现象越来越严重,企业生产的产品将会有更多的替代品来与之竞争市场地位,同质化的竞争导致产品的价格下降,公司经营业绩受到影响。在对苏州21家创业板上市公司的分析过程中,有71.4%的企业在2014年年报中提及其所在行业的市场竞争日益加剧,并且其中有7家企业认为产品综合毛利率将会因此下降。激烈的市场竞争迫使企业在发展过程中不断地向新业务领域或跨行业发展,以此缓和激烈的市场竞争,但新业务或跨行业发展意味着运营模式的不稳定,再结合土地使用成本、用工成本等不断增加,这种高投入最终会使得经营成本不断上升,增加企业压力。例如,随着工业化和信息化建设加快、三网融合的推进实施,有线电视网络设备技术类公司推出的互联网电视逐渐改变整个视频产业,使广电网络所面临的产业竞争格局更加严峻;防静电超净技术产品行业内的企业数量众多,存在大量的小企业和代理贸易型企业,导致市场中存在着无序竞争;生产液晶显示模组及光电显示薄膜器件的企业众多,竞争日益激烈,如果不能持续保持创新能力、快速扩大产能规模,现有的技术和产品将面临被市场淘汰,在激烈的市场竞争中也会处于不利地位,产品面临毛利率下降的风险。另外,在研究中我们发现,只有5家创业板上市企业提到了境外投资,打开了国际市场,而另外76%左右的企业还没打开国际市场,这种形势绝对不利于苏州创业板上市公司走向全球竞争。

2. 规模较小,管理结构不够完善

企业规模是衡量公司发展水平的重要指标,笔者通过对以往文献的阅读,采用企业期末总资产的自然对数和员工总数来衡量企业规模的大小。通过对全国创业板上市公司、苏州上市公司和苏州创业板上市公司在2014年期末总资产对数和员工总数的对比分析发现,苏州创业板上市公司的资产规模平均水平不仅低于苏州上市公司均值,还低于全国创业板上市均值;员工总数也低于两者的平均水平,如表1所示。而从苏州21家创业板上市公司内部分布情况可以发现,2014年期末总资产对数低于苏州创业板上市公司均值9.03的企业有12家,高于均值水平的也只有9家;从员工总数来看,不足苏州创业板上市公司均值985的企业有15家,超过均值水平的只有6家,其中只有3家企业员工总数超过2 000人。这些数据表明,相对于全国创业板上市公司和苏州所有上市公司,苏

州创业板上市公司的企业规模整体是偏小的,并且超过57%的公司企业规模不到均值水平。另一方面,通过苏州创业板上市公司2014年年报分析,有47.62%的企业认为公司存在企业管理风险。导致企业管理风险增加的主要原因就是,企业在发展过程中,由于经营规模和业务规模的扩大,设立了更多的子公司和分公司。在这种情况下,经营环境渐趋复杂,客户需求增多,销售网络相应扩张,公司组织结构和管理体系趋于复杂化。在企业管理过程中,整合管理成为苏州创业板上市公司面临的主要难题。

表1 苏州创业板上市公司与全国创业板上市公司、苏州上市公司均值比较

区 间	期末总资产对数	员工总数	无形资产占期末总资产的比重(%)	研发费用占营业收入的比重(%)
全国创业板上市公司均值	9.09	1 330	4.58	6.96
苏州上市公司均值	9.38	1 989	3.83	3.6
苏州创业板上市公司均值	9.03	985	3.55	5.3

(数据来源:同花顺 iFinD)

3. 研发投入不足,创新能力有待提升

林毅夫和苏剑认为创业板市场的特点是投资者在投资该市场中的企业时实际上购买的是该企业成长的预期。而企业的成长性又取决于企业所控制的内生性资源,特别是技术创新、研发能力等核心竞争力资源。胡义东等学者通过实证研究表明企业的研发经费投入力度与技术创新绩效产出均存在明显的正相关关系。因此,在考察苏州创业板上市公司成长性时,研发费用占比和无形资产占比成为需要重点考察的指标。从表1可以看到,苏州市创业板上市公司无形资产占期末总资产的比重均值3.55%低于全国创业板上市公司均值4.58%和苏州上市公司均值3.83%;研发费用占营业收入的比重均值5.3%高于苏州上市公司整体水平3.6%,但低于全国创业板上市公司均值6.96%。进一步对苏州创业板上市公司内部研发水平详细探讨,从图4可以看到,在苏州创业板上市企业当中,研发投入超过营业收入10%的创业板上市公司只有3家;研发投入超过营业收入5%不足10%的企业也只有4家;剩余14家苏州创业板上市企业的研发费用占营业收入的比重不超过5%,其中有1家企业的研发投入不到营业收入的1%。虽然,多数苏州创业板上市公司在其所在行业已经建立了较为稳固的市场地位,但随着行业的持续快速发展,竞争对手将会突破在规模、技术、市场等方面

的壁垒。一旦现有竞争对手的产能规模、技术实力有所突破或出现新的竞争对手,公司未来所面临的竞争压力可能会有所增加,对经营业绩造成不利影响。因此,根据实际的数据对比分析,笔者认为苏州创业板上市公司的研发水平和创新能力有待提升,需要进一步提高研发创新能力。

图 4　苏州市 21 家创业板上市公司研发费用占营业收入比重的情况分析

4. 人才储备不足,缺乏系统的考核培训体系

对 21 家苏州创业板上市公司 2014 年年报分析的结果表明,有 47.62% 的企业对本公司人才储备问题表示担忧。在这 47.62% 的企业当中,有 6 家企业或多或少存在人才储备不足的情况,包括管理人才的不足和技术人才的不足;还有 4 家企业对核心技术人员的流失问题进行了风险分析。由于企业在发展过程中规模逐渐扩大,对技术的要求逐渐增加,因而对企业管理人才和技术人才提出了更高更多的要求。例如,振动试验设备行业科技含量较高,技术复杂,对人才的要求较高,技术人员不但要掌握专业的振动试验技术、操作技能、产品质量标准等基础知识,还需要对试验对象的技术性能和发展趋势等方面具有广泛而深入的理解。另一方面,对苏州创业板上市公司员工受教育水平进行分析,按照本科及以上学历、大专学历、大专及以下学历三个层次划分,可以看到超出 70% 的企业,本科及以上学历人数所占比例不超过 20%,大专学历在 30% 左右,大专以下学历人数一般超过 50%。苏州创业板上市公司以制造业为主,制造业的显著特点是对员工的技术水平提出了一定的要求,而在这些制造业公司当中,有些企业对员工教育训练及专业技能培训的重视程度并不高,导致员工专业技能落后、胜任能力不足、工作效率不高等问题。

五、促进苏州市创业板上市公司发展的对策建议

1. 加快转型升级,鼓励产业结构发展

在对苏州创业板上市企业发展的研究中,有很多企业产品仍处于产业链的上游或市场的终端,缺乏市场竞争力,缺乏国际竞争力。例如,在 2014 年全球消费电子市场中,国际一线品牌依然占据明显的竞争优势,而苏州创业板本土消费电子品牌仍处于终端市场;而以通信行业生产光源器件为主要产品的企业,其生产运营需求大部分依赖于电信运营商对光通信网络的投资力度。面对这一现状,企业应当跟随产业升级及技术发展趋势,加大新产品研发投入力度,开展市场拓展及产能提升工作,并利用多年积累的技术经验和市场资源,积极调整原有传统行业规模及结构,延伸产业链,提升产业附加值,打造新的利润增长点。另一方面,企业应当将产品定位于行业中高端市场,增加在技术研发、产品质量、业务规模等方面的竞争优势,力争使产品达到国际先进水平,进入国际市场,成为国际中端市场的领导者、高端市场的竞争者。不仅于此,企业还应加深与客户的合作,稳固与客户的良好关系,为下游行业的领先厂商提供量身定制产品来满足客户需求;并进一步加强营销队伍建设,加大市场及产品开发力度,挖掘现有客户的合作潜力,拓展下游不同应用领域。最后,在企业产业升级过程中,政府还应积极采取补贴等措施,鼓励企业创新,并给予正确的政策引导,使企业正确掌握运用政策,鼓励产业结构发展,为创业板市场提供更丰富的发展空间。

2. 完善运营流程,提升企业管理水平

为满足公司经营发展要求,不少苏州创业板上市企业控股子公司的数量和业务规模都在不断扩大,还有一些企业进行了资产重组,设立了分公司,这对公司企业文化融合、资源整合、技术开发、市场开拓等方面的能力提出了更高的要求,使得企业经营管理和内部控制难度加大,需要及时调整组织架构和管理模式。作为规范运作的上市企业,不仅要实现经营规模和业绩的增长,还应当建立科学合理的公司治理架构,完善企业管理运营流程,履行相应的社会责任。因此,企业需要针对其子公司、分公司制定严格的内部控制和管理体系并严格执行,根据业务板块和区域板块进行资源整合和优化,优化内部流程,提高管理效率,加强人才引进和培养,以降低管理风险,实现长期可持续发展;其次,企业可以引入最新的信息管理系统,搭建集成的总管理平台,使各子公司规范统一管理,各部门的管理工作在各自系统中完成,以达到日常管理工作系统化、规范化、统一化,通过信息化规范管理流程,优化管理质量,提高管理水平;再者,企业可以创新管理机制,加强企业间交流学习,借鉴并推广适合公司发展的管理经验,以更好地规避管理风险。

3. 加大研发投入,提高企业自主创新能力

苏州市创业板上市公司在发展过程中,企业的自主创新能力是提升企业成长性的重要途径。为了增强企业的研发能力和竞争实力,企业应当不断推进传统业务的更新和进步,自主研发比传统产品技术含量、毛利更高的新产品,向行业产品的中高端市场迈进。在不断进行技术创新及产品升级的过程中,也应当准确地把握市场需求和发展方向,技术研发成果只有达到商业化之后,才能得到市场的响应,顾客才会购买技术创新带来的研发成果。企业促进研发和技术创新的方式有:首先,企业应当主动加强与行业相关知名高校、研究机构的沟通与合作,加大研发投入,保证公司产品及技术的先进性以及技术研发的前瞻性;其次,企业可以针对客户特定的个性化需求,不断研发,突破技术壁垒,满足客户新的需求,以需求拉动创新的方式来提高研发能力;最后,企业还可以建立公司内部的核心研发团队,进行前瞻性技术开发,不断优化产品布局,延伸现有的主要产品线,不断丰富产品类型。当然,新的技术和产品研发及其市场拓展是存在风险的。为了有效降低研发带来的风险,企业应当优化研发格局,审慎选择研发项目,拓展研发深度与广度,以市场需求为导向,做好研发立项和实施工作,从而提高效率和质量,降低成本,将研发成果快速有效地转化为生产力,实现公司竞争力的大幅提升。并且,苏州创业板上市企业还应当采取分步投资、分期建设的方式,加强风险防范和过程监控,力争将项目风险降到最低。如果公司不能将这些研发成果有效转化,进行产业化生产,将直接影响公司的经营业绩与竞争力。只有做到将实验室成果有效地产业化,才能规避技术落后、技术泄密等带来的风险,从而拓展市场规模。

4. 引进科技和管理人才,优化人力资源系统

邢周凌等学者以高绩效人力资源管理系统为切入点,探寻影响中国创业板上市公司企业绩效的主要因素,发现高绩效人力资源管理系统会影响企业的自主创新能力。因此,苏州创业板上市公司十分有必要加强对企业人力资源系统的构建。企业可以借助外部专业人力资源企业管理咨询团队的帮助与辅导,不断完善绩效考核及激励机制,不断规范关键管理流程,建立全面的管理制度与薪酬体系,以保证公司人才梯度的稳定。针对苏州创业板上市公司的现状,为了匹配企业发展的步伐和规模,企业应当加强科研、管理及营销人才的引进和储备,采用多渠道、广范围方式招聘与甄选员工,通过内部培养、内部推荐及外部招聘等方式,为公司长远发展储备高素质人才;建立有效的薪酬绩效体系,实施能力薪酬、按绩取酬、高效公平的薪酬绩效制度,鼓励员工积极创造价值;建立长效激励机制,实施股权激励,吸引和留住优秀人才,充分调动公司中高层管理人员、核心技术业务人员及其他员工的积极性,加强员工忠诚度和企业凝聚力;组织员工定期学习和培训,根据岗位职责建立技能培训和培训考核体系,提高员工的工作技能和管理能力,完成培训后进行相应的考核,进一步强化内部培训机制;构建"以员工为本"的企业文化,为员工提供尽可能的个性化服务,组织竞技比赛和协会活动以丰富员工生活,不断提升员工的积极性和创造力,为促进企业的可持续性发展奠定坚实的基础。

参考文献:

[1] 胡义东,仲伟俊.高新技术企业技术创新绩效影响因素的实证研究[J].中国科技论坛,2011(4):80-85.

[2] 宋鹏,黄倩.我国创业板上市公司成长性测量[J].财经科学,2012(1):66-72.

[3] 王朝勇,唐亮,张显峰.我国创业板上市公司成长性评价和关联分析[J].财经科学,2013(4):60-62.

[4] 邢周凌等.影响中国创业板上市公司业绩因素分析:基于多案例研究[J].管理评论,2014(1):66-77.

[5] 吴林祥等.创业板运行四年的市场特征与公司发展状况[J].证券市场导报,2014(2):19-25.

[6] 刘建民,张颖.创业板发展现状及完善对策[J].人民论坛,2015(2):77-79.

(何　聪、姜　艳、沈　正、雷星星)

地区篇

常熟市上市公司发展报告

一、常熟市上市公司的发展现状

截至2015年6月,常熟全市共有上市公司9家,拟上市、拟挂牌企业累计超过30家。9家上市公司累计IPO融资总额126.21亿元,股权再融资总额28.78亿元。从数量上看,常熟的上市公司在整个苏州地区处于领先位置,9家上市公司中,有6家在深交所上市,1家在上交所上市,1家在香港上市,1家在美国纳斯达克上市。从资产规模上看,截至2014年年底,常熟9家上市公司的总资产达到411.7亿元,其中,中利科技集团股份有限公司和波司登国际控股有限公司总资产均超过100亿元。

二、常熟市上市公司的发展特点及概况

常熟市上市公司以制造业为主。从9家上市公司行业分类看,均为制造业,分别为:电器设备制造业(3家)、通用设备制造(1家)、纺织服装业(1家)、通信设备制造业(1家)、有色冶炼加工业(1家)、金属矿物制品业(1家)、白色家电制造业(1家)。常熟市上市公司概况如下:

1. 江苏通润装备科技股份有限公司

江苏通润机电集团(原常熟市千斤顶厂)创建于1954年。如今,通润集团业已发展成为一个行业领先、由多家控股子公司组成的集团公司,位列2013年中国机械工业百强排名第67位。2007年8月,江苏通润装备科技股份有限公司在深圳证券交易所挂牌上市,证券代码002150。公司主导产品包括各类千斤顶、汽车维保设备、电梯曳引机、电梯部件、螺杆压缩机主机、施工升降机减速器、钢制

工具箱柜、精密钣金件、高低压开关柜、高低压断路器、高品质铸铁件、物流仓储器具等。"TORIN(通润)"品牌享誉海内外,并连续多年被商务部、江苏省商务厅列入"重点培育和发展的出口名牌"。

2. 江苏常铝铝业股份有限公司

公司成立于2002年12月,是以常熟市铝箔厂为主体发起设立并控股的铝加工企业,于2007年8月21日在深圳证券交易所挂牌上市(股票简称:常铝股份,股票代码:002160)。公司先后通过了ISO9001、ISO4001、OHSAS18001、TS16949等体系认证,并被众多国内和国际知名品牌授予"优秀供应商"和"金牌供应商"称号。公司产品远销东南亚、中东、欧洲等20多个国家和地区。

3. 中利科技集团股份有限公司

公司前身为常熟市唐市电缆厂,成立于1988年9月5日,公司于2007年8月6日改制为股份有限公司,并于2009年11月27日成功在深圳证券交易所发行上市,股票代码:002309。公司总部位于江苏省常熟市沙家浜镇,主营特种电缆、光缆、光伏产品和电站业务。经过20多年的发展,公司以"阻燃耐火软电缆"单品为突破,顺应市场的发展,产品经营范围已扩大至通信电缆、船用电缆、矿用电缆、铁路及轨道交通用电缆、电力电缆、新能源电缆、光缆、太阳能电池片及其组件、太阳能光伏发电站投资建设及运营、电子信息产品系列等多区域市场;并拥有江苏总部、东北、华南三大生产基地,以及新加坡、德国、美国、中国香港等研发和销售基地,产品销往20多个国家和地区,为全球的通信行业、设备制造行业、轨道交通行业、船用及海洋工程行业、电力行业、矿业行业、太阳能行业和新能源行业等市场提供优质的产品和服务。

4. 江苏亿通高科技股份有限公司

公司是专业从事广播电视设备制造及视频监控系统研发、安装的高科技股份制上市公司(股票代码:SZ.300211)。目前公司注册资本8 384.376万元,占地总面积5万多平方米,现有员工近500人,各类专业技术人员占员工总数的30%以上。亿通科技是"江苏省制造业信息化示范工程ERP示范企业"、"江苏省AAA级重合同、守信用"企业。公司通过了ISO9001质量管理体系及ISO14001环境管理体系认证,同时公司拥有自营进出口权。公司主导产品已覆盖包括上海、天津、南京、重庆等在内的80%的省会和中心城市,用户达300余家,其中GEPON(FTTH用ONU)已打开国际市场。公司还具有建筑智能化工程设计与施工资质,公司研发的"平安城市"大型监控集成软件及网络一体摄像机、多功能球机、数字硬盘录像机、网络存储服务器等产品,为实施"智慧城市、平安城市"社会面监控提供了有力保障。

5. 常熟市天银机电股份有限公司

公司成立于2002年8月,注册资本7500万元,是一家专业研究、开发和生产电冰箱压缩机配套零部件的股份有限公司。公司不仅拥有国际先进的模具加工设备、全自动注塑生产设备、自动化调温组装生产线,还拥有实力强大的新产品研发中心和配套实验室,同时和国防科技大学、常熟理工学院等国内多所知名高等院校有着广泛的技术交流与合作,获得了"国家火炬计划重点高新技术企业"、"江苏名牌产品"等称号,是通过新标准认定的"高新技术企业"。公司目前已获得ISO9001质量体系、ISO14001环境体系以及OHSAS18001职业健康安全管理体系认证,体系健全而且运行有效。

6. 苏州中来光伏新材股份有限公司

公司成立于2008年3月,并于2014年9月成功登陆创业板(股票代码:300393),是全球太阳能电池背板行业的龙头企业,也是聚焦光伏领域先进材料研发及制造的国家重点高新技术企业。公司拥有领先的太阳能电池背板技术及最完整的组合产品解决方案,可为客户提供可靠的、多样化的产品选择。公司高度重视技术研发投入,拥有强大的科研团队,由科研中坚力量支撑的光伏薄膜实验室获得了TUV NORD和CNAS双重认可。目前,公司已获授权专利30项,其中发明专利8项、实用新型专利22项。另外,公司的四氟型太阳能电池背板研发及产业化技术曾获2013年度中国新能源创新驱动年会"年度光伏材料创新奖"及江苏省科技进步二等奖。

7. 常熟风范电力设备股份有限公司

公司前身为常熟市铁塔有限公司,始建于1992年,是国家电力公司归口管理企业,是生产高压和超高压输电线路镀锌铁塔、钢管组合塔、钢管杆、变电站钢构支架及其他各种支撑钢结构件产品的专业公司。产品已在国内20多个省、市、自治区使用,并已出口到日本、澳大利亚、伊朗、伊拉克、韩国、缅甸等国家和地区。公司总占地面积38万平方米,工厂区内自备水运码头4个,拥有世界领先的各种自动化铁塔加工生产线、热镀锌生产线、金属切削设备、计量理化精密仪器等,是国内较具规模、技术装备先进、检测手段先进、综合实力很强的铁构件制造公司。

8. 森特科技集团

集团全称为 SUTOR GROUP,简称"森特集团",成立于 2002 年,是在美国纳斯达克(NASDAQ)上市的高新技术企业,主要致力于精品钢事业的发展。集团总部位于常熟东南经济开发区,围绕"Better Idea, Better Future"的企业理念,集团不断优化产品结构、创新服务形式、深化产业链条,致力于成为国际一流的集精品钢研发、制造、销售和服务于一体的创新型高新技术企业集团。集团最新推出全球首家重工业电子商务平台——金赢网,实现了传统产业向新兴产业的有效转变。目前集团的营销服务网络已遍布全球每个角落,产品应用不断深化,主要用于太阳能行业、高档家电、IT、国家基础设施建设、汽车制造、大型桥梁、港口、市政建筑基建,以及气、油输送管线等行业。

9. 波司登国际控股有限公司

公司是以羽绒服为主的多品牌综合服装经营集团,现有常熟波司登、江苏雪中飞、山东康博、扬州高邮波司登、徐州波司登、泗洪波司登六大生产基地,拥有员工两万余人。2007 年 10 月,集团下属波司登国际控股有限公司(股票代码:HK03998)于香港主板成功上市。集团旗下核心品牌产品市场销售份额连续多年占据国内羽绒服市场半壁江山。在做强羽绒服主业的基础上,集团公司进一步优化产品组合,提升盈利能力,以逐步实现四季化的发展战略。波司登品牌创立之初,就在美国、加拿大、瑞士等 68 个国家和地区进行注册。如今,波司登产品成功进入加拿大、俄罗斯、英国等国家市场。2012 年,波司登在英国伦敦开设旗舰店并设立欧洲总部。迄今,波司登公司集"中国世界名牌产品"、"全国质量奖"和"中国工业大奖"于一身,在我国工业制造中首屈一指,彰显其在实践名牌战略、卓越管理和自主创新方面的核心竞争力。

三、常熟市上市公司发展的对策建议

1. 完善企业制度建设,提高上市公司质量

创新是企业的生命,面对市场竞争日趋激烈的大环境,常熟市各上市公司应当加快创新步伐,完善创新机制,把企业创新和市场创新、产业创新结合起来,加快企业产业结构升级步伐,加大研发投入力度,提高产品的科技含量和水平,实现科研成果与社会需求的有效匹配。同时,商务、市场监管等政府部门应当进一

步加大扶持力度,通过培育产业、完善治理机制等方式化解公司风险,推动优势产业借助资本市场实现跨越发展。

2. 抢抓发展机遇,加快上市公司步伐

当前,我国资本市场正迎来历史上最好的发展时期,宏观经济运行环境、资金供给、国际经济圈转移等发展机遇日益凸显,加上2014年以来的股市行情连创新高,证券市场信心得到恢复,上市公司发展前景一片大好。而常熟正处于经济转型升级、创新发展的关键阶段,因此,政府相关部门应当在充分调研的基础上,针对本地中小企业、民营企业居多,以及现代服务业和高科技企业增多的趋势,加快拟上市公司的培育和上市促进工作,积极挖掘和培育上市后备资源,对于重点培育的企业,要实行分类指导和全过程跟踪及服务,及时提供政策指导、咨询和服务,通过推动一批运作规范、持续盈利能力和核心竞争力强的企业上市,进一步扩大常熟上市公司的规模和总量,为资本市场输送新鲜血液。

3. 加强监管力度,促使上市公司规范、健康发展

应当按照中国证监会的统一部署,确立新的监管概念,以信息披露监管为前提和保障,以推进公司治理和诚信运作为重点和途径,大力提升常熟市上市公司的质量,并在此基础上努力防范和化解风险,充分保护投资者利益。同时,积极发挥新闻媒体和司法部门对上市公司和中介机构的监督作用,保护广大投资者的合法权益。

(沈君豪)

张家港市上市公司发展报告

一、张家港市上市公司的发展历程

20世纪90年代初沪深交易所相继成立,中国资本市场开始进入新的发展篇章,但由于在初始阶段企业上市实行"额度管理"和"指标管理",张家港一直未能实现上市公司零的突破。为了破此困局,张家港另辟蹊径,1999年6月,张家港保税区实施收购云南上市公司"大理造纸",成为其第一大股东,随之更名为"云南新概念保税科技股份有限公司",实现了张家港市上市公司零的突破,成为张家港市首家上市公司,由此揭开了我国资本市场张家港板块的发展序幕。得益于张家港优良的经济基础、自身准确的城市定位以及清晰的发展战略,加之中国资本市场规模的不断扩大,直接融资功能的不断升级,张家港地区的资本市场在过去10多年间得到了飞跃式发展。

张家港市上市公司的发展历程主要有三个阶段:

第一阶段:从20世纪90年代开始后的十年,这是张家港上市公司发展的初创期。这一时期中国证券市场处于试验阶段,国家对企业上市采用行政审批的方法加以管理,实行"总量控制,限报家数"的办法,即由国务院证券管理部门确定在一定时期内应发行上市的企业家数,然后向省级政府和行业管理部门下达股票发行家数指标,在收到推荐预选企业材料后审核批准上市。在这一时期,受指标限制的影响,整个苏州地区的企业上市工作推进缓慢,从1994年到2003年整整十年,苏州地区累计只有10家公司在沪深交易所成功上市,而期间全国共有近1 200家公司在沪深两地成功上市,苏州上市公司数量占比不足1%。在这种困难局面下,张家港除了在1999年另辟蹊径控股大理造纸外,采取了境内境外并行突破的策略,才分别实现了牡丹汽车于2001年在香港的红筹上市和华芳纺织于2003年在上交所的主板上市。

第二阶段:2004年年初到2008年年底。2004年5月17日,深交所设立中小企业板获得证监会正式批复,为我国多层次资本市场建设向前迈进了一大步。与此同时,股票发行制度也已从行政审批完成了向行政核准的改变,资本市场已向全国的中小企业敞开了大门。2004年全国就有38家中小板企业成功挂牌,占当年沪深两市挂牌总量的39%。2006年10月12日,江苏宏宝成功上市,成为张家港和苏州地区第一家挂牌中小板的上市企业。苏州市委、市政府2005年《关于加快发展资本市场的指导意见》以及张家港市政府2006年《关于鼓励企业上市的若干政策意见》等政策文件的出台,对充分认识发展资本市场的重要意义以及促进资本市场大力发展等方面起到了重要的促进作用。2006年到2008年间,张家港累计有8家企业成功登陆中小板,这一增速在全国来说也是绝无仅有的。

第三阶段:2009年初至今。2009年,证监会批准深圳证券交易所设立创业板,这对中国多层次资本市场的建立以及资本市场逐步走向完善均具重大意义。2009年10月30日,首批获批的28家创业板公司集体上市,创业板的上市公司高成长、高技术含量、高市盈率,一时成为资本市场的明星。为了实现创业板的突破,张家港竭力培育高新技术企业上市,终于在2011年实现富瑞特装在创业板的上市。

纵观张家港市上市公司的时间发展序列,上市公司主要集中在2006年以后在沪深交易所挂牌上市,尤其以深交所中小板为重。2000年以前,张家港仅有1家上市公司;2000年到2009年,累计共有11家企业上市,上市数量实现爆发式增长,特别是2008年,一年就有4家企业在中小板上市;2010年和2011年,两年合计7家,增长速度保持在较高水平。

二、张家港市上市公司的现状及主要特点

(一)张家港上市公司群体的现状

1. 总体规模

截至2015年6月底,张家港共有19家上市公司,总股本10 240.02亿元。其中包括3家主板企业、11家中小板企业、1家创业板企业和4家境外上市企

业。境内上市公司共计15家,总市值1 006.93亿元;境外上市公司共计4家,总市值17.09亿元。张家港上市公司数量、总市值在全省和全国县级市中均处于前列。

2. 板块分布

由于张家港各板块都高度重视推进企业上市,且各板块均有一批符合上市条件的优质企业,故上市公司的地域分布与各板块经济总量成正比。截至2014年年底,全市19家上市公司中,开发区6家,数量排名第一,保税区5家,位列第二,塘桥镇3家,冶金园2家,凤凰镇、乐余镇、大新镇各1家。从境内上市来看,开发区和保税区数量所占比重很高,这与其在全市所占的经济比重相符,而从境外上市来看,大体分散,比例无说明性。

3. 行业分布

从境内上市看,张家港的A股上市公司主营业务主要集中在纺织、化工和机械制造业,但集中度并不高。

4. 业绩增长

张家港上市公司群体的总体素质较好,截至2014年年底,全国沪深股市首发股票2 601只(其中沪市983只,深市1 618只),以每股收益、主营业务收入、每股净资产同行业排名看,张家港的15家A股上市公司中有10家在全国行业排名50名以内,占比66.7%,有4家排名在前10位。

(二)张家港上市公司的主要特点

与全国各地的上市公司相比,张家港上市公司有着自己的特点。

1. 市场分布广泛,上市方式多样

回顾十多年来张家港企业上市的发展过程,张家港的许多优秀企业紧跟着世界资本市场的发展潮流,不断开辟企业融资新渠道,在企业上市方面完全发扬了"自加压力、敢于争先"的张家港精神,努力通过各种途径实现上市目标。他们既紧盯国内资本市场,又开拓国际资本市场,使张家港上市公司的市场分布非常广泛。截至2014年年底,张家港已有4家企业在境外上市:中国香港1家、新加坡1家、韩国1家、澳大利亚1家。其中牡丹汽车是我市第一家首发募集上市的企业,也是唯一一家通过红筹架构在香港上市的市属企业。

张家港19家上市企业大部分采用首发募集上市的方式,也有采用买壳上市的方式,如曾经的大理造纸、现在的保税科技就是购买了壳资源达到上市目的的。这种上市方式成本较高,还存在风险,但在当时争取不到上市额度指标的条件下,也不失为一种上市的捷径。张家港保税区于1999年6月与大理造纸签订股权转让协议,7月办理股份过户,由保税区控股,2001年配售新股,2009年注册地才迁回本市,但保税区通过这种方式拥有了张家港第一家上市公司。

2. 重视技术创新,提升竞争能力

张家港的上市公司群体和其他快速发展的中小企业一样,也会遭遇人员流动的成长烦恼,也会面临在订单和产能间平衡取舍的资金难题,但它们抓住资本市场的发展机遇,积极应对,破题求解,在或传统或新兴的领域努力探索出来一条崭新的发展路径,那就是"非标准定制"。"非标准定制"不同于流水线生产,首先,生产企业要有较强的研发和资金实力;其次,要能根据不同客户的定制需求进行小批量、高精度生产。这就使得"非标产品"的附加值也更高。正是"非标准定制"给张家港的上市公司打上了浓浓的特色烙印,也成就了他们的市场地位。2011年上市的鹿港科技是一家主营针织毛纱的纺织企业,针织毛纱产品的特点是批量小、品种多,传统纺织企业往往设备单一,研发速度跟不上潮流,因此在市场转化时非常被动,而鹿港科技的应对办法就是"非标准定制"和建立超前的研发机制。富瑞特装上市后,谋求的却是从"小而全"向"大而专"的转型。这个"专",指的是定制"LNG整体解决方案",其难点在于要为不同的车用、船用发动机提供稳定的供气压力,还要为不同产品进行售后服务,是LNG产业公认的"技术活"。正因为技术难度高、研发周期长,这块业务还处于萌芽期,附加值相对较高。

3. "张家港板块"令人瞩目

2006年6月,中国证监会正式重启首发募集上市,在此之前,张家港仅有4家上市公司。但到2012年年底,张家港新增了15家上市公司(① 2006年新增3家:深交所挂牌的江苏宏宝、沙钢股份、江苏国泰;② 2007年新增1家:深交所挂牌的澳洋科技;③ 2008年新增4家:深交所挂牌的东华能源、澳洋顺昌、海陆重工、华昌化工;④ 2010年新增3家:深交所挂牌的长江润发、银河电子,韩国挂牌的盛隆光电;⑤ 2011年新增4家:上交所挂牌的鹿港科技,深交所挂牌的张化机、富瑞特装,澳大利亚挂牌的格兰奇)。这一增速在当时全国绝无仅有,张家港也成为深交所中小板成立后贡献上市公司最多的县级市。这一现象引起了全国新闻媒体的关注,《证券时报》于2011年10月用三个版面刊登了《张家港:加速

产业转型 跻身资本市场强县》的系列报道,从此提出资本市场"张家港板块"的称号。之后,全国第七届地方政府企业改制上市工作经验交流会在武汉举行,张家港作为唯一县域经济代表被邀请与会,就推进企业上市进行研讨交流,这也是张家港在推动中小企业上市工作中得到的认可。

三、企业上市与张家港地方经济发展的相互作用

(一)地方经济为资本市场发展提供了肥沃土壤

改革开放以来,凭借深水良港的地理优势和东临上海的区位优势,在张家港精神的引领下,张家港经济实现了全面高速发展,基本形成了以工业为主体,股份制规模经济、民营经济和外向经济三足鼎立的混合型经济发展新格局,区港联动优势凸现,园区经济总量占全市80%以上,实现了由"快"到"好"的转变。综合实力不断增强,连续多年位居全国经济百强县市三甲,成为长三角地区经济发展的一个典型。三次产业协调发展,按照"做强工业、做大三产、做优农业"的发展思路,着力优化产业结构,加快转变发展方式,促进了产业协调发展,经济实力不断增强,先进制造业规模效应明显,在巩固发展冶金、纺织、机电、化工、粮油等优势产业的基础上,重点培育机械装备业和新兴产业,加快发展以现代物流为主的生产性服务业,建成了一批主业突出、核心竞争力强、梯次结构合理的规模企业群体。2014年,张家港全市实现地区生产总值2 200亿元,实现规模以上工业总产值4 960亿元,新兴产业产值占比达到41.2%;服务业增加值占地区生产总值比重达到44%。经济的持续高速平稳发展对张家港资本市场的发展起到了决定性的支持作用,为资本市场的发展提供了丰富的后备资源,培育和输送了大批优质拟上市企业,为企业上市工作打下了扎实的基础。

(二)资本市场助推了张家港地方经济发展

自2001年第一家企业上市以来,张家港市资本市场发展取得了相当的成果,在拓宽融资渠道、推进产业升级、改善公司治理等方面对张家港的经济发展起到了积极的作用。

1. 资本市场有效拓宽了企业的融资渠道

截至2014年年底,张家港19家上市公司累计募集资金157亿元,其中境外4家募集资金35.8亿元,境内15家募集资金121.2亿元。上述19家公司除个别企业因市场、产品等因素而变更或放缓了募投项目建设外,绝大部分上市公司

的募投项目建设均按照计划实施,为企业加快发展、做大做强提供了资金保障。华昌化工凭借2008年9月IPO募集的5亿元资金,大大降低了财务成本,抵抗了上市后金融危机所带来的效益滑坡,逐步消化了不利因素,同时,随着募投项目的有序推进,公司的产品结构进一步优化,竞争力和行业地位进一步得到了提高。澳洋科技是粘胶行业的龙头企业之一,2008年因原材料价格剧烈波动造成存货成本居高不下,同时产品销售价格也大幅下跌,企业陷入了经营危机。由于公司于2007年9月通过上市募集资金6.53亿元,依靠强大的资金支持,公司得以坚持生产,度过产业低迷期,并顺利完成募投项目建设,迎来了粘胶行业的回暖复苏。

2. 资本市场有效助推了企业发展

一是资本市场的发展对企业将资金、人才等资源向高端产业集聚起到了积极推动作用。二是资本市场的发展对引领建立和完善现代企业制度起到了积极推动作用。张家港工业以民营企业为主,多由乡镇企业改制而来,先天存在一些不规范的地方,同时经营者的理念也存在一定的差距。作为提升竞争力的核心,现代企业制度的建立完善一直是经济工作的一个重点。发展资本市场为张家港建立和完善现代企业制度起到了积极的推动作用和示范作用,一方面,企业经历上市辅导,规范意识逐步加强,内控制度逐步健全;另一方面,上市公司完善的公司治理对其他企业也产生了积极的示范效应。

3. 介入资本市场提高了企业竞争能力

张家港上市公司的募集资金主要投向了产品研发、技术更新以及产业升级,利用从资本市场募集的资金,资本实力和抵御风险能力显著增强,市场份额明显提高,研发和自主创新日趋活跃,核心竞争力跃升至全新水平。一些公司通过资本运作迅速实现了做强做优,成为行业的领先者。海陆重工于2008年6月在深交所上市,募集资金2.9亿元(发行2 770万股,10.46元/股)。公司上市以后,借助资本市场的免费广告、融资渠道宽、融资成本低等优势,在业务开拓和市场竞争方面都取得了长足的进展。即使在金融危机的不利形势下,公司的业务覆盖面、业务增量依然快速提升,经济效益逐步提高。2008年公司主营业务收入7.53亿元,同比增长13.87%,净利润7 469万元,同比增长30.9%。为进一步抢占市场,扩大公司盈利规模,海陆重工于2009年10月又顺利完成了定向增发,共募集资金4.7亿(发行1 840万股,25.5元/股),主要用于煤化工大型与特种材质压力容器及核承压设备技改项目建设。随着项目建成达产,该企业成功实现产业结构升级,形成余热锅炉、压力容器、核承压设备三大业务并举的良好势头,其行业内的领先地位进一步夯实,是张家港上市公司群体中的典型代表。

四、张家港市上市公司发展建议及展望

进一步做优做强张家港的上市公司群体,首先要提高上市公司质量,强化现有上市公司竞争优势,实现可持续发展的内在要求;其次是积极培育一批具有竞争能力的企业,通过改制改革和市场化运作,在完善资本结构的前提下积极争取上市,进一步增强上市公司群体的整体力量。

(一)做优做强现有上市公司

推动现有上市公司充分利用证券市场平台,积极开展并购重组,优化配置,使优质资产和优秀人才向业绩优秀的公司集中,加快成为地区和行业的龙头企业。针对自身存在的问题和不足,提高自身管理水平,努力适应宏观经济环境的变化,冷静分析宏观经济政策和市场环境出现的新变化和新特点,树立危机意识,提高风险预测水平。

不断改善张家港上市企业公司治理水平,高度重视董事会建设,根据企业规模和经营需要,适时调整董事会规模,改善董事会结构;在不影响企业长远发展的前提下,适当提高股利发放比例,使股东能够获得及时回报,改善与投资者关系;适当增加信息披露方面的成本投入,聘请审计质量较高的会计师事务所进行审计,提高信息披露的公信力。

上市公司要发挥资本运作平台作用,将优质资产向上市公司集中。配合上级监管部门,督促上市公司规范运作,切实履行信息披露及其他义务。完善创新机制,加大研发投入力度,积极引进创新人才,并把企业创新与市场创新、产业创新结合起来,推动地区和行业的技术水平进步。积极引进民营资本和外资参与重组,吸引有实力的投资公司参股、并购,促进上市企业做优做强。

(二)积极培育上市公司群体的后备力量

1. 培育一批行业领军企业

在巩固和完善现有的"千人计划"、"姑苏人才"等高层次引智成果的同时,积极培育和推动发展一批具有竞争能力和行业地位的企业上市。充分发挥其产业优势、区位优势、技术优势和环境优势,继续培育一批行业领军企业。

2. 打造现代服务业总部经济

总部经济是新的经济形式，一个上市公司就是一个总部经济。服务业总部经济能带动相关服务业发展，推动城市产业结构升级，提升中心城市的聚集力与辐射力，强化对周边地区的经济带动功能。针对张家港制造业和现代服务业相对发达的特点，按照产业链、价值链发展规律，通过破解资源制约瓶颈，拓展产业发展空间，培育发展一批具有特色的总部经济企业。

3. 依靠城乡一体化建设进程，积极打造一批具有影响力的现代农业企业

以新型城镇化建设过程中农业龙头企业的建设为契机，积极引进、转化及推广科研成果，促进科技成果迅速转化和产业化，从而发展一批具有特色的融合高新技术产业、加工工业和提高产业化配套技术水平的新型农村龙头企业。

（三）推动外资企业上市和本地企业境外上市

张家港作为外向型经济的典型代表，引进了一大批资金雄厚、实力强劲的外资企业，因此有关跨国公司在中国上市的政策直接影响着张家港企业上市前景。关于跨国公司在内地上市，中国证监会曾经提出了六点要求：第一，希望外方投资主体为国际知名企业；第二，产业为高新产业或中国需要发展的产业；第三，具有相当规模；第四，有较好的经济效益；第五，具有良好发展前景及其研究总部设在国内；第六，中外合作良好，具有良好的管理架构。随着中国经济实力进一步增强和经济开放性的逐步提高，跨国公司、外资企业在中国上市的速度应该会进一步加快。同时，目前证监会为了缓解国内首发上市的困境，鼓励境内企业赴境外上市，审批手续和指标门槛都已相对简化和降低。可以说，张家港的外资企业，特别是港澳台投资企业，可以早作预案，积极准备，一旦条件成熟，就抓住机遇踏进资本市场的大门，进一步壮大和丰富张家港上市公司群体。

可以预见，张家港的企业上市步伐将进一步加快，上市公司群体的扩大也会进一步增速。由于受到张家港现有企业规模和经济发展特点的限制，上市企业必将延续主板、中小板块、新三板市场多点联动发展的态势。

（柳一虹）

太仓市上市公司发展报告

一、太仓市上市公司发展概况

截至2015年6月底,太仓市共有天顺风能(苏州)股份有限公司等6家企业在上交所、深交所、港交所、美国纳斯达克等各类证券市场上市,苏州维艾普新材料股份有限公司等3家企业在新三板挂牌。

太仓市6家在各类证券市场上市的公司分别为:天顺风能(苏州)股份有限公司(简称天顺风能,证券代码:002531);苏州雅本化学股份有限公司(简称雅本化学,证券代码:300261);怡球金属资源再生(中国)股份有限公司(简称怡球金属,证券代码:601388);江苏德威新材料股份有限公司(简称德威新材料,证券代码:300325);苏州锦凯纺织有限公司(简称锦凯纺织,美国纳斯达克OTCBB市场,证券代码:MTXS);太仓市天然气有限公司(注:以其全资子公司"苏创燃气股份有限公司"的名义上市,以下简称苏创燃气,香港联交所主板,证券代码:01430)。3家在新三板挂牌的公司分别为:苏州维艾普新材料股份有限公司(简称维艾普新材料,证券代码:831612);苏州香塘担保股份有限公司(简称香塘担保,证券代码:831959);太仓兴宇印刷包装股份有限公司(简称兴宇印刷,证券代码:832364)。太仓市上市公司的特点有:

第一,从上市公司上市时间来看,6家上市公司中天顺风能和锦凯纺织2家在2010年上市,雅本化学在2011年上市,德威新材料和怡球金属2家在2012年上市,苏创燃气在2015年上市。新三板3家公司均是在2015年挂牌。

第二,从上市公司所在区镇分布来看,6家上市公司中天顺风能和苏创燃气2家位于新区,雅本化学位于港区,怡球金属位于浮桥镇,德威新材料位于沙溪镇,锦凯纺织位于璜泾镇。3家新三板挂牌公司中香塘担保和兴宇印刷2家位于新区,维艾普新材料位于城厢镇。

第三,从上市公司所属国民经济行业来看,6家上市公司中雅本化学、德威新材料、天顺风能、怡球金属和锦凯纺织5家属于制造业(分别为化学药品制剂制造、基础化学原料制造、发电机及发电机组制造、有色金属压延加工及纺织制造),苏创燃气属于燃气供应业。3家新三板挂牌公司中维艾普新材料和兴宇印刷2家属于制造业(分别为玻璃纤维及制品制造、印刷制造),香塘担保属于金融业。

第四,从上市公司的注册资本来看,6家上市公司中注册资本超过5亿的有2家(天顺风能注册资本8.23亿,怡球金属注册资本5.33亿)、1亿至5亿的有3家(雅本化学注册资本3.02亿,德威新材料注册资本3.2亿,苏创燃气注册资本4亿),不足1亿的有1家(锦凯纺织注册资本0.88亿)。3家新三板挂牌公司中注册资本超过3亿的有1家(香塘担保注册资本3亿),超过7 000万的有1家(维艾普新材料注册资本0.73亿),500万的有1家(兴宇印刷注册资本0.05亿)。

第五,从上市公司的企业类型和经济性质来看,6家上市公司中合资企业有3家(分别为苏创燃气、怡球金属、天顺风能),德威新材料、雅本化学、锦凯纺织3家为国内自然人控股的企业。3家新三板挂牌的公司均为自然人控股。

二、太仓市推进企业上市的具体工作

为确保企业上市工作稳步推进,太仓市政府在发改委设立了上市办公室,专门协调各政府部门打通各级审批渠道、搭建沟通交流平台、服务企业上市发债全过程,并提前介入企业发债,实行全程监管,全力推进企业上市和发债工作,确保重点企业成功上市,不断充实和完善多层次资本市场。

太仓市服务企业上市的具体做法:

1. 建立重点上市后备企业数据库

凡在太仓市工商部门注册并具备条件的企业,经企业自愿申报和上市办批准,可作为重点上市后备企业,上市办公室根据企业经济实力、发展潜力和发展意愿等,筛选建立重点上市后备企业数据库,同时,根据实际情况完善数据库中重点后备企业的调入、调出、中止等。

2. 完善后备企业的培训

上市办公室不定期地联合相关部门举办拟上市企业、上市后备企业培训,针对拟上市企业所处的上市阶段,开展基础知识、操作规程和审核环节等方面的培训。

3. 解决改制企业上市难题

对企业改制上市中遇到的因历史原因造成的产权不清晰、用地手续不全、企业账物不符、财务报表不实、劳动用工不规范等共性问题,在不违反国家法律法规的前提下,要结合本地实际积极研究灵活解决办法,并有针对性地实施"一企一议",为企业改制上市创造条件。

4. 实施政策优惠扶持

太仓市政府在2009年出台并在2011年修订了《关于鼓励和扶持企业上市的政策意见》(太政办〔2009〕53号、太政办〔2011〕114号),2013年出台《关于鼓励扶持企业在新三板、区域性股权交易市场挂牌的政策意见》(太政发〔2013〕77号),作为对上市公司辅导、奖励的依据。对列入拟上市企业、重点上市后备企业名单的企业可享受市里出台的扶持企业上市奖励政策,并且鼓励政策再加码。对重点上市后备企业申请各类财政性资金补助、项目用地指标和价格、高新技术企业申报和认定等,各有关部门要给予必要的政策扶持,同等条件下给予优先安排。据统计,自2008年以来,太仓财政累计奖励企业上市资金3 948万元。

三、太仓市上市公司发展面临的困难

1. 数量偏少、规模偏小,太仓上市公司综合竞争力还不强

虽然近几年太仓上市公司取得了突破,数量也不断增加,但与江阴、晋江及苏州昆山、常熟、张家港等县级市相比,上市公司总量还存在一定差距,要想追赶和超越同级别经济发达的县市还有很长的路要走。从上市公司的注册资本和发展规模来看,6家公司均属于中小类型的公司,与大型上市公司相比规模均偏小,竞争力均不是太强,缺乏行业领头羊类型的大型上市公司,要想将这些中小型上市公司培育成大型上市公司还需要付出更多的努力。6家上市公司基本都属于传统行业,虽然也有新材料等技术比较领先的行业,但未来发展方向的新兴互联网、信息技术等产业上市公司还没有,且太仓互联网等新兴产业的发展还相对滞后,缺乏有代表性的大型新兴产业公司,离竞争力更强、更具发展优势的新

兴产业公司上市遥遥无期。

2. 未来竞争将更加激烈,上市公司未来发展可能步履维艰

国务院自去年开始推进商事制度改革,注册资本登记由实缴改为认缴、取消最低注册资本限额、年检制度改为年报公示制度、先证后照改为先照后证、实行三合一登记等改革举措有序推进,着力释放改革红利,经济发展活力竞相迸发。国务院于2015年印发了《关于大力推进大众创业万众创新若干政策措施的意见》(国发〔2015〕32号),明确要求坚持改革推动,大力推进大众创业、万众创新,充分发挥市场在资源配置中的决定性作用和更好地发挥政府作用,加大简政放权力度,放宽政策、放开市场、放活主体,形成有利于创业创新的良好氛围,让千千万万创业者活跃起来。由此可以预见,不管在本地、本省还是在全国其他地方,未来各个行业的竞争将空前激烈,太仓上市公司发展将遭遇前所未有的挑战。

3. 新兴行业发展方兴未艾,太仓上市公司面临转型升级压力

一方面,新一代信息技术与制造业深度融合,正在引发影响深远的产业变革,形成新的生产方式、产业形态、商业模式和经济增长点,三维(3D)打印、移动互联网、云计算、大数据、生物工程等新兴行业均取得长足发展,传统行业如果不转型升级,其发展可能举步维艰。新兴产业的蓬勃发展对基本属于传统行业的上市公司发展提供了外在驱动力。另一方面,我国经济发展进入新常态,资源和环境约束不断强化,劳动力等生产要素成本不断上升,投资和出口增速明显放缓,逼迫传统行业转型升级。传统行业如果不及时适应经济发展新常态、努力推进转型升级,将无法健康长远发展。太仓上市公司基本是传统制造业,要想形成经济增长新动力,塑造竞争新优势,今后将面临不得不转型升级的内在压力。

四、推进太仓市上市公司发展的建议

1. 更新理念,抢抓机遇,加快谋划太仓上市公司发展规划

一方面,市场竞争日益激烈,上市公司发展充满挑战;另一方面,国务院于2014年印发《国务院关于进一步促进资本市场健康发展的若干意见》(国发〔2014〕17号),对促进资本市场健康发展、营造资本市场良好发展环境提出了33条意见,上市公司也迎来了良好的发展机遇。如何抓住难得的机遇推动上市公司健康发展,成为摆在本地政府及各上市公司面前的难题。笔者认为,首先应当

从思想观念上重视,根据国家政策的调整、市场行情的变化等考虑公司的发展规划,避免受到错误观念的影响而产生错误的决策。具体而言,上市公司应当充分认识到企业上市是新发展的开始而不是发展的结束,不能因为企业现在发展势态良好已经上市而沾沾自喜,而应该保持思想上与时俱进,要及时研究国家及行业的发展现状及未来趋势,要以不断提升上市公司综合竞争力为目标制定、实施和调整发展规划,确保上市公司沿着健康的发展轨道运行。

2. **加强校企合作,以创新提升太仓上市公司综合实力**

创新是企业保持长久竞争力的根本,面对日益激烈的市场竞争大环境,上市公司应当积极设立自己的科学研究中心,加大对中心的资金投入力度,在技术创新上舍得花钱,积极开展新产品、新技术的研究,提升企业的自主创新能力和核心竞争力,创造更多的自主知识产权,不断完善从研究成果到实践成果的转化,打造公司和产品的竞争优势。同时,上市公司应该主动加强与学校、科研院所的对接,主动寻求利益契合点,积极、主动、持久地与开展产学研合作,用他们所研发的先进科研成果、技术工艺改造和提升自身产品,特别要不断引进新技术、采用新工艺、推出新产品,推动科技成果的产业化。本地政府可针对上市公司创新能力不强、研发资金投入不到位、获取科技信息渠道不畅通等问题,辅导上市公司建立规范的研发机构,积极为上市公司与高校、科研院所的合作牵线搭桥,强化对上市公司的科技服务和指导,为上市公司提供更多的科技信息资讯,指导和帮助上市公司将科技成果转化推广,积极为企业知识产权申请及保护提供便利,积极帮助上市公司走创新驱动之路。

3. **招贤纳士,着力培育太仓上市公司的企业文化**

人才是上市公司最重要的核心资源,一个上市公司拥有了大量的人才就代表拥有了实力,拥有了未来!上市公司必须以科学的人才培养方法、有效的激励机制、公平的竞争平台、广阔的事业发展空间广纳良贤,在人力资源"选、育、用、留"方面加大力度,不断优化人员素质结构,打造一支高素质的生产和管理人才团队。而吸引和留住人才最终是靠企业文化。包括太仓上市公司在内的国内企业对企业文化的培育还有很长的路要走,因此太仓上市公司应当以国外知名企业的发展为研究和学习对象,不断摸索,积极培育自身独特的企业文化,吸引人才加盟,强化人才培养,确保上市公司始终保持发展原动力。

4. 诚信经营、化解风险,稳步推进太仓上市公司健康发展

国务院在2014年印发了《社会信用体系建设规划纲要》(国发〔2014〕21号),对包括规范上市公司诚信经营在内的信用体系建设提出了目标和要求,强化运用信用约束和惩戒手段,着力解决现在社会、企业和个人信用的缺失,失信违法成本过低等问题,营造守信光荣、失信可耻的浓厚氛围。上市公司诚信问题已经成为股价的新"风向标",由于失信导致投资者"用脚投票"的现象已不鲜见,尤其是在涉及食品安全的领域,这一"风向标"更是发挥了极大的作用。不遵守诚信的"游戏规则",在给别人带来损害的同时也是在损害自己的利益。因不诚信而导致上市公司从辉煌到没落的案例也不在少数。虽然太仓上市公司没有食品生产企业,也暂时未发生重大的失信情况,但对于诚信经营也不可忽视。太仓上市公司应当以市场诚信法则为依据来规范其行为,充分发挥示范引领作用,在转型升级、深化改革、创新驱动、打造品牌和诚信履责上当好标兵,严格遵守法律法规,杜绝不诚信、不合法的行为出现,树立良好社会形象。政府及政府监管部门应当强化对上市公司的监管力度,通过行政指导、行政告诫等方式及时纠正上市公司经营中的不规范之处,帮助企业化解经营风险,确保上市公司能够得到健康发展。

(王艳新)

昆山市上市公司发展报告

昆山市多年来名列全国百强县市之首,经过几年的发展与积淀,成就了一批具备上市条件的优质企业。昆山市雄厚的产业基础更是企业上市的"源泉"。早在2007年,昆山市政府就出台了《关于鼓励扶持企业上市的若干意见》,2011年更是针对高新区的企业出台了《关于鼓励昆山高新区企业在"新三板"市场挂牌的若干政策(试行)》等文件,昆山市资本市场发展环境得到逐步优化。

一、昆山市上市公司总体概况

2009年10月30日,江苏新宁现代物流股份有限公司上市,实现昆山上市企业"零"的突破。近几年,昆山企业上市挂牌速度激增。截至2015年6月底,昆山市共有上市公司13家,分别为:江苏新宁现代物流股份有限公司、沪士电子股份有限公司、昆山金利表面材料应用科技股份有限公司、江苏天瑞仪器股份有限公司、江苏飞力达国际物流股份有限公司、昆山新莱洁净应用材料股份有限公司、好孩子国际控股有限公司、联德控股股份有限公司、龙灯环球农业科技有限公司、鲜活控股股份有限公司、乙盛精密工业股份有限公司、丘钛科技(集团)有限公司、光丽光电科技股份有限公司,其中在深圳证券交易所上市的公司6家,在香港证券交易所上市的公司2家,在台湾证券交易所上市的公司5家。

按上市时间分,2011年最多,为4家,占全部上市公司数的30.8%,其次为2010年3家、2012年2家、2014年2家、2009年1家和2013年1家。

按上市公司注册地分,开发区上市公司数最多,为6家,占全部上市公司数的46.2%,其次为高新区3家、张浦镇3家、陆家镇1家。

按上市公司所属国民经济行业分,其中制造业上市公司占据大头,共8家,占全部上市公司数的61.5%,其次为交通运输业2家、科学研究和技术服务业1家、化学工业1家、食品加工业1家。

二、昆山市上市公司发展的特点

1. 昆山上市企业中台资企业占六成

2010年8月18日,昆山沪士电子股份有限公司在深圳证券交易所上市,正式登陆A股市场,成为昆山首家在大陆上市的台资企业。昆山是全国台资企业最密集的地区之一,台资企业已成为昆山上市企业的重要力量,截至目前,在已上市的13家企业中,有8家为台资企业。昆山市委市政府高度重视台资企业发展,积极鼓励台资企业在境内外上市,依托资本市场实现企业腾飞。为鼓励台企上市,昆山市委市政府不仅在企业上市过程中做好协调服务,还帮助解决各类难题。台资企业在准备上市过程中,由于改制重组增加的负担,市政府会给予适当的补贴返还;有限公司变更为股份公司,过程中涉及土地、房产、车辆等的变更,免收各种规费,只收工本费。另外,昆山直接奖励金额也较大,对于境内A股上市奖励800万元,其中包括300万元专项资金补贴,还有500万元的奖励将陆续补贴到位;股改后奖励100万元,报送材料奖励100万元,成功上市再奖励300万元;企业境外上市奖励550万元;返台上柜奖励250万元。

2. "昆山服务"激发公司上市活力

近年来,昆山在推动经济转型升级工作中,始终把企业上市工作作为发展规模经济、提升企业核心竞争力的重要举措来抓,企业上市工作取得了实质性的突破,创下几个骄人的"第一"成绩:昆山台资企业上市上柜数量列全国县级市第一;新宁物流成为国内首批,也是江苏省第一家创业板上市企业;新莱应材成为江苏省第一家创业板上市的台资企业;联德机械成为国内第一家成功返台上柜的台资企业;龙灯化学成为苏州第一家成功返台上市的台资企业。与此同时,昆山坚持实实在在兑现扶持政策中承诺的各项补贴和奖励,及时落实发放到每一家企业。对企业上市进程中遇到的一些实际问题,如土地流转出让、环境评估、补缴税金、涉外监管、历史遗留等问题,只要企业提出来,市政府都会认真研究予以解决,特殊情况可以一企一策、一事一议,特事特办、急事急办。目前,昆山上市后备企业基础得到巩固,建立了拟上市挂牌企业数据库,并明确上市工作机制,动态跟踪服务企业,已形成持续培育、持续申报、持续上市的滚动发展格局。

三、昆山市上市公司存在的不足

1. 上市公司总量较先进地区仍有差距

与深圳、江阴等先进城市相比,昆山在上市公司总量上还存在一定差距,培育和发展上市公司仍面临任务重、压力大的局面。因此,昆山市政府在近期发布的《昆山市"转型升级创新发展六年行动计划"实施意见(2015—2020年)》(征求意见稿)中提出要牢固树立"抓企业上市,就是抓总部经济、抓税源经济、抓法治经济"的理念,抢抓多层次资本市场发展机遇,发挥昆山市产业基础雄厚、优质企业多的优势,积极鼓励支持企业加快股份制改造,通过"新三版"挂牌、中小板和创业板上市、境外上市上柜等多种渠道,形成昆山"上市企业群"。到2020年,新增上市挂牌企业60家,上市挂牌后备企业100家。

2. 上市公司大多规模较小,竞争实力不强

上市公司是优质企业群体的集中代表,是提升区域竞争力的重要支持力量和区域经济的杠杆,是地方经济发展的生力军。为带动昆山经济更加快速、健康、持续地发展,必须积极培育和发展上市公司,这不仅有利于上市公司本身的发展,对昆山经济的发展也有着更加深远的影响。昆山的上市公司大多为中小企业,规模较小,实力不强。而上市公司的业绩与上市公司的规模呈普遍的正相关关系,也就是说在上市公司的发展过程中,上市公司的规模直接关系到上市公司规模经济效益的发挥。昆山上市公司规模普遍较小,这将大大影响上市公司应有作用的发挥,导致竞争实力不强。

3. 行业结构布局不合理

昆山上市公司主要集中在传统的机械、交通运输行业,大部分属于劳动密集、高能耗的传统制造业。在高新技术领域、农业、基础设施建设等国家重点扶持的领域,上市公司少,产业结构不太合理,部分企业缺乏规模优势和核心竞争力,这对充分利用上市公司资源推动昆山产业升级不利,与当前大力发展高新技术产业的总体趋势也不相吻合。

4. 地区分布不均衡,且缺乏特色和优势

目前,昆山的上市公司主要集中在开发区、高新区和张浦镇,其他区镇除了陆家镇拥有一家上市公司外,其余7个乡镇都没有上市公司。与此同时,作为沿

海经济发达地区之一,昆山市市场化改革起步早,但由于受到体制、机制、环境等多种因素的影响,这种特色优势没有在昆山的上市公司中得到充分体现,能反映昆山市经济增长活力、水平和发展潜力的民营骨干企业相对偏少。特色优势的缺乏,制约了昆山上市公司功能优势的充分发挥,并影响到昆山上市公司的做强做大和健康发展。

四、进一步培育和发展昆山市上市公司的建议

1. 进一步加强政府的引导和扶持工作

为了更好地培育和发展昆山市上市公司,必须充分发挥政府部门的作用。一是政府应根据社会经济发展的总体战略及相关政策的要求,对上市公司的发展战略进行深入的研究和部署,并加以引导,使之符合国家和地区的产业政策,为上市公司创造一个良好的市场和政策环境。二是有关政府职能部门要做好企业上市政策的贯彻落实工作,通过制定具体的工作措施和办法,对上市公司发展过程中出现的各种问题加以协调解决,促进上市公司做大做强,积极培育本地区上市后备企业,协调有关部门做好企业上市各项政策措施的落实,扎实推进企业上市工作。

2. 积极发掘和培育优质企业并支持其上市

一方面,地方政府、券商和中介机构要广泛搜集信息,加强与企业的密切联系,支持行业龙头、自主创新和高成长性的中小企业通过股份制改造,积极培育优质的上市公司后备资源,建立和完善企业上市后备资源信息库。另一方面,企业经营者要转变观念,拓宽视野,通过建立和完善现代企业制度,加快产业升级,重视资本市场的作用,积极拓宽融资渠道,并自觉做好企业上市的准备工作。值得注意的是,在扶持企业上市过程中,不仅要重视企业数量的增长,而且要尽量选择规模大、效益好的企业,以真正提高上市企业的核心竞争力。

3. 建立上市公司创新机制,提升上市公司竞争力

上市公司要牢固树立创新理念,完善科技创新机制,加大研发投入力度,大力引进科技创新人才,实现科研成果与社会需求的有效匹配。一是积极发挥资本市场的筹措功能,对劳动密集型等传统产业进行技术改造,增强产品科技含量,加快企业结构调整与升级步伐,降低企业经营风险,把企业逐步培育成主业突出、核心竞争力强、具有自主知识产权的知名上市公司。二是大力推进上市公

司创新步伐,以"工业4.0"和《中国制造2025》为导向,加强企业管理创新、产品创新、营销创新,从而推动产业结构升级换代,走企业内涵式创新的可持续发展道路。此外,积极推进科研院所的最新成果技术与支柱上市公司的嫁接力度,促进衰退行业企业脱胎换骨,推陈出新。

4. 优化上市公司的产业结构

要建立、完善和优化衰退行业创新机制,把企业创新与市场创新、产业创新结合起来,加快现有上市公司产业结构优化升级步伐。加大对高新技术上市公司后备资源的培养力度,把培育上市公司后备力量与经济结构调整和产业升级有机地结合起来,积极扶持高新技术企业上市,逐步实现从传统行业到新兴高科技企业的转变。

5. 大力培育和发展证券中介机构

证券机构的实力和运作能力,在一定程度上决定了地方企业参与资本市场运作的能力和水平。因此,要发展壮大昆山市上市公司,就必须大力培育和发展证券及各类中介机构。

(徐蓉蓉)

苏州市吴江区上市公司发展报告

一、苏州市吴江区上市公司发展现状

1. 上市数量在苏州领先

截至2015年6月底,苏州市吴江区共有境内外上市公司10家(不含停牌公司,下同),其中在上交所上市2家,深交所上市6家,境外上市2家。上市公司数量在苏州各区县中居于领先地位。

2. 资产规模继续扩大

截至2014年年底,吴江区8家境内上市公司总资产达到315.27亿元。其中,江苏亨通光电股份有限公司总资产超过100亿元,占吴江区上市公司总资产的37.3%。其余公司每家总资产也均在10亿元以上。

二、苏州市吴江区上市公司发展特点

1. 以制造业为主

从吴江区10家上市公司行业分类看,制造业企业9家,金融业企业1家。分别为纺织业(2家),计算机、通信和其他电子设备制造业(3家),通用设备制造(1家),专用设备制造业(1家),木材加工和木、竹、藤、棕、草制品业(1家),非金属矿物制品业(1家),货币金融服务业(1家)。

2. 战略新兴产业成为新增长极

战略新兴产业是城市经济竞争力的重要坐标之一,上市公司作为吴江区新兴产业的佼佼者,成为推动吴江区产业升级的重要一环,为近年吴江区经济发展的新增长极。截至2015年6月底,苏州市吴江区上市公司中,属于战略新兴产业的有 4 家,新材料产业公司有 2 家,其次是节能环保产业 1 家,高端装备制造业 1 家。

三、苏州市吴江区上市公司概况

1. 江苏吴江中国东方丝绸市场股份有限公司

公司原名为吴江丝绸股份有限公司(上市公司代码:000301),坐落于"国家级丝绸星火密集区"的吴江区盛泽镇。公司由"江苏吴江丝绸集团有限公司"联合"江苏省丝绸集团有限公司"等 4 家企业共同发起设立。经中国证监会核准,公司于 2000 年成功登陆 A 股市场。2007 年 5 月,公司顺利完成股权分置改革。公司注册资本 121 823.644 5 万元。公司确立"以市场为核心的纺织业现代综合服务商"的商业模式,以中国东方丝绸市场为载体,以区域内近万家纺织企业和纺织专业商户为服务对象,主要业务涉及对东方丝绸市场进行经营和管理,并提供电力、热能、广告等多项服务。公司以盛泽千年丝绸历史和商贸文化为财富,充分利用建设盛泽成为世界级纺织产业基地的发展机遇,依托良好的区域经济环境和市场空间,通过对东方丝绸市场核心区域开发升级、优化区域内纺织产业配套等资本运作与资源整合,并积极参与创投、股权投资等业务,创新投资机制,不断完善企业综合服务功能,积极发挥纺织业现代综合服务商的作用,推动和引导区域纺织产业升级。

2. 江苏新民纺织科技股份有限公司

公司系经江苏省人民政府批准、由吴江新民纺织有限公司整体变更设立的股份公司,于 2007 年 4 月 18 日在深圳证券交易所挂牌上市,注册资本 44 645.890 2 万元。公司是主营丝绸织造的江苏省高新技术企业,主要产品包括:高档真丝面料、高档仿真丝面料、精品女式时装等。目前,ISO9001 质量保证体系已覆盖了产品生产和服务质量的所有环节。产品出口主要面向欧美、日本等高端市场,多项产品在国际市场上具有很强的竞争力。公司与苏州大学合作,成立了产、学、研相结合的省级技术开发中心。在中国纺织工业协会组织的全行业竞争力综合测评中,公司连续 8 年入围"中国丝绸行业竞争力前十强"。公司通过了国家纺织产品开发中心的审核,成为"真丝及仿丝绸产品开发基地",也是全国首家仿真丝面料开发基地。

3. 康力电梯股份有限公司

公司成立于1997年11月,注册资本73 921.362 4万元,员工3 600余人,是一家集设计、开发、制造、销售、安装和维保于一体的现代化专业电梯企业。公司总部位于江苏省汾湖高新技术产业开发区,为苏州市总部企业、地标型企业,目前拥有8家全资及控股子公司,分别在江苏苏州、广东中山、四川成都设立产业基地;在全国设有31个营销分公司、14个服务中心,设有3个海外营销部。公司具有国家质量监督检验检疫总局颁发的电梯制造、安装、改造和维修保养A级资质,获得欧洲CE认证、韩国KC认证、俄罗斯GOST认证。康力电梯成立以来,创造了中国电梯发展史上的多个第一:2010年公司在深交所成功上市(证券代码:002367),为中国电梯行业第一家上市公司;2010年成功研发国产首台具有自主知识产权的7m/s高速电梯;2011年公司技术中心成为行业内第一家国家认定企业技术中心;自2005年起至2013年,"康力"连续9年名列全国市场同类产品国产品牌销量第一;2011年公司于资本市场行业内第一家实施股权激励;2012年公司于行业内第一家实施股权回购。

4. 江苏科林环保设备有限公司

公司创建于1986年,占地面积约1.5万平方米,厂房建筑面积4 000多平方米,拥有固定资产2 000余万元。历年来公司通过聘用行业知名专家、技术骨干和大专院校优秀毕业生来提高公司的研发力量,使公司在提高产品科技含量、扩大新产品开发、优化产品性能等方面取得了良好的成效。公司主导产品为GD型、YD型管极式静电除尘器,BWS型板卧式电除尘、隔声、消声系列产品。公司产品远销印度、巴西等国家。为适应国家越来越高的环保要求和市场需求,近年来公司开发了长袋低压脉冲布袋除尘器,该设备以起点技术含量高、除尘效果好而迅速占领市场。公司于2005年9月通过了ISO9001:2000质量管理体系认证,全面贯彻"严格管理、优质生产、用户满意、持续改进"的质量方针。

5. 德尔国际家居股份有限公司

公司是国内领先的专业木地板品牌服务商,多年来致力于为消费者提供绿色环保、科技领先的家居产品和前沿的家居体验。德尔品牌创立于2000年,德尔国际家居股份有限公司成立于2004年,并于2011年成功登陆资本市场,成为国内A股上市企业之一(股票代码:002631)。公司是当前国内实力规模和品牌影响力领先的木地板制造销售领导型企业,"十一五"国家"863"计划课题参与单位。公司为2008年北京奥运会及残奥会地板供应商。2009年德尔被"世界品牌实验室"评为中国最具500价值品牌,品牌价值达71.15亿元人民币。2010年德尔成为亚洲品牌500强,名列木地板行业第一名。

6. 江苏永鼎股份有限公司

公司位于苏州市吴江区汾湖高新技术产业开发区。公司创建于1978年,经历了30多年的艰苦创业和快速发展,现已成为集实业、投资、国内外贸易为一体的综合性大型高新技术企业。公司涉足光通信产品的研发制造,通信线缆、节能环保及航空航天等特种线缆的研发制造,EPC海外电力工程总承包,超导新材料的研发制造,汽车销售及零配件的研发生产,医疗保健行业及房地产的开发和销售等多个领域。公司于1997年9月29日在上海证券交易所荣誉上市,是全国光缆行业中首家民营上市公司。公司先后荣获国家大型企业、中国高新技术企业、中国驰名商标、中国名牌产品、国家免检产品、中国最佳形象企业、全国质量管理先进企业、中国电子百强企业、江苏省AAA级信用企业、信用江苏诚信单位和江苏省文明单位等荣誉称号。公司积极响应国家"走出去"、"转变发展方式"和"自主创新"的号召,经过数年的前期巨大投入和潜心经营,通过多年国际工程项目的成功建设,积累了丰富的对外工程承包经验,赢得了较高的国际市场赞誉。

7. 江苏亨通光电股份有限公司

公司于2003年8月在上海证券交易所挂牌上市(股票代码:600487),位列全球光纤光缆最具竞争力企业前五强。公司拥有两座具有国际领先水平的高科技产业园,在全国8个省市建立产业基地,在31个省市设立技术服务分公司,在亚洲、南美、非洲、欧洲等地设立18个营销和技术服务机构,业务遍布80多个国家和地区,并在巴西建立研发生产基地,初步形成覆盖全球的营销服务网络,成为全球线缆主力供应商。亨通光电拥有完整的光电线缆产业群:自主产权的"光棒—光纤—光缆"光通信产业链,已完成全系列的FTTx的ODN研发与制造,引领光网城市的全系列产品产业群;海底光电复合缆及海底光缆、海底超高压电力缆,从中低压、高压到超高压全系列的电力电缆产业群;机车、轨道交通、海洋工程、新能源等领域用电气装备电缆产业群;高速数据线缆、高速信号传输线缆等全系列的电子消费线缆产业群。公司先后参与70项国家与行业标准制订,获得450多项国家授权专利(专利总数列全国同行第一,其中发明专利62项),先后承担50多项国家、省部级新的产品及技术攻关项目,其中获省部级重大科技成果转化资助项目3项。在光纤光棒、智能电网、海底通信、电力、传输等领域拥有最核心的自主知识产权及行业话语权。

8. 江苏通鼎光电股份有限公司

公司创建于1999年,年产值超百亿元,是专业从事通信用光纤光缆、通信电缆、铁路信号电缆、城市轨道交通电缆、RF电缆、特种光电缆、光器件和机电通信设备等产品的研发、生产、销售和工程服务,并涉足房地产、金融等多元领域的国家级优秀民营企业集团。2010年10月21日,集团旗下核心企业之一——江苏通鼎光电股份有限公司在深交所成功上市(股票代码:002491)。通鼎集团坚持"一元为主、适度多元"的战略发展方向,立足吴江震泽镇"通鼎科技产业园"和吴江高新技术开发区"通鼎光通信产业园",聚焦光电线缆制造领域,建成了当今国内光电线缆制造领域产业规模最大、产品规格最齐全、生产技术最先进、配套能力最完善的技术研发和产品生产基地,形成了光棒光纤、通信光缆、铜缆传输、光电材料、光纤传感、通信设备、房产担保、移动互联网服务等八大业务板块和完整产业链,业务遍布全球30多个国家和地区,光纤、光电缆产业规模列全国第一,综合实力跃居国内同行业前列。

9. 苏州东吴水泥有限公司

公司是由江苏东方国际集团有限公司、东方高速公路(香港)有限公司等股东共同出资兴建,以生产水泥熟料、水泥为经营范围的现代化企业。公司现拥有日产2 500吨熟料的新型干法水泥生产线一条,年产水泥规模112万吨,总资产3亿元人民币。公司位于吴江区黎里镇,拥有750米长的船舶专用码头,可停靠千吨级货船。公司是苏州市唯一一家在生产过程中使用新型干法生产工艺的水泥生产商。

10. 吴江区鲈乡农村小额贷款股份有限公司

公司是江苏省第一批试点小额贷款公司之一,也是全省第一家实收资本达3亿元人民币的股份制公司,于2008年10月成立,2013年8月13日在美国纳斯达克上市。公司成立以来,不断开拓创新,及时发放中小企业、农村新型经济合作组织以及农户等的生产经营贷款,同时为中小企业、个人申请商业银行贷款提供融资担保。公司成立之初就确定了"情系吴江、服务三农、优质高效、追求卓越"的服务宗旨,坚持"与时俱进、科学发展、务实创新"的发展理念,为吴江区三农经济的发展做出了贡献。2009年、2010年、2011年连续三年荣获吴江区百强企业称号,2010年度公司还获得吴江区9家服务业企业服务业优惠政策奖励。公司首创了联保贷款和"融通仓"两种贷款模式。2008年11月24日,公司首期在桃源镇与10家企业举行了联保合作协议的签约仪式,一次授信3 000万元。通过联保形式的推行,公司有效地规避和控制了风险,拓展了业务,企业通过这种更为直接、快捷的方法解决了资金需求,同时也相应减少了财务成本,实现了双赢。

四、推进苏州市吴江区上市公司发展的对策建议

1. 提升企业规模,提高上市公司产业集中度和质量

对一批整体实力较强、行业地位较高且具有核心竞争力的公司,鼓励支持这些公司通过并购重组实施产业并购和行业整合,进行规模扩张,形成相关产业集群;引导和推动上市公司,通过定向增发、收购等限制条件较少的方式将母公司(集团)持有的优质资产注入上市公司,实现集团资产整体上市,解决同业竞争问题的同时提高上市公司质量;加快推动ST类存在财务风险的公司尽快实施重组。

2. 发展优势产业,培育具有竞争力的拟上市公司

当前我国传统产业正处于转型升级、创新发展的关键阶段,政府应通过对优秀上市公司后备资源的培育来进一步优化传统产业结构,通过引导高科技企业上市来加快新兴产业的发展步伐。总之,政府应坚持以市场为导向,大力开发优势资源,着力培育一批符合国家产业政策、产品关联度高、带动作用强、市场前景广阔的拟上市公司,努力把资源优势转化为市场优势,充分发挥上市公司产业集群效应。通过这些优势产业中的优势企业发展和改制上市,迅速增大苏州上市公司规模和苏州经济总量,优化产业结构,提高上市公司和经济的综合竞争力。

3. 推动企业扩张,支持企业并购重组做大做强

企业并购重组作为优化资源配置的一种主要经济方式,在现代经济社会中被越来越广泛地运用,对于深化企业改革、调整企业经济结构、推动企业发展有着重要作用。苏州上市公司整体规模小,更需要借助并购重组实现行业整合和产业升级,推动企业做大做强,促进公司治理结构完善。要注意充分利用资本市场股权转让、资产重组、股份回购、发行股份、购买资产、增持、吸收合并、分立等

多种并购重组手段,支持有实力的企业实施低成本扩张,快速做大做强;引导部分上市公司抓住国有资本调整、民营企业借壳上市、外资在竞争性行业开展产业并购等机会,积极引进战略投资者,提高可持续发展能力。同时,在上市企业并购重组做大做强过程中,政府部门要注重加强指导和政策扶持力度,创造更加良好、更有利于并购重组的环境。

"吴江板块"已成为苏州市最有活力、最具实力的企业群体,是推动区域发展、引领经济转型的中坚力量。上市公司应主动借助资本市场平台优势,政府应积极利用资本市场平台资源,优化地区产业结构,提升战略性新兴产业占比。政府部门应加强对上市公司的监管,对上市公司融资、合并重组过程中遇到的问题积极引导、主动服务,以进一步扩大上市公司对于地区产业转型升级的影响力,提升上市公司对吴江区整体经济的推动力。

(周云瑞)

苏州市吴中区上市公司发展报告

一、苏州市吴中区上市公司概况

自1999年4月吴中区第一家股份公司(江苏吴中)股票在上海证券交易所上市以来,到2015年6月底,吴中区共有境内、境外上市公司7家;其中,境内上市公司共有6家。

1. 江苏吴中实业股份有限公司

证券简称:江苏吴中,证券代码:600200,行业类别:金属制品业,证券类别:上证A股,上市日期:1999年4月1日。公司总股本:6.29亿,流通股本:5.22亿,流通市值:113.5亿元,总资产:41.34亿元,净资产:9.85亿元,注册地:吴中区长桥街道,办公地:吴中经济开发区郭巷街道。

公司成立于1994年,由苏州吴中投资控股有限公司控股。由于公司前身为普教系统校办企业,上市时被誉为"中国普教第一股"。公司是一家高科技、成长型上市公司,曾被评为"江苏省十佳上市公司",2010年度又被评定为"江苏省双百企业"(100家自主创新型企业)。公司成立以来不断规范和完善治理结构,通过收购兼并和项目投资优化主业,全面实施品牌战略,目前已形成了以医药为核心产业、房地产为重要产业、投资为辅的产业发展格局。

2. 苏州东山精密制造股份有限公司

证券简称:东山精密,证券代码:002384,行业类别:金属制品业,证券类别:深证中小板A股,上市日期:2010年4月9日。公司总股本:8.47亿,流通股本:4.72亿,总资产:53.14亿元,净资产:15.12亿元。公司成立于1998年,为江苏省高新技术企业,拥有多项发明专利和实用新型专利。在国家产业政策的引导下,公司通过加大与世界知名企业的合作,使得公司精密钣金、精密铸件及LED业务的制造与服务平台在较短时间内实现了与国际水平的无缝对接。目前客户涵盖通信、半导体、新能源、LED电子制造、轨道交通等众多行业,公司已成为众多世界知名企业的优质供应商。

3. 苏州天马精细化学品股份有限公司

证券简称:天马精化,证券代码:002453,行业类别:化学原料及化学制品制造业,证券类别:深证中小板A股,上市日期:2010年7月20日。公司总股本:5.71亿,流通股本:5.43亿,总资产:20.77亿元,净资产:11.97亿元。公司成立于1993年,专业致力于精细化学品、原料药、造纸化学品的研发、生产与销售。公司上市以后,通过收购、并购等一系列整合,目前拥有5家专业生产企业,成为跨领域、全方位发展的综合性企业集团。

4. 苏州电器科学研究院股份有限公司

证券简称:电科院,证券代码:300215,行业类别:专业技术服务业,证券类别:深证创业板,上市日期:2011年5月11日。公司总股本:7.20亿,流通股本:4.80亿,总资产:32.93亿元,净资产:13.08亿元。公司成立于1965年,1982年被江苏省机械工业厅批准为"江苏省高低压电器及日用电器归口研究所"。公司主要从事发电设备、输变电设备、高压电器、高压成套开关设备、低压电器、低压成套开关设备、机床电器、船用电器、核电电器、汽车电子电气、风力发电设备、太阳能光伏系统、节能产品、RoHS、EMC、抗震等各类领域的检测、仪器设备计量校准、检测装备研制和标准情报研究服务工作。

公司是高新技术企业、全国机械行业文明单位、中国机械行业先进质检机构、中国机械工业企业管理进步示范企业、江苏省企业创新先进单位。近年来,公司积极组织研发团队开展自主创新,取得了一批创新成果,获得了34项国家专利,制定或修订了国家行业标准34项,获得国家科技进步二等奖3项。

5. 苏州安洁科技股份有限公司

证券简称:安洁科技,证券代码:002635,行业类别:计算机、通信和其他电子设备制造业,证券类别:深证中小板A股,上市日期:2011年11月25日。公司总股本:3.89亿,流通股本:1.84亿,总资产:23.32亿元,净资产:13.04亿元。公司成立于1999年,是一家专业从事各种特殊电子绝缘材料、缓冲材料等专业功能性材料的整体方案设计供应商。公司积极推行先进品质制度,先后取得

TS16949:2009 汽车质量管理体系认证、ISO9001:2008 版最新认证、ISO14001:2004 版环境体系认证、QC080000:2012 版有害物质管理体系认证。

6. 苏州斯莱克精密设备股份有限公司

证券简称:斯莱克,证券代码:300382,行业类别:专用设备制造业,证券类别:深证创业板,上市日期:2014 年 1 月 29 日。公司总股本:1.17 亿,流通股本:0.32 亿,总资产:7.99 亿元,净资产:6.45 亿元。公司成立于 2004 年,定位于面向全球市场的高端专用成套设备的设计制造,拥有多项专利,2008 年被认定为"高新技术企业"。公司主导产品高速易拉盖生产成套设备填补了国内空白,达到国际先进水平。产品远销全球十余个国家和地区,国内市场占有率超过 70%。在易拉盖高速设备技术日趋成熟的情况下,公司正向两片易拉罐生产设备领域拓展,目前已经取得了阶段性成果。

二、苏州市吴中区上市公司发展存在的问题

1. 数量少,处于苏州地区中下游位置

截至 2014 年年底,苏州地区境内、境外上市公司共有 92 家,吴中区有 7 家,占苏州地区总量的 7.61%,位列苏州 9 个县区(不含姑苏区,以下分析均不含姑苏区)第 7 位;其中,苏州地区境内上市公司共有 71 家,吴中区有 6 家,占苏州地区总量的 8.45%,与昆山市并列苏州 9 个县区第 6 位。吴中区上市公司的数量少,基本处于苏州地区中下游位置。具体见表 1。

表 1 苏州市吴中区上市公司数量与周边地区比较

地区	境内外数量	约占比	名次	境内数量	约占比	名次
张家港	19	20.65%	1	15	21.13%	1
工业园区	13	14.13%	2	13	18.31%	2
昆山	13	14.13%	2	6	8.45%	6
吴江	10	10.87%	4	8	11.27%	3
高新区	10	10.87%	4	7	9.86%	4
常熟	9	9.78%	6	7	9.86%	4
吴中	7	7.61%	7	6	8.45%	6
相城	6	6.52%	8	5	7.04%	8
太仓	5	5.43%	9	4	5.63%	9
苏州地区	92			71		

2. 规模较小,中小盘股居多

苏州市吴中区6家境内上市公司,除江苏吴中为上证A股以外,东山精密、天马精化、安洁科技均为深证中小板A股,电科院、斯莱克均属深证创业板。从股本情况来看,6家上市公司总股本都在9亿以内,平均总股本为5.455亿股,总股本最大的东山精密也就8.47亿股,总股本最小的斯莱克只有1.17亿股;6家公司的流通股本都在6亿以内,平均流通股本为3.72亿股,流通股本最大的天马精化为5.43亿股,流通股本最小的斯莱克只有0.32亿股。从总资产情况来看,10亿元以下的有1家,20亿~45亿元的有4家,50亿元以上的只有1家,最大的是东山精密,总资产为53.14亿元,最小的为斯莱克,总资产只有7.99亿元。具体见表2。

表2 苏州市吴中区上市公司所属板块、总股本及总资产情况

证券简称	所属板块	总股本(亿股)	名次	流通股本(亿股)	名次	总资产(亿元)	名次
东山精密	深证中小板	8.47	1	4.72	4	53.14	1
电科院	深证创业板	7.20	2	4.80	3	32.93	3
江苏吴中	上证A股	6.29	3	5.22	2	41.34	2
天马精化	深证中小板	5.71	4	5.43	1	20.77	5
安洁科技	深证中小板	3.89	5	1.84	5	23.32	4
斯莱克	深证创业板	1.17	6	0.32	6	7.99	6

从吴中区上市公司的所属板块、总股本及总资产来看,规模普遍较小,中小盘股居多。虽然近年来吴中区上市公司的发展速度较快,但短期内规模较小的情况不会改变。

3. 上市时间、区域分布不均,产业与行业分布过于集中

苏州市吴中区最早上市的"江苏吴中"是在1999年上市,其余5家公司的上市时间都是在2010年以后,而在2000—2009年这10年间,吴中区没有公司上市,上市时间分布很不均匀,很多企业错过良好发展时期。吴中区现有城区管委会(长桥街道)、西山农业园区(金庭镇)、木渎镇、甪直镇、胥口镇、东山镇、临湖镇、光福镇、郭巷街道办事处、横泾街道办事处、越溪街道办事处、城南街道办事处、香山街道办事处、穹窿山风景管理区管委会等14个镇(街道),6家上市公司绝大部分位于吴中区西部区域的镇(街道),东部区域几乎没有上市公司,说明该区域公司上市步伐明显滞后。

根据我国产业分类和证监会发布的《上市公司行业分类指引》(2012年修订),在产业类别上,6家上市公司中,有5家属于第二产业,1家属于第三产业,没有1家涉及第一产业。在行业分类上,制造业集中了5家上市公司,成为吴中区上市公司的重点行业,只有1家上市公司是科学研究和技术服务业。

尽管吴中区是"鱼米之乡",但没有1家农渔类上市公司;尽管"太湖风光美,精华在吴中",但吴中区没有1家旅游类上市公司;尽管吴中区是文化资源大区,要唱响"山水苏州,人文吴中"品牌,却没有1家文化传媒类上市公司。由于时间上未能有效推动,区域上没有结合自身优势,产业与行业上结构不合理,致使自身区域与资源优势没有得到充分挖掘和配置,从而影响了吴中区上市公司的进一步发展。具体见表3。

表3 苏州市吴中区上市公司产业、行业分布等情况

序号	证券简称	产业类别	行业门类	行业大类	上市时间	所属镇(街道)
1	江苏吴中	第二产业	制造业	金属制品业	1999	长桥街道
2	东山精密	第二产业	制造业	金属制品业	2010	东山镇
3	天马精化	第二产业	制造业	化学原料及化学制品制造业	2010	木渎镇
4	电科院	第三产业	科学研究和技术服务业	专业技术服务业	2011	越溪街道
5	安洁科技	第二产业	制造业	计算机、通信和其他电子设备制造业	2011	光福镇
6	斯莱克	第二产业	制造业	专用设备制造业	2014	胥口镇

4. 缺乏品牌影响力,经济贡献水平不高,后备资源不足

从社会公众的一般认知角度来看,苏州市吴中区这6家上市公司,除了"江苏吴中"有一定知名度以外,其他5家公司在其自身行业以外,公众并不了解甚至可能完全不知晓,可见其品牌影响力明显缺乏,这对公司的长期发展是不利的。

从经济贡献来看,尽管上市公司对吴中区GDP的增长起到了一定的促进作用,但是由于吴中区上市公司数量少,规模较小,致使其对经济贡献水平不高,推动力也不强,并且缺乏持续性与稳定性。上市公司作为优秀企业的代表,在自身快速发展的同时,应该对区域经济发展发挥巨大推动作用,成为区域参与国内外市场竞争的主力。但是由于种种原因,吴中区上市公司的潜力还未得到充分挖

掘,亟须进一步提升管理水平和盈利能力,充分发挥龙头和示范带动作用,促进吴中区经济社会发展。

此外,吴中区当前具有核心竞争力和品牌影响力的企业也不多,上市公司的后备资源略显不足,这也成为制约吴中区上市公司发展和吴中区充分利用证券市场融资发展经济的瓶颈之一。

三、促进苏州市吴中区上市公司发展的建议

1. 加强引导和培育,积极扶持后备上市公司

吴中区要积极借鉴周边先进地区的上市经验,努力发挥政府的引导和培育作用,争取在上市公司的数量上早日进入苏州地区中上游行列。一方面,吴中区政府要根据区域经济社会发展的总体目标与要求,为公司上市营造良好的市场竞争环境,对需要上市的公司的发展战略进行深入研究,加以引导,使之符合国家和地区的未来发展方向。另一方面,吴中区要研究制定推进公司上市的政策措施和工作计划,各职能部门要认真贯彻落实,结合各自职能,制定具体工作措施和办法,对公司上市发展过程中出现的问题进行协调,切实推进公司上市。对于具有规模优势的龙头企业可以积极促进资源整合,进行资产重组与产业改造,进而扶持一批规模大、效益好、竞争力强的企业上市。此外,还可以利用中小企业板块和创业板市场,积极推动具有较大发展潜能的高科技创新型民营企业和中小企业的股份制改造,鼓励它们上市融资,从而不断增多上市公司数量。

2. 提升规模和效益,做优做强现有上市公司

通常来讲,上市公司一般都是区域龙头企业,具有相当的规模和效益。但从吴中区来看,6家上市公司中,只有1家属于主板市场,5家都属于中小企业板或者创业板,对地区经济发展的促进作用比较有限。这些上市公司要发挥更大的带动作用,必须做大做强。因此,上市公司要充分利用证券市场的融资功能,不断提升规模和效益,加大研发投入,建立创新机制,加强产品工艺改造、技术和服务更新,提高产品的科技含量和服务的质量,努力增强核心竞争力,实现公司可持续发展,真正成为区域产业龙头和支柱企业,能够为经济增长、财税增加、就业增多发挥作用,更好地服务吴中区经济社会发展。

3. 大力整合和优化,合理布局上市公司的上市时间、区域和产业

发展上市公司,不能在某一时间段突击发展,在其他时间段停滞不前,造成

时间发展不平衡;也不能只发展某一区域,而忽视其他区域,造成空间发展不平衡;更不能不顾自身实际与资源优势,只集中在某一产业发展,而忽视其他产业发展,造成产业过于集中,导致结构性风险易发、频发。因此,在时间上,苏州市吴中区应该制定详细、具体的上市公司发展规划和时间安排,成熟一个发展一个,有计划、有组织地推进。在空间上,除了继续做大做强西部区域上市公司以外,要重视东部区域上市公司的发展力度。在产业布局上,要优化上市公司发展产业结构,增强第一产业的发展内涵,充分发挥吴中区"鱼米之乡"的资源优势,积极推动优秀农渔类企业发展、上市;整合、优化第二产业,吴中区要以当前这些制造业上市公司为依托,整合资源,大力发展高新技术,促进产业技术提档升级、产业机构升级换代,占领产业发展制高点,变"吴中制造"为"吴中智造";努力加快第三产业发展速度,结合自身特色与资源优势,积极推动旅游、文化传媒等第三产业公司上市,真正唱响"美丽吴中"、"人文吴中"品牌。

4. 扩大影响力和知名度,不断推进上市公司品牌延伸和储备

众所周知,当今世界,真正能够完整体现企业综合实力、提高企业核心竞争力的是品牌,企业间的竞争归根到底也是品牌的竞争。品牌在消费者当中具有强大的号召力,某种程度上讲,谁拥有品牌,谁就拥有企业发展的未来。品牌的内涵,除了能够体现商品或服务的来源,还包含商品质量、服务水平、企业声誉以及文化价值等。品牌更多体现的是一种无形的感受。

因此,苏州市吴中区上市公司要努力扩大自身品牌的影响力和知名度,积极推进"品牌战略",除了自身技术创新以外,也要加大营销创新和服务创新,精心培育、呵护企业品牌,要以经营"百年老字号"的决心与毅力经营企业,努力实现企业品牌大发展,使得自身品牌形象从广度与深度上不断延伸,努力发挥品牌龙头示范与带动作用,促进吴中区品牌集聚,推动经济社会发展。

此外,在上市公司储备上,一方面,企业要转变观念,拓宽发展思路,建立现代企业制度,重视资本市场的作用,拓宽融资渠道,谋求企业长期、健康发展。另一方面,吴中区政府要积极行动,广泛搜集企业发展信息,积极培育优秀上市公司后备资源,建立后备资源名单,努力形成循序渐进、有条不紊的上市批次发展格局。

(彭梓铃)

苏州市相城区上市公司发展报告

一、苏州市相城区上市公司发展现状

截至2015年6月底,相城区共有上市公司(含新三板)10家,拟上市并且正为上市做准备的企业超过20家。总的来说,相城区企业虽然起步晚,但后发优势明显,有较大的发展潜力。

从登陆交易所的情况来看,沪深两市上市公司5家(深市4家,沪市1家),新三板5家;从产业分布上来看,产业分布较为广泛,有金属延压加工业1家,基础化学原料制造业2家(含新三板1家),建筑、安全用金属制品制造业1家,通信行业1家,化纤行业1家,建筑材料行业2家(新三板),电气机械和器材制造业1家(新三板),护理机构服务业1家(新三板),产业分布呈多元化态势;从上市时间上来看,5家在沪深两市挂牌的企业中,2003年、2010年和2011年各1家,2012年2家,4家新三板的企业中,2014年和2015年上半年各2家;从资产规模上看,沪深两市的5家公司注册资本合计约18.5亿元,发行市值17.19亿元,截至2015年6月底总市值逾250亿元。

二、苏州市相城区上市公司的特点

1. 上市公司总量不多

相城区的上市公司总计有10家(含新三板5家),在苏州县区经济中沪深两市上市公司相对较少,这与相城区建区时间短、企业发展起步较晚而缺乏历史积累有一定关系。

2. 上市公司产业分布较广

相城区的上市公司广泛分布在有色金属加工、基础化学原料制造、通信行业、建筑材料以及护理机构服务等行业,在产业分布上呈现出"百花齐放"的景象。

3. 上市形式多样化

相城区的9家上市公司中,4家登陆新三板,另外5家在沪深两市登陆的企业,既有主板也有创业板,上市的形式呈现多样化的特征。

4. 上市速度总体呈递增态势

尽管相城区上市公司总体数量不多,但从上市频度来看明显加快,在现在的经济形势下,企业上市的愿望更加强烈。

5. 上市公司的地域分布高度集中

相城区的上市公司在地域分布上高度集中,10家上市公司中,有8家公司在潘阳工业园和生物科技产业园落户,集中体现了产业的集群优势,也体现了政策引导对企业上市的积极作用。

三、苏州市相城区上市公司概况

(一)登陆沪深两市的上市公司

1. 苏州罗普斯金铝业股份有限公司

公司系经商务部"商资批〔2007〕1250号"文批复,由原苏州罗普斯金铝业有限公司整体变更设立的外商投资股份有限公司。公司于2007年8月10日在商务部领取了批准号"商外资资审字〔2007〕0316号"批准证书,并于2007年8月30日在江苏省苏州工商行政管理局办理了工商登记手续,营业执照注册号"企股苏苏总字第003872号"。苏州罗普斯金铝业股份有限公司所发行的A股于2010年1月12日在深圳证券交易所中小企业板上市交易。公司拥有全面化、多层次的阶梯型人才团队,致力于铝合金型材的不断研究和开发,取得800多项国家专利。目前已全面上市的节能推拉气密窗、节能平开气密窗、百叶窗、采光罩、幕墙、艺术门系列以及穿梭管安全窗系列已深受广大用户的青睐,也赢得客户的一致好评。

2. 苏州扬子江新型材料股份有限公司

公司是一家专业从事功能型有机涂层板及其基板研发、生产和销售的江苏省高新技术企业。公司位于苏州潘阳工业园,地理位置优越,交通便捷,312国道、沪宁高速、绕城高速、京杭大运河毗邻而过。公司拥有一支高素质的技术研发与质量管控团队,全套引进先进的生产、环保设备和操控系统,全面导入CIS、ISO9000质量管理体系,并应用ERP企业资源管理软件系统实现资源共享和远程联网。苏州扬子江新型材料股份有限公司秉承"诚信、谦和、致恒、至善"的经营理念,追求质量与服务的不断超越,致力于更加高效地为客户提供优质产品和完善的售后服务。

3. 苏州科斯伍德油墨股份有限公司

公司是国内环保胶印油墨行业的龙头企业之一。作为江苏省高新技术企业、省级民营科技企业,公司所拥有的"东吴牌"油墨为江苏省著名商标、苏州市名牌产品,并有多个产品获得江苏省科学技术厅授予的"高新技术产品"称号。公司产品已获得了包括国家绿色环保油墨的认证、瑞士第三方检测机构SGS的认证、欧盟REACH预注册、美国大豆协会产品认可等在内的多项绿色产品认证。科斯伍德于2010年成为国家火炬计划重点项目"高降解胶印油墨"的承担企业。

4. 江苏吴通通讯股份有限公司

公司成立于1999年6月22日,位于江苏省苏州市相城区永方路32号,注册资本23 165.212 9万元。公司于2012年2月29日在深圳证券交易所创业板上市,股票代码:300292。公司专注于互联网和通信领域的技术研发与设备制造,主营业务有通信互连器件、移动通信终端设备、互联网信息服务三大类。公司是中国通信标准化协会、中国电子元件行业协会的会员单位,是江苏省高新技术企业、江苏省管理创新示范企业。"吴通"被评为"江苏省著名商标"及"中国驰名商标",多款产品获得"江苏省高新技术产品"称号。公司通过了ISO 9001:2008质量管理体系、ISO14001:2004环境管理体系和OHSAS18001:2007职业健康安全管理体系认证。公司建立了江苏省射频微波器件工程技术研究中心、江苏省企业技术中心和江苏省博士后创新实践基地,并与南京邮电大学、北京邮电大学建立了产学研合作。

5. 江苏江南高纤股份有限公司

公司为国家火炬计划重点高新技术企业、江苏省高新技术企业,是国内最大的复合短纤维和涤纶毛条生产企业,于2003年11月在上海证券交易所上市。

目前,公司总资产约20亿元,占地面积600余亩,员工700多名。公司以差别化、功能化涤纶毛条和复合短纤维为主导产品。公司拥有19万吨复合短纤维和3.6万吨涤纶毛条的产能,产品畅销国内外,在国内外市场有较高的影响力和认知度。公司通过了ISO9001:2008质量管理体系认证和ISO14001:2004环境管理体系认证、OHSAS18001:2007职业健康安全管理体系认证。公司连续多年被评为全国守合同重信用企业、江苏省文明单位、江苏省优秀民营企业、江苏省民营企业纳税大户、AAA资信等级企业、江苏省"十五"技术进步先进企业,"牛头"商标被认定为中国驰名商标。

(二)登陆新三板的公司

1. 苏州吉人高新材料股份有限公司

公司(原苏州吉人漆业有限公司)创建于1998年,于2014年11月24日在新三板发行上市,系国家高新技术企业、江苏省民营科技企业、博士后工作站、省级企业技术中心、中国涂料工业协会常务理事单位、江苏省涂料协会副会长单位。公司以科技为主动力,以市场为导向,以产品创新、诚信的专业服务为企业发展和经营目标,与战略合作伙伴互利共赢、和谐发展,共同打造吉人名牌产品。吉人产品齐全,质量优异,荣获"中国驰名商标"、"江苏名牌产品"等称号,企业已通过ISO9001质量管理体系、ISO14001环境管理体系认证和ISO18001职业健康安全管理体系认证,现生产12大类上百个品种,年产量近7万吨。公司在北京、上海、苏州、淮安、湖北宜城、河北唐山拥有6个大型生产基地,在全国各主要城市设有经销网点近3 000个,尤其是"吉人牌"工业漆,多次被评为国家、省、市优质产品,畅销全国,已成为国家高档专用漆指定生产企业,深受用户青睐。

2. 苏州金宏气体股份有限公司

公司成立于1999年10月,位于苏州市相城区黄埭镇潘阳工业园,是专业从事工业气体的研发、生产、销售和服务的高新技术企业,主要为客户提供各种特种气体、合成气体和空分气体的一站式供气解决方案。公司注册资本6 000万元人民币,总资产超5亿元人民币。经过十多年的稳步发展,公司具备了多品种气体管理优势,并与众多下游的优质客户建立了紧密的合作关系,已成为环保集约型综合气体提供商。

公司为江苏省气体工业协会副理事长单位、苏州市工业气体协会理事长单位,先后荣获江苏省高新技术企业、国家火炬计划重点高新技术企业、江苏省创新型企业、江苏省著名商标、AAA级资信企业等称号。公司致力于质量控制体系的建设和完善,于2008年通过了ISO质量管理体系认证。公司设有研发中心、实验室、江苏省特种气体及吸附剂制备工程技术研究中心等。其研发的超纯氨和各种超纯气体,让半导体及光电产业生产商拥有了新选择。多年来公司一直秉承"金宏气体、纯金品质"的经营理念,致力于打造民族品牌——"金宏气体"。

3. 苏州新阳升科技股份有限公司

公司是专业从事海洋、船舶无线电通信设备和导航仪器的自主研发、生产的高科技企业。公司质量体系通过ISO9001:2008质量认证。公司是国际海洋无线电协会(CIRM)和国际海洋导航技术协会(RTCM)的会员,设有"江苏省企业研究生工作站"、"武汉理工大学人才联合培养基地"和"江苏省博士后创新实践基地"。公司具备GMDSS岸上维修资格和无线电专业检验机构认可证书。公司致力于通过设计创新、技术创新、服务创新,努力成为一流的船舶通信导航设备制造企业,竭诚为客户提供高质量的产品和优质的服务。

4. 苏州喜之家母婴护理服务股份有限公司

公司成立于2012年1月,注册资金1 500万人民币,是一家专为产后女性和婴儿提供产后护理、产后康复、产后营养、育儿辅导的专业健康服务机构。公司坐落于苏州相城区相城生态园内,占地7.8亩,建筑面积达6 000平方米,紧邻中国花卉植物园,周围绿树成荫,鲜花成群,没有工厂的污染,远离城市的喧嚣,环境幽静、温馨、舒适,空气流通,温度、湿度适宜,是产后康复的绝佳之地,可同时接待近50对母婴进驻并为之提供优质服务。公司接受产妇和婴儿直接由生产医院进驻,居住期间,由健康咨询师、营养师、护理师、康复师、育婴师、婴儿泳疗师组成的专业团队提供科学的服务、培训讲座和互动训练,还有餐饮团队、管家团队、安保团队提供强大的后勤保障,并根据客户需求提供全面个性化的服务。

5. 苏州久美玻璃钢股份有限公司

公司位于苏州相城区黄埭镇,东距上海98千米,北临无锡机场,沪宁铁路、沪宁高速公路和312国道贯穿境内,水、陆、空交通十分便利,通信设施完善。公司是专门从事船用玻璃钢管道和格栅的研发,有自己的一套技术设计、销售、生产、安装体系的股份制企业。公司成立于2006年初,占地面积达16 600平方米,投资8 000万元,拥有整套的生产设备和检测仪器;具有年产3 000吨玻璃钢制品的生产能力,是中国船用玻璃钢管道主要生产厂家之一。

公司所有的管道、法兰、三通、弯头、变径等配件均采用缠绕工艺加工,根据产品的特性制定合理的设计、制造方案,充分体现出玻璃钢材料的可设计性。产品主要用于船舶机舱海水系统、压载系统、舱底水、生活污水、冷却水、通风和电缆等管,具有重量轻、耐腐蚀、经久耐用等特点。完善的质量控制体系以及良好的服务,使公司产品赢得了客户的一致好评与信赖,并且先后取得了美国船级社(ABS)、中国船级社(CCS)、法国船级社(BV)、挪威船级社(DNV)、德国船级社(GL)、日本船级社(NK)以及英国劳氏船级社(LR)的形式认证证书。公司长期同武汉理工大学、上海玻璃钢研究所、中国玻璃钢工业协会、中国工程塑料协会保持紧密的技术协作关系。

四、苏州市相城区上市公司发展的建议

在充分总结相城区企业上市的经验并分析相城区产业结构的基础上,我们认为,相城区的企业上市的推动工作,一定要符合客观经济规律,坚持做好内功,循序渐进,不能急功近利。对于区域内的企业上市工作,提出如下建议:

1. 加强市场监管

要加强对市场的监管,通过对生产型、服务型企业的市场行为进行监管,倒逼企业在生产商品、提供服务的过程中,遵守法律法规和行业规则,不断提升自身的产品意识和品牌意识,修炼企业的内功,提升自己的竞争力。这样可以有效提高企业在市场竞争中存活并壮大的概率,为持续的发展壮大提供长效动力。

2. 加强行政指导

充分发挥政府行政机关在经济发展中的引导作用,针对现阶段相城区工业水平总体欠发达、发展潜力巨大的现状,要重点从企业发展战略、筹融资方式、管理水平提升以及上市操作实务方面加强对企业的行政指导,帮助企业负责人认清企业管理的重要性,拓宽企业发展的思路。通过辅导一批利用现代企业管理理念发展起来的公司,壮大区域经济基础,扩充潜在上市公司的基数。

3. 发挥集群优势

结合相城区经济主体的实际状况,有必要对产业集群进一步整合搭配,以优化产业资源配置,提升上下游产业链的支持能力。政府有关部门应取得共识,形成合力,在市场自发行为的基础上,进一步引导、规范,为企业正常的联营、并购等行为提供良好的市场环境和制度保障,从而帮助小而散的企业整合抱团,形成合力,提升对市场风险的抵抗能力。

4. 提升孵化能力

结合经济发展新常态下的经济主体特点,由政府主导,因地制宜,提升企业的孵化能力。政府主要可以通过提供场所支持、设立孵化基金、给予政策引导等方式给企业提供帮助,必要的时候可由政府在确保交易安全的前提下设立中小型项目交易投资窗口,引入社会资金投入到发展潜力大的项目上,进一步优化资金的配置,为创业项目提供良好的生长空间。

总之,相城区作为苏州经济发展的洼地,经济上具有后发优势,这种后发优势却能转化为区域内经济主体的前瞻优势。在经济发展中,政府部门应加强依法行政、合理引导,在尊重市场规律的前提下,服务于经济健康可持续发展的大局,创造良好的企业生长环境,筑牢经济发展的大底盘。这样,优秀企业将层出不穷,上市公司将会如雨后春笋,愈发蓬勃。

(张艳波)

苏州市高新区上市公司发展报告

苏州市高新区下辖3个镇、4个街道,下设浒墅关经济技术开发区、苏州科技城、苏州高新区综合保税区、苏州西部生态城。2014年完成地区生产总值950亿元。2014年末,全区户籍人口35.85万人,暂住人口36.76万人。市场主体共有40 844户,其中内资企业17 016户,外资企业1 542户。

近年来,高新区充分认识到资本市场在加快转变经济发展方式、推动经济转型升级中的积极作用,强化对企业上市的引导、扶持、培育,坚持推荐一批、改制一批、储备一批,逐步形成了多层次资本市场"苏州高新区板块",体现了区域特色和亮点。截至2015年6月底,苏州市高新区内共有境内外上市公司12家。另有"新三板"8家,分别是三光科技(股票代码:430414)、方林科技(股票代码:430432)、星火环境(股票代码:430405)、普滤得(股票代码:430430)、龙源科技(股票代码:430579)、银河激光(股票代码:430589)、苏轴股份(股票代码:430418)、声威电声(股票代码:430401)。

一、苏州市高新区上市公司概况

(一)境内上市企业概况

1. 创元科技(股票代码000551)

公司前身为苏州物资贸易中心,成立于1986年6月。1992年12月开始进行股份化改组,将原公司净资产折为4 300万股,其他发起人之投资折为200万股。1993年11月17日至12月24日,发行职工股300万股,公众股270万股。同年12月20日,成立苏州物资集团股份有限公司。1994年1月6日在深交所上市。

2. 中核科技（股票代码000777）

公司是经国家体改委体改生字〔1997〕67号文批准,在对原苏阀厂进行股份制改组的基础上,由原苏阀厂独家发起而募集设立的,1997年7月10日在深交所上市。原苏阀厂创建于1952年7月,1962年初成为部军工企业。

3. 苏州固锝（股票代码002079）

公司前身是苏州固锝电子有限公司,2002年7月24日,经中华人民共和国对外经济贸易合作部外经贸资二函〔2002〕765号文件批准,公司原股东苏州通博电子器材有限公司、香港润福贸易有限公司、香港宝德电子有限公司、苏州爱普电器有限公司和上海汇银（集团）有限公司作为发起人,以2001年12月31日经审计的净资产为依据,将苏州固锝电子有限公司整体变更为苏州固锝电子股份有限公司,于2006年11月16日在深圳中小板上市。

4. 胜利精密（股票代码002426）

公司系由苏州胜利精密制造有限公司整体变更设立,由苏州胜利精密制造有限公司全体股东作为发起人,以苏州胜利精密制造有限公司截至2008年3月31日的经审计净资产37 951.20万元为基数,按1∶0.949 4的比例折为股本36 031万元,投资方投入资本已经江苏天衡验证,并出具了天衡验字〔2008〕第29号《验资报告》。2008年7月17日,公司在苏州市工商行政管理局正式登记注册成立,2010年6月8日在深圳中小板上市。

5. 宝馨科技（股票代码002514）

公司是经商务部以商资批〔2007〕2030号文批准,由原苏州宝馨科技精密机械有限公司整体变更设立的外商投资股份有限公司,发起人是广讯有限公司、苏州永福投资有限公司、泽桥投资有限公司和富兰德林咨询（上海）有限公司。苏州宝馨科技精密机械有限公司以截至2007年8月31日的净资产53 729 778.71元人民币按1∶0.93折成5 000万股,整体变更为苏州宝馨科技实业股份有限公司。公司于2007年12月27日在苏州市工商行政管理局进行了变更登记,2010年12月3日在深圳中小板上市。

6. 天孚通信（股票代码300394）

苏州天孚光通信股份有限公司是一家集研发、生产、销售于一体的中外合资高新技术企业,是业界领先的光网络连接精密元件制造商。公司注册资本5 910

万元,总部位于苏州高新区,拥有2万平方米的研发中心与中试生产厂房。公司前身为2005年成立的苏州天孚精密陶瓷有限公司。公司于2011年引进战略投资,完成了股份制改造,2015年2月17日在深圳创业板上市。

7. 苏州高新(股票代码600736)

公司前身是苏州新区经济发展总公司,1990年12月成立,注册资本2 500万元,为苏州新区经济发展集团总公司的全资子公司。1994年5月,由苏州新区经济发展集团总公司(成立于1990年)等三家发起人共同发起,改组成立苏州高新技术产业开发区股份有限公司,注册资本4 500万元。1996年8月15日在上交所上市。

8. 纽威股份(股票代码603699)

公司是经《商务部关于同意苏州纽威阀门有限公司变更为外商投资股份公司的批复》(商资批〔2009〕245号)批准,由苏州纽威阀门有限公司整体变更设立的外商投资股份公司。公司于2009年12月30日完成了工商变更登记,2014年1月17日在上交所上市。

9. 柯利达(股票代码603828)

苏州柯利达装饰股份有限公司前身为成立于2000年8月的苏州柯利达建筑装饰工程有限公司。2011年4月28日,经柯利达有限股东会审议通过,以发起设立方式将柯利达有限整体变更为股份有限公司。2011年6月28日公司完成了工商登记,2015年2月26日在上交所上市。

10. 莱克电气(股票代码603355)

苏州莱克电气股份有限公司成立于1994年,是一家专注全球家居地面清洁产品吸尘器和空气净化器的研发与制造企业。作为全球家居与环境清洁行业的领先品牌,2014年,莱克正式担任全国家用电器标准化技术委员会清洁器具分技术委员会吸尘器工作组组长,牵头制定吸尘器的国家标准。公司于2015年5月13日在上交所上市。

(二)境外上市企业简况

1. 阿特斯光伏科技股份有限公司

公司于2006年11月9日在美国纳斯达克上市。股票代码为CSIQ,公司从事设计、开发和生产太阳能硅片电池,适用于各种用途的太阳能模块产品。

2. 苏州金德精密(配件)有限公司

公司主营业务:提供精密金属冲压工具及金属零部件的创新设计工程解决方案及制造服务,还提供产品组装、集成服务以及物流支援。公司于2012年10月15日在香港联交所主板上市。

二、苏州市高新区上市公司的特点

1. 上市启动早

早在1996年7月,苏州新区高新技术产业股份有限公司(简称苏州高新)就在上海证券交易所挂牌上市,成为苏州市在上海证交所上市的首批上市企业。公司主营业务有高新技术产品的投资、开发和生产,能源、交通、通信等基础产业和市政基础设施的投资、工程设计、施工及科技咨询服务。发展到2014年,全年实现营业收入35.75亿元,利润总额3.52亿元,上缴各项税金3.39亿元,拥有直接控股子公司8家,通过子公司间接控股子公司12家,参股企业10家,公司总资产212.55亿元。2014年1月,苏州纽威阀门股份有限公司首次公开发行股票并在上交所成功上市(IPO),这也是IPO开闸后全国首家登陆资本市场的企业,公开发行5 000万股人民币普通股,募集资金总额8.83亿元。

2. 激励举措实

为鼓励和引导有一定规模、业绩优良、成长性好的拟上市企业加快上市步伐,高新区专门成立了上市工作领导小组及其办公室,专门出台鼓励企业上市的政策意见,明确了鼓励和促进企业上市的总体思路、基本原则、目标任务、工作重点、激励政策等具体内容,如2007年的政策中,对新设立股份有限公司、向证监会申报首发申请材料、在境内外直接上市各个阶段都有不同的奖励,如上市的公司每家由区政府给予一次性100万元的奖励。2012年年初出台了新的上市政策及相应操作规程,大幅度提高上市鼓励政策力度。2012年共有7家拟上市企业享受了1 415万元的新政策奖励,2013年共计兑现了5家拟上市企业2 036万元鼓励资金。

3. 发展平台新

2008年7月组建苏州高新创业投资集团有限公司,管理资本规模超80亿元,通过不断做大做强创投主业,创新拓展新兴金融服务业,逐步建立起集各类股权投资(天使基金、风险投资基金、私募股权投资基金、产业基金)、集合服务、融资担保、科技小贷、商业保理、融资租赁、科技保险、"新三板"服务为一体的企业成长服务体系。"太湖金谷"平台于2014年10月22日正式揭牌运营,是全国股转系统国内首家委托服务机构。平台配备了一流的场地和硬件设施,先后承办过全国股转系统10场挂牌企业、券商投行、高管精品课程等培训活动。平台驻京团队承担了全国股转系统在京全部挂牌工作,2014年累计完成挂牌仪式180余场,直接服务挂牌企业420多家。另外,高新区还建设科技金融广场载体,搭建了高新区科技金融一站式服务中心和高新区科技金融展厅,集聚了多种新型金融业态和金融中介服务机构。截至2014年12月31日,浙商银行新区支行、渤海证券华东区投行总部、东吴证券投行机构、申银万国驻区分支机构、广发证券驻区分支机构等多家专业金融机构已达成入驻意向。

4. 服务环境优

多年来,苏州高新区市场监管局(工商局)充分发挥职能作用,服务企业上市融资工作。2012年就集中出台了3大类18条支持企业投融资的服务举措,拓宽企业出资方式,搭建企业融资平台,在金融部门、担保公司、企业之间架设融资桥梁,促进"银企对接"。认真贯彻落实《江苏省工商行政管理机关公司股权出资登记管理办法》,支持企业扩大非货币财产出资方式,推进资本市场的发展。2014年办理股权出资42.5亿元。大力实施登记制度改革,激活市场主体活力。在企业最需要的时候,进行实地走访,指导企业实施品牌战略,提升市场竞争能力,对企业在改制上市过程中涉及的工商业务问题及时提出指导性意见。开辟"绿色服务通道",对拟上市企业资产、股权、结构重组和公司登记审批等方面实行特事特办、急事急办,提供高效服务。区内宝馨科技、胜利精密、莱克电气等目前上市的公司,2008年就帮助其完成了有限公司转股份有限公司的登记,其关联企业也作了相应的资产股权调整。

三、加快苏州市高新区上市公司发展的建议

1. 抓住注册制改革契机,推动上市板块快速扩容

资本市场是当今世界创新型经济的"发动机",强大的资本市场是推动实现经济转型的"加速器"。高新区上市工作取得明显成效,但区内上市企业为12家,落后于张家港、昆山、工业园区等地。《国务院关于进一步促进资本市场健康发展的若干意见》(国发〔2014〕17号)指出,要积极稳妥推进股票发行注册制改

革,建立和完善以信息披露为中心的股票发行制度。这为加快高新区资本市场扩容提供了良好机遇。努力把培育企业上市摆在更加重要的位置,制订企业上市发展规划,实施企业上市培育工程,健全完善企业上市后备资源库,特别是从战略性新兴产业和重大转型行业中,筛选和支持实力强、成长性好的优秀企业上市融资。建立企业上市绿色通道,综合利用财政、税务、土地、工商等行政手段,加快对企业的上市培育。不断加强与沪深证券交易所、中小企业股份制转让系统、港交所等境内外交易所的交流与合作,为区内企业上市融资创造有利条件。坚持境内上市与境外上市同步推进、自主上市与借壳上市同时举行、场内上市与场外挂牌统筹兼顾,迅速掀起推进企业上市新高潮,实现全区企业上市工作新跨越。

2. 发挥"太湖金谷"平台优势,打造一流科技金融高地

苏州市委、市政府明确要求,到2018年高新区将与昆山、工业园区共同成为支撑全市区域金融中心建设的高地。为此,必须更好利用全国第一家股转系统委托服务机构"太湖金谷"的独特条件,进一步深化与全国股转系统的合作,为"太湖金谷"导入更多金融资源支撑,设立各类创业投资基金,引入互联网相关创新资本、人才资源,进一步汇集各类金融服务机构,为中小微实体企业的发展提供全产业链的金融服务,不断完善"太湖金谷"各项金融功能,为"众创空间"发展提供有力的金融支持。依托全国首家"保险与科技结合"综合创新试点的机遇,积极发展新型科技金融机构,增加科技金融风险补偿资金(基金)的投入。加快推进科技产险地方法人机构的设立;进一步研究与保险单位的合作模式,推动科技保险母基金的设立;加快推进"新三板"基金的设立,为成长型科技企业做市发展提供强劲动力。

3. 支持市场化并购重组,持续提高上市公司质量

苏州市高新区在境内上市的企业,总体看在沪深上市企业中规模不大,大多属于中小型成长性企业。2014年,"苏州高新"的主营业务收入达35.8亿元,列10家"开发区板块"中的第3名,是高新区上市企业中相对排名最前的。"纽威股份"的主营业务收入27.3亿元、"创元科技"的主营业务收入22.7亿元、"中核苏阀"的主营业务收入10.4亿元、"宝馨科技"的主营业务收入4.2亿元,4家企业都属于"机械板块",在211家该行业的上市公司中,除"纽威股份"高于行业平均值外,其他企业都低于行业平均值。"电子器件板块"共有151家上市企

业,"胜利精密"以32.6亿元的主营业务收入列37位,"固锝电子"9.2亿元仅列93位。因此,高新区上市企业做大做强的潜力很大,可以充分发挥资本市场在企业并购重组过程中的主渠道作用,尊重企业自主决策,鼓励各类资本公平参与并购,破除市场壁垒和行业分割,实现公司产权和控制权跨地区、跨所有制顺畅转让。同时,鼓励上市公司建立市值管理制度。完善上市公司股权激励制度,允许上市公司按规定通过多种形式开展员工持股计划,促进上市公司不断发展壮大。积极统筹各方力量,密切监测重点行业和重点企业,加强风险响应和危机处置的效率,积极防范金融风险传染、扩散。履行好信息披露义务,鼓励上市企业再融资,通过公开增发、定向增发、配股和股权质押融资等方式,提高利用资本市场配置资源的效率和水平。

(陆建华)

苏州工业园区上市公司发展报告

一、苏州工业园区上市公司发展概况

苏州市委、市政府于2005年出台《关于加快发展资本市场的指导意见》，2008年出台《关于促进金融业改革发展的指导意见》，2011年发布《苏州市金融发展十二五规划》，为未来资本市场的发展指明了方向，明确了目标，部署了发展举措。一直以来，园区管委会积极贯彻落实文件精神，高度重视支持企业股改上市、发展工作，于2007年成立了园区上市推进领导小组，并出台了《关于鼓励和扶持企业上市的实施意见》。2011年出台了《关于进一步鼓励和扶持企业上市的实施意见》，园区财政每年安排经费，对每家上市公司奖励500万元，并对拟上市公司在财政、税收、人才等方面给予各类补贴及优惠政策；同时，园区各职能部门对拟上市企业也积极上门服务，开展一对一的政策宣传与辅导，提供针对性的扶持，如优先提供发展用地，优先提供优租房，在项目申报方面给予倾斜和扶持，优先采购区内拟培育、拟上市企业的产品和服务等，共同推进企业上市进程。

作为市场主体准入与监管的职能部门，苏州工业园区工商局积极强化对股改上市企业的引导扶持。一是积极争取上级授权。就股份有限公司登记权限问题与江苏省工商局多次协调沟通，最终获得委托登记权，履行股份有限公司的审查受理与核准职责，减少了企业因登记管辖权问题而两地奔波的困扰，为企业办理股改、上市等业务提供了极大便利。二是强化宣传引导力度。深入上市后备企业广泛宣传《公司法》《证券法》等相关法律法规政策，切实增强企业上市的主动性、积极性；利用企业联络员平台、法律法规宣讲会、实地调查走访等渠道开展资本市场运作等知识辅导,引导企业建立现代企业管理制度。三是主动扶持后备企业。对照区内新三板试点重点企业名单,主动走访吉玛基因、艾隆科技等首批新三板、创业板拟上市企业了解需求,对企业在股改上市过程中涉及工商职能范围的事项提供现场帮扶、零距离指导,结合企业实际排疑解惑;鼓励和支持上市后备企业开展股权出质、动产抵押登记、实施商标战略,拓宽投融资渠道,增强企业发展活力。四是创新举措优化服务。开通"股份公司登记直通车"和"绿色通道",对上市后备企业在改制、资产重组、上市申报等过程中涉及的各项审批及相关查询、咨询等,实行一企一议、提前介入、参与论证,协助其制定切实可行的上市方案;推出《领军人才企业服务卡》,组建"红盾创业服务小组",推行一审一核、大窗口模式,再造登记审批流程,对上市后备企业实施股份公司改制、拟上市公司变更事项及关联企业涉及的登记事项,实施特事特办、跟踪服务、优先办理,切实提升服务质效,确保企业登记变更材料合法规范。

自 2010 年以来,苏州工业园区上市公司数逐年稳步增加,2010 年 2 家,2011 年 2 家,2012 年 3 家,2014 年 3 家,截至 2015 年 6 月,苏州工业园区上市公司总数已达 14 家。

二、苏州工业园区上市公司发展现状、特点及存在问题

(一) 苏州工业园区上市公司现状及特点

1. 上市公司数与快速发展的市场主体总量不相适应

截至 2014 年年底,园区共有各类经济主体 56 953 户,其中外资企业 3 851 户,内资企业 1 856 户,私营企业 28 584 户,个体工商户 22 662 户。上市公司数与市场主体总数存在明显的不协调,在苏州地区落后于张家港市的 19 家。

2. 上市公司总体规模偏小

从上市公司市值规模方面比较,截至 2014 年年底,苏州工业园区上市公司为 14 家,合计总市值 2 056.93 亿元,上市公司的个体平均规模较小。

3. 上市公司结构性矛盾明显

从产业结构方面分析,园区上市公司目前主要集中在第二产业,而第一、第三产业上市公司占比明显偏低。数据显示,园区第二产业上市公司比重达到 85.7%,明显过高;上市公司第三产业比重明显偏低,与园区第三产业的比重及园区的创新发展地位不相适应。

4. 总部经济发展力度不够

苏州工业园区上市公司以制造业为主,营业收入和净利润排名靠前的基本都为制造业企业,这一方面说明苏州工业园区在制造业方面仍具优势,另一方面也说明苏州工业园区在金融保险、房地产等方面仍有努力空间,缺乏在全国有影响力的公司总部。

(二)苏州工业园区上市公司存在问题的原因

导致上市公司总数不多、规模偏小、结构矛盾明显等的原因,涉及宏观政策环境和微观企业自身方方面面,有历史遗留问题,也有新生因素,主要有两个方面:

一是经济结构的原因。园区经济外向型经济特征明显,外资企业所占比重较大,而民营经济起步相对晚,层次低,规模小,第三产业企业数量虽多但规模不大,金融、现代物流、商务服务、软件与服务外包、科技与信息服务等现代服务型龙头品牌企业发展还有待加强。

二是企业意识仍有待加强。当前,部分企业对待上市工作的观念还有待更新,有的企业不愿意上市,满足现状,小富即安;有的企业不敢上市,担心上市涉及的土地、税收、产权等问题需规范,公司管理、运营体制会受影响;还有的企业对资本市场了解不足,认为发行上市的程序复杂,理解存在误区。虽然有关股改上市的宣传工作在不断强化,但宣传的力度和深度仍需进一步加强,引导、支持、扶持企业上市的氛围需进一步改善。

三、苏州工业园区上市公司发展目标和建议

近年来,苏州工业园区围绕打造苏南国家自主创新示范区先导区的工作目标,将股改上市作为推进企业快速发展的重要抓手,加大企业上市的推进力度,努力培育合理的多层次资本市场的金字塔企业梯队,不断繁荣资本市场,推动区域经济。而同时,新《公司法》和《证券法》的出台为公司加快改制上市创造了有利条件,发行上市的程序也更加简化,多层次资本市场体系的建设,更增加了企业的上市渠道。接下来,要继续坚持政府引导、统筹规划、因企制宜、分类指导的工作原则,多渠道、多形式推动企业上市,力争使园区上市企业数量和融资规模有新的突破。具体抓好三个方面的工作:

1. 制度推动

要不断健全沟通协调、引导扶持、宣传培训等工作制度,对重大投资项目、列

入股改的企业和园区管委会确定的拟上市企业建立重点项目挂钩服务及工作协调机制,经常深入了解企业股改上市工作进度,协调解决过程中遇到的困难和问题;完善上市后备资源的挖掘和引导机制,确定重点培育对象,分梯度多层次统筹培育和管理,不断调整优化后备库资源;建立培训工作机制,通过组织股改上市推介会、专题研讨会、业务培训会等方式,加强企业上市辅导培训;完善宣传工作机制,加大对股改上市工作重要意义及作用的宣传,强化企业登陆资本市场的意识,帮助企业树立资本市场运作观念和股改上市的信心,激发企业股改上市的热情,提高企业资本运营的能力和水平。

2. 政策推动

围绕推动企业上市工作,要结合工商职能部门制定出台切实可行的鼓励扶持政策,积极帮助股份合作制企业改制为有限公司,有限公司改组为股份公司;重点关注符合产业政策导向、主营业务突出的行业龙头企业,产品技术含量高、具有自主知识产权的高新技术企业,以及运营活力强、成长性好的新兴企业,推动科技型、创新型企业在创业板上市;鼓励符合条件的优质股份公司上市融资,实现跨越式发展;鼓励上市公司充分利用资本市场金融工具,挖掘融资潜力,扩大再融资规模;支持已上市融资控股的上市公司进行整合重组,提高上市公司质量;继续开拓境外资本市场,推动企业赴境外上市融资;鼓励优质企业借壳上市,鼓励行业集群内企业异地借壳上市后将公司总部迁回园区。

3. 服务推动

对进行股份制改造的有限公司,纳入"股份公司登记直通车"范围,明确专人提前介入、全程跟踪、延伸服务、加强指导,妥善解决项目登记注册中遇到的各类难题;与各部门加强协调配合,不断提升服务效能,帮助解决股份有限公司在组建和发展过程中遇到的问题,大力扶持现有上市公司做优做强;对企业改制上市过程中涉及的税金减免、项目审批、资产重组、奖励政策等方面加大扶持力度,形成齐抓共管、合力推进的良好氛围;推动股份制企业协会建设,借助优质证券公司等中介机构跟踪上市服务质量,及时掌握企业情况,提升企业管理效率。

支持企业股改上市是一项长期的战略任务。未来,园区将继续谋求区内更多企业与资本市场的联姻,不断激发企业改革创新的激情和动力,增强企业的综合实力、竞争能力和抗风险能力,努力把苏州打造成为上市公司的集聚区、发展资本市场的新高地。

(宋 莹)

行业篇

苏州市仓储物流业上市公司发展报告

一、苏州市仓储物流业上市公司发展概况

仓储物流业是经济运行的动脉。我国的仓储物流业起步晚,但发展迅速,自改革开放到现在,短短几十年,已经建成了庞大的交通运输线路,以及较为完善的物流体系。

据中国物流与采购联合会相关统计数据显示:2014年全年社会物流总额预计超过210万亿元,同比增长8%左右;物流业增加值超过3.4万亿元,同比增长9%左右。两项指标增速与上年相比均小幅放缓,但仍高于同期GDP增速,处于中高速增长区间。社会物流总费用将超过9.7万亿元,同比增长8%左右,增速延续小幅回落态势。社会物流总费用与GDP的比率约为17%左右,物流业发展的质量和效率有所提升。

苏州地处长三角的核心地段,交通运输网络发达,是我国物流仓储业的重点发展区域之一,也是长三角地区国际国内贸易的中心城市。目前苏州在该行业的上市公司有4家,分别为江苏澳洋顺昌股份有限公司、张家港保税物流股份有限公司、江苏新宁现代物流股份有限公司、江苏飞力达国际物流股份有限公司。

江苏澳洋顺昌股份有限公司主要从事的是金属物流配送,已经成为长三角区域IT制造业金属材料配送规模最大的物流服务商。

张家港保税物流股份有限公司的主营业务为化工仓储、贸易及物流运输业,其最大的子公司张家港保税区长江国际港务有限公司拥有109万立方米的库容,拥有30 000吨级、50 000吨级散装液体石化产品专用码头各1座,500吨级内河十字港疏运码头2座。

江苏新宁现代物流股份有限公司主要从事电子元器件保税仓储服务,为电子信息产业供应链中的原料供应、采购与生产环节提供第三方综合物流服务。

江苏飞力达国际物流股份有限公司主要从事以上海口岸为运营中心的基础物流服务,以及以昆山为运营中心的综合物流业务;主营仓储、货物专用运输、普通货运、进出口货物的国际运输代理业务。

这4家上市公司依托区域优势,在经营方面各具特点,但是受到制造业整体趋势下行、长三角地区产业结构调整和转移等方面影响,各企业都在思考新的增长点。本报告通过分析企业的发展状况和未来趋势,重新思考产业布局,结合"互联网+"的思维逻辑,优化自身,做好转型升级,以实现可持续性发展。

表1 苏州市仓储物流业上市公司基本情况

企业名称(股票简称)	江苏澳洋顺昌股份有限公司(澳洋顺昌)	张家港保税物流股份有限公司(保税科技)	江苏新宁现代物流股份有限公司(新宁现代物流)	江苏飞力达国际物流股份有限公司(飞力达国际物流)
企业性质	股份公司	股份公司	股份公司	股份公司
主营业务	货物仓储配送服务;供应链管理技术开发、技术转让和与之相关的技术咨询等,以及金属材料的加工	物流仓储、港口码头、保税物流项目的投资、化工贸易等	进出口货物的仓储;保税仓库内货物的代理报关、报检、运输代理业务;库内货物的分级、分装、挑选、贴商标、制标签、整理等;供应链管理技术转让、技术开发和与之相关的技术咨询	综合货运站、普通货运;承办空运、海运进出口货物的国际运输代理业务(包括揽货、订仓、仓储、中转、集装箱拼装、拆箱、结算运杂费、报关、报检及咨询业务);自营和代理各类商品及技术的进出口业务
注册资本	973 611 456元	1 191 574 144元	180 000 000元	162 471 008元
成立时间	2002年9月30日	1994年6月18日	1997年2月24日	1993年4月22日
上市时间	2008年6月5日	1997年3月6日	2009年10月30日	2011年7月6日
上市地点	深圳交易所	上海交易所	深圳交易所	深圳交易所
股票代码	002245	600794	300013	300240

二、苏州市仓储物流上市公司发展的现状和问题

1. 在转型升级过程中的方向选择问题

表2 苏州市仓储物流业上市公司营业收入

(单位：元)

上市公司	项目	2014年	2013年	收入比上年同期增长
澳洋顺昌	营业收入	1 589 852 397.48	1 494 771 345.71	6.36%
	主营业务收入	1 517 399 947.11	1 398 527 751.70	8.50%
保税科技	营业收入	758 284 112.18	392 702 098.28	93.09%
	主营业务收入	758 284 112.18	392 702 098.28	93.09%
新宁现代物流	营业收入	404 288 366	368 341 989.31	9.76%
	主营业务收入	404 288 366	368 341 989.31	9.76%
飞力达国际物流	营业收入	2 741 664 762.48	2 366 422 117.41	15.86%
	主营业务收入	2 741 664 762.48	2 366 422 117.41	15.86%

表3 苏州市仓储物流业上市公司2014年利润率

项目	澳洋顺昌	保税科技	新宁现代物流	飞力达国际物流	行业平均值
净资产收益率(%)	12.16%	6.73%	1.89%	3.54%	3.93%
净利率(%)	13.57%	16.05%	2.14%	1.70%	12.95%
毛利率(%)	19.78%	43.15%	31.21%	13.20%	27.93%

从2014年年报可以看到，澳洋顺昌、保税科技、新宁现代物流、飞力达国际物流4家公司的2014年营业收入分别为15.9亿元、7.6亿元、4亿元、27亿元，比上年同期都实现了增长。

以货物运输、仓储、货运代理为主的飞力达国际物流营业额最高。但是从表3可以看到，2014年飞力达国际物流的毛利率和净利率都要远低于其他3家公司，净利率只有1.7%。收入保持增长，但是利润却很低，飞力达国际物流在转型过程中经历了阵痛。首先，为了实现营业额增长，加快拓展新兴业务，其贸易执行业务在2014年增长了39.63%，已经是企业的主营业务之一，同时，飞力达国际物流为了寻找新的发展点，利用自身在IT物流行业的经验优势，逐步走向跨行业发展，由于跨行业务的一系列新生问题，造成运营成本增加，使得毛利率下降。另一方面，苏州是中国在产业转型升级中的重要城市，大量IT行业制造型企业西迁，公司的核心业务受到影响，之前直接服务于品牌商，现在不得不重

视与 OEM 商之间的合作,由此也使得企业的利润下降。类似飞力达国际物流公司的行业代表,在大的行业背景下,不得不重视产业转型升级带来的变化,继续加强核心业务的优势,同时还要多元化发展以降低风险,如何把握两者之间的平衡,又如何面对资本市场的残酷竞争,步步惊心。

澳洋顺昌在仓储物流行业也具有很强的代表性。澳洋顺昌在 2014 年的合并报表范围内实现营业总收入 15.9 亿元,同比增长 6.36%;营业利润 2.2 亿元,同比增长 26.18%;归属于母公司所有者的净利润 1.7 亿元,比上年同期增长 83.32%;澳洋顺昌是以金属材料仓储、配送、加工服务为主的企业,服务于 IT 制造业,在整体环境不景气的情况下实现了较为成功的转型。公司在 2009 年新增小额贷款业务;2011 年开始,公司逐步进入 LED 外延片及芯片制造领域,2014 年公司 LED 一期项目建成并投产,到目前为止,已形成了金属物流及 LED 两大主要业务及小额贷款业务的总体业务格局。经过 3 年时间,增加一项新的主营业务,澳洋顺昌敢于提前布局,大胆拓展,这是仓储物流行业产业多元化的代表。

有成功案例也会有失败案例,比如说保税科技。

从严格意义上来说,保税科技主营业务不属于仓储物流业,其依靠子公司长江国际的码头来产生收入,2014 年码头吞吐总量 333.22 万吨,同比增长 30.47%。报告期内累计实现营业收入 4 亿元,同比增长 20.45%,而主营业务收入的增长数据是 93.09%。这是因为其 9 月份开展的自营化工品业务实现营业收入 3.1 亿元;然而实际情况是受到原油价格下跌的影响,自营贸易亏损 2 201.15 万元。同样是转型多元化,保税科技没有把握好产品方向,主营业务依靠的是天然优势,没有形成新的核心竞争力,贸然进入其他领域会有较大风险。

新宁国际物流的营业收入在 4 家企业中最低,只有 4 亿元,毛利率较高,达到 31.21%,但净利润只有 2.14%,差距最大。新宁物流转型升级过程中选择了高毛利方向,但是运营成本未能有效控制,如果是短期行为,通过系列措施能够加以控制,而长期低利润会对公司的可持续发展带来不利。

综观苏州 4 家仓储物流业上市企业,面对市场下行压力,都积极地寻找新的突破口,以实现成功的转型升级,过程中有好有坏,不断探索的心态值得赞赏。

2. 在转型升级过程中的策略选择问题

表4　苏州市仓储物流业上市公司营业成本　　　（单位：元）

上市公司	2014年	2013年	成本同比增长	营业收入比上年同期增长
澳洋顺昌	1 004 129 093.91	1 297 394 963.55	-0.62%	8.50%
保税科技	431 104 689.25	95 383 693.43	351.97%	93.09%
新宁现代物流	278 124 687.53	252 085 279.80	10.33%	9.76%
飞力达国际物流	2 379 856 171.15	1 970 197 825.34	20.79%	15.86%

从表4可以看到4家公司在2014年的营业成本状况，其中澳洋顺昌的成本相比去年有所下降，其以内部公司制为核心理念结合具体业务流程，自行开发的ERP管理系统对于营运管理和成本控制发挥着极为出色的作用，其原材料在营业成本中的比重较2013年有所下降。

营业成本较上年增加的有3家公司，保税科技更是达到了351.97%，这是由于保税科技在2014年开拓了化工品的贸易，贸易采购仓储的成本增加了301 706 053.95元，直接导致公司的成本大幅上升，但由于贸易的亏损，所以营业收入并没有同比例增加。

新宁现代物流成本的增加主要是由于业务规模较上年扩大、营运成本增加所致。新宁物流也受益于国际物流中美元升值，财务费用下降22.11%，另外，由于政策性的税收优惠，所得税减少15.28%。飞力达国际物流主要是因为贸易执行的成本增加，其占营业成本的比重达到49.62%，同比增加6.42%，同时飞力达实践跨行业务，从而产生新的成本。

从运营成本构成可以看出企业的转型发展方向：致力于深挖核心业务新增长点的企业，非常注重成本的精细化控制，往往通过研发成本管理系统来提高效率；注重对外扩张多元化的企业，运营成本会增加比较迅速，且核心研发的速度会有所降低；而有国际物流业务的企业，汇率变化对成本影响较大。

3. 运营问题

表5　苏州市仓储物流业上市公司2014年营运能力指标

项目	澳洋顺昌	保税科技	新宁现代物流	飞力达国际物流	行业平均值
存货周转率	5.49	16.93	509.81	97.16	79.56
总资产周转率	0.71%	0.26%	0.66%	1.78%	0.22%

存货周转率在某种程度上能够体现企业的短期偿债能力。从表5可以看到,4家上市公司的存货周转率差别巨大,行业平均值是79.56,只有飞力达国际物流97.16接近行业水平,澳洋顺昌5.69最低,保税科技16.93也远低于行业平均值,新宁现代物流的509.81则远高于行业水平。

从表5可以看出,飞力达国际物流的总资产周转率最高,达到1.78%,远远高出了行业的平均值,反映出公司的资产运作能力非常强。澳洋顺昌和新宁现代物流也分别达到0.71%和0.66%。保税科技只有0.26%,在4家上市公司中处于较低水平,但仍在行业平均值0.22%之上。

苏州市仓储物流业上市公司在整体运营上处于上游水平,但是存在差异,这跟企业的人才结构、发展方向和发展策略相关。在转型升级过程中,运营能力决定转型的效果,企业应当选择适当人才,不宜直接复制成功模式,因为每一种成功模式都是基于特定发展方向和策略而产生的。

4. 可持续性发展问题

表6 苏州市仓储物流业上市公司2014年研发支出

项 目	澳洋顺昌	保税科技	新宁现代物流	飞力达国际物流
研发投入金额(元)	23 847 785.96	0.00	3 003 685.01	31 020 800.00
研发投入占营业收入的比例	1.50%	0.00%	0.74%	1.13%

行业内4家公司在研发支出上各有差异,其中以澳洋顺昌最为积极,随着LED业务的逐步建成投产,研发投入逐步加大,研发支出的金额占公司2014年末归属于上市公司股东净资产的1.68%,占营业总收入的1.50%,高研发投入带来了新的增长点。飞力达国际物流也为研发人员工资及物流资讯系统开发投入了占营业比例1.13%的研发费用。新宁现代物流2014年度公司研发支出300.38万元,占公司营业收入的0.74%,研发支出同上年相比增加12.67%。保税科技在2014年主营业务还是传统仓储、贸易和资本运作,并无研发投入,反映出企业在未来竞争力方面有所欠缺。

三、苏州市仓储物流业上市公司的发展建议

2014年仓储物流业整体市场情况不容乐观,但是我们要看到未来的发展和趋势。据国务院印发的《物流业发展中长期规划(2014—2020年)》,随着全面

深化改革,工业化、信息化、新型城镇化和农业现代化进程持续推进,产业结构调整和居民消费升级步伐不断加快,我国物流业发展空间越来越广阔。预计到2020年,我国物流业增加值将占国内生产总值的7.5%,全社会物流总费用与国内生产总值的比率将由2013年的18%下降到16%左右,物流运营效率会有一定的提升。同时,国家"一带一路"战略、自贸区扩容、新技术和管理模式的应用等,将会不断促进物流业的整合和转型升级。苏州当地企业应当利用优厚的本土环境,抓住国家政策的机遇,及时做好调整和准备,迎接新的发展契机。对于现有企业遇到的问题,需要有针对性地分析和解决。

企业在经营过程中应深刻思考企业的长久运营,即可持续发展问题。每一次金融危机都会有大批企业被淘汰,每一次大的变革同时也是企业的更新换代。有的企业能存活上百年,而有的只能三五年。赚快钱已经不是上市企业真正追求的方向了,实现稳定持续的增长才是长远目标。仓储物流企业得益于我国经济贸易的快速增长,因此能够在短期内实现财富积累。然而经济发展有起有伏,仓储物流业不能固守自己的交通、政策优势而不思变革,应该随着时代而变,随着需求而变。苏州企业在求变的过程中有些是基于自身优势,有些则是进入了完全陌生领域,结果差别很大。对于物流行业来说,在变化的过程中应首先求稳,再图发展,否则会促动根基,导致转型失败。

从以上对苏州4家仓储物流业上市公司的分析,我们看到企业发展变化的方向有几种:第一种是纵向发展核心业务,从公司的结构治理、成本控制、系统升级改造、研发投入等方面来进一步确立核心优势,比如飞力达国际物流;第二种是通过并购、入股等方式来联合相关联的产业,打通物流各个环节和区域,迎合产业转移,比如新宁现代物流;第三种是利用核心业务的经验和优势进一步延伸产业布局,飞力达国际物流在这方面也表现很突出;第四种是结合企业现状多元化发展,其中澳洋顺昌的开拓LED业务获得成功,保税科技开拓化工类贸易遭遇亏损。

表7 苏州市仓储物流业上市公司2014年主营业务产品收入

(单位:万元)

上市公司	主营业务产品	主营业务产品收入	所占比重
澳洋顺昌	金属物流配送	121 459.80	80.04%
保税科技	仓储运输	41 920.90	55.29%

续表

上市公司	主营业务产品	主营业务产品收入	所占比重
新宁现代物流	仓储及仓储增值服务	22 732.60	56.23%
飞力达国际物流	物流服务收入	145 434.58	53.05%

从主营业务产品收入占主营业务收入的比重看出,转型升级过程中,4家企业都做得比较好,澳洋顺昌的 LED 灯已经发展成为主营业务,所占比重80.04%,其余3家都只有50%左右。企业在策略选择过程中不一定采取单一形式,可以结合实际情况进行多方面的尝试,比如飞力达国际物流,在优化自身结构、强化主营业务的同时,向其他行业发展,紧密结合物流企业的特点和优势取得快速发展。同时,企业策略选择需要考虑到政策的方向以及国际上的宏观趋势,比如原油价格、汇率、消费方式等。

四、总结

本报告通过对苏州市仓储物流业上市公司进行调研,分析了企业的发展现状,也对每一家企业的转型发展之路进行了分析和探讨,并提出了发展建议。苏州得天独厚的地理位置,为区域仓储物流行业带来了发展机会。站在改革开放的前沿,苏州市仓储物流上市企业利用创新性的思维,剖析企业现状,把握正确发展方向,采取适合自身发展的策略,相信这些上市企业一定能够顺利转型升级。

参考文献:

[1] 师天良. 长三角地区仓储物流发展的难题与对策[J]. 物流工程与管理, 2015(6):4-5.

[2] 牛秀明. 仓储物流智慧化时代的到来[J]. 产业观察, 2014(5):17-20.

[3] 郭竞. 我国仓储物流业发展的途径探析[J]. 商业经济, 2015(4):59-60.

[4] 程娟, 唐岫, 倪铉珣. 现代企业仓储物流的发展模式与对策[J]. 物流工程与管理, 2013(6):34-35.

[5] 陈海. 基于信息技术的物流创新路径研究[J]. 物流工程与管理, 2015(3):101-104.

[6] 肖丽. 互联网+物流:拓展商贸流通新业态[J]. 世界电信, 2015(5):66-69.

(张智慧)

苏州市电气机械和器材制造业上市公司发展报告

2015年是国家"十二五"规划的收官之年,更是全面深化改革的关键之年,是"十三五"规划的制定之年。历经"十二五"期间的政策变更、宏观经济起伏,分布于全国各行业之中的经济实体无不铆足了干劲,一方面回顾总结自身发展的经验与不足,同时积极备战"十二五"压轴之年的"完美收场",另一方面也在各自为即将到来的"十三五"规划"量体裁衣"。一时之间,"一带一路"、"宽带中国、光网城市"等国家战略,"工业4.0"、"中国制造2025"、"互联网+"、"智慧城市"、4G时代、新能源新材料、电动汽车等行业部署,都成了高频、热点词汇。这些国家战略与行业发展趋势究竟给身处各行业一线的上市公司带来了什么?地区经济中相关行业的龙头企业又将如何转变发展思路、谋求转型升级、实现自身的深化改革?不同行业背景的区域经济实体发展的现状、上市公司内控体系的得与失,以及其未来可持续发展的出路等问题,正在成为研究热点。本报告以苏州市电气机械和器材制造行业上市公司作为调研对象,以期解答与深入分析上述问题,同时为本地区电气机械和器材制造行业企业的未来发展提供有益借鉴。

一、苏州市电气机械和器材制造业上市公司概况

苏州市作为江苏省区域经济乃至全国经济发展的排头兵,其地区内上市公司对于苏州市整体经济快速发展的贡献功不可没。其中,苏州市电气机械和器材制造业上市公司总计8家,在这8家企业之中,苏州市吴江区的3家企业(永鼎股份、亨通光电、通鼎互联)以及常熟市的1家企业(中利科技)均以通信光电

缆为主要经营业务之一,禾盛新材和天顺风能则分别主营新材料及新能源相关生产制造与销售业务,和顺电气以及天银机电则主要涉及传统电气机械配件制造业,两家企业在2014年度均出现营业收入与利润的双负增长(详见表1)。其中,和顺电气因江苏省相关产品的省内招标模式改为全国招标而影响其销量与收入,天银机电则因国家家电节能补贴政策的到期以及白色家电市场的低迷而受到影响。与此同时,和顺电气以及同样出现利润负增长的禾盛新材都受到了各自子公司或收购企业的不良业绩牵连,导致利润下降甚至亏损。由此可见,国家、行业或者地区政策的不利变更,下属子公司、持股企业的经营不善,将一定程度上波及上述电气机械与器材制造业企业,这样的依赖性与关联性在同类企业之中也是屡见不鲜的普遍现状。

表1 苏州市电气机械和器材制造业上市公司基本情况汇总表

上市公司名称（股票简称）	创建时间(年)	地区	上市时间(年份)	主营业务	2014年营业收入（较上年增幅）	2014年利润（较上年增幅）	R&D占比*(%)
江苏永鼎股份有限公司（永鼎股份）	1978	吴江区	1997	光电缆、EPC、超导研发	192 886.91 万元(69.41%)	20 764.06 万元(6.01%)	3.26
江苏亨通光电股份有限公司（亨通光电）	1993	吴江区	2003	光电线缆、电力	1 047 112.94 万元(21.89%)	36 785.89 万元(20.96%)	4.40
通鼎互联信息股份有限公司（通鼎互联）	1999	吴江区	2010	通信光缆、电缆	303 115.19 万元(7.43%)	17 872.07 万元(-18.20%)	3.18
中利科技集团股份有限公司（中利科技）	1988	常熟市	2009	特种电缆、光缆和光伏产品	924 607.162 万元(14.50%)	3.65 亿元(12.09%)	2.50
苏州禾盛新型材料股份有限公司（禾盛新材）	2002	工业园区	2009	家电外观复合材料(PCM/VCM)	118 485.81 万元(8.74%)	-12 111.72 万元(因收购业务亏损)	3.82
天顺风能（苏州）股份有限公司（天顺风能）	2005	太仓市	2010	兆瓦级大功率风力发电塔架及其相关产品	140 231.89 万元(8.65%)	17 488.63 万元(1.39%)	4.41
苏州工业园区和顺电气股份有限公司（和顺电气）	1998	工业园区	2010	计量表箱、电力成套设备和电能质量设备	32 497.20 万元(-5.22%)	5 195.76 万元(-17.10%)	3.06
常熟市天银机电股份有限公司（天银机电）	2002	常熟市	2012	冰箱制冷压缩机配套零部件	40 917.45 万元(-8.38%)	10 748.99 万元(-9.45%)	3.67

注：1. *R&D占比指企业2014年研发支出总额占当年营业收入的比例(%)。
2. 本表格依据上述企业2014年年度报告,经笔者汇总、整理后所得。

进一步分析表中数据发现：上述全部 8 家企业为其未来可持续发展所做的当年期 R&D 投入占比均保持在 2%～4% 之间，企业都具有较强的研发投入意识，这对于当下制造业企业维持其核心竞争力与可持续发展而言都是至关重要的，关系到制造业企业能否在前述的"工业 4.0"与互联网新时代，跟上科技变革的步伐，再次抓住国家"一带一路"等宏观战略政策机遇，实现企业自身的可持续发展。

笔者在进一步深入的访谈调研与资料搜集过程之中发现，尽管苏州市电气机械和器材制造业的全部 8 家企业在其上市之后都有不凡的业绩成长与卓越的经济、社会等贡献，但同时也都曾面临过企业发展的瓶颈或正在为企业未来发展风险而担忧，例如，企业的品牌维持与延伸发展策略、产品更新与新品研发技术攻坚、企业战略转型的路径模式以及企业的人才管理、海外营销推广、风险控制等。为此，苏州市电气机械和器材制造业的全部 8 家上市公司 2014 年都相继发布了企业"内部控制自我评价报告"，并且在年报之中详尽阐述了各自企业的核心竞争力、未来发展的经营战略与规划以及风险分析，从企业发展的各个方面详细剖析了企业的现状与未来，以期做到更好的企业内部控制，从而获得持续有力的企业发展。

二、苏州市电气机械和器材制造业上市公司内控评价报告分析

1. 企业良好一致的内控评价背后

苏州市电气机械和器材制造业的全部 8 家上市企业均发布了"2014 年度内部控制自我评价报告"，报告内容主要涵盖四个方面的内容，即内控评价结论、内控评价具体工作、内控评价缺陷认定标准、内控评价缺陷认定与整改情况（如图 1 所示）。

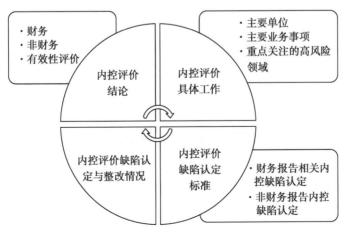

图 1 企业内部控制自我评价报告各模块内容

进一步研读与分析上述行业企业的内控评价报告后发现,全部8家企业在内控评价结论模块与内控缺陷认定整改模块的报告内容基本一致,都未曾发现当期企业内控存在重大缺陷。如此良好且一致的内控评价,在本就显得制式千篇一律的内控报告之中尤为引人注意,如此同质的"优良内控"背后似乎也有些不平静的波澜。

研究发现,即使有部分企业提及内控缺陷的整改计划,其内容也往往不够深入与具体,难免有点"隔靴搔痒"的无关痛痒感。笔者认为,这一现象或许也正反映了上述企业的一些"苦衷":担负地区经济重任、作为同行业企业标杆、时刻为股东和民众关注的上市公司,它们所交出的每一份"答卷",都往往只能报喜而不能报忧,或者说常常需要"避苦就甜"地诉说光鲜,这也许是上市公司不断成长的压力和动力,同时,我们也应当从中看到过度的社会压力与经营顾虑背后所隐藏的种种危机。

正如前述几家苏州电气机械和器材制造业企业业绩出现负增长的原因所反映的一样,传统的制造业企业因为受到收购业务和子公司经营不善的牵连,导致扩大了的规模难于快速消化,管理控制出现瑕疵,进而业绩表现欠佳。上市公司必然需要规模与业绩的连年高速增加吗?一些见效缓慢、"逆耳苦口"的善策良方在其点滴的量变之中,难道不该同样视作企业的贡献而为受众所知晓和褒扬吗?在笔者深入企业进行管理者访谈期间,一位资深的企业领导者总结其所在上市公司的成功:"在中国经济变革的动荡摸索时期,接手过企业的每一代领导人,都在延续着、一如既往地坚持着企业最初最擅长的经营策略,为企业许多软实力的培育甘愿默默坚守。"

2. 企业内控评价的未来

尽管上述8家上市公司同属电气机械和器材制造行业,其内部控制自我评价报告也必然有诸多共性之处,作为制造业企业,其内控工作除了考虑作为公司企业共同面临的管理经营风险以外,还需要从制造业尤其是电气机械和器材制造行业企业本身入手,考虑其生产运营、科研投入、工程项目等的"个性化"内控内容。除此之外,笔者还汇总整理了上述8家企业在其内控评价报告中的一些特色内容进行比较分析,见图2。

公司	特色内容
永鼎股份	• 划分缺陷类型：重大、重要、一般缺陷 • 制定不同缺陷类型的定量评价标准
亨通光电	• 细分19项内控业务内容 • 从定性与定量两个层面制定内控缺陷认定标准
通鼎互联	• 执行、监督、改进的闭环管理和不相容岗位分离的制约机制 • 内控评价业务细分为5个大类20个子类
中利科技	• 内控缺陷认定标准的定性定量阐述完整、全面
禾盛新材	• 内控制度制定的5项基本原则 • 提出具体的内控完善措施与客观的自我评价
天顺风能	• 将内控缺陷认定标准进一步细分，财务包含收入、利润、资产以及权益；非财务涉及直接损失和负面影响
和顺电气	• 明确内控缺陷类型 • 针对性地给出定量与定性的内控缺陷标准
天银机电	• 内部控制评价的具体工作程序和详细操作方法 • 弥补内控缺陷拟采取的措施列举 • 下一年度有关内控评价的工作计划

图2　苏州市8家电气机械和器材制造业上市公司内控评价报告特色内容汇总

由此可见，上述8家上市公司的内控工作除了具备电气机械和器材制造行业的共性特征之外，还各自拥有内控体系建设的个性化特色。然而，就上市公司内控评价的各个模块而言，同一行业内企业的内控评价工作也缺乏统一且都应具备的规范和项目，因此单个企业的个性化内容也显得十分单薄。例如，上述8家企业之中，仅有两家企业结合其当年的经营战略，系统地阐述了重点内控项目或高风险领域内控情况，同一行业的内控维度可能相似，但具体到行业内的各个企业，结合自身经营管理特点的重点内控范围与内容，更应当被企业在未来的内控评价体系之中所重视。

而在内控标准制定方面，仍有多家企业未能做好定量标准的明确以及定性标准的列举工作。企业管理层人员也在访谈中多次提到量化标准、具象化规章制度对于管理控制的重要意义：明确具体的制度标准，不仅便于执行，更能够为绩效与内控的考核、结果的反馈沟通提供依据与参照，这是企业内控体系建立实施的重要环节。另外，即使制定了定量定性标准的企业，其相互之间的标准内容也往往大相径庭。既然从属于同一行业，其内控评价标准理应具有一定的统一标准或者相应的范围区间，以便利于企业间的相互比较借鉴和确保内控信息披露的可读性。

综上所述，企业内控评价的未来应当在行业划分的基础之上，结合各企业自身的经营管理、战略风险特点,既有行业内控共性的表述,也有企业个性化内控信息的披露,同时在企业内控评价报告的完善内控措施模块,做出弥补或预防内控缺陷的措施、计划,进而形成从项目识别、比较"纠偏"、预警反馈到修正改进的内控闭环体系。

三、苏州市电气机械和器材制造业上市公司可持续发展分析

1. 核心竞争力分析

企业核心竞争力是企业未来可持续发展的重要依托与保障,尤其是上市公司不断获取产品、市场等竞争优势的源泉。在日益激烈的市场竞争中,电气机械和器材制造业企业的核心竞争力已不再仅仅局限于产品(包含质量、价格等)这一单一层面,而是更加趋于综合,企业需要在多个层面培育自身的核心竞争力。为了便于比较分析,笔者选取了苏州市上述行业8家上市企业中的4家通信光电缆制造企业进行了核心竞争力内容摘录,见表2。

表2 苏州市部分电气机械和器材制造业上市公司核心竞争力汇总

企业简称	核心竞争力	
	维度	具体内容
永鼎股份	品牌优势	• 中国名牌产品和驰名商标(2007) • 通过项目收购等方法,扩大品牌知名度
	管理及机制优势	• 绩效考核管理不断细化 • 子公司引入管理层入股机制
	技术及人才优势	• 建立科研工作站、工程技术研究中心 • 优厚政策引才,人本理念聚才
	市场开拓优势	• 强大市场开拓和管理销售队伍 • 2014年公司布局海外市场
亨通光电	完整产业链优势	• 光棒—光纤—光缆—ODN纵向一体化生产能力 • 电力传输板块同样形成了完整产业链
	市场与规模优势	• 完善的市场网络、广泛高质的客户基础、良好的品牌影响力 • 产品批量生产和原材料集中选型采购使公司获得了规模经济优势
	营销与服务优势	• 大客户集中采购招投标方式获取订单、直接签订购销合同 • 国内外各技术服务中心、办事处均派驻技术服务和营销人员
	技术与研发优势	• 在科研经费投入、技术队伍建设与培育等方面形成了制度化的管理 • 强劲的科研人才储备与技术研发能力;拥有多个工程技术科研中心 • 建立了与各大专院校、科研机构的长期合作关系

续表

企业简称	核心竞争力	
	维度	具体内容
通鼎互联	通信线缆业务完整的一体化产业链优势	• 不断拓展产业链的上下游,通过多种方式完善产业链
	领先的产业升级转型优势	• 通过收购挺进移动互联应用领域,在业务发展上形成了传统线缆制造和新兴移动互联网应用两大业务共同发展的局面
	市场和营销优势	• 广泛的市场营销网络,在全国各个省、直辖市均建有市场和服务中心 • 积极拓展国际市场,在多个国家和地区建立了营销网络 • 涉足流量经营等移动互联网应用领域,用户数迅猛增加
	规模化优势	• 主流产品生产产能位于行业前列,形成规模化生产 • 采购成本的下降,使得产品成本行业领先
	技术和研发优势	• 依托国家级企业技术中心等研发平台,掌握了多项核心自主知识产权
中利科技	营销创新驱动业务发展	• 坚持在成本制造端做减法,在技术服务端做加法 • 根据客户的需求,进行"私人定制"
	产品创新发挥研发平台优势	• 借助国家级博士后流动工作站的平台,发挥企业研究中心优势,加快平台建设与技术管理升级
	较强的管理和成本控制能力	• 建立了较为完善的内部管理体系、控制制度和一整套激励机制

(注:本表依据企业2014年年报归纳整理所得)

进一步比较表2中内容后发现:同为电气机械和器材制造行业的上述4家上市公司,它们的主营业务都涉及通信光电缆的制造、研发与销售,其主要产品的制造具有一定的技术要求,产品的革新开发也须与时俱进,整体产业链体系相对成熟。因此,上述全部4家企业都将其产品研发、技术平台以及专业人才储备选定为企业核心战略方向与核心竞争力发展重点,这是制造业企业的产品保持长久市场竞争力、实现企业长期可持续发展的重要保障。

经过比较研究,笔者认为,上述电气机械和器材制造业企业除了科研投入、产品开发投入以外,随着"智能制造"、"工业4.0"时代的到来,企业应同时在生产流水线的智慧化转型、智能化制造,以及运用现代网络技术实施生产监控、物料配给、仓储运输管理等多方面展开配套改进,使得企业的"微笑曲线"整体上移,转型升级路径向高效高能、高附加值方向转变,进而形成企业未来长久、可持续的发展模式。

为进一步研究苏州市上述行业上市公司核心竞争力中均有涉及的人才问题,本报告整理了全部8家企业的人员人才情况,见图3。

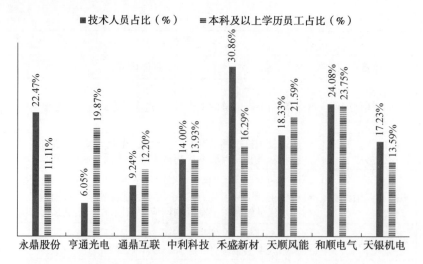

图3　苏州市电气机械和器材制造业上市公司人才情况

图 3 反映出了苏州市电气机械和器材制造行业 8 家上市公司的技术人员与高学历人员占比情况,作为制造型企业的领跑者,上述上市公司均比较重视对技术型人才与高学历人才的引进和培育。但结合访谈调研结果来看,上述企业针对高层次管理人才的"引、用、育、留"体系显得相对传统与薄弱,对于现代管理体系的建设与完善普遍没有外资企业做得好,"重生产轻管理"的认识依旧存在。因此,笔者认为企业未来可持续发展目标的实现,除了要抓好直接效益端的工作以外,大胆改革企业管理模式、引进高层次企业管理人才同样能够为企业在软实力竞争中"先拔头筹"。

2. 未来发展机遇与风险分析

苏州市电气机械和器材制造行业的 8 家上市公司对其自身的未来发展均有系统的规划,尽管同属一个行业,但未来战略重点发展的部署却不尽相同。上述部分上市公司将企业的转型升级作为未来发展的战略重点,例如:亨通光电着眼于将企业"从产品提供商向系统集成服务商转型、从国内企业向国际化企业转型、从生产型企业向研发生产型企业转型";中利科技则计划实现"以科技型项目发展带动营销转型、以技术优势带动产业发展"的未来发展模式;其他上市公司则选择结合环境形势从具体的产品出发,实现企业未来的可持续发展。例如:在 4G 时代、智慧城市、三网融合、云计算、物联网以及移动终端应用普及等背景下,通鼎互联选择涉足移动互联应用领域的战略规划;分别围绕国家新能源战略产业和政府新能源汽车推广的主题,天顺风能与和顺电气都在积极谋求产品的更新升级与新品研发。

为了进一步比较研究上述行业上市公司的未来发展规划和风险情况,本报告同样选取了苏州市上述行业上市企业中的4家通信光电缆制造企业进行相应内容摘录,见表3。

表3　苏州市部分电气机械和器材制造业上市公司未来发展规划与风险汇总

企业简称	未来发展规划		可能存在的风险
永鼎股份	光通信及通信电缆	国家"宽带中国、光网城市"战略;云计算、物联网、互联网经济、互联网金融等;"光进铜退"的趋势	• 光通信行业市场竞争以及过分依赖三大通信运营商的风险 • 国际工程承包业务面对正在大批"走出去"的中国企业的竞争日趋激烈 • 前沿性技术在市场和政策方面还存在许多不确定因素和风险
	高温超导材料	民企研发国家战略产品的先例	
	海外电力工程总承包项目	"丝绸之路经济带"和"海上丝绸之路"	
亨通光电	光通信行业	"一带一路"国家战略	• 产业环境变化、市场需求下降的风险 • 海外投资与经营风险
	电力传输行业	国家特高压电网、智能电网和清洁能源的建设规划	
	海缆行业	中国拥有庞大面积海岸线的海洋大国地理区位优势 "一带一路"国家战略	
通鼎互联	加大对移动互联网业务的投入,加强投后管控		• 客户集中的风险 • 原材料价格波动带来的风险 • 管理风险
	加快推进光纤预制棒项目建设		
	扩大非运营商市场业务和海外业务		
中利科技	线缆行业	"宽带中国"战略的推进和国家4G牌照的发放与应用普及	• 电线电缆行业以国内大型企业为主的下游客户议价能力较强 • 业务规模、资产总额、员工人数快速增长带来的运营管理风险 • 汇率波动风险
	光伏行业	国家能源战略以及国家对光伏产业的扶持政策	
	创新业务	智能通信电子设备的普及应用	

(注:本表依据企业2014年年报归纳整理所得)

就表3之中所列举的企业风险分析而言,苏州市电气机械和器材制造业上市公司对于未来发展的风险预估存在共性,主要集中于以下几个方面:首先是企业对于国家宏观环境与政府政策以及大型国企的依赖性问题,其从一定程度上反映了上述行业上市公司营销经营视野的局限性,为此,许多企业相继开展了拓宽国内市场与跻身国际化市场的"两步走"战略,这也将成为制造业企业实现未来可持续发展的必由之路,国际市场的开拓不仅能够强化企业的竞争意识,督促企业产品与经营模式的不断革新,也能够有效避免企业将"所有鸡蛋放在同一个篮子里"带来的依赖性风险。

另外，随着上述行业企业利用上市带来的发展机遇而不断扩大规模的情况发生，多数企业面临着业务规模、资产总额、员工数量不断激增的管理经营风险，这是所有上市企业"做强做优"过程中必须要面临的挑战，合理借鉴外资企业先进的国际化管理经验和科学客观的企业发展规划将成为企业跨越上述困境的不二法门。

最后，地方性的电气机械和器材制造业上市公司应充分树立"危机意识"，不仅需要关注国内同行业企业的发展，更需要放眼国际市场，积极应对来自全球知名企业的竞争，而非故步自封、夜郎自大，唯有不断强化危机意识、竞争意识，方能在全球化、网络化的交互竞争之中，保持企业长久的竞争实力与长远的发展能力。

（尹　杰）

苏州市化学纤维制造业上市公司发展报告

一、苏州市化学纤维制造业上市公司概况及其发展分析

(一) 我国化学纤维制造业发展概况

化学纤维制造业是现代工业生产的重要领域,对国民经济有着重要的贡献。随着中国工业化进程的加快,国内外纺织市场需求扩大,近些年来化学纤维制造业也保持着持续增长,取得了很大的成就。特别是进入21世纪后,产业基础加强促进了技术进步并推动产业集群逐渐形成。由于国内外宏观经济错综复杂的影响,近年来我国传统制造业的外部环境始终面临着严峻的考验,纵观国内整个化纤行业,行业产能过剩继续蔓延、市场需求增长动力偏弱、成本要素逐年持续上升等综合因素不断加大行业运行压力。近5年该行业有关统计情况见图1。

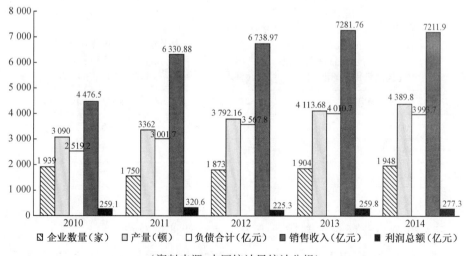

(资料来源:中国统计局统计公报)

图1 中国化学纤维行业指标统计

由图 1 可以看出,我国化学纤维制造业在 2010 年以来增速明显下降,2013 年年末我国化学纤维制业企业达到 1 904 家,产量达 4 113.68 万吨,同比增长 8.46%,行业总资产达 6 248.77 亿元,同比增长 10.33%;在刚过去的 2014 年,全国化学纤维的产量达到 4 389.8 万吨,同比增长 5.5%;行业销售收入为 7 211.9 亿元,与上一年比略有下降,利润总额为 277.3 亿元,同比增长 11.21%;化纤行业工业增加值增长速度为 8.5%,行业亏损面为 18.01%,同比提高 0.63%,并且亏损企业亏损额同比增加 9.46%。从分行业来看,涤纶行业实现同比增加 10.64%;氨纶行业效益继续增长,但增幅明显回落;人造纤维的盈利品种主要是醋酸纤维;而粘胶纤维行业运行比较困难。

(二)苏州市化学纤维制造业上市公司发展概况

有着"天堂"之称的苏州,自古便是物产丰饶、贸易活跃的地区,同时也是丝绸之乡,纺织业比较发达,这一环境极大地促进了化学纤维行业的发展。近年来化学纤维制造业发展较为迅速,2003—2007 年间先后有 3 家该行业的公司分别在深交所和上交所上市。这 3 家上市公司的基本情况如表 1 所示。

表 1　苏州市化学纤维制造业上市公司基本情况

企业名称(股票简称)	江苏澳洋科技股份有限公司(澳洋科技)	江苏新民纺织科技股份有限公司(新民科技)	江苏江南高纤股份有限公司(江南高纤)
企业性质	股份公司	股份公司	股份公司
主营业务	粘胶纤维及粘胶纤维品、可降解纤维、功能性纤维制造和销售;纺织原料(皮棉除外)、纺织品、化工产品(农药、化肥、危险品除外)销售;蒸汽热供应;电力生产	主营丝绸及其原料业务,包括化纤纺丝、各类丝绸织品的织造和印染、丝绸服装制造、纺织助剂制造以及丝绸品进出口贸易,实业投资、投资管理、投资咨询	涤纶毛条、短纤维、粒子、聚酯切片、塑料编织袋套、人造毛皮生产销售,公司垄断国内涤纶毛条行业,拥有产品定价权。废塑料瓶片、废塑料收购
注册资本	55 934.89 万元	44 645.90 万元	80 208.94 万元
成立时间	2001 年	1999 年	1996 年
上市时间	2007 年	2007 年	2003 年
股票代码	002172	002127	600527
上市地点	深圳交易所	深圳交易所	上海交易所

(三)苏州市化学纤维制造业上市公司行业地位分析

从表 2 对比中可以看出 3 家公司规模在全国同类行业中占据比较靠前的位置,分别为第 20 位、19 位和第 14 位。但 2014 年的销售表现却出现分化。其中新民科技在成本控制方面表现突出,占据全国同行业第8位,在总收入中也表现不俗;而江南高纤则在净利润总额中表现不错,行业排名第83位。但是3家企业在营业利润方面却出现大幅亏损,营业利润均排在100名以后,甚至200多名。说明苏州3家化纤企业总体实力在全国具有一定影响力,但需要积极进行产业调整,提高营业利润。

表2　苏州市化学纤维制造上市公司行业排名

(单位:万元,报告期:2014年12月31日)

项目	澳洋科技		新民科技		江南高纤	
	金额	行业排名	金额	行业排名	金额	行业排名
公司规模	462 000.00	20	559 000.00	19	632 000.00	14
营业总收入	293 116.44	88	157 334.23	48	164 382.61	139
营业总成本	271 706.01	45	150 204.34	8	144 853.86	174
营业利润	-13 929.40	235	-16 465.30	101	3 312.09	173
净利润	-13 169.25	242	1 192.63	187	3 092.51	83

(四)苏州市化学纤维制造业上市公司财务概况分析

1. 上市公司主营业务产品

化学纤维产业属于原料产业,在同一个地区内可以形成竞争力极强的产业链,容易引起企业与企业间同质化竞争,使得企业同质化倾向严重,产能过剩导致浪费等恶性循环,不利于当地上市公司的良性竞争与发展。

表3　苏州市化学纤维制造业上市公司2014年度主营业务产品收入

上市公司	主营业务产品	主营业务产品收入(万元)	所占比重
澳洋科技	粘胶短纤产品	285 988.91	99.11%
新民科技	化纤长丝产品	89 089.25	56.72%
	丝织品	35 223.41	22.42%
江南高纤	复合短纤维产品	97 949.38	59.73%
	涤纶毛条产品	33 061.76	20.16%
	化工贸易	32 967.42	20.10%

由表3可以看出,3家上市公司虽然都是化学纤维制造企业,但是其主营业务收入组成部分并没有体现明显的同质化,分别以粘胶短纤产品、化纤长线产品和丝

织品以及复合短纤纤维产品为其企业的重点收入来源。澳洋科技的主营业务收入最为集中,主营产品占到9.9成以上,其产品更加细分化与精细化;而新民科技和江南高纤也分别有着近6成的主营业务,产品生产有侧重,对市场的投放也更加精准。

2. 上市公司主营业务收入

据3家上市公司2014年年报披露,企业在过去一年里着力开拓海内外新市场,扩大主营业务规模,但在业绩表现方面由于受到大环境的影响,并非所有企业均较上一年度得到提升。

表4 苏州市化学纤维制造业上市公司营业收入　　　(单位:万元)

	项目	2014年	2013年	收入比上年同期增加
澳洋科技	营业收入	293 116.44	321 141.18	-10.57%
	主营业务收入	285 988.91	318 568.16	-10.23%
新民科技	营业收入	157 334.23	413 480.82	-61.95%
	主营业务收入	89 089.25	268 893.94	-66.87%
江南高纤	营业收入	164 382.61	163 374.54	0.62%
	主营业务收入	97 949.38	97 846.84	0.10%

从表4可以看出,3家上市公司2014年营业收入除江南高纤较上一年度微幅上升外,其他两家均有较大幅度的下降,澳洋科技下降10.57%,新民科技有高达61.9%的降幅。澳洋科技下降的主要原因是粘胶短纤市场价格下跌。新民科技降幅如此之大的原因是报告期内的资产重组,公司于三季度将盈利能力较弱的新民化纤和新民印染100%股权出售,与其相关资产不纳入合并报表范围。

(五)苏州市化学纤维制造业上市公司盈利能力分析

盈利能力是反映上市公司价值的一个重要方面,对于上市公司而言,是指企业在一定时期内赚取利润的能力,利润率越高,盈利能力就越强。

表5 苏州市化学纤维制造业上市公司盈利能力指标

项目	澳洋科技	新民科技	江南高纤	行业平均值
净资产收益率	-20.15%	2.35%	1.71%	-13.03%
净利率	-4.49%	0.76%	1.88%	0.91%
毛利率	7.30%	4.53%	11.88%	19.68%
营业利润率	-4.75%	-10.46%	2.01%	-0.23%

表5显示，苏州3家上市公司中仅澳洋科技在利润方面表现欠佳，其余两家企业在盈利方面均超过行业平均值。

净资产收益率及其驱动因素净利率能够揭示企业获利能力以及杠杆水平对净资产收益率的影响。澳洋科技净资产收益率低的主要影响因素是盈利能力指标净利率低。新民科技的净利率虽然低于江南高纤，但因其代表经营能力的总资产周转率和财务杠杆权益乘数均高于后者，所以净资产收益率较高。

从利润质量上看，澳洋科技主营业利润率为 -4.75%，其中销管费用占收入的 8.31%，财务费用占比 2.4%；新民科技的三个指标比例分别为 -10.46%、11.4%、5.7%；江南高纤的三个指标分别为 2.01%、4.29%、-0.33%。澳洋科技的净资产收益率略高于主营业务利润率的原因是有约 800 万的政府补贴；而新民科技的净资产收益率比主营业务利润率大幅提高是因为获得约 3 400 万的政府补助和约 1.4 亿元的资产重组收益；江南高纤虽然获得 541 万的政府补助，但其投入了研发费约 4 480 万元，净资产收益率比主营业务利润率略有所下降。所以对比来看，江南高纤的利润质量最高，具有长期盈利的潜力，澳洋科技次之，新民科技利润质量最低。

二、苏州市化学纤维制造业上市公司发展存在的问题

尽管化纤工业产业规模不断壮大，但是长期粗放发展积累的许多矛盾并没有得到根本解决，结构不合理、自主创新能力相对薄弱等问题严重制约着化纤行业进一步的可持续发展，特别是 2014 年我国宏观经济形势复杂多变，化纤行业加速产业升级，市场竞争激烈，总体产量增速回落，在消化存量产能的同时，增速回落成为新常态。新常态时期的化纤行业发展环境更为复杂，行业产量增速比前几年继续回落，这是产业处于调整期的正常表现，也是转型升级的必然结果。这也为上市公司制定战略目标、降低生产成本、优化产业结构进而进行结构升级提出了较高的要求和挑战。当前，苏州市化学纤维制造业上市公司主要存在以下问题：

1. 产业结构较混乱，涉足范围广泛

在同行业类似业务下，有的企业经营得风生水起，而有的则交上业绩大幅下滑的成绩单。从分析中可以看出，一些企业并不是主营业务出现问题，而是非主营业务损失拖累整体业绩。苏州化学纤维企业不仅涉足化纤行业，同时也涉足

电力行业、金融行业、医疗行业等,涉足范围广泛,整体产业结构及发展侧重点不明确,难以形成核心竞争力。

澳洋科技就是因为子公司玛纳斯澳洋在2014年四季度因环保项目未完成验收而停产整顿。停产后,对未完成验收项目的验收完成时间超出公司预估,其四季度粘胶短纤产量降低,使生产成本加大,亏损增加。另一方面,澳洋科技筹划收购澳洋健投转型医疗健康产业,2015年2月16日发布重组预案,公司拟以5.41元/股,非公开发行合计12 014.79万股,合计作价6.5亿元收购澳洋健投100%股权的方式进入医疗健康服务产业。对于化纤产业进入医疗健康服务产业是否可以实现成功转型还需时间的验证。

新民科技因汇兑损失拖累业绩。其原持有的日元借款累计产生汇兑损失276.25万元;公司原控股子公司新民化纤持有的日元借款产生汇兑收益26.95万元。因此,公司账面日元借款累计产生汇兑损失249.30万元,一定程度上拖累了经营业绩。同时2014年新民科技也实施了重大资产重组,向东方恒信出售公司所持有的吴江新民化纤及苏州新民印染100%股权。本次资产重组将化纤业务和印染业务板块整体出售,放弃化纤业务和印染业务转而专注于丝织品织造业务。

江南高纤权益法核算的参股公司苏州市相城区永大农村小额贷款限公司2015年第一季度经营业绩亏损,主要原因是逾期贷款、逾期利息及违规账外担保的损失同比增加。

2. 产品结构不合理,同质化竞争严重

化纤行业延续了2013年度持续低迷的行情,市场竞争激烈。受原油价格大幅下跌及下游需求疲软的影响,化纤大宗类产品价格比上年同期大幅下跌,造成开工不足,产品积压。据中国化纤信息网统计数据显示,2014年1—6月份涤纶长丝产能新增158万吨,总产能已达到3 173万吨/年,而上半年实际产量为1 028万吨,产能利用率仅为66.4%。据国家统计局数据显示,国内粘胶短纤产能从2011年的211万吨增至2014年的350万吨,增长了66%,但下游纺织行业终端消费及出口持续疲软,粘胶短纤行业利润空间受到挤压。

纵观国内化纤行业,面对产能继续大幅扩增、下游需求进一步萎缩、产品价格下跌、利润收缩、亏损加大的尴尬局面,许多企业不得不选择减产、停产甚至倒闭。苏州化学纤维行业也存在着产能过剩继续蔓延、市场需求增长动力偏弱、成本要素逐年持续上升等问题,导致开工不足、产品积压、利润下滑。其主要原因为对行业依赖较强,易受市场波动影响,产品结构不合理,同质化竞争严重。

例如,澳洋科技几乎全部业务都是粘胶产品,其粘胶短纤年生产能力30万吨,具有一定的规模化优势,但其主营产品仍旧是附加值低的普通产品,品种单一,差别化粘胶产品比例极低,缺乏市场竞争力。新民科技摒弃了化纤产品和印染业务,专注于发展传统丝织品织造业务,专注于人丝产品产量,更要注重"差异化、专业化、个性化"的产品战略。江南高纤公司是国内最大的复合短纤生产企业,拥有19万吨产能。而近两年产量在10万吨左右,没有达到资产最大利用,产能严重过剩。公司产品在质量、差别化程度和功能性方面还需进一步加强,以适应不断变化的市场需求。

3. 科技研发投入不够

在日益激烈的市场竞争中,科技创新是企业长足发展的原动力。化纤行业是传统行业,在新一轮世界经济一体化竞争中若不能在高新技术产业化及应用上取得新的突破,占据领先地位,则极有可能在竞争中失去优势,所以化纤行业更加需要用科技创造新的发展动力,用科技占领市场主导地位。

然而苏州市化纤行业的实际情况却是科技研发投入严重不足,虽然有些企业有一些对研发的投入,但研发投入占营业收入的比例极低。有些企业争取了政府补助助力发展科研,如新民科技获得各类政府补助奖励资金总计389.10万元,包括2014年5月与苏州大学联合承担的"国家茧丝绸发展专项计划"项目通过吴江区商务局验收,获得茧丝绸发展专项资金50万元;2014年12月,与苏州大学联合承担的苏州市科技计划项目"新型真丝绸面料工业化加工关键技术与产业化"通过苏州市科技局验收,获得苏州市级振兴丝绸产业专项导向资金33万元;2013年度重点技术改造项目补贴73万元以及企业博士后工作站补贴54万元。这类政府补助对于公司加快实施技术改造、促进丝绸产业发展、提高科研创新能力有一定的扶持作用,但相对于有着六十几亿规模的企业,389.10万元的研发投入则是远远不够的。

4. 缺乏环境保护意识,亟待产业升级

我们共同生活在同一个地球上,自然资源是人类生存发展的必要条件之一。我国人均水资源仅2 300立方米,仅为世界人均水平的1/4,在联合国可持续发展委员会统计的153个国家和地区中,我国人均水资源量排名第121位,是世界

13个人均水资源最贫乏的国家之一。同时,与人民生活息息相关的空气质量问题也成为影响人们正常生活和健康的凶手之一。

苏州市化纤行业上市公司还缺乏高度的环境保护的意识,在发展的过程中只注重经济利益而忽视环境保护,不利于可持续发展,也不适应我国发展绿色经济以及可持续发展的要求。澳洋科技就是因为子公司玛纳斯澳洋在2014年第四季度因污水监测与排放、工艺废气治理项目未完成验收被昌吉回族自治州环保局要求停产整顿。停产后,对未完成验收项目的验收完成时间超出公司预估,其第四季度粘胶短纤产量降低,使生产成本加大,亏损增加。

三、苏州市化学纤维制造业上市公司进一步发展的建议

1. 进行结构调整,优化产业结构

目前苏州市化纤行业上市公司应抓住机遇,率先进行结构调整,优化产业结构,加快推动兼并重组,加快淘汰落后产能,抓住发展机遇适时延伸产业链,实现产业转型。

首先,化纤产业结构逐步优化离不开政策的引导。苏州市化纤行业上市公司应关注并研究行业政策,在国家政策的指导下,挖掘并利用政策红利,促进自身加快淘汰落后产能,深化行业产能结构调整。

其次,进行地域结构调整,加快产业结构优化升级,完善产业链的建设。化纤行业由于产品单一,对纺织行业的依赖极大,极易随着市场波动。近几年来,化纤行业的下游产业纺织行业大批向亚、非、拉等生产成本低廉的地区转移,国内纺织市场对化纤产品需求逐年下降,从2013年以来的数据也可明显看出这一点。因此,化纤行业也可以向国外生产成本较低的地区转移生产基地,进行地域结构调整。加强与上游原材料和下游行业的一体化进程,一方面可以减小对原料进口的依赖性,以纺织业原料需求为生产导向,另一方面可以解决部分资源利用率低、资源浪费的问题。

再次,加快行业重组,提高竞争力。通过进行多种形式的企业资产重组进行资源二次配置,加快结构调整和兼并重组。例如,通过并购让劣质产能出局,促进资产有效利用和有序流动,提高优质资产的存量,提高企业竞争力,创造发展壮大机会和空间,使苏州市化纤行业上市公司成为在国际国内具有较强竞争力的大公司。

2. 调整产品结构,促进产品转型升级

近几年化纤企业利润下降,产能过剩、产品积压的主要原因就在于产品单一,对纺织业依赖性过强,因此苏州市化纤行业上市公司必须要进行产品结构调整,促进产品转型升级。

第一,要将产品转型升级作为重心,调整产品结构,加大淘汰落后工艺和设备,淘汰普适性、低水平的产品,提高生产效率和产品档次,向差别化、多样化、功能性纤维方向发展。逐步降低一般性产品的比例,压缩传统纤维开发生产业务,加大高附加值纤维的比例,加快高性能纤维的开发,扩大产业用纤维生产比例。

第二,加快高新技术产品的研究和开发,拓展纤维产品市场。积极开发高性能的化学纤维,促进产品功能化,不仅仅局限于纺织用纤维,更要加快开发并向工业用纤维、装饰用纤维、生活用纤维、环保用纤维、安全卫生用纤维等产品转轨,为航空、建筑、环保、防护等领域提供产品,满足市场多样化的需求。

利用新技术开发多样化、多用途的高科技纤维,如温度变色纤维、光变色纤维、香味纤维、保温蓄热纤维、高强度纤维、特种擦镜纤维、耐高温阻燃纤维、导电导湿纤维、纳米防水透气纤维、抗紫外线纤维等功能性纤维,同时注重开发绿色环保纤维和再生纤维等特种纤维。

第三,打造自主品牌,推进产品质量优质化。随着品牌意识的提升,化纤行业将呈现出更多个性化的产品。苏州市化纤制造企业要不断发扬光大自身的品牌优势,深化品牌影响力,加强内部管理与质量控制,强化品牌价值,使纤维品牌与终端品牌相互促进,产生叠加效应,使得苏州市化纤行业上市公司能在激烈的竞争中占据一席之地并为后续发展积聚力量。

3. 加大研发投入和人才培养,促进产业快速转型

技术是化纤行业未来发展中至关重要的因素,结构调整、产品优化升级以及环保都离不开科技的推动。随着经济的发展,物资极度丰度的今天,只有差异化、功能型产品才能在市场竞争中脱颖而出;只有技术含量高、提升消费者体验感的产品生命力才会更强更持久。

首先,苏州市化纤上市公司要加大科技研发投入,在结构调整和转型升级中着力实现科技创新与企业效益共同促进,加大科技研发在企业投入中的比例,使科技创新带动企业发展。

其次,要积极致力于新原料的使用和新工艺的摸索,特别注重高附加值产品

的开发及市场推广,开发适销市场的差别化产品,提高产品附加值和核心竞争力。

再次,要加强梯队人才培养,加强与科研院所、高等院校的产学研合作,以国家级企业技术中心为平台,不断进行人才储备与培养,为科技创新的技术研发注入活力。

4. 增强环保意识,强化节能减排

化纤企业是高污染企业类型之一,然而苏州市化纤行业上市公司却对环境问题重视不够,随之而来的各种环境问题严重阻碍了苏州市化纤行业的可持续发展。因此必须要把生态文明建设放在更为突出的地位,在公司发展的同时注重对环境的保护。

第一,强化节能减排目标责任,优化产业结构,实施节能减排重点工程,加强节能减排管理,大力发展循环经济。

第二,加快节能减排技术开发和推广应用,推进节能减排和绿色循环发展。通过对化纤清洁生产工艺技术及废旧产品回收再利用技术的推广应用发展循环经济,提高资源综合利用效率,不断提升清洁生产水平。加强污水处理并配套完善的废气处理设施,采用废水余热回收、中水回用等资源综合利用技术对废水进行综合处理,达到"以废治废、综合利用"的目的。

第三,完善节能减排政策,强化监督机制。苏州市化纤行业上市公司要承担起相应的社会责任,自主推动和完善自我监督机制,以适应不断提高的国家环保政策要求,坚持可持续发展的绿色环保经济。

参考文献:

[1] 邰蔚. 辞"旧"迎"新"的中国化纤[J]. 纺织服装周刊,2015(4):30 - 31.

[2] 孙茂龙,耿佳欣,任继勤. 我国化学纤维制造业的发展趋势和前景分析[J]. 化工分析,2012(6):39 - 42.

[3] 国家信息中心经济预测部. 中国化学纤维制造行业运行报告[J]. 财经界(学术),2010 (1):50 - 51.

[4] 邵蔚,李涛. 化纤大国再起航[J]. 纺织服装周刊,2014(3):33 - 34.

[5] 刘秀莲. 中国产业结构调整的难度及政策选择[J]. 经济研究参考,

2012(42):5-12.

[6] 张敏杰,赵国梁.合成纤维的回收再利用技术[J].合成纤维工业,2012(2):48-52.

[7] 邵蔚,欧阳潇.纤之源:还你一片绿水青山[J].纺织服装周刊,2014(12):32-33.

(张阿沛)

苏州市化学原料及化学制品制造业上市公司发展报告

一、苏州市化学原料及化学制品制造业上市公司发展概况

化学原料及化学制品制造业,习惯上称之为"化学工业",是我国国民经济中重要的组成部分,与人们的日常工作和生活息息相关、密不可分,并且在整个化工业里占据主导地位。根据国家统计局行业分类标准,化学原料及化学制品制造业共包括基础化学原料制造、肥料制造、农药制造、涂料、油墨、颜料及类似产品制造、合成材料制造、专用化学产品制造和日用化学产品制造等7个子行业。自改革开放以来,我国经济的持续快速增长以及工业化城市化的进程加快,为化学原料及化学制品制造业提供了有力的支持。国家统计局2015年1月27日公布的数据显示,2014年,全国规模以上工业增加值增长8.3%,其中化学原料及化学制品制造业增加值增长10.3%,全国规模以上工业企业利润总额比上年增长3.3%,其中化学原料及化学制品制造业增长1.7%。

坐落于长三角的苏州,作为华东地区经济发达的城市,近年来化学原料及化学制品制造业发展较为迅速,2008—2011年间先后有四家该行业的公司在深交所上市。

本文对这四家上市公司的基本情况进行了概括,如表1所示。其中在20世纪90年代成立的华昌化工和天马精化采取以基础化工为主、精细化工和生物化工并举的生产模式,2006年成立的雅本化学和科斯伍德采取以高端精细化工为主的生产模式。

表1　苏州市化学原料及化学制品制造业上市公司基本情况

企业名称（股票简称）	江苏华昌化工股份有限公司（华昌化工）	苏州天马精细化学品股份有限公司（天马精化）	雅本化学股份有限公司（雅本化学）	苏州科斯伍德油墨股份有限公司（科斯伍德）
企业性质	股份公司	股份公司	股份公司	股份公司
主营业务	以基础化工为主,精细化工、生物化工并举	精细化学品、原料药、造纸化学品的研发、生产与销售	医药中间体和精细化学品定制	高分子材料和植物油改性的研发,以及印刷胶印油墨的生产与销售
注册资本	49 990万元	9 000万元	6 800万元	7 350万元
成立时间	1999年	1992年	2006年	2006年
上市时间	2008年	2010年	2011年	2011年
上市地点	深圳交易所	深圳交易所	深圳交易所	深圳交易所

二、苏州市化学原料及化学制品制造业上市公司的可持续发展分析

（一）概述

2014年,我国宏观经济形势复杂多变,中央和地方政府在新环保法修订案通过后明确了生态指标的重要性,这一年对化工行业整体来说是调整、挑战与机遇并存的一年,行业的门槛进一步提高,中小企业关停、整顿,新项目审批更加严格。

化工产业的发展带来经济利益的同时,企业生产过程中产生的废水、废气、固体废料等也对环境造成一定的影响,这是在企业发展过程中不可避免的。化工业技术的不断发展与革新不仅有利于产业的发展,也有利于环保的良性发展。平衡企业发展与环境保护的关系也是化工业上市公司面临的主要问题之一。

在这样的背景下,上市公司制定年度战略目标,降低企业经营成本,提高劳动生产率,开拓新市场,扩大主营业务规模,走环保与发展并重的可持续发展道路面临较高的挑战和要求。

（二）苏州市化学原料及化学制品制造业上市公司主营业务收入与研发投入分析

1. 上市公司主营业务收入产品同质化程度较轻

化工产业是原料产业,与消费品产业密切相关,在同一个地区内可以形成竞争力极强的产业链,容易引起企业间同质化竞争,使得企业同质化倾向严重,产

能过剩导致浪费等恶性循环,不利于当地上市公司的良性竞争与发展。

表2 苏州市化学原料及化学制品制造业上市公司2014年度主营业务产品收入情况

(单位:万元)

上市公司	主营业务产品	主营业务产品收入	所占比重
华昌化工	肥料系列产品	152 412.44	35.94%
天马精化	造纸系列化学品	47 684.06	45.84%
斯科伍德	油墨及类似产品	51 930.02	99.6%
雅本化学	农药中间体	39 861.18	77.60%

如表2所示,四家上市公司虽然都是化学原料及化学制品制造业企业,但其主营业务收入组成部分并没有体现明显的同质化,分别以化学肥料、造纸系列化学品、油墨及类似产品和农药中间体作为其企业的重点收入来源与利润来源,并且在化学原料及化学制品制造业生产技术迅猛发展的环境下,后成立的斯科伍德、雅本化学的主营业务产品更为集中,所生产产品更加细分化与精细化。

2. 上市公司主营业务收入增长总体平缓,近年来有优化产品结构趋势

随着市场竞争的日趋激烈,以华昌化工为首的老化工企业均面临着产品升级转型、优化产品结构的问题。根据以上四家上市公司2014年年报披露,苏州四家上市公司持续大力研发新产品,同时这些企业均着力于调整其营销模式,并进行产品架构的调整,扩大主营业务规模,提升整体竞争力,但在业绩表现方面,并非所有企业均较上一年度得到提升,如表3所示。

表3 苏州市化学原料及化学制品制造业上市公司营业收入对比 (单位:元)

上市公司	项目	2014年	2013年	收入比上年同期增加
华昌化工	营业收入	4 239 581 164	4 242 955 010	-0.08%
	主营业务收入	4 218 897 123	4 217 567 320	0.03%
天马精化	营业收入	1 040 177 840	1 121 667 680	-7.27%
	主营业务收入	980 098 971.4	1 059 261 500	-7.47%
斯科伍德	营业收入	521 021 678	488 664 671.4	6.62%
	主营业务收入	519 300 173.8	488 937 175.3	6.21%
雅本化学	营业收入	526 075 960.1	410 931 866.6	28.02%
	主营业务收入	513 659 485.5	396 740 160.3	29.47%

从表3可以看出,四家上市公司2014年营业收入除雅本化学较上一年度营

业收入增长较高外,天马精化下降7.27%,华昌化工下降0.08%,斯科伍德增长6.62%。就四家上市公司的主营业务收入而言,仅天马精化下降,其余上市公司均较上一年度有不同程度增长,但总体增长较为平缓。

其中华昌化工在主营产品产量的调整过程中,将化肥及联碱相关产品产量进行了增加,同时减少了尿素产量,企业总体产销平衡,增加了核心产品的生产量,使得企业主营业务收入较上一年度略微上升。另一家元老企业天马精化2014年营业收入较上一年度下降7.27%,主要体现在对核心产品生产量的调整,对其医药中间体及原料药主要产品、农药中间体主要产品生产量分别下调14.91%与21.08%,产量的下降使得销售量分别下降8.71%与14.48%,同时企业核心产品造纸化学品的产量对比去年增加29.67%,但增加部分的销售未能弥补减少部分的销售,使得企业整体的营业收入受到影响。而两家后成立的公司在营业收入表现方面稳步上升。雅本化学2014年营业收入较上年同期增长28.02%,根据公司报表显示,主要原因是募投项目投产增加,产能持续放大,核心产品农药中间体的销售较上年同期增长28.97%,并且建农植保首次被纳入合并报表范围,增加了业务收入,使得营业收入整体得到提升。斯科伍德营业收入的增长主要得益于国内外市场的开拓,该企业油墨产品得到了国际市场的认可,销量稳步提升。

3. 从上市公司主营业务销售分布看,老企业较依赖内销

在销售地区分布方面,从表4可以看出,2014年两家老企业产品主要为内销,华昌化工内销商品营业收入达到主营业务收入的97%,天马精化内销占比达到三分之二;而两家新企业外销占比较大,雅本化工外销商品营业收入达到主营业务收入的68%,斯科伍德外销收入略超过主营业务收入的三分之一,且外销收入较上一年度均有所下降,目前内销收入仍为斯科伍德主营业务收入的重要组成部分。

表4 苏州市化学原料及化学制品制造业上市公司销售地区分布情况

(单位:元)

分销地区	华昌化工	斯科伍德	天马精化	雅本化学
内销	4 111 609 852.60	325 952 456.30	709 804 735.99	166 042 174.10
外销	107 287 270.07	193 347 717.54	270 294 235.43	347 617 311.42

4. 上市公司市场客户分布或过于依赖大客户,或订单过于分散

我国化学原料及化学制品制造业在近期预计将保持波动状态,在国内经济增速放缓的大背景下,原材料价格波动,未来可能出台更为严格的环保标准政策,在这些不确定因素的影响下,上市公司经营存在一定风险。随着企业市场的开拓、产品结构的优化及营销水平的提升,上市公司需要培养忠实客户以降低各类风险。

表5数据显示,在2014年销售业绩中,雅本化学主营业务销售业绩基本归于五大客户,且根据上市公司报告显示,其第一客户销售比例为49.97%,公司大部分产品销往该客户,若产品价格或政府新出台的政策有大幅度调整,过于依赖大客户的销售模式将不利于企业提升抗风险能力。而斯科伍德、天马精化销售客户较为分散,订单金额也较为分散,未能体现大型客户有力的销售支持,同样不利于企业提升抗风险能力。

表5 苏州市化学原料及化学制品制造业上市公司主要销售客户情况

(单位:元)

销售情况	华昌化工	斯科伍德	天马精化	雅本化学
前五名客户合计销售金额	1 451 447 980.74	88 933 398.42	153 260 576.90	483 996 372.30
前五名客户合计销售金额占年度销售总额比例	34.24%	17.07%	14.73%	92.00%

5. 上市公司新老企业研发支出金额不够均衡,但仍有上升空间

企业无论是提升销售、降低成本,或是产品研发升级,都需要大量投入研发资本,研发与创新是公司前进的动力和生命力,是提高其产品竞争力的根本。统计数据显示,2014年苏州市化学原料及化学制品制造业四家上市公司的研发投入占营业收入比例分别为:雅本化学为7.77%,天马精化为5.00%,斯科伍德为3.86%,华昌化工为0.14%。四家上市公司中,华昌化工的研发投入占营业收入比例仅为0.14%,低于3.5%的占比,体现其研发投入金额对营业收入的贡献值较低,也是四家上市公司中投入金额最低的一家企业。作为苏州老牌化工企业,华昌化工较低的研发投入不利于其产品的技术更新和架构调整,从发展的角度看,更不利于其同其他企业在市场上的竞争,从之前的销售地区分布对比分析来看,华昌化工在海外市场的竞争力尚未体现,或与其研发投入偏低有关。

(三) 苏州市化学原料及化学制品制造业上市公司的环境保护分析

随着苏州市社会经济的发展,化学原料及化学制品制造业规模呈逐渐增长的趋势,但目前苏州市化工行业整体发展水平不高,环境保护与企业发展间矛盾日益突出。

苏州市地处长江流域末端,是一个水文化城市,在城市发展建设过程中"水"是其重要特色之一,而化工企业在生产过程中的废水、废气、废渣排放均对环境造成较大的影响,尤其是水资源。在改革开放过程中,苏州市引进了多个粗放型生产的化工企业,对环境造成了较为严重的污染。时至今日,虽已有不少化工企业搬迁至张家港、常熟、昆山等周边县市,减轻了苏州市区的有害物质排放压力,降低了环境污染的程度,但工厂搬迁治标不治本,企业在生产过程中依旧会对环境造成持续的污染。

根据苏州市环保局 2015 年 5 月 25 日公布的《2014 年度苏州市环境状况公报》,在废水、废气、废渣排放方面,全市废水年排放量为 140 269.16 万吨,其中:工业废水年排放总量为 61 442.46 万吨,城镇生活污水年排放量为 78 715.45 万吨;全市工业废气年排放量为 14 462.78 亿立方米,二氧化硫、氮氧化物、烟(粉)尘等污染物年排放量分别为 16.84 万吨、16.7 万吨和 7.16 万吨。环境污染指标方面,苏州市地表水污染属综合型有机污染,影响全市主要河流水质的首要污染物为氨氮,影响全市主要湖泊水质的首要污染物为总氮。湖泊水质污染以富营养化为主要特征,主要污染指标为总氮和总磷。太湖、阳澄湖、独墅湖和金鸡湖处于轻度富营养化状态,尚湖处于中营养状态,全市主要湖泊水质总体保持稳定。空气质量方面,苏州市环境空气污染属煤烟型和石油型并重的复合型污染,细颗粒物是影响苏州市环境空气质量的首要污染物,全市环境空气质量指数(AQI)年均值为 82,达标天数比例为 71.8%;苏州市区 AQI 年均值为 89,达标天数比例为 63.6%。

通过一系列数据可以看到,在所有的工业废料排放中,工业废水排放量占据污染物排放的首位,废弃气和残渣的排放也会对环境造成污染,如二氧化硫造成的酸雨,是对长江流域水质污染的重要污染源之一。根据报告,苏州市区降水 pH 年均值为 4.99,酸雨发生频率为 44.7%,同比上升 4.2 个百分点,与上一年度相比,张家港市、吴江区酸雨发生频率有所上升,加之 2014 年苏州市尘霾天气较往年亦有增多,工业污染造成的环保问题越来越严峻,因此,如何在发展化学工业的同时兼顾环境保护,是企业必须重视的问题,企业走可持续发展道路是解决这一问题的关键。

三、苏州市化学原料及化学制品制造业上市公司可持续发展的建议
(一)调整产品结构,增加研发投入,扩大市场份额

1. 调整产品结构,提升核心产品的竞争力

在我国改革开放时期,化学原料及化学制品制造业基本以粗加工、基础产品为主,随着技术的不断进步,经济的不断发展,基础产品已无法满足市场的需求,早期粗放型的生产模式已不适应企业发展的步伐,并且随着化学原料及化学制品制造业市场竞争日益激烈,原材料价格波动较大,企业应加快产品结构的优化,巩固与发展主营业务中核心产品的生产与销售,对产品结构进行升级,明确产品定位,提升企业的核心竞争力。

2. 增加研发投入

企业应依据市场需要,加大对新产品研发力度和投入,促进新产品的研发及储备,加大与高校的合作,培养、储备技术型人才,组织强有力的研发团队,重视新产品的研发与技术的创新,推动老产品的技术优化和技术改造,进一步提升现有产品的竞争力,为客户提供差异化的产品和服务,扩大企业影响力和品牌知名度。

3. 开拓市场,扩大市场份额

企业应整合公司内部销售和市场力量,提高协同效应,以现有市场积累为基础,充分协调公司内部的销售资源,利用已有的市场渠道,加快新客户的拓展,对于依赖五大客户的企业,应逐步降低对前五大客户销售的依赖,减少客户相对集中对公司盈利能力产生的不利影响。对于缺少大客户支持的企业,应巩固并发展现有客户,以发展大客户的长期战略关系为核心,在巩固合作关系的基础上,深入了解客户需求,为客户提供全方位解决方案服务,增进双方合作,确立公司的竞争优势,获得长期、持续的大宗订单,建立长期、稳固的客户关系。同时参加全球大型展会活动,进一步扩大上市公司在海内外市场的知名度,挖掘新客户,扩大销售规模与营业收入。利用进出口关税政策,如2015年度国家对肥料出口关税政策放宽,可增加出口量,提高库存周转率,提高企业的外销收入和利润,扩大市场份额。

(二)依托新技术优化产业结构,构建生态化学产业园,走环保生产可持续发展路线

1. 依托新技术,优化生产结构

联合国对可持续发展是这样定义的:"既满足当代人的需要,又不对后代人满足其需要的能力构成危害的发展。"企业要走可持续发展道路,首先要依托科学技术。化工企业的创新技术不仅仅是运用于产品的研发阶段,在化学产品的生产阶段,新技术、新工艺能使得整个生产过程更加清洁,更加充分、高效地利用资源,使得废水、废气、废渣的排放更少,有害物质的产出更低。在生产过程中,要逐步降低高污染的原材料使用量,逐步以新能源、新技术进行替代生产,要把先进的环保技术转化为企业的生产力,构建规范有序的绿色环保生产体系,朝良性方向发展。

2. 建立化工企业生态产业园

化工企业传统的产业结构为"设计—生产—使用—废弃",但这样粗放型的生产模式不但使得化工企业停留在原始的生产模式,且此类生产模式对能源浪费较大,生态环境遭到严重破坏,是以牺牲子孙后代的健康环境为代价。而生态产业园的产业生产结构则是"回收—再利用—设计—生产"的循环经济模式。这类模式能从源头上将污染物排放量减至最低,实现企业区域内清洁生产,还可以使生态园内部形成资源最优化的生产配置,进行资源的循环使用,不但能够降低企业的原材料成本,还能减轻污染物的排放。

四、总结

通过对苏州化学原料及化学制品制造业四家上市公司的分析可以看出,四家公司在很大程度上还处在传统的生产模式上,在社会经济不断发展、科学技术不断进步的今天,企业需要不断升级其核心产品的技术,拓展市场,随市场的变化和技术的发展调整产品产业结构,巩固企业的核心竞争力。同时,化学原料及化学制品制造业公司在生产过程中对环境的影响非常大,早先粗放型的生产模式对环境破坏非常严重,企业走可持续发展道路是在其发展过程中不可缺少的重要内容。上市企业只有在快速发展的同时降低对环境资源的消耗,兼顾环境保护与企业发展,才能更好、更持续地发展。

参考文献：

[1] 丁国柱,王国强,徐振铭.天津化学原料及化学制品制造业竞争力分析[J].天津经济,2002(3):28-29.

[2] 梁利辉,万吉琼.化学原料及化学制品制造业可持续增长实证研究[J].商业时代,2011(35):131-132.

[3] 任继勤,冉君海.我国化学原料及化学制品制造业的发展趋势研究[J].化工管理,2012(7):36-39.

[4] 林晓华,林俊钦,高燕.大股东身份、生态社会责任与企业价值——基于化学原料及化学制品行业的研究[J].宏观经济研究,2012(8):75-82.

[5] 仪明国.浅析绿色化工工艺的应用研究[J].中国石油和化工标准与质量,2014(3):36.

[6] 陈际帆.浅析化工的环保与可持续发展[J].化工管理,2013(8):234-235.

[7] 杨霖.关于绿色化工环保技术的探讨[J].能源与节能,2014(8):96-97.

（赵 昱）

苏州市计算机和通信电子设备制造业上市公司发展报告

一、苏州市计算机和通信电子设备制造业上市公司概况

计算机、通信和其他电子设备制造业是信息产业的核心基础产业,包括计算机制造、通信设备制造、广播电视设备制造、雷达及配套设备制造、视听设备制造、电子器件制造、电子元件制造及其他电子设备制造等8个子类。20世纪90年代以来,我国计算机、通信和其他电子设备制造业发展迅猛,年均增长超过20%,对经济增长的贡献达到18%,担当着国民经济的支柱产业和先导产业的重要角色,为我国信息化建设提供主要技术和物质支撑。

根据国家统计局数据显示,2014年规模以上工业中,计算机、通信和其他电子设备制造业工业增加值比2013年增长12.2%;主营业务收入84 518亿元,比上一年增长8.9%;利润总额3 868.3亿元,比上一年增长17.1%;主营活动利润3 387.3亿元,比上一年增长12.1%。2014年主要工业产品中,集成电路1 015.5亿块,比2013年增长12.4%;程控交换机3 123.1万线,同比增长15.7%;移动通信手持机162 719.8万台,同比增长6.8%;微型计算机设备35 079.6万台,同比下降0.8%。

苏州作为全国三大电子信息产业集聚区之一长江三角洲的核心城市,计算机、通信和其他电子设备制造业高度集聚,尤其以IC集成电路为代表的微电子产业业已形成由设计到生产、封装、测试较为完整的产业链,规模在国内居前列,计算机及配套产品成为全球重要加工基地,通信产品形成了移动通信基站和手机、光通信产品以及交换机等产品链,数码消费类产品形成了激光视盘机、数码相机、汽车音响等产品群。目前,苏州引进了三星、仁宝、纬创、富士康等一流外资企业,本土也有不少优秀企业涌现。

截至2015年6月底,苏州共有14家计算机和通信电子设备制造业企业上市,分别为江苏亿通高科技股份有限公司、江苏银河电子股份有限公司、沪士电子股份有限公司、苏州安洁科技股份有限公司、江苏吴通通讯股份有限公司、苏州固锝电子股份有限公司、苏州胜利精密制造科技股份有限公司、苏州天孚光通信股份有限公司、苏州新海宜通信科技股份有限公司、苏州锦富新材料股份有限公司、苏州苏大维格光电科技股份有限公司、江苏南大光电材料股份有限公司、苏州天华超净科技股份有限公司、苏州晶方半导体科技股份有限公司。

二、苏州市计算机和通信电子设备制造业上市公司发展现状分析

近年来,苏州牢牢把握产业发展机遇,主动承接产业转移,加大自主创新力度,计算机和通信电子设备制造业发展迅速,总体规模和综合实力不断提高,已经成为苏州工业经济第一大主导产业,是带动全市工业经济增长的支柱行业和战略性产业。这14家上市公司的基本情况如表1所示。

表1 苏州市计算机和通信电子设备制造业上市公司基本情况

企业名称	江苏亿通高科技股份有限公司	江苏银河电子股份有限公司	沪士电子股份有限公司	苏州安洁科技股份有限公司	江苏吴通通讯股份有限公司	苏州固锝电子股份有限公司	苏州胜利精密制造科技股份有限公司
企业性质	股份公司	股份公司	股份公司	股份公司	股份公司	股份公司	股份公司
主营业务	主要从事广播电视设备制造,提供有线电视网络系统软件服务以及基于有线电视网络系统技术之上的智能化监控工程服务	包括广播电视网、通信网和智能电网三大产业相关产品与设备的研发、制造和销售	从事单双面及多层电路板、高密度互连积层板、电路板组装产品、电子设备使用的连接线和连接器等产品的生产、销售及售后服务	笔记本电脑和手机等消费电子产品中使用的内部和外部功能性器件的生产销售	无线通信射频连接系统及光纤连接产品的研发、生产与销售	轴型和表面安装塑封二极管、轴型和表面安装玻封二极管、塑封桥堆、单列塑封二极管、大功率整流二极管、无引线封装二极管阵列、表面安装元器件、印刷板组件、集成电路封装	金属结构件、BASE、塑胶结构件、模具、金属材料加工及配送、汽车零部件、玻璃面板、塑品NB、镁合金
股票代码	300211	002519	002463	002635	300292	002079	002426

续表

企业名称	江苏亿通高科技股份有限公司	江苏银河电子股份有限公司	沪士电子股份有限公司	苏州安洁科技股份有限公司	江苏吴通通讯股份有限公司	苏州固锝电子股份有限公司	苏州胜利精密制造科技股份有限公司
注册资本（万元）	15 900	56 900	167 400	38 900	29 700	72 800	98 600
成立时间	2001年8月15日	2000年6月15日	1992年4月14日	1999年12月16日	1999年6月22日	1990年11月12日	2003年12月5日
上市时间	2011年5月5日	2010年12月7日	2010年8月18日	2011年11月25日	2012年2月29日	2006年11月16日	2010年6月8日
上市地点	深交所	深交所	深交所	深交所	深交所	深交所	深交所
所属地区	常熟市	张家港市	昆山市	吴中区	相城区	高新区	高新区

企业名称	苏州天孚光通信股份有限公司	苏州新海宜通信科技股份有限公司	苏州锦富新材料股份有限公司	苏州苏大维格光电科技股份有限公司	江苏南大光电材料股份有限公司	苏州天华超净科技股份有限公司	苏州晶方半导体科技股份有限公司
企业性质	股份公司	股份公司	股份公司	股份公司	股份公司	股份公司	股份公司
主营业务	陶瓷套管、光纤适配器、光收发接口组件	通信网络设备及配套软件、相关电子产品、安装线缆、电器机械及器材、报警系统出入口控制设备、报警系统视频监控设备及其他安全技术防范产品的开发、制造、加工、销售等	液晶显示模组、光电显示薄膜器件、通用设备制造业务、汽车零配件制造业务	微纳光学产品的研发、制造与技术服务，产品包括新型显示照明与触控器件、激光包装材料等	三甲基镓、三甲基铟、三甲基铝、三乙基镓、二茂镁	防静电超净技术产品、外购产品、超净清洗	芯片封装、设计
股票代码	300394	002089	300128	300331	300346	300390	603005
注册资本（万元）	7 434	68 700	50 000	9 300	16 100	11 700	22 700
成立时间	2005年7月20日	1997年1月1日	2004年3月29日	2001年10月25日	2000年12月28日	1997年11月13日	2005年6月10日
上市时间	2015年2月17日	2006年11月30日	2010年10月13日	2012年6月28日	2012年8月7日	2014年7月31日	2014年2月10日
上市地点	深交所	深交所	深交所	深交所	深交所	深交所	上交所
所属地区	高新区	工业园区	工业园区	工业园区	工业园区	工业园区	工业园区

（数据来源：根据新浪财经、同花顺分析软件整理得出）

从表1可以看出,截至2015年6月底,苏州上市的14家计算机和通信电子设备制造业企业大多位于苏州6个以省级电子信息产业基地为载体的集聚群,包括苏州工业园区、苏州高新区、昆山开发区、吴江开发区、吴中开发区、常熟东南开发区,其中常熟、张家港、昆山、吴中、相城各1家,工业园区有6家,高新区有3家。这些企业成立时间比较早,20世纪90年代成立的有6家,其余8家也都在2005年之前就已经成立,最早成立的企业是苏州固锝电子股份有限公司,已经有25年的历史。14家企业中,除了新海宜和固锝电子2家企业于2006年上市,其他企业都是在近5年之内上市,上交所上市1家,深交所上市13家。

1. 主营业务分析

计算机和通信电子设备制造业是信息化建设的基础性产业,提供电脑、通信产品,产品应用覆盖广泛,与各行业相互融合、相互渗透。

表2 苏州市计算机和通信电子设备制造业上市公司2014年主营业务产品收入情况

(单位:万元)

上市公司	主营业务产品	主营业务产品收入	所占比重	收入比上年同期增加
亿通科技	有线电视网络传输设备	16 874.58	80.69%	-7.5%
银河电子	数字机顶盒	88 309.82	76.64%	-14.17%
沪电股份	单、双面及多层电路板	312 894.5	99.78%	9.10%
安洁科技	电脑产品	56 988.05	78.1%	2.75%
吴通通讯	无线通信射频连接产品	57 354.85	73.74%	82.09%
苏州固锝	半导体芯片、各类二极管、三极管	86 941.15	96.8%	9.66%
胜利精密	冲压件、金属结构件、塑品NB	230 755.4	76.04%	69.64%
天孚通信	陶瓷套管、光纤适配器、光收发接口组件	19 353.73	96.51%	31.71%
新海宜	通信网络设备及配套软件	92 488.74	82.09%	20.35%
锦富新材	液晶显示模组、光电显示薄膜器件	245 820.61	96.9%	30.05%
苏大维格	微纳光学产品	35 415.83	99.89%	23.16%
南大光电	光电新材料	14 080.08	94.06%	8.56%
天华超净	防静电超净技术产品	37 413.09	100%	12.00%
晶方科技	芯片封装、设计	61 550.36	100%	36.75%

(数据来源:根据各公司2014年度报表整理得出)

由表2看出,苏州市14家计算机和通信电子设备制造业上市公司主营业务产品占销售收入的比例都在70%以上,其中有2家达到100%,这些上市企业主要集中在 4 个子行业：微电子及基础元器件产业，涵盖集成电路和各类二极管、三极管半导体元器件等产品；现代通信产业，涵盖数字通信产品、光纤通信元器件、多媒体通信和无线通信等产品；计算机及网络产业，涵盖电脑产品、专用计算机设备等产品；软件产业，涵盖集成电路设计、网络智能系统设计等产品，大多在子行业处于领先地位。其中如晶方科技是国内第一家从事影像传感芯片（CCD 和 CMOS）晶圆级芯片封装的企业，其掌握的晶圆级芯片封装技术是全球在影像传感芯片应用领域唯一能大规模量产的技术，在该领域的市场份额占 40% 以上；锦富新材料已成为内资光电显示薄膜器件同类企业中市场规模最大的企业，国内市场份额名列前茅；胜利精密是国内产销规模最大、研发能力最强的专业精密结构模组制造服务商之一，为全球多家著名品牌电视厂商供应产品。

根据 14 家企业 2014 年的年度报表，其主营业务收入除亿通科技、银河电子较上一年度有所下降外，其他 12 家均有增长，其中胜利精密、吴通通讯有超过 60% 的增长，新海宜、晶方科技、锦富新材料、苏大维格有超过 20% 的增长，主要原因是新业务、新市场的拓展以及新产品的批量生产和产能逐步释放等。锦富新材料 2014 年年报中，营业收入虽然有较大增长，但营业利润却下降了 30%，主要是受全球电视市场增速明显放缓和 PC 市场出货大幅下降的影响，市场竞争更加激烈，公司传统主营业务毛利率有所下降。亿通科技由于受有线电视行业市场销售价格竞争的影响，有线电视网络传输设备实现收入比上年同期下降 7.5%，同时因为光纤到户产品出口市场需求量有所下降以及营改增等影响，2014 年度实现营业收入和利润与上年同期相比有所下降。银河电子主营业务虽然较上年有下降，但通过有效整合内部资源、调整产品结构、积极争取客户等多方面的努力提高效益，利润总额较上年有所增长。

2. 成本分析

成本领先是增加企业竞争力的关键战略之一。表 3 显示，14 家上市公司的成本与营业收入的增减成正相关关系。

表 3 苏州市计算机和通信电子设备制造业上市公司营业成本对比

（单位：元）

公司名称	项目	2014 年	2013 年	成本比上年同期增加	收入比上年同期增加
亿通科技	营业成本	16 172.11	19 701.10	-3.05%	-20.00%
银河电子	营业成本	87 022.25	90 238.68	-3.56%	-2.87%
沪电股份	营业成本	288 888.44	247 400.76	16.77%	9.1%

续表

公司名称	项目	2014年	2013年	成本比上年同期增加	收入比上年同期增加
安洁科技	营业成本	51 275.13	38 079.29	34.65%	20.8%
吴通通讯	营业成本	62 303.76	25 762.42	141.84%	144.02%
苏州固锝	营业成本	77 409.90	68 910.30	12.33%	12.58%
胜利精密	营业成本	279 556.48	183 175.21	52.62%	53.47%
天孚通信	营业成本	7 432.19	6 201.15	19.85%	38.89%
新海宜	营业成本	79 400.03	57 123.17	39.00%	38.72%
锦富新材	营业成本	234 972.29	171 936.00	36.67%	30.05%
苏大维格	营业成本	25 874.48	22 182.37	16.64%	23.36%
南大光电	营业成本	7 926.31	5 804.52	36.55%	10.95%
天华超净	营业成本	28 956.87	25 738.97	12.5%	12.79%
晶方科技	营业成本	29 425.60	19 694.61	49.41%	36.72%

(数据来源:根据各公司2014年度报表整理得出)

从表3可以明显看出,2014年苏州市14家计算机和通信电子设备制造业上市公司其营业成本大部分呈上升趋势,特别是吴通通讯、胜利精密这2家企业,成本比上年同期增加分别达到141.84%、52.62%,但同时营业收入比上年同期递增144.02%和53.47%,都是由于进行重大资产重组,收购了优良资产,导致成本和收入同比大幅增长。沪电股份、安洁科技、南大光电、晶方科技成本增长明显快于收入增长速度,要保持健康可持续发展,必须加大成本控制。

3. 销售分析

表4 苏州市计算机和通信电子设备制造业上市公司销售对比

(单位:万元)

上市公司	2014年度境内销售		2014年度境外销售	
	境内销售额	所占比重	境外销售额	所占比重
亿通科技	19 634.50	93.88%	1 279.54	6.12%
银河电子	100 782.48	87.47%	14 441.32	12.53%
沪电股份	94 942.46	30.28%	218 641.95	69.72%
安洁科技	7 567.66	10.37%	65 402.10	89.63%
吴通通信	48 164.79	62.92%	29 618.85	38.08%
苏州固锝	24 959.76	27.07%	67 251.56	72.93%

续表

上市公司	2014年度境内销售		2014年度境外销售	
	境内销售额	所占比重	境外销售额	所占比重
胜利精密	107 459.70	35.41%	195 973.42	64.59%
天孚通信	18 153.45	90.54%	1 899.13	9.46%
新海宜	112 664.13	100%	0.00	0.00%
锦富新材	25 562.11	19.07%	108 498.86	80.93%
苏大维格	35 411.15	99.88%	42.20	0.12%
南大光电	11 481.61	76.7%	34 86.98	23.3%
天华超净	32 915.36	87.98%	4 497.74	12.02%
晶方科技	7 258.05	11.79%	54 292.31	88.21%

（数据来源：根据各公司2014年度报表整理得出）

从表4可以看出，苏州市计算机和通信电子设备制造业上市企业中，涉及计算机产品、集成电路、半导体元器件、液晶显示产品的企业出口销售占比较高，尤其是安洁科技、晶方科技最高，分别达到89.63%、88.21%，锦富新材料、苏州固锝、沪电股份、胜利精密2014年境外销售占比分别为80.93%、72.93%、69.72%、64.59%。2014年境内销售占比从高到低分别为新海宜、苏大维格、亿通科技、天孚通讯、天华超净、银河电子、南大光电、吴通通信，分别为100%、99.88%、93.88%、90.54%、87.98%、87.47%、76.7%、62.92%。从上述数据可以看出，14家上市公司境内、境外销售基本各占半壁江山，有线电视通信、光电通信等传统行业基本还只是在国内市场销售，相对高新技术的半导体、集体电路板等产品境外销售占比比较高。

4. 研发支出分析

研发创新是企业成功经营的关键，持续推出新产品将使企业立于不败之地，而卓有成效的新产品开发取决于研发支出。

表5 苏州市计算机和通信电子设备制造业上市公司研发投入对比

（单位：万元）

公司名称	项目	2014年	2013年	比上年同期增加	占营业收入的比例
亿通科技	研发支出	1 330.84	1 378.85	-3.48%	6.3%
银河电子	研发支出	5 351.31	5 177.47	3.36%	4.55%

续表

公司名称	项目	2014 年	2013 年	比上年同期增加	占营业收入的比例
沪电股份	研发支出	9 529.57	9 338.93	2.04%	2.89%
安洁科技	研发支出	2 785.07	2 862.98	-2.72%	3.81%
吴通通讯	研发支出	3 169.82	1 395.01	127.23%	4.04%
苏州固锝	研发支出	5 219.21	4 901.36	6.48%	5.66%
胜利精密	研发支出	10 227.27	7 651.06	33.67%	3.14%
天孚通信	研发支出	890.09	808.25	101.25%	4.43%
新海宜	研发支出	7 499.55	7 011.68	6.96%	6.57%
锦富新材	研发支出	3 247.03	2 847.88	14.02%	1.22%
苏大维格	研发支出	3 762.7	2 856.09	31.74%	10.53%
南大光电	研发支出	1 926.04	1 463.01	31.65%	12.85%
天华超净	研发支出	1 250.19	1 248.07	0.17%	3.2%
晶方科技	研发支出	10 398.50	4 789.52	117.11%	16.89%

（数据来源:根据各公司 2014 年度报表整理得出）

表 5 显示,2014 年苏州计算机和通信电子设备制造业上市公司研发投入大多相比 2013 年呈上升的趋势,其中吴通通讯、晶方科技增幅明显,均比 2013 年翻了一番。同时很明显可以看出,14 家上市公司的研发费用占营业收入的比例大都在 5% 以上,最高达到接近 17%,可以看出科技创新对计算机、通信和其他电子设备制造业企业的重要性,无论是自主研发还是购买技术,企业都在逐渐加大研发投入比例,通过提升自身科技创新能力,走高技术增值之路,从而实现企业的可持续健康发展。

三、苏州市计算机和通信电子设备制造业上市公司发展存在的问题

从总体上看,苏州市计算机和通信电子设备制造业上市公司的行业规模与实力并不成正比,大多仍处于产业链低端,以生产组装为主,存在缺乏核心技术、自主创新能力弱、发展受制于人等问题。而且苏州外向型经济也使企业发展高度依赖国际市场,受国际市场变化冲击明显。苏州市统计局数据显示,2014 年规模以上工业中,计算机、通信和其他电子设备制造业销售收入同比下降 3.3%,累计 9 421 亿元,占规模以上工业总产值近三之一,效益利润也落后于规模以上工业平均水平。

1. 高端人才资源相对匮乏

计算机和通信电子制造业飞速发展,核心竞争力就是高端人才的竞争,必须有优秀的人才,企业才能发展。尽管苏州乃至全国人才市场拥有相当数量的各种人才,并且成本也不算高,但是高端技术专家和复合型人才并不多,在高新技术研究开发领域还存有很大的空白,与西方发达国家相比,尚有相当大的差距。以集成电路设计人才为例,我国现有这方面的人才仅是美国当前的1%左右。作为高科技产业,计算机和通信电子设备制造产业有着巨大的潜力和广阔的发展前景,但行业高端人才的缺口很大,特别是在微电子、光电子等方面表现得更加突出。而且苏州市计算机和通信电子设备制造业本土企业大多规模较小,给予人才上升的空间和支持的力度太小,使其人才价值难以充分实现,以致人才都流向给予他们更好条件的地区或外资企业。

2. 自主创新能力不足

苏州市计算机和通信电子设备制造业企业虽然引进了部分高精尖技术外资企业,但尚未形成"资本—制造—技术"的良性转移机制,关键技术和核心技术基本上掌握在外商手中,本土企业拥有自主知识产权核心技术不多。而且本地企业创新意识还不够强,自主创新能力也比较薄弱,这都使得苏州本土企业的自有品牌和自主知识产权的产品较少,科研成果转化率较低。企业和高校及科研机构的合作还不够深层次,没有形成大范围的产、学、研、用一体化的技术创新体系。目前产业企业在对外竞争中,受到的最大阻碍是国外的专利壁垒、标准壁垒,本土企业需要加大自主知识产权的研发力度,以改变在国际竞争中受制于国外专利壁垒、标准壁垒的现状。

3. 产业结构需进一步优化

尽管数据表明苏州市计算机和通信电子设备制造业取得了瞩目的成就,但是产品结构不够优化,中低端产品占据主要地位,同时外资企业投资大多在于高科技方面,也就率先抢占了中国的高科技甚至未来电子消费市场。换句话说,苏州市计算机和通信电子设备制造业尽管在产业规模上位于前列,但是能够生产世界顶尖高新技术产品的大型企业却几乎没有。从全球计算机、通信和其他电子设备制造业的发展趋势来看,技术更新速度明显加快,呈现出新的特点,技术的发展将带来更多的新业务、新产品,苏州进一步推动计算机和通信电子设备制造产业结构的升级势在必行。

四、苏州市计算机和通信电子设备制造业上市公司发展的建议

1. 重视高端人才培养,进一步壮大高新技术型人才队伍

树立人才是第一资源的观念,政府和企业在人才培养和人才开发等方面给予必要的支持,在政策上和经济上对急需人才、复合型人才、信息技术人才和管理人才给予倾斜,为发挥不同类型人才的聪明才智提供平台,营造尊重人才的良好氛围,通过企业、高校、科研机构和地方的合作,培养综合型、技能型人才,同时加大对高等、中等职业院校的投入,发展适应苏州经济社会发展的特色学科和专业,提高人才的数量和质量。由政府主导,加大人才引进力度,出台落实特殊优惠政策,吸引有技术、资本以及管理才能的海外留学人员来苏州投资创业;打破常规,提供优越的条件,引进其他省市有突出成就的优秀人才以及发展急需的高层次人才。同时建立和完善有利于高端技术人才和管理人才各尽所能、才尽其用的激励机制,通过使拥有管理经验、国际经验和技术专长的人才转化为资本要素进入市场等措施,造就领军人才和技术带头人。

2. 加大自主研发力度,增强自主创新能力

增强自主创新能力,是积极应对世界科技进步和激烈市场竞争、赢得发展主动权的必然要求,是产业做大做强的关键所在。一方面政府应积极转变政府职能,为计算机和通信电子设备制造业企业发展创造良好的外部环境,特别是加大科研投入的力度;另一方面,企业也要充分利用各项扶持电子信息产业的优惠政策,尽快提高产品附加值和加工深度,并高度重视高科技的应用、自主创新能力的提升,培养具有自主知识产权的技术,实现产品结构不断优化升级,扩大企业利润空间,打破国外的专利壁垒和标准壁垒。

3. 继续发展产业集群,打造计算机和通信电子设备制造的区域载体

把属于计算机、通信和其他电子设备制造业的企业或生产内容相关联的企业放在同一个地区,形成产业集群,可以提升企业竞争力。通过加强政府对产业发展的引导作用,支持各省级电子产业基地进一步完善服务功能,推动产业集聚,促进各产业基地扩张规模,提升层次,形成错位发展、良性互动的良好发展局面。充分发挥特色园区对产业的引导、集聚作用,引进关联度大、产业链长的龙头型项目,大力发展与主导产业配套的相关产业,促进产业集聚和企业集群。重点建设半导体器件、集成电路设计、光电子、精密模具等特色产业,不断培育新的产业增长点,推进苏州市计算机和通信电子设备制造业上市公司持续发展。

参考文献:

[1] 李正卫等.中国企业研发国际化影响因素研究——计算机、通信及其他电子设备制造业上市公司实证分析[J].科技进步与对策,2014(23):70-75.

[2] 顾洲敬.论通信行业上市公司成长性评价要素的构建[J].现代商业,2014(24):237-238.

[3] 孔令夷等.我国通信电子设备制造业转型升级路径与模式[J].科技管理研究,2014(19):71-77.

[4] 李艺铭,陈光.区域电子信息制造业的转型升级路径研究[J].工业经济论坛,2015(2):135-144.

[5] 黄当玲.研发支出会计信息披露问题研究——以通信及相关设备制造业上市公司为例[J].财会通讯,2015(3):13-15.

(叶建慧)

苏州市金属制品业上市公司发展报告

一、苏州市金属制品业上市公司发展概况

金属制品业主要包括结构性金属制品制造、金属工具制造、集装箱及金属包装容器制造、不锈钢及类似日用金属制品制造等。随着近些年社会的进步和科技的发展,金属制品在工业、农业以及人们生活的各个领域都运用得越来越广泛,同时也为社会创造出越来越大的价值。目前,我国金属制品行业已经形成了具有相当规模,布局比较合理,大、中、小型企业相结合,行业比较完整的工业体系。伴随着近年来工业化和城镇化的快速发展,金属制品行业也得到了显著的发展和进步。2014 年我国金属制品行业销售收入达到 35 271.24 亿元,同比增长 7.4%;利润总额为 2 005.16 亿元,达到了近几年的新高。

苏州作为全国经济的排头兵,其金属制品行业在总体上也有着不错的表现。2013 年苏州市金属制品业规模以上工业销售产值达到 807 亿元,同比增长 6.98%;利润总额为 33.74 亿元,同比增长 7.22%。见图 1。

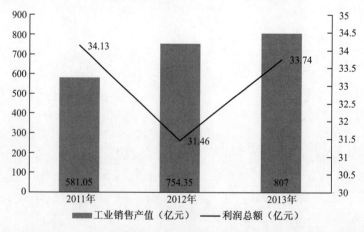

图 1　2011—2013 年苏州市金属制品业规模以上工业销售产值和利润总额

上市公司作为股份制有限公司的优秀代表,其整体表现也在一定程度上反映了整个行业的发展态势,自从江苏通润装备科技股份有限公司在2007年上市以来,苏州市金属制品行业目前共有6家上市公司(不含境外上市):江苏通润装备科技股份有限公司、常熟风范电力设备股份有限公司、苏州东山精密制造股份有限公司、苏州扬子江新型材料股份有限公司、苏州宝馨科技实业股份有限公司及苏州春兴精工股份有限公司。这6家上市公司中有5家在中小板上市,还有1家在上海主板上市。

通过研究发现,苏州市金属制品业的6家上市公司主营业务较为分散,覆盖面较广,产品有电器产品、功能型有机涂层板、通信系统设备等。从地域分布来看,常熟有2家上市公司,吴中区、相城区、高新区以及工业园区各有1家。仔细研究这6家上市公司的年度报告,我们发现除了扬子新材,其余5家公司2014年度的营业收入较上年均有不同程度的增长,春兴精工2014年度营业收入增长了近80%;再看归属于上市公司股东的净利润,除了风范股份以及宝馨科技有小幅下降之外,其余4家公司都有较好的表现,如春兴精工更是增长了惊人的231.28%,虽然上市时间不长,但其优异表现已经为公司和股东带来了巨大的利润,见表1。所以从整体上看,虽然金属制品业面临着转型升级的巨大压力,但作为制造业的重要分支,金属制品业的发展空间还是一片开阔。

表1 苏州市金属制品业上市公司发展基本情况

上市公司名称 (股票简称)	地区	创建时间 (年份)	上市时间 (年份)	主营业务	2014年营业收入 (较上年增加)	2014年股东净利润 (较上年增加)
常熟风范电力设备 股份有限公司 (风范股份)	常熟市	1992	2011	钢管组合塔、钢管杆、各种支撑钢结构件产品	235 351.85万元 (28.59%)	19 772.8万元 (-8.07%)
江苏通润装备科技 股份有限公司 (通润装备)	常熟市	2002	2007	钣金制品和电器产品	99 078.82万元 (4.52%)	5 842.05万元 (21.15%)
苏州东山精密制造 股份有限公司 (东山精密)	吴中区	1998	2010	精密钣金、精密铸件及LED业务	352 373.94万元 (33.37%)	4 363.28万元 (63.02%)
苏州扬子江新型材 料股份有限公司 (扬子新材)	相城区	2002	2012	功能型有机涂层板	137 965.24万元 (-6.57%)	3 685.28万元 (1.81%)

续表

上市公司名称 (股票简称)	地区	创建时间 (年份)	上市时间 (年份)	主营业务	2014年营业收入 (较上年增加)	2014年股东净利润 (较上年增加)
苏州宝馨科技实业股份有限公司 (宝馨科技)	高新区	2001	2010	数控钣金结构件产品	41 986.50万元 (27.95%)	1 689.86万元 (-16.85%)
苏州春兴精工股份有限公司 (春兴精工)	工业园区	2001	2011	通信系统设备、汽车等精密铝合金结构件	222 016.49万元 (78.36%)	10 421.39万元 (231.28%)

二、苏州市金属制品业上市公司发展历程

2007年8月10日,江苏通润装备科技股份有限公司成功在中小板上市,这拉开了苏州市金属制品行业的上市帷幕,但2007年的金融危机让资本市场一下子失去了活力,资本市场的元气跌到谷底,之后几年整个金属制品行业均没有公司上市,苏州市在2007年至2009年三年间也只有10余家企业成功上市。经历了金融危机,资本市场又慢慢恢复了活力,苏州东山精密制造股份有限公司和苏州宝馨科技实业股份有限公司均于2010年在中小板成功上市;常熟风范电力设备股份有限公司和苏州春兴精工股份有限公司于2011年分别在上海主板和中小板成功上市;苏州扬子江新型材料股份有限公司于2012年在中小板成功上市。见图2。

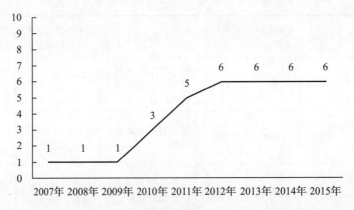

图2 苏州市金属制品业上市公司历程

截止到2015年3月,苏州市共有74家上市公司(不含境外上市),其中制造业共有58家企业成功上市,金属制品业作为制造业中的一大类,共有6家企业上市,占比为10.34%。见表2。

表2　苏州市制造业各大门类上市公司数量占比情况

制造业分类	上市公司数量	占制造业大类比重(%)
电气机械和器材制造业	8	13.8
纺织业	1	1.72
黑色金属冶炼和压延加工业	1	1.72
化学纤维制造业	3	5.17
化学原料和化学制品制造业	4	6.9
计算机、通信和其他电子设备制造业	14	24.14
金属制品业	6	10.34
木材加工和木、竹、藤、棕、草制品业	1	1.72
其他制造业	1	1.72
通用设备制造业	6	10.34
橡胶和塑料制品业	3	5.17
仪器仪表制造业	2	3.45
有色金属冶炼和压延加工业	3	5.17
专用设备制造业	5	8.62
总　计	58	100

三、苏州市金属制品业上市公司可持续发展分析

可持续发展的基本理念发展至今已经有几个世纪的时间。在17世纪,可持续发展的概念首先在德国出现,其不仅作为一种理念,甚至作为对砍伐林木的一种法律限制:砍伐林木的数量和比率应当足以使林木资源在一段时间内实现再生,利用林木须使用一种合理的和可持续使用的方式。到了20世纪80年代中期,可持续发展已成为一个众所周知的重要理念。但可持续发展具体的定义是什么呢？由于学术界和实业界对其的研究视角各不相同,较为广泛,所以关于可持续发展的具体定义至今没有一个统一的答案。根据对国内外学术界及实业界主流概念的理解和分析,笔者认为企业可持续发展是指企业在追求自身利润最大化的过程中,以社会责任为出发点,以经济和伦理相协调为原则,节能、创新、高效率地使用资源,不断创造利润,以满足所有利益相关者的合理要求,追求自身的长久发展,最终实现企业与社会永久性和谐发展的状态。

本文主要探讨苏州市金属制品业上市公司的可持续发展状况,以企业社会

责任作为主要研究点来进行探讨。企业社会责任是指企业在创造利润的同时，还应该承担相关利益者的责任，在这里上市公司企业的社会责任主要包括对股东、对债权人、对员工、对客户、对环境、对消费者、对政府以及对社会公益的责任。首先，通过表1得知，大多数公司自上市之后整体的运转以及收益良好，所以对于股东、债权人甚至是客户的责任基本得到履行和兑现。其次，对于员工的责任，我们实地调研的几家公司，尤其是东山精密，企业内部的员工在工作情绪和状态上都表现得很积极，通过了解，除了东山精密外，春兴精工等企业对于员工的福利、培训以及户外活动等都令员工感到比较满意，所以对于员工的责任履行情况总体也是良好。再次，对于环境的责任，这是目前这些制造企业的"心头之患"，一方面要加快发展的步伐，另一方面又要面临转型升级的压力，所以对于环境的责任是考量这些企业可持续发展的重要指标，而实际情况是现在这些上市公司总体表现优异，绝大多数企业通过引进国外或是自主研发的先进、环保的设备，从而可以严格控制其在生产的过程中对于环境的污染。最后，是对于社会公益的责任，这一点对于一个企业的发展来说具有重要的衡量意义，从发展初期企业完全以自身发展为中心，到发展成熟之后企业会将自身取得的利润反馈给社会，所以对于社会公益的责任在很大程度上反映了企业的发展成熟状况。通过研究，我们很可惜地发现这批上市公司在这方面还有很大的提升空间。一方面，这6家企业均未在两大交易所网站上公开发布"企业社会责任报告"，这从某种程度上反映出企业还没有将企业社会责任放在战略发展的高度；另一方面，很少有企业在官网上或者通过官方途径披露过有关的社会公益情况，更多的宣传重心还是企业的生产发展情况。所以本文通过实地调研以及相关数据分析，认为苏州市金属制品业这6家上市公司的可持续发展状况总体良好，但仍有不少提升的空间。

四、苏州市金属制品业上市公司发展面临的问题和对策

（一）苏州市金属制品业上市公司发展面临的问题

1. 行业弊端日益凸显，亟待转型升级

金属制品业是制造业的分支，主要包括结构性金属制品制造、金属工具制造、集装箱及金属包装容器制造、不锈钢及类似日用金属制品制造等。所以，金属制品业更加倾向于传统意义上的制造业，属于劳动密集型行业。相对于高新

技术行业来说,金属制品业科技含量低,产品附加值少,行业自身的束缚对于这些上市公司甚至整个行业均是一个不利的因素。所以,转型升级对于金属制品业来说将是个巨大的挑战,只有将这些劣势转化为吸人眼球的优势,上市企业才能在资本市场上更加游刃有余。

2. 可持续发展意识淡薄

针对可持续发展,本研究主要从企业社会责任的角度来进行探讨。通过对上海证券交易所以及深圳证券交易所公开发布的信息进行查询,我们发现苏州市金属制品业这6家上市企业均未发布企业社会责任报告,其公开网站上也没有针对企业社会责任进行专门篇幅撰写,从而可以看出这些企业并没有将企业社会责任提升到战略发展的高度,也没有强烈的可持续发展意识,其提出的企业文化、愿景更多的也只是停留在口号层面。

3. 企业创新能力不足

近些年,金属制品行业通过引进国外先进的设备和技术,开始了追赶国际领先水平的步伐,尤其是这一批上市公司,经过20多年的发展,其设备与技术在国内已经处于领先地位,国际竞争力也有了不小的提升。但与国际先进水平相比,明显还存在着不小的距离,企业中一些先进的工艺与设备还不能充分发挥效率,在生产过程中的一些关键环节还存在着问题。在产品生产的过程中,更多依靠的是引进的国外技术与设备,而并没有自身的核心技术。所以,金属制品行业的创新能力有待加强。

(二)苏州市金属制品业上市公司发展的对策建议

1. 加强系统性顶层设计,促进转型升级

一方面,政府应当积极引导金属制造行业合理布局,有序促进产业集群发展,实现集群产业升级,培育集群和企业品牌,同时加快淘汰落后产能,优先发展科技含量高、节能环保的企业;另一方面,上市公司自身要延伸和拓展产业价值链,健全产业生态系统,对于产能过剩、落后的部分采取"腾笼换鸟"的淘汰措施,并通过梯度转移的方法,积极发展融合通信、计算机、医药等领域的产业,顺利实现产业的转型升级。

2. 切实提升企业履行社会责任的水平

企业自身必须严格自律,转变思路,积极行动。企业应当树立正确的经营理念,充分认识到企业与社会密不可分的关系,把承担社会责任提升到战略的高度。企业要提高主动承担社会责任的意识,切实处理好自身与股东、员工、客户、政府等利益相关者的关系,积极倡导和开展企业社会责任活动。与此同时,政府作为社会的组织和协调者,应当从政策机制上对企业形成鼓励和约束,通过政策法规引导企业履行社会责任,引导企业提升社会责任感,让企业真正成为对社会负责任的企业。

3. 整合企业创新平台,创新企业发展模式

一方面,企业应对接优势平台资源,整合多种渠道、平台、形式,在自身整合资源能力有限的情况下,学习国外先进的技术和管理,为自身的发展奠定坚实的基础,同时要强调合作共赢;另一方面,企业的发展并不能完全依附于外界,企业自身应当调整创新发展的模式,从"跟跑者"转变为"领跑者",加强产品研发投入力度,积极引进专业人才,提高自身的创新能力,从而提升产品的竞争力以及企业品牌的影响力。

(任孝峰、汤 华)

苏州市通用设备制造业上市公司发展报告

一、苏州市通用设备制造业上市公司概况

通用设备制造业是装备制造业中的基础性产业,包括锅炉及原动机制造,金属加工机械制造,起重运输设备制造,泵、阀门、压缩机及类似机械的制造,轴承、齿轮、传动和驱动部件的制造,烘炉、熔炉及电炉制造,风机、衡器、包装设备等通用设备制造,通用零部件制造及机械修理、金属铸、锻加工等,西欧、美国、日本等国的通用设备制造业比较发达,在各子行业市场占有率较高。

根据国家统计局数据显示,2014年我国通用设备制造业总资产达到35 102.96亿元,同比增长17.35%;行业销售收入为42 789.01亿元,较2013年同期增长15.87%;行业利润总额为2 867.05亿元,同比增幅为16.88%。

苏州地处"一带一路"和"长江经济带"的黄金交汇点,承接上海成为龙颈,拥有着得天独厚的地理优势。同时苏州开放型经济水平一直在全国遥遥领先,是推进经济国际化的先行军。东有上海辐射高地,西有大批国家重点提振发展的新兴开放口岸,苏州凭借先天高水平对外开放经验,敏锐捕捉上海自贸区建设成果,融入并参与到更广阔的开放型经济竞争格局中,在发展中竞争,在竞争中壮大。

最终苏州形成了以政府为主导、节约资源、注重开放和创新的"苏州模式",并实现了经济跳跃式发展。制造业一直是苏州经济的主推动力,但是,目前,在苏州仍有一大批制造企业的业务以为国外企业代工为主。不过也涌现了一批比较优秀的通用设备制造业,这些企业已经成功在沪深两市上市。

截至2015年6月底,我国在上海证券交易所及深圳交易所上市的企业达到2 800家,其中通用设备制造业的企业占比达到4%,共有112家在沪深两市上市;其中,苏州市共有 6 家通用设备制造业上市公司,分别为苏州海陆重工股份有限公司、昆山新莱洁净应用材料股份有限公司、康力电梯股份有限公司、江南嘉捷电梯股份有限公司、苏州纽威阀门股份有限公司、中核苏阀科技实业股份有限公司。

二、苏州市通用设备制造业上市公司发展现状分析

作为华东地区经济发达城市之一的苏州,近些年来通用设备制造业稳健发展,1997 年—2015 年 6 月底先后有 6 家该行业的公司在深交所和上交所上市。本报告对这 6 家上市公司的基本情况进行了调查,如表 1 所示。

表1 苏州市通用设备制造业上市公司基本情况

企业名称	苏州海陆重工股份有限公司	昆山新莱洁净应用材料股份有限公司	康力电梯股份有限公司	江南嘉捷电梯股份有限公司	苏州纽威阀门股份有限公司	中核苏阀科技实业股份有限公司
企业性质	股份公司	股份公司	股份公司	股份公司	股份公司	股份公司
主营业务	锅炉(特种锅炉、工业锅炉)、核承压设备、锅炉辅机、金属包装容器、压力容器、机械、冶金设备、金属结构件制造与销售;金属包装容器、压力容器设计(按特种设备设计许可证核准经营范围经营)	以高纯不锈钢为母材之高洁净应用材料的研发、生产与销售	电梯、自动扶梯、自动人行道、停车设备、电控设备、光纤设备及成套配件的制造、加工和销售	电梯、自动扶梯、自动人行道、停车设备及配件、电气机械和器材的生产、销售及相关产品的安装、改造及维修,立体停车场的建设;电梯技术咨询服务;实业投资	设计、制造工业阀门(含石油、化工及天然气用低功率气动控制阀)及管线控制设备,自推式采油机械及零件,销售自产产品并提供相关售后服务,受托加工阀门系列产品及零件	工业用阀门设计、制造、销售
股票代码	002255	300260	002367	601313	603699	000777
注册资本(万元)	25 820	10 005	36 960.68	40 045.66	75 000	38 341.76
成立时间	2000 年 1 月 18 日	2000 年 7 月 12 日	1997 年 11 月 3 日	1992 年 6 月 20 日	2002 年 11 月 30 日	1997 年 7 月 2 日
上市时间	2008 年 6 月 25 日	2011 年 9 月 6 日	2010 年 3 月 12 日	2012 年 1 月 16 日	2014 年 1 月 17 日	1997 年 7 月 10 日
上市地点	深圳交易所	深圳交易所	深圳交易所	上海交易所	上海交易所	深圳交易所
所属地区	张家港市	昆山市	吴江区	工业园区	高新区	高新区

(数据来源:根据新浪财经、同花顺分析软件整理得出)

从上表可以看出,截至 2015 年 6 月底,苏州上市的 6 家通用设备制造业企业在沪深两市上市企业中占比达到 6.3%,其中张家港有 1 家,昆山有 1 家,吴江区有 1 家,工业园区有 1 家,高新区有 2 家。这些企业上市时间跨度比较大,最早上市的企业是中核苏阀科技实业股份有限公司,1997 年 7 月 2 日在深圳交易所上市;之后苏州海陆重工股份有限公司、康力电梯股份有限公司、昆山新莱洁净应用材料股份有限公司、江南嘉捷电梯股份有限公司和苏州组成阀门股份有限公司陆续于 2008 年、2010 年、2011 年、2012 年和 2014 年在深圳交易所或者上海交易所上市。

1. 主营业务分析

通用设备制造业是装备制造业中的基础性产业,为工业行业提供动力、传动、基础加工、起重运输、热处理等基础设备,钢铁铸件、锻件等初级产品和轴承、齿轮、紧固件、密封件等基础零部件。行业产品应用领域广泛,主要涵盖航空航天、交通运输、石油化工、轻工纺织等市场。

表 2　苏州市通用设备制造业上市公司 2014 年主营业务产品收入

(单位:万元)

上市公司	主营业务产品	主营业务产品收入	所占比重	收入比上年同期增加
海陆重工	锅炉系列	97 605.38	69.51%	-4.26%
新莱应材	洁净部件系列	42 211.24	100.00%	-4.63%
康力电梯	电梯系列	101 426.75	83.00%	26.18%
纽威股份	阀门系列	261 217.06	95.53%	13.25%
江南嘉捷	电梯系列	196 188.27	71.76%	11.65%
中核科技	阀门系列	63 498.02	61.02%	-7.04%

(数据来源:根据各公司 2014 年度报表整理得出)

由表 2 看出,苏州市 6 家通用设备制造业上市公司主营业务产品收入占销售收入的比重都在 60% 以上,甚至有个别达到 100%;而且这些通用设备制造业上市企业的主营业务主要集中在四个小系列,其中以纽威股份和中核科技作为阀门系列产品专业制造商、江南嘉捷和康力电梯作为电梯系列的专业制造商的同质化竞争更为明显,而海陆重工的核心业务在于锅炉系列,新莱应材的主体业务为清洁产品的制造,所生产产品更加细分化与精细化。

根据苏州市 6 家通用设备制造业上市公司 2014 年的年度报表,其营业收入除海陆重工、新莱应材、中核科技较上一年度下降外,其他3家均有超过10%的增长。海陆重工由于受下游行业不景气的影响,公司新签订单量和接单毛利都有一定比例下滑,部分项目进度低于预期,部分客户延期交货,部分子公司遭遇行业困境,致使主营业务收入同比下降4.26%。2014年8月昆山中荣金属制品有限公司发生爆炸事件后,昆山政府为避免风险再次发生,强制所有涉及表面抛光处理的公司全部停工逐一安全排查,新莱应材公司的表面处理工艺停改整顿,对其正常生产带来了一定影响,截至报告期末,该影响已经消除。另外,生物医药行业的发展从高速发展进入到了中速发展的换挡期,伴随医药行业发展也进入了后GMP时代的战略转型期,整体需求下降,新莱应材2014年的主营业务收入同比下降4.63%。中核科技的主营业务产品收入下降近7.04%,但是其营业收入却有很大程度的增长,表明该公司在其他业务领域的增速非常大。从2014年度报表中明显看出,该公司在当年大力投入了高端阀门市场的研发,其中核电阀门和核化工阀门业务收入增长分别为111.59%、216.23%,其高端阀门市场的开发可以说是非常成功的。康力电梯、江南嘉捷和纽威股份的主营业务收入都有很大程度的增长,主要取决于他们的研发投入力度加大、主营产品的收入稳步增长,同时还得益于原材料价格下降为企业获得新订单开拓了渠道。

2. 成本分析

在提高企业营业收入的同时,成本控制也是提高利润的一项重要举措。随着成本的增减,营业收入也会有相应增减。表3显示,6家上市公司的营业收入均在成本增减的基础上相应增减。

表3 苏州市通用设备制造业上市公司营业成本对比 （单位:元）

公司名称	2014年营业成本	2013年营业成本	2014年成本比上年同期增加	2014年收入比上年同期增加
海陆重工	1 333 533 408.94	1 375 489 375.17	-3.05%	-5.19%
新莱应材	320 875 757.46	343 130 205.62	-6.49%	-4.63%
康力电梯	1 846 102 855.38	1 528 253 004.81	20.80%	26.61%
江南嘉捷	1 955 228 008.02	1 770 683 316.17	10.42%	12.83%
纽威股份	1 499 797 037.85	1 352 520 779.01	10.89%	11.24%
中核科技	749 198 119.41	650 996 607.91	15.08%	10.52%

（数据来源:根据各公司2014年度报表整理得出）

从表3可以明显看出,苏州市通用设备制造业这6家上市公司的营业成本大部分呈上升趋势,特别是康力电梯、江南嘉捷这两家企业,其成本比上年同期分别增加 20.8%、10.42%,同时营业收入分别比上年同期增加 26.61% 和 12.83%,这两家企业的收入增长速度明显快于成本增长,这样的成本上升才能形成良性发展。从表 3 可知,海陆重工、新莱应材的营业成本比上年同期减少了 3.05%、6.49%,收入则比上年同期减少了 5.19%、4.63%,经过比较可以发现,虽然这两家企业的成本都在下降,但是海陆重工的收入下滑速度明显快于成本减少速度,所以海陆重工的成本对于收入的影响是更大的;另外中核科技的成本上升速度也明显快于收入增长速度。对于海陆重工和中核科技这两家企业,要想取得长期健康发展,必须降低成本,提高企业利润率。

3. 销售分析

表4 苏州市通用设备制造业上市公司销售额对比　　　(单位:万元)

上市公司	2014 年度境内销售		2014 年度境外销售	
	境内销售额	所占比重	境外销售额	所占比重
海陆重工	131 900.98	93.94%	4 167.88	2.97%
新莱应材	23 919.54	56.67%	18 291.7	43.33%
康力电梯	111 440.67	91.19%	9 176.68	7.51%
江南嘉捷	223 748.22	81.84%	47 926.71	17.53%
纽威股份	98 020.55	35.85%	174 540.33	63.83%
中核科技	89 166.85	85.68%	13 766.02	13.23%

(数据来源:根据各公司 2014 年度报表整理得出)

从表 4 可以看出,根据各公司 2014 年度报表,苏州市通用设备制造业上市公司境内销售占比都比较高,其中海陆重工、康力电梯最高,分别达到 93.94%、91.19%;中核苏阀、江南嘉捷次之,2014 年度境内销售占比分别为 85.68%、81.84%;新莱应材和纽威股份 2014 年度境内销售占比相对较少,分别为 56.67%、35.85%;相应地,2014 年度境外销售占比从高到低分别为纽威股份、新莱应材、江南嘉捷、中核科技、康力电梯、海陆重工,其所占比重分别为 63.83%、43.33%、17.53%、13.23%、7.51%、2.97%。从以上数据可以看出,苏州市 6 家通用设备制造业公司在境内、境外都有销售,都已经开始意识到企业的发展不仅需要考虑国内市场需求,还应该勇敢"走出去",打开国外的市场。其中,纽威股份、新莱应材的境外销售占比比较高,企业需要时刻注意国际市场变动对其销售业绩带来的风险和冲击。

4. 研发支出分析

市场竞争日益激烈,企业无论是提升销售、降低成本,或是产品研发升级,都需要大量投入研发资本,研发与创新是公司前进的动力和生命力,是提高其产品竞争力的根本。

表5 苏州市通用设备制造业上市公司研发投入对比 （单位:万元）

公司名称	2014年研发支出	2013年研发支出	2014年研发支出比上年同期增加	2014年研发支出占营业收入的比例
海陆重工	6 400.08	4 867.95	31.47%	4.56%
新莱应材	1 601.45	1 507.32	6.24%	3.79%
康力电梯	11 909.00	8 714.00	36.67%	4.22%
江南嘉捷	10 164.88	9 488.05	7.13%	3.72%
纽威股份	9 384.68	8 098.20	15.89%	3.43%
中核科技	4 619.38	3 064.50	50.74%	4.44%

（数据来源:根据各公司2014年度报表整理得出）

表5显示,2014年苏州市通用设备制造业的6家上市公司研发投入相对2013年均是上升的趋势,其中海陆重工、康力电梯以及中核科技的投入相比更为明显,由研发支出占营业收入的比例看出其上述的主要营业收入的贡献值体现在于研发投入多的项目上,更加证明了研发对公司的发展是非常重要的。同时很明显地看出,通用设备制造业各上市公司的研发费用占营业收入的比例基本上维持在4%左右。从苏州市通用设备制造业上市公司的报表可以看出,6家企业都已经意识到科技创新对企业的重要性,无论是自主研发还是购买高端技术,企业已经逐渐加大研发投入比例,希望通过技术创新提高产品附加值,甚至实现产品的转型升级,从而实现企业的可持续发展。

三、苏州市通用设备制造业上市公司发展存在的问题

1. 产品层次较低

从对苏州市6家通用设备制造业上市企业的调查发现,苏州的通用设备制造业大多处于组装、制造阶段,产品层次较低,增值能力有限,附加值较低。由于我国技术研发能力有限,许多先进技术掌握在发达国家手里,很多通用设备制造

业企业只能受制于发达国家,仅仅获得很少的加工费用,这些对企业的长足发展很显然是不利的。另外,通用设备制造业的很多企业虽然意识到产品需要转型升级,从国外引进了先进的技术,但是并未能很好地消化吸收,同时缺乏相应的资金和技术人才,所以通用设备制造业很多企业基本处于仿制、委托代工的低级阶段,不能形成自主创新的制造方式,有些先进技术还要不断地重复引进,无法实现企业的真正转型升级,只能依赖于国外的企业和技术,最终这些企业也无法实现可持续发展。

同时,目前通用设备制造业已经出现了产能过剩的现象,一些企业的低层次产品很容易被其他企业所模仿,最终被替代。因此企业的转型升级不仅仅是对产品结构的调整,更多的是对产业结构的调整,但是这些通用设备制造业企业更多地以资源密集型产业和劳动密集型产业发展为主,缺乏技术密集型产业,导致通用设备制造业发展比较缓慢。

2. 企业成本管理仍需要加强

我国通用设备制造业,除个别子行业外,行业集中度都较低,行业内产品差异不大。在这种市场环境下,企业的成本控制是决定竞争力的重要因素,企业生产管理、技术管理是企业成本控制的关键,只有生产管理和技术管理都到位的企业,才能处于领先地位。同时,产业规模是决定企业市场占有率及产品定价的重要因素,产品品牌的营销建设也关系到企业在市场竞争格局中的地位。就外界环境而言,现在通用设备制造业已处于后危机时代,这些企业正面临着一系列问题:劳动力无限供给的要素禀赋优势不再,企业面临劳动力价格全线上涨的压力,而劳动力成本上涨是直接影响成本型企业生存的关键。

通用设备制造业作为装备制造业中的基础性产业,为工业行业提供动力、基础加工等基础设备。同时通用设备制造业属于周期性较强的行业,受国家宏观经济政策影响明显。特别对于苏州的这些通用设备制造企业而言,他们有一部分业务是在境外,因此他们还需要考虑国外及全球的经济走势。另外,国际原材料价格的上涨,劳动力成本、土地成本、环境治理成本的提升,以及东南亚国家制造业的崛起、金融危机的冲击等一系列内外部原因对苏州通用设备制造业造成严重威胁和冲击,导致企业所获取的利润越来越少。由于我国的通用设备制造业一直未能从资源密集型向技术密集型成功转型,所以随着成本压力逐年上升,企业的产品利润将越来越单薄。

3. 自主创新水平较低

苏州市通用设备制造业上市公司要想提升自身竞争能力,必须要走高端路线,其核心在于创新,特别要掌握其中的核心关键技术。然而,通过对苏州通用设备制造业这6家上市公司的调查发现,其高端领域市场仍需要靠进口产品。同时,调查还发现,苏州这些通用设备制造业企业虽然已经开始意识到技术创新的重要性,也已经逐步加大创新投入,其中包括拓展新的产品领域、研发新产品、降低成本和开拓新客户,但是与国外那些先进企业的创新投入相比,这仍是不够的。要想改变创新水平低的现象,实现产品升级以及产业升级,提升产品附加值等,必须进一步加强对技术创新以及创新人才的重视。

四、苏州市通用设备制造业上市公司发展的建议

1. 调整产业结构及产业链,实现协调发展

在冶金、火力发电等传统市场需求下滑的情况下,通用设备制造业企业已经将目标定位于高端装备制造业、军工等市场需求增长的领域。企业应该将产品线进行扩充,瞄准有增长潜力、符合国家经济发展需求的行业。

苏州市通用设备制造业需要充分利用各地区要素禀赋的差异,实现资源的优化配置。技术先进的企业重点发展高技术环节,集中优势资源实现制造业的高端突破、一些核心零部件的生产以及总装总集成。技术成熟的企业承接技术密集生产环节。对于苏州市这些通用设备制造业企业而言,可以通过调整产业结构、改良生产工艺流程、改造生产设备、开发先进的清洁技术来实现清洁生产。通过清洁生产,不仅可以减少企业对环境的污染,变废为宝,而且可以降低成本,优化社区关系,提升企业经济效益。清洁技术本身对于企业而言就意味着以专业知识、特有的资源、能力和专长在解决社会问题的同时实现企业的商业利益。

2. 加强成本控制,绿色经营

除了生产效率、产品品质的挑战,苏州市通用设备制造业上市公司在改变能耗高、资源利用率低的问题,实现企业对经济社会的可持续发展时,绿色经营是必不可免的选择。

苏州市通用设备制造业上市公司在研发设计阶段就应该以社会责任理念为指导,开发出对自然、环境以及人的生活影响最小,材料能源与消耗最少,废弃物产生最少并且可以回收再生利用的产品,同时将社会责任向上游供应商和下游

客户延伸以实现产品生命周期全过程的社会责任。这些通用设备制造业企业应当运用绿色技术的创新成果,综合考虑环境影响和资源效率,以循环经济的方式生产出符合市场需求的环保型产品,从而实现绿色生产。同时,这些企业可以逐步探索采用循环经济方式,以"资源—产品—再生资源"的经济发展模式来实现低开采、高利用和低排放,在实现系统资源利用最大化的同时把企业对环境污染的程度降低至最小化,在"减量化、再利用、再循环"的原则指导下,达到经济、社会和环境发展的"三赢",实现可持续发展。

3. 培养专业研发人才,加快技术创新

改革开放 30 多年来,中国经济以"非均衡"发展战略实现经济赶超,经济规模迅速扩大,实力不断增强。后危机时代的制造业面临新的技术突破,苏州市通用制造业要想完成产业转型的任务,不仅要发挥现有的资本优势,还要提高在基础研究领域和前沿研究领域的投入,集中优势资源实现技术赶超,在国际新技术领域取得一定的突破,占据一定的先机。同时,要加强共性技术的突破和知识的溢出,提高知识和技术的共享水平,带动苏州制造业整体技术水平的提高。

在技术创新实现的整个过程中,人才是必不可少的资源,是最重要的创新资产。产业竞争力从根本上来说取决于产生和利用创意的人。在全球通用设备制造业竞争日趋激烈的背景下,高端人力资本将成为最重要的竞争要素,知识型员工将成为核心竞争资源。要切实树立"人才是第一资源"的理念,苏州市通用设备制造业企业应尽量为这些人才营造良好的企业环境,着眼于全球资源,加大高素质创新人才和创新团队的培养、引进和使用力度。同时,还可以通过高端产业,例如电子信息产业、仪器仪表产业、软件业等产业的发展,带动和提升低端通用设备制造业的技术进步,最终实现整个行业的健康发展。

参考文献:

[1] 王文,牛泽东. 中国装备制造业技术创新的静态与动态效率——基于二位码行业数据的分析[J]. 经济管理,2014(5):24-36.

[2] 杜运苏. 环境规制影响我国制造业竞争力的实证研究[J]. 世界经济研究,2014(12):71-76,86.

[3] 苏爱岩. 苏州市制造业本地市场效应研究[J]. 现代商业,2015(2):95-96.

[4] 尹向飞.规模对中国工业行业全要素生产率影响的研究——基于规模水平溢出效应、前向溢出效应和后向溢出效应[J].湖南商学院学报,2014(6):5-9.

[5] 贾兴梅,贾伟.中国制造业集聚对城市化的空间效应分析[J].财经科学,2015(1):79-89.

[6] 陈欢,王燕.中国制造业技术进步演进特征及行业差异性研究[J].科学学研究,2015(6):859-867.

[7] 张译匀.基于苏州装备制造业价值链提升的发展研究[J].工程经济,2015(5):92-98.

[8] 王绍媛,李国鹏,曲德龙.装备制造业技术性贸易壁垒与技术创新研究[J].财经问题研究,2014(3):31-38.

[9] 王健,李致平.江苏省制造业增长方式转变的实证研究[J].江苏第二师范学院学报,2014(3):93-97.

[10] 梁会君,史长宽.中国制造业出口"生产率悖论"的行业分异性研究[J].山西财经大学学报,2014(7):59-69.

[11] 傅元海,叶祥松,王展祥.制造业结构优化的技术进步路径选择——基于动态面板的经验分析[J].中国工业经济,2014(9):78-90.

[12] 林郭.中国生产性服务业效率与制造业效率双向影响的实证研究[J].经营管理者,2014(25):1-2.

(姚 远)

苏州市橡胶和塑料制品业上市公司发展报告

一、苏州市橡胶和塑料制品业上市公司发展概况

橡胶和塑料制品行业是国民经济的重要基础产业之一。它不仅为人们提供日常生活不可或缺的日用、医用等轻工橡胶和塑料产品，而且向采掘、交通、建筑、机械、电子等重工业和新兴产业提供各种橡胶和塑料制品生产设备或部件。截至2013年年底，苏州市共有规模以上橡胶和塑料制品企业615家，占全市规模以上工业企业的5.71%，工业总产值为7 684 783万元，占全市规模以上企业工业总产值的2.54%。① 苏州市规模以上橡胶和塑料企业绝大部分为外商投资企业和民营企业。苏州市橡胶塑料制品业上市公司有3家，分别是2010年于深圳证券交易所中小板上市的江苏康得新复合材料有限公司、昆山金利表面材料应用科技股份有限公司和2012年于深圳证券交易所创业板上市的江苏德威新材料股份有限公司。截至2015年年初，沪深两市上市的橡胶塑料制品业企业有61家，苏州大市范围在沪深两市上市公司总共有74家，苏州橡胶塑料制品业上市公司数量占全国橡胶塑料行业上市公司的4.9%，占苏州市上市公司的比重为4.05%。其中康得新和德威新材为民营企业，昆山金利为外商投资企业。

作为中国预涂膜行业龙头和世界预涂膜行业领军企业的康得新，于2010年7月份在深交所中小板上市。上市以后，企业实现了跨越式发展，生产经营领域集中在高科技预涂膜、光学膜的生产销售，同时加强自主开发，加大新材料的开发

---

① 数据来源于苏州统计局网页：http://www.sztjj.gov.cn/tjnj/2014/indexch.htm。

力度和研发投入。目前康得新公司已发展成为具有国际先进水平的、布局全球的研发平台,以产业集群为主导的全球产业链产业平台,通过商务创新推动产业布局延伸的新兴产业项目的孵化平台。公司积极布局未来,形成了打造"互联网+"智能化、世界一流水平的4.0版新兴材料产业化平台,打造"互联网+"3D智能显示产业链的生态链,打造"互联网+"智能化的新概念、新能源汽车的生态链的战略构想。

昆山金利表面材料应用科技股份有限公司(前身为昆山金利商标有限公司,后改制为昆山金利商标股份有限公司)系1993年3月由江苏省政府批准设立的外商(台商)独资企业,经历多次股权增资和股权转让,于2006年变更为外商投资股份有限公司,于2010年8月31日在深交所中小板上市。公司属于消费品外观件制造行业,主营业务为各类铭板、外观塑胶件、薄膜开关的生产和销售。金利科技2014年亏损较严重,目前停牌。

江苏德威新材料股份有限公司(前身系苏州德威实业有限公司)成立于1995年,2001年经江苏省人民政府批准改为现名。2012年6月1日,公司正式在深圳证券交易所上市。公司主要产品为汽车线束绝缘材料、UL系列材料等聚氯乙烯类特种线缆用材料以及XLPE绝缘材料、内外屏蔽材料等聚烯烃类普通线缆料。公司于2012年通过了江苏省高新技术企业复审。企业制定了积极的创新激励机制和奖励制度,获评多项省级高新技术产品、国家重点产品和江苏省重点产品。

二、苏州市橡胶和塑料制品业上市公司财务绩效分析

1. 盈利能力分析

加权平均净资产收益率强调经营期间净资产赚取利润的结果,是一个动态的指标,说明经营者在经营期间利用单位净资产为公司新创造利润的多少,有助于公司相关利益者对公司未来的盈利能力做出正确判断。

从表1可以看出,苏州市橡胶和塑料制品业上市公司上市之后的盈利能力差异较大。其中江苏康得新复合材料有限公司在上市之后净资产收益率在苏州同行业上市公司中表现最好,年均净资产收益率超过15%,并保持着持续向上的势头,其中2014年的净资产收益率达到了23.45%。德威新材在2012年上市前后,由于公司不断收购、新建子公司,投资活动增加,因而净资产收益率逐年下跌,但总体上盈利能力较好。由于受国内外经济环境的影响和企业经营管理不善,金利科技自上市之后加权平均净资产收益率表现不佳,每年均呈现下跌趋势,其中2011年和2014年下跌超过10%,2011年至2013年净资产收益率在4%~7%徘徊不前。2014年,由于其母公司整体成本增加,子公司新产品良率低且未得到有效提升,加之公司部分资产存在减值的情形,致使公司出现了较大亏损,净资产收益率为-15.63%。

表1　企业上市以来加权平均净资产收益率

项目 \ 上市公司	康得新	金利科技	德威新材
2010年加权平均净资产收益加	13.08%	17.95%	—
2010年比上年度增加	-6.43%	-6.22%	—
2011年加权平均净资产收益率	13.74%	6.74%	—
2011年比上年度增加	0.66%	-11.21%	—
2012年加权平均净资产收益率	19.61%	6.45%	10.87%
2012年比上年度增加	5.87%	-0.29%	-7.96%
2013年加权平均净资产收益率	19.24%	4.24%	8.93%
2013年比上年度增加	-0.37%	-2.21%	-1.94%
2014年加权平均净资产收益率	23.45%	-15.63%	7.89%
2014年比上年度增加	4.21%	-19.87%	-1.04%

(资料来源:根据相关上市公司年报整理得出)

2. 偿债能力分析

资产负债率是一个适度指标,具体应结合企业所属行业和实际经营状况而定。一般而言,资产负债率越小说明企业长期偿债能力越强。从债权人来说,该指标越小,企业偿债越有保证。从企业经营者来说,该指标过小表明企业对财务杠杆利用不够。一般认为企业的资产负债率不应高于50%。

从表2来看,康得新和德威新材在上市之后资产负债率保持在50%左右,在较合理的范围之内。金利科技上市之后资产负债率一直较低,2013年之前低于10%,说明该公司对财务杠杆利用得还不够充分,上市公司的融资能力还可以深入挖掘。

表2 企业上市以来资产负债率

项目 \ 上市公司	康得新	金利科技	德威新材
2010年资产负债率	22.28%	7.19%	—
2011年资产负债率	44.59%	8.99%	—
2012年资产负债率	46.99%	8.83%	44.46%
2013年资产负债率	52.30%	10.22%	49.11%
2014年资产负债率	41.33%	16.49%	56.30%

(资料来源:根据相关上市公司年报整理得出)

3. 成长能力分析

一般而言,如果营业收入增长率超过10%,说明公司产品处于成长期,将继续保持较好的增长势头,公司尚未面临产品更新的风险,属于成长型公司。如果营业收入增长率在5%~10%,说明公司产品进入稳定期,不久将进入衰退期,需要着手开发新产品。如果该比率低于5%,说明公司产品已进入衰退期,保持市场份额已经很困难,营业利润开始滑坡。

从表3来看,康得新每年均保持了40%以上的增长率,其中2011年营业总收入相比2010年增长将近200%,取得了净利润同比增长86.3%的良好成绩,该公司在2011年已经发展成为拥有两大业务板块、四大生产基地,境外设立子公司的国际集团性企业,为2012年公司的高速增长奠定了坚实的基础。

金利科技营业总收入同比增长速度总体呈现明显下降趋势,受国际经济环境影响,加之生产成本不断上涨,公司部分资产(包括商誉、存货、应收账款、其他应收款)存在减值,金利科技的营业总收入虽然有所增加,但未能扭转该公司出现较大亏损的局面。

德威新材上市以来,营业总收入增长相对比较稳定,主要是因为该公司采取积极的营销策略,保证了产品的市场占有率,产品的销量保持稳步增长,同时,该公司持续加大技术研发与创新力度,保证了产品的市场竞争力,从而引起营业收入的稳步增长。

表3　企业上市以来营业收入　　　　　　　　　　　（单位：元）

项目 \ 上市公司	康得新	金利科技	德威新材
2010年营业总收入	524 201 146.48	349 923 489.01	—
2010年比上年度增加	43.85%	28.75%	—
2011年营业总收入	1 526 021 238.48	329 616 966.64	—
2011年比上年度增加	191.11%	−5.80%	—
2012年营业总收入	2 234 623 152.98	386 437 821.06	773 401 576.23
2012年比上年度增加	46.43%	17.24%	18.82%
2013年营业总收入	3 192 701 967.08	457 220 358.42	1 124 402 353.58
2013年比上年度增加	42.87%	18.32%	45.38%
2014年营业总收入	5 208 091 770.62	528 208 460.15	1 378 511 138.36
2014年比上年度增加	63.12%	15.53%	22.60%

（资料来源：根据相关上市公司年报整理得出）

4. 营运能力分析

总资产周转率是企业一定时期业务收入净额与平均资产总额的比率。总资产周转率是综合评价企业全部资产的经营质量和利用效率的重要指标。周转率越大，说明总资产周转越快，反映出销售能力越强。

由表4可以看出，橡胶和塑料制品业3家上市公司各年度总资产周转率比较稳定。康德新2011年总资产周转率最高，比率为1，这是因为，2011年康得新营业收入增长了近200%，净利润增长了近100%，使得总资产周转率迅速提升，其他各年度保持在0.5左右。金利科技各年度总资产周转率比较稳定，平均在0.5左右，2014年，虽然企业亏损较大，但由于企业在合并报表范围内的相关资产进行了减值，使得总资产周转率保持在0.55。德威新材上市后总资产周转率相对较高，年均保持在0.8左右，表明该公司产品销售较好，企业处于健康向上的发展状态。

表4　企业上市以来总资产周转率

项目 \ 上市公司	康得新	金利科技	德威新材
2010年总资产周转率	0.62	0.65	—
2011年总资产周转率	1.00	0.41	—
2012年总资产周转率	0.58	0.48	0.77
2013年总资产周转率	0.46	0.50	0.84
2014年总资产周转率	0.55	0.55	0.85

三、苏州市橡胶和塑料制品业上市公司治理评价分析

1. 股权结构治理

截止到2014年年底,苏州市橡胶和塑料制品业上市公司股权集中度相对较高,股东力量差异较大。康得新持股5%以上的股东仅一家,为康德投资集团有限公司,持股23.52%,第一大股东持股比例与第二大股东持股比例之比为8.62。金利科技持股5%以上的股东有两家,分别为SONEM INC.和康铨(上海)贸易有限公司,分别持股56.90%和7.27%,两大股东持股比例之比为7.83。德威新材持股5%以上的股东有3家,分别为苏州德威投资有限公司、香港香塘创业投资有限责任公司和苏州蓝壹创业投资有限公司,持股比例分别为32.90%、6.88%、6.25%,第一大股东和第二大股东持股比例之比为4.78。以上3家上市企业均为中小板和创业板上市,且都是民营企业,其发展初期股东数量较少,形成了股权集中度较高、大股东占绝对比例的情况,表明以上企业对资本市场的利用还有很大的空间。

2. 董事会治理

董事会是公司经营决策的核心,也是股东会的常设机构。董事会治理是为保障董事会科学决策与监督、促成其高效运作,而对董事会构成、权利、义务、运作所做的机制设计和制度安排。董事会是股东和经理层之间的纽带,担负着决定公司战略规划、聘用经理层的重要职责,董事会治理是公司治理的核心内容。

截至2014年年底,苏州市橡胶和塑料制品业3家上市公司的董事会成员构成分别是:昆山金利和德威新材分别为9人,康得新为7人。在董事会构成上,昆山金利和德威新材独立董事分别为3人,占董事会总人数的三分之一;康得新独立董事为3人,占董事会总人数比例略高。3家公司均在董事会下设审计委员会、提名委员会、薪酬与考核委员会等。3家企业董事会的人数及人员构成符合法律法规和公司章程的要求。由于3家企业均为中小板和创业板上市企业,董事会规模相对较小,独立董事占比较高,处于比较合理的状态。

3. 经理层治理

公司治理最重要的目的,是解决公司所有者与经营者分离而出现的委托代理问题。对公司治理评价的主要标准,也应该是公司治理能否有效地激励经理层,让经理层的经营与公司、股东利益一致。经理层治理可以从三个方面来考

察,一是对公司高管的激励是否得当;二是公司经营是否合规;三是公司财务运作是否合规。

高管激励效果的思路一般为:当公司经营绩效改善时,高管的收入应该增加,反之应该减少。从各年度上市公司年报来看(表5),苏州市橡胶和塑料制品业3家上市公司中,康得新和德威新材随着公司的快速发展,公司高管的收入也相应地迅速增加;而金利科技由于经营不善,高管薪酬停滞不前甚至下降。3家公司高管激励效果明显,符合公司经理层治理对高管激励的要求。

表5 企业上市以来高管所获薪酬　　　　　　(单位:万元)

上市公司 项目	康得新	金利科技	德威新材
2010年公司高管所获报酬	153.66	341.32	—
2011年公司高管所获报酬	183.27	368.61	—
2012年公司高管所获报酬	208.34	356.81	153.70
2013年公司高管所获报酬	448.52	335.87	211.20
2014年公司高管所获报酬	489.01	355.69	279.00

(资料来源:根据相关上市公司年报整理得出)

一般来说,衡量上市公司经营合规表现以是否受到各类公开处罚为标准。从苏州橡胶与塑料制品业上市公司报表来看,康得新2014年3月份收到中国证券监督管理委员会北京监管局下发的《行政监管措施决定书》,该公司根据现场检查所发现的问题进行了切实可行的整改,已按要求提交了整改报告。其他两家企业在上市后均未受到公开处罚,公司治理的实际情况符合《公司法》和中国证监会的相关规定。

财务运作是否规范,是检验上市企业经理层责任的重要视角。从苏州橡胶与塑料制品业上市公司历年报表来看,所有的年度报表审计均出具了无保留意见,表明了该行业上市公司的财务合规比较好。

4. 中小股东利益治理

股利是上市公司为投资者提供的相对稳定、可预期的现金回报。发放股利能够让平时无法直接影响公司经营的中小股东分享到公司发展的成果。苏州橡胶与塑料制品行业的3家公司自上市以来,重视投资者的合理回报,对分红标准、比例及利润分配政策的决策程序进行了明确的规定,在保障公司发展的前提下,每年度都进行了不同程度的利润分配(昆山金利2014年度亏损,未派发现金红利,不送红股,不以公积金转增股本)。

康得新最近3年的权益分配方案为:2012年向全体股东每10股派发现金红利0.75元(含税),共计人民币46 768 619.03元;2013年权益分配方案为向全体股东派发现金红利0.91元(含税),共计人民币86 077 273.74元;2014年权益分配方案为向全体股东每10股派发现金股利1.17元,同时拟以资本公积金向全体股东每10股转增5股。

昆山金利近3年的权益分配方案为:2012年向全体股东按每10股派发现金红利2.20元(含税),共计派发3 209 789.66元;2013年向全体股东每10股派发现金红利1.10元(含税),共计派发15 282 373.48元;2014年由于企业亏损,公司未派发现金红利,不送红股,不以公积金转增股本。

德威新材近3年权益分配方案为:2012年度每10股派发1元红利(含税);2013年度向全体股东每10股派发现金股利1元(含税),同时以资本公积金向全体股东每10股转增10股;2014年度向全体股东每10股派0.5元人民币(含税),同时以资本公积金向全体股东每10股转增10股。

四、苏州市橡胶和塑料制品业上市公司面临的挑战与对策

(一)面临的挑战

苏州橡胶与塑料制品行业的3家上市公司的发展不均衡,经营状况和业务内容差异较大。从国内外经济形势分析,欧美等发达国家市场需求持续萎缩,汇率波动,国际贸易保护主义倾向日趋明显,对以出口为主的相关企业会产生一定负面影响;资金供需矛盾,流动资金不足,应收账款增多将导致上市公司资金缺口加大;原材料价格波动过大,劳动力成本日趋上涨等因素将压缩上市公司的盈利空间。

从具体企业发展态势及战略来分析,康得新处于快速向上发展的阶段,其预涂膜产业在全球具有较强的竞争力。目前企业以先进高分子材料为核心,通过商务创新进行模块化和系统解决方案的产业布局延伸,建立了由新兴材料产业、3D智能显示信息产业、新能源电动车三大板块构成的产业新格局。企业产业布局的延伸和调整,对企业既是机遇也是挑战。德威新材生产的高科技材料已经布局全国,企业将坚持"单一主业下多领域发展"的整体发展战略,专注于线缆

用高分子材料的研发、生产、与销售,在深耕国内国际市场方面面临着同行较大的竞争格局挑战。昆山金利则相对处于比较艰难的发展状态,在日趋激烈的竞争态势下,企业要扭亏为盈,实现持续发展,也面临着较大压力。

(二)苏州市橡胶和塑料制品业上市公司进一步发展的对策

1. 政府政策层面

地方政府应加强行业和上市企业应对经济形势的调研,了解具体行业和企业受政府政策和经济形势影响的程度,积极推进行业、产业的平稳发展,出台相应的指导意见和政策;应积极搭建平台,完善社会服务支撑体系,鼓励建立风险投资体系,加强信息基础设施建设,引导和扶持上市公司在深化改革中得到长足的发展。另外,应结合行业和企业实际,对上市企业给予政策扶持和帮助。苏州市橡胶和塑料制品业3家上市公司均在中小板和创业板上市,企业规模相对较小,处于快速发展的时期,政府可以在政策上予以一定的优惠,推进企业加强国内国际的合作,帮助效益好的企业做强做优,协助效益差的企业实现盈利和持续发展。

2. 企业自身层面

苏州橡胶和塑料制品业3家上市公司财务绩效与公司治理方面的表现与企业经营的效益相关,3家企业均根据企业发展的实际情况制定了相关的发展战略。未来要继续发展,企业要围绕战略需要,培育、提升企业的核心竞争力,重视企业的持续创新,加强创新型人才的引进和培养,加大科技投入;还要整合相应的产业资源,拓宽产品的目标客户群,创造新的盈利点和盈利模式。在发展过程中,行业内效益差的企业应向发展态势好的企业学习,优化产业结构,加大科技投入,提高产品的科技含量和附加值,寻求新的市场需求,建立新的增长点,不断做强做优。

参考文献:

[1] 中国物资再生协会.2014年我国橡胶和塑料制品业利润增长[J].中国资源综合利用,2014(6):29.

[2] 徐夕湘.泉州上市企业发展的优势分析——与苏州上市公司的比较[J].中共福建省委党校学报,2009(5):64-68.

[3] 张鲁秀,张玉明.后危机时期中国中小型上市公司成长性研究[J].中国科技论坛,2012(8):88-93.

(胡 勇)

苏州市有色金属行业上市公司发展报告

一、苏州市有色金属行业上市公司发展概况

有色金属行业是指有色金属冶炼及压延加工业,是以从事有色金属冶炼及压延加工等工业生产活动为主的工业行业,是我国重要的原材料工业之一。该行业包含有色金属冶炼、贵金属冶炼、稀有稀土金属冶炼、有色金属合金制造、有色金属铸造、有色金属压延加工。其中,主要的有色金属冶炼及压延行业子行业又分为铜冶炼及压延行业、铝冶炼及压延行业、铅锌冶炼、镍钴冶炼、锡冶炼、金冶炼、银冶炼、钨钼冶炼、稀土金属冶炼等。

2014年,受国内经济"三期叠加"影响,我国经济进入了中高速增长新常态,境内外市场需求不旺,经济下行压力不断加大。有色金属行业在严峻的国内外经济形势下,全行业积极化解电解铝产能过剩的矛盾,推进有色金属工业发展方式转变和结构调整,全年有色金属工业基本保持平稳运行。2014年有色金属行业实现工业增加值同比增长11.4%,实现主营业务收入57 025亿元,同比增长8.6%。受需求不旺以及美元走强等因素影响,铜、铝、铅现货年均价分别为49 207元/吨、13 546元/吨、13 860元/吨,同比分别下降7.8%、6.9%、2.7%。

2014年苏州规模以上工业制造业实现总产值30 030.96亿元,而以大力发展外向型经济为主的苏州,规模以上工业制造业实现总产值主要集中在电子、纺织等行业,有色金属冶炼及压延加工业2014年实现总产值626.79亿元,较上年减少1.00亿元,占比仅为2.09%,在所有制造业行业中排名13。尽管对苏州市工业制造业总产值贡献并不是非常突出,但也不乏江苏常铝铝业股份有限公司、苏州罗普斯金铝业股份有限公司以及怡球金属资源再生（中国）股份有限公司3家优秀的上市企业。

本报告对上述3家上市企业进行了一定的研究，其企业、品牌等如表1所示。

表1　苏州市有色金属行业上市公司基本情况

企业名称 （股票简称）	江苏常铝铝业股份有限公司（常铝股份）	怡球金属资源再生（中国）股份有限公司（怡球资源）	苏州罗普斯金铝业股份有限公司（罗普斯金）
成立时间	2002年12月27日	2001年3月15日	1993年7月28日
证券代码	002160	601388	002333
交易场所	深证证券交易所	上海证券交易所	深证证券交易所
上市时间	2007年8月21日	2012年4月23日	2010年1月12日
主营业务	铝箔、空调器用涂层铝箔、铝板带材的研发、生产和销售	通过回收废铝资源，进行再生铝合金锭的生产和销售	铝挤压材产品的研发、生产和销售
总股本	63 624.55万股	53 300.00万股	25 130.18万股

上述3家有色金属行业上市公司所涉及有色金属较为统一，均为铝冶炼与延压行业，但主营产品却各有各的特色，在行业内均处于领先水平。

江苏常铝铝业股份有限公司属于铝箔加工行业，主营业务为铝箔、空调器用涂层铝箔及铝板带材的研发、生产和销售。其前身常熟市铝箔厂是一家专业生产铝箔制品的公司，业务范围涵盖空调用铝箔、百叶窗、烟箔等产品。公司在此基础上扩充了印刷用铝箔和汽车用铝箔等产品，增加了包装用铝箔和蜂窝芯铝箔等十多种产品，丰富了产品线，被评为"国家火炬计划重点高新技术企业"，也是"中国铝箔企业十强"之一。目前，公司产品以空调箔（包括素铝箔和亲水涂层铝箔）为主，是其核心主打产品，装饰箔与合金箔为辅。公司的空调箔产量约占产品总产量的75%，其中亲水涂层铝箔产量约占空调箔总产量的三分之二，国内市场占有率超过20%，是国内最大的空调器铝箔制造企业，也是全球最大的亲水涂层铝箔生产企业。新品种合金类产品的规模也有了很大的突破，2014年销售收入占比32.25%，较2013年取得进一步增长。公司的铝箔及铝箔毛料实际生产能力约为7万吨/年，高性能空调箔及汽车散热器用铝箔和其他高精度合金箔合计生产能力约为8万吨/年，年总产量达到15万吨左右，是国内最具实力和影响力的铝箔制造企业之一。

怡球金属资源再生(中国)股份有限公司则是通过回收废铝资源,进行再生铝合金锭的生产和销售。其主营产品为铝合金锭,产品广泛运用于汽车、电器、机械、建筑、航空、电力、交通、计算机、包装、五金等各个行业,是国民经济建设和居民消费品生产必需的重要基础材料。公司生产的铝合金锭于2008年在伦敦金属交易所(LME)注册。公司的铝合金锭能够在LME销售,标志着公司的产品质量已经符合国际市场的标准,可以满足世界市场需求。目前公司是国内少数几家能够在LME销售铝合金锭产品的生产企业之一。其销售区域遍布东亚、东南亚和欧美各地,是中国铝资源再生领域的龙头企业之一,是目前国内再生铝行业中生产与节能技术最先进、盈利能力最强的企业,也是我国循环经济产业的代表。

苏州罗普斯金铝业股份有限公司由台湾罗普斯金股份有限公司100%投资成立。公司自1993年成立以来,生产规模不断扩大,其产品也由原来的单一产品逐步发展成目前的铝建筑型材和铝工业材两大类,其中铝建筑型材拥有4大类61个系列1 780余种产品,铝工业材拥有10大类158种产品。同时,公司自始至终把品牌建设和技术创新置于核心地位,通过持续的自主研发及品牌建立,不断实现与国内其他生产企业的差异化竞争,增强了公司产品和技术在行业中的领先地位,现已形成年产4万吨铝挤压材的生产能力。公司是国内铝合金挤型生产行业中开发种类多、产品范围广、规模和实力一流的专业性大型企业。目前公司主要产品为铝合金气密门窗、铝合金花格网以及工业用铝合金材料。其单月产量达5 000吨以上,产品已经通过ISO9001质量体系认证,先后向国家知识产权局申请并取得664项专利。公司产品在全国29个省、自治区、直辖市,共302个城市设有销售网点,其以"罗普斯金"、"LPSK"、"第一勇"商标注册的系列铝门窗产品在市场享有良好的声誉,深受广大用户的青睐。

二、苏州市有色金属行业上市公司发展存在的问题

1. 行业下行压力大,产能过剩情况严重

2014年国内外宏观经济紧缩,市场整体需求疲软,国内铝价在3月份触底反弹历时半年,但是随着下游需求的进一步疲软,9月份开始国内铝价再次大幅下滑。国际铝价的总体波动趋势与国内铝价相仿,但一直存在 2 000 元人民币/吨左右的差价,即铝价内外持续倒挂,压缩了国内铝制品企业的出口业务利润空间,加之国内经济增长放缓,铝制品终端消费低迷,而铝加工行业的产量增速加快,导致产能过剩,市场供过于求,竞争趋于白热化,铝加工行业仍处于行业低谷期。苏州市有色金属行业上市公司全部以铝作为原材料,企业规模效益受其影响严重,盈利能力不断被弱化。

江苏常铝铝业股份有限公司的主营产品的定价主要采取"铝价+加工费"的定价模式,单位产品的加工费水平由产品的技术含量及市场竞争状况等因素决定,可见加工费是公司产品毛利的直接基础。公司内销产品的主要定价方式为:发货前一段时间上海期货交易所(SHFE)期铝平均价格+加工费;外销产品的主要定价方式为:发货前一段时间内伦敦金属交易所(LME)期铝平均价格+加工费+杂费。

近 1 年以来上海期货交易所(SHFE)以及伦敦金属交易所(LME)的铝价波动情况分别如图 1 和图 2 所示。

图 1 2014 年 4 月—2015 年 4 月 SHFE 铝价

图 2　2014 年 4 月—2015 年 4 月 LME 铝价

江苏常铝铝业有限公司的定价方式从中长期看基本对冲了铝价波动的风险,但是由于近几年铝价总体处于下跌态势,"公司铝价+加工费"的定价模式使得公司需要承担铝价下跌的成本,导致利润空间被压缩;另外,自 2011 年 8 月以来,SHFE 与 LME 两者之间的铝价始终处于倒挂状态,LME 铝价经折算后持续低于 SHFE 铝价,倒挂差价基本维持在人民币 2 000 元/吨左右,由于公司外销业务的成本价参考 SHFE 的铝价,销售价参考 LME 的铝价,铝价倒挂导致公司外销业务的盈利空间被压缩。

2. 自身经营存在缺陷,盈利能力不断下滑

截至 2015 年 4 月底,所有有色金属行业上市公司均公布了年报,业绩增少减多,业绩出现大幅度增长的企业不多,同样身处铝冶炼与延压行业的中国铝业巨亏 162 亿元,而苏州的 3 家有色金属行业上市公司经营业绩也受此影响,不尽如人意。具体盈利指标如表 2 所示。

表2　苏州市有色金属行业上市公司净利润与每股收益情况

指标	上市公司	2012年	2013年	2014年
净利润(万元)	常铝股份	961.70	-21 623.63	-18 021.59
	怡球资源	16 426.93	8 995.96	3 009.02
	罗普斯金	8 442.69	8 666.10	5 370.58
每股收益(元)	常铝股份	0.02	-0.34	-0.28
	怡球资源	0.44	0.17	0.06
	罗普斯金	0.33	0.34	0.21

江苏常铝铝业股份有限公司2012—2013年持续利润下滑,出现了亏损,为了扭转不利局面,2014年借款人实行了增产增效、节能减支、变更会计估计、资产重组等措施。不过总的来看,公司主营业务亏损同比虽有减少,但主营业务盈利未有根本性改善。怡球金属资源再生(中国)股份有限公司经营盈利从2010年至今持续下滑,并无改善的情况,主要是因为国内经济增速持续放缓,铝合金锭产品市场依旧低迷。此外,行业竞争加剧、运营成本不断上升,进一步压缩了利润空间,市场的低迷已导致公司实质上出现量利双跌。苏州罗普斯金铝业股份有限公司亦是从2011年以来,业绩持续下滑,一方面,公司铝建筑型材销量有所下降,收入明显减少;另一方面,公司对外投资扩张过快,规模扩大后各项成本、费用较高,收益并不显著。

3. 上市公司产业单一,产业布局亟待调整

有色金属是指除去铁、铬、锰之外所有金属的总称。而苏州地区有色金属行业上市公司均属铝加工行业,虽然3家企业行业内地位以及市场占有率在全国范围内名列前茅,但产业较为单一,竞争较为激烈,容易造成产能过剩。无论从3家上市公司盈利情况还是从股价波动情况来看,近几年来走势几乎一致,正相关性较大,导致3家上市公司系统性风险亦为突出,一旦国际铝价大幅跳水,苏州有色金属行业上市公司无一能够幸免,对地方经济的冲击必将显现。

苏州亦不乏主营其他品种有色金属的较为优秀的企业,例如以铜为主营产品的张家港联合铜业有限公司等。为了苏州地区有色金属行业的健康发展,政府部门可考虑加大对部分企业的投资与政策优惠力度,促使其早日上市,使得苏州产业结构进一步优化升级,加快苏州地区工业总产值的提升速度。

4. 行业人才极为短缺,人员结构不合理

与其他行业人才竞争激烈不同,有色金属行业向来人才需求旺盛,作为国家的支柱产业,目前全国共有员工400万人以上,从勘探到加工、从生产到销售,对人才的需求贯穿于工业生产的各个环节。而人才流失、人才断层已经成为制约许多企业发展的首要问题。大多数有色金属企业建在中西部的二三线城市,矿山则集中在西南、西北的山沟里,工作环境封闭、艰苦,这样的岗位自然缺乏吸引力,本身相关专业人才就稀缺,更有很多人转行至其他行业。苏州的3家有色金属行业上市公司也存在该类问题,具体情况见表3和表4。

表3 苏州市有色金属行业上市公司员工教育程度

上市公司	本科及以上		专科		高中及以下	
	人数	占比	人数	占比	人数	占比
常铝股份	90	17.75%	318	62.72%	99	19.53%
怡球资源	214	16.37%	105	8.03%	988	75.59%
罗普斯金	151	9.46%	420	26.30%	1 026	64.25%

表4 苏州市有色金属行业上市公司员工专业构成

上市公司	生产人员		技术人员		销售人员		行政/管理人员		其他	
	人数	占比	人数	占比	人数	占比	人数	占比	人数	占比
常铝股份	356	70.22%	58	11.44%	37	7.30%	56	11.05%	0	0.00%
怡球资源	881	67.41%	106	8.11%	26	1.99%	126	9.64%	168	12.85%
罗普斯金	876	54.85%	165	10.33%	279	17.47%	195	12.21%	82	5.13%

从3家上市公司员工的教育程度可以看出,本科级以上人员均不足20%,学历仍是以高中及以下为主,专业能力自然而然受到限制;从专业构成来看,仍然以生产人员为主,技术人员占比仅为10%左右,专业化程度明显偏低。不管是教育程度还是专业构成,3家上市公司的人员结构均不是非常合理,人员专业素质有待进一步提高。

三、苏州市有色金属行业上市公司发展的对策建议

1. 加强企业自身管理,坚持产业转型结构

上市公司必须加强自身的约束与管理,针对我国有色金属行业存在的产能过剩、行业内部过度竞争和经济效益下滑等问题,各企业应加强自身管理,不盲

目跟风,加强科研,加快自身产业结构的调整和转型。企业还应放眼世界,开展区域资源合作,通过合资合作的方式,整合各自的优势,积极参与海外资源的开发利用,建立起有色金属原料的储备,这样既可以免于有色金属原料价格受他人制约,保护企业自身利润不受损失,又可以保证国民生产生活稳定。

2. 加快有色金属企业上市步伐,丰富地方有色金属种类

目前,苏州 3 家有色金属行业上市公司的主营业务均为铝产品加工,品种较为单一,系统性风险较大。政府部门应鼓励优秀的有色金属企业早日上市,解决企业发展所需资金,为企业的持续发展获得稳定、长期的融资渠道,实现快速做大做强,同时有利于拉动地方经济快速增长,实现财税增收、就业增加,提高区域经济发展整体竞争力。特别是 2014 年以来,新三板上市在全国范围内全面推开,为企业今后转到创业板和主板提供了一条捷径。有色金属行业的企业应牢牢抓住资本市场提供的难得机遇,坚定上市信心,制定上市战略规划,明确上市目标和方向,坚定不移地推进实施,以期实现上市目标,使企业快速发展壮大。

3. 加大培养有色金属行业发展所需人才,加强人才发展平台建设

目前,我国有色金属系统共有十多所院校,二十多所科研院所,中西部很多大型有色金属企业都拥有自己的培训中心、职工技校。经过几十年的积累,这些企业都建立起了比较完备的人才培养和培训体系。苏州的有色金属行业上市公司可以向这些企业学习,发挥企业本身的便利条件,建立人才发展平台,借助社会力量与企业自身的优势,培养有色金属企业所需求的专门人才。

4. 出台相关政策措施,促使企业长久发展

我国正处于工业化中期,从长远来看,对各种有色金属的需求仍然会持续增加。特别是苏州市的 3 家上市公司,主要产品均涉及铝,由于铝产品可以长期存放,因而企业可以在目前全球铝产品价格低迷的情况下进行收储,更可以通过期货市场套值保现,这不仅有利于企业自身走出困境,亦有利于满足经济发展对铝的需求。地方政府可将铝回收、加工、进出口等主要企业组织起来,充分发挥政府的组织协调功能,及时了解国内外政策动向,出台相关政策,推动行业进步,引导行业健康发展;鼓励企业加强自主创新,规范管理,苦练内功,增强企业核心竞争力;促进区域内公司联合,组成战略联盟,通过降低成本、降低能耗,提高企业生产效率,实现我国有色金属行业生态化低碳发展。

参考文献：

[1] 苏州市统计局.苏州市2014年统计年鉴[R].2014.

[2] 世界未来.有色金属行业2015年风险分析报告[R].2015.

[3] 马世光.中国铝加工产业现状及发展[J].轻合金加工技术,2013(7):1-4.

[4] 吴一丁,陈成.有色金属行业财务特征分析及风险源研究[J].财会通讯,2013(14):120-122.

[5] 姜玉敬.我国再生铝行业发展的基本情况及展望[J].轻金属,2012(8):3-7.

[6] 张建玲、彭频、刘怡君.有色金属行业生态低碳实现途径[J].中国矿业,2014(12):47-50.

（王玺龙）

苏州市专用设备制造业上市公司发展报告

一、苏州市专用设备制造业上市公司发展概况

自改革开放以来,我国专用设备制造业取得了长足的发展,已经成为国民经济的重要支柱产业之一。该产业为采掘业、食品饮料制造业、化工品制造业、电子产品制造业等产业提供了必要的设备支持,按照国民经济行业分类标准(GB/T 4754—2011),截至2014年年底,苏州市共有规模以上专用设备制造业722家,占全市规模以上工业企业的6.70%,其中国有企业及国有控股企业10家,民营企业345家,外商及港澳台投资企业369家。工业总产值为10 012 065万元,占全市规模以上企业工业总产值的3.30%。[①] 苏州市专用设备制造业上市的企业有5家,按照上市的先后顺序分别是长江润发机械股份有限公司(2010年6月18日深圳中小板上市),科林环保装备股份有限公司(2010年11月9日深圳中小板上市),苏州天沃科技股份有限公司(2011年3月10日深圳中小板上市),张家港富瑞特种装备股份有限公司(2011年6月8日深圳创业板上市),苏州斯莱克精密设备股份有限公司(2014年1月29日深圳创业板上市)。截至2015年年初,沪深两市上市的专用设备制造企业有114家,苏州大市范围在沪深两市上市的公司总共有74家,苏州市专用设备制造业上市公司数量占全国橡胶塑料行业上市公司的4.38%,占苏州市上市公司的6.76%。

科林环保装备股份有限公司前身为吴江宝带除尘有限公司,由吴江除尘设备厂(集团)一期截至1998年12月31日的部分净资产出资1 312万元,宋七棣等16位自然人出资288万元设立。公司于2007年12月2日整体变更为股份有

---

① 数据来源于苏州统计局网页:http://www.sztjj.gov.cn/tjnj/2014/indexch.htm。

限公司,股本总额 5 300 万元。公司视"净化大气,造福人类"为己任,是一家集大气污染控制领域的环境工程系统设计,袋式除尘及脱硫脱硝产品设计、制造、销售、服务为一体的烟气净化治理解决方案供应商。

长江润发机械股份有限公司前身为张家港市润发机械有限公司,2005 年更名为长江润发(张家港)机械有限公司,2007 年更为现名。公司属于工业制造业,经营范围为升降移动机械、港口起重机、电梯配件、汽车型材及配件的制造、加工、销售等。2010 年 6 月 18 日,公司股票正式在深圳证券交易所挂牌上市,成为国内电梯配套行业首家上市公司,成功进入资本市场,为公司进一步发展提供了广阔的平台。

苏州天沃科技股份有限公司系由张家港市化工机械有限公司于 2009 年 5 月 25 日以整体变更的方式发起设立的股份有限公司。公司经营范围为设计制造 A1 级高级容压容器,A2 级第三类低、中压容器;制造 A 级锅炉部件;石油、化工、医学、纺织、化纤、食品机械制造及维修等。公司经营非标压力容器十余年,积累了雄厚的装备制造能力、丰富的行业经验和优质的客户群体,锤炼和培养了优秀的制造、销售、技术团队,形成了独特的市场应对机制。

张家港富瑞特种装备股份有限公司前身为张家港富瑞锅炉容器制造有限公司,公司于 2011 年 6 月在深圳证券交易所上市。公司经营范围为发动机的制造和销售(汽车发动机再制造油改气);石油天然气行业乙级资质证书许可范围内相应的建设工程总承包业务以及项目管理和相关的技术管理与服务;天然气、石油、冶金、电站、化工、海水淡化设备的开发、制造、销售等。

苏州斯莱克精密设备股份有限公司,于 2009 年 6 月 22 日经江苏省对外贸易经济合作厅批复批准,由苏州斯莱克精密设备有限公司整体变更设立。公司成立于 2004 年 1 月,2014 年 1 月在深圳证券交易所上市。公司主要从事高速易拉盖生产设备的研发、设计、生产、装配调试以及相关精密模具、零备件的研发、加工制造等。

二、苏州市专用设备制造业上市公司财务绩效分析

1. 盈利能力分析

净资产收益率是指企业一定时期内的净利润同平均净资产(股东权益)的比率,它是评价公司自有资本及其积累获取报酬水平的最具代表性的指标。净资产收益率越高,表明自有资本获取收益的能力越强,运营效益越好,对投资人、债权人等的保障程度越高。加权平均净资产收益率=报告期净利润/年平均净资产。由计算公式得知,加权平均净资产收益率是指作为分母的净资产需要以时间间隔为权数进行加权平均,因而能够更加科学合理地反映企业报告期内的净资产收益率,是上市公司年报披露的重要信息之一。

表1 企业上市以来加权平均净资产收益率

项目 \ 上市公司	科林环保	长江润发	天沃科技	富瑞特装	斯莱克
2010年加权平均净资产收益率	23.51%	8.65%	—	—	—
2010年比上年度增加	3.06%	-11.14%	—	—	—
2011年加权平均净资产收益率	6.76%	6.19%	8.77%	15.52%	—
2011年比上年度增加	-16.57%	-2.46%	-17.64%	-8.86	—
2012年加权平均净资产收益率	3.65%	5.48%	5.33%	16.66%	—
2012年比上年度增加	-3.71%	-0.71%	-3.44%	-0.46%	—
2013年加权平均净资产收益率	2.04%	6.06%	5.02%	26.53%	—
2013年比上年度增加	-1.61%	0.58%	-0.31%	9.87%	—
2014年加权平均净资产收益率	1.61%	5.71%	2.45%	19.28%	15.18%
2014年比上年度增加	-0.43%	-0.66%	-2.57	-7.25%	-21.53%

(资料来源:根据相关上市公司年报整理得出)

从表1可知,苏州市专用设备制造业上市公司的盈利能力依不同企业、不同年份有一定的差异。从整体盈利能力来看,只有科林环保在2010年度、长江润发在2013年度和富瑞特装在2013年度相比上年度加权平均净资产收益率增加,其他年份所有企业的盈利能力随加权平均净资产收益率的下降而减弱。

从企业报表来看,科林环保总体经营业绩比较稳定,随着公司上市,产能逐年扩大,同时由于袋式除尘器市场竞争较为充分,行业集中度低,企业规模偏小,价格竞争成为行业内多数企业的市场策略,低价无序竞争情况日益突出。原材料价格和人力成本价格上涨、国内经济下行压力加大等因素对企业盈利能力的提高形成一定影响。

长江润发在上市以后净资产收益率相对稳定,保持在6%左右,在行业竞争不断激化的形势下,该企业通过产能扩张、构筑整体规模化经营优势,稳固和提升公司的行业地位,保持了较好的盈利能力。

天沃科技上市以来,公司经营规模稳步增长,净资产规模和固定资产投资规模显著增加,用工数量大幅上升,公司目前处于战略转型期,由传统装备制造业向工程总承包、新兴互联网产业转型升级,实现多元化经营发展,随着公司的产能释放和进一步转型,企业的盈利能力将会进一步提升。

富瑞特装上市以来快速成长,市场需求旺盛,企业通过新项目建设、技术革新等措施,保持了较高的盈利能力,加权平均净资产率均在15%以上,2013年甚至达到了26%。

斯莱克于2014年1月登陆深圳创业板上市,是全球四大高速易拉盖生产设备商之一,其高速易拉盖设备生产占据了国内70%以上的份额,在海外市场尤其是东南亚市场也占据了较高的份额,公司正在积极拓展生产易拉罐生产设备,盈利能力较强。

2. 偿债能力分析

资产负债率,又称财务杠杆,是企业负债总额占企业资产总额的百分比。这个指标反映了在企业的全部资产中由债权人提供的资产所占比重的大小,反映了债权人向企业提供信贷资金的风险程度,也反映了企业举债经营的能力。资产负债率是一个适度指标,具体应结合企业所属行业和实际经营状况而定。一般认为企业的资产负债率不应高于50%。

表2 企业上市以来资产负债率

项目 \ 上市公司	科林环保	长江润发	天沃科技	富瑞特装	斯莱克
2010年资产负债率	20.83%	30.92%	—	—	
2011年资产负债率	23.99%	30.69%	50.43%	52.55%	—
2012年资产负债率	31.93%	29.19%	58.64%	64.77%	
2013年资产负债率	31.25%	32.38%	52.52%	65.96%	
2014年资产负债率	42.02%	37.42%	57.24%	62.31%	21.62%

(资料来源:根据相关上市公司年报整理得出)

从表2来看,斯莱克、科林环保、长江润发上市后年资产负债率均在50%以内,保持了比较合理的水平。天沃科技和富瑞特装上市后年资产负债率稍高于50%,结合其营业增长额来看,两家企业上市后扩张迅速,需要较多的资金来支撑企业的高速增长,较高的资产负债率起到了资金杠杆的作用。

3. 成长能力分析

一般而言,如果营业收入增长率超过10%,说明公司产品处于成长期,将继续保持较好的增长势头,公司尚未面临产品更新的风险,属于成长型公司。如果营业收入增长率在5%~10%,说明公司产品进入稳定期,不久将进入衰退期,需要着手开发新产品。如果该比率低于5%,说明公司产品已进入衰退期,保持市场份额已经很困难,营业利润开始滑坡。

表3 企业上市以来营业收入 (单位:元)

上市公司 项目	科林环保	长江润发	天沃科技	富瑞特装	斯莱克
2010年营业总收入	323 534 201.35	748 500 982.3	—	—	—
2010年比上年度增加	3.24%	12.16%	—	—	—
2011年营业总收入	390 631 160.28	1 119 745 957	1 473 133 852.51	804 372 312.45	—
2011年比上年度增加	20.74%	33.38%	40.04%	74.24%	—
2012年营业总收入	468 203 296.76	1 174 507 268	1 791 665 498.96	1 245 431 841.77	—
2012年比上年度增加	17.30%	4.89%	21.62%	54.83%	—
2013年营业总收入	467 372 748.16	1 154 844 275	2 072 199 103.64	2 052 232 952.00	—
2013年比上年度增加	-0.18%	-1.67%	15.66%	64.78%	—
2014年营业总收入	404 625 770.48	1 227 882 218	2 329 813 987.04	2 003 680 481.16	292 069 710.10
2014年比上年度增加	-13.43%	6.32%	12.43%	-2.37%	-9.29%

(资料来源:根据相关上市公司年报整理得出)

从表3来看,科林环保在上市以后的营业额在2011年和2012年虽然保持了高速增长,但从报表来看,其净利润却在下降,2012年归属于上市公司股东的净利润甚至下降超过40%。2013年和2014年营业收入呈下降趋势,2014年比2013年营业总收入下降超过了10%。2014年归属于上市公司股东净利润相比同期下降近20%。受国内经济下行和市场竞争加剧的影响,科林环保发展面临较大的挑战。长江润发上市以来,年营业额不太稳定,2011年的增长达到最高峰,较上年增加超过30%,2013年较上年减少了1.67%,2014年营业额有所回升,较上年增长了6.32%,主要原因在于其主营业务电梯导轨等电梯配套业务受房地产市场影响较大。天沃科技上市以后,营业额保持高速发展,每年增长速度均在10%以上,2011年营业额增速超过40%。公司净资产规模和固定资产投资规模不断增加,保持了较好的增长势头。富瑞特装上市以来,前3年营业额保持高度增长,2011—2013年年均增长率超过60%,实现了经营业绩的快速增长,2014年有所回落,营业额同比减少2.37%,主要原因是受LNG装备行业市场需求的影响。斯莱克在上市前后的营业额同比呈现下降趋势,主要是行业投资呈现周期性波动所致。

4. 营运能力分析

总资产周转率是企业一定时期业务收入净额与平均资产总额的比率。总资产周转率是综合评价企业全部资产的经营质量和利用效率的重要指标。周转率越大,说明总资产周转越快,反映出销售能力越强。

表4 企业上市以来总资产周转率

项目\上市公司	科林环保	长江润发	天沃科技	富瑞特装	斯莱克
2010年总资产周转率	0.35	0.94	—	—	—
2011年总资产周转率	0.44	0.98	0.36	0.78	—
2012年总资产周转率	0.49	1.06	0.37	0.72	—
2013年总资产周转率	0.49	1.04	0.38	0.80	—
2014年总资产周转率	0.61	1.01	0.43	0.63	0.43

(资料来源:根据相关上市公司年报整理得出)

由表4可以看出,由于专用设备制造业整体属于重资产行业,不同企业设备的生产制造和销售的周期不同,因而资产周转率不尽相同,但总体来看各企业上市以后总资产周转率比较稳定,部分企业保持了较高的总资产周转率。长江润发在上市后总资产周转率最高,年均总资产周转率超过了100%,表明企业资产利用效率较高,销售能力较强。其次是富瑞特装,年均在70%以上,与企业的营业额增长呈正相关。科林环保、天沃科技、斯莱克的总资产周转率相当,在40%左右,企业资产的利用效率还有较大的提升空间。

三、苏州市专用设备制造业上市公司治理评价分析

1. 股权结构治理

截止到2014年年底,苏州市专用设备制造业上市公司均是在创业板或中小板上市,企业规模较小,各企业股权集中度有所差异,以相对集中为主。科林环保持股10%以上的股东有两家,一是宋七棣先生,持股22.09%;二是江苏科林

集团有限公司,持股10.94%。持股5%以上的股东有两家,一是徐天平先生,持股7.29%;二是张根荣先生,持股6.59%。第一大股东和第二大股东持股比例之比为2.02。长江润发持股5%以上的股东有两家,分别是长江润发集团有限公司,持股28.04%;江苏沙钢集团有限公司,持股5.30%。第一大股东和第二大股东持股比例之比为5.29。天沃科技持股5%以上的股东仅一家,为陈玉忠先生,持股比例为43.04%,第一大股东和第二大股东持股比例之比为24.18。富瑞特装持股5%以上的股东有三家,分别是邬品芳先生,持股12.68%;黄锋先生,持股12.68%;郭劲松先生,持股7.57%。第一大股东和第二大股东持股比例之比为1。斯莱克持股5%以上的股东仅一家,为境外法人科斯莱有限公司,持股比例为69.36%。第一大股东和第二大股东持股比例之比为26.78。从以上数据可以看出,天沃科技和斯莱克是一股独大,股权比较集中,其他3家企业股权相对分散。随着企业上市,后续扩张需要逐轮增资,会带来企业股权的稀释,更好地利用资本市场促进企业进一步的发展。

2. 董事会治理

董事会是公司经营决策的核心,也是股东会的常设机构。董事会治理是为保障董事会科学决策与监督、促成其高效运作,而对董事会构成、权利、义务、运作所做的机制设计和制度安排。董事会是股东和经理层之间的纽带,担负着决定公司战略规划、聘用经理层的重要职责,董事会治理是公司治理的核心内容。

截至2014年年底,苏州市专业设备制造业5家上市公司的董事会成员构成分别是,科林环保、长江润发、天沃科技、富瑞特装董事会成员分别为9人,其中独立董事3人。斯莱克董事会成员为7人,其中独立董事3人。5家公司均在董事会下设审计委员会、提名委员会、薪酬与考核委员会等。3家企业董事会的人数及人员构成符合法律法规和公司章程的要求。由于3家企业均为中小板和创业板上市企业,董事会规模相对较小,独立董事占比较高,处于比较合理的状态。

3. 经理层治理

公司治理最重要的目的,是解决公司所有者与经营者分离而出现的委托代理问题。对公司治理评价的主要标准,也应该是公司治理能否有效地激励经理层,让经理层的经营与公司、股东利益一致。经理层治理可以从三个方面来考察,一是对公司高管的激励是否得当;二是公司经营是否合规;三是公司财务运作是否合规。

高管激励效果的思路一般为:当公司经营绩效改善时,高管的收入应该增加,反之应该减少。从各年度上市公司年报来看(表5),苏州市专用设备制造业上市公司高管的薪酬与企业经营业绩呈正相关。3家公司高管激励效果明显,符合公司经理层治理对高管激励的要求。

表5 企业上市以来高管所获薪酬 （单位:万元）

项目 \ 上市公司	科林环保	长江润发	天沃科技	富瑞特装	斯莱克
2010年公司高管所获报酬	333.50	90.81	—	—	—
2011年公司高管所获报酬	380.89	94.13	766.38	482.59	—
2012年公司高管所获报酬	430.90	112.80	419.30	634.65	—
2013年公司高管所获报酬	428.56	99.91	599.36	1127.98	—
2014年公司高管所获报酬	498.49	138.26	518.96	1257.52	257.37

(资料来源:根据相关上市公司年报整理得出)

一般来说,衡量上市公司经营合规表现以是否受到各类公开处罚为标准。从苏州专用设备制造业上市公司来看,除斯莱克涉及与竞争对手美国STOLLE公司的诉讼事宜之外,其他4家企业在上市后均未涉及重大诉讼、仲裁事项和公开处罚,公司治理的实际情况符合《公司法》和中国证监会的相关规定。

财务运作是否规范,是检验上市企业经理层责任的重要视角。从苏州市专用设备制造业上市公司历年报表来看,所有的年度报表审计均出具了无保留意见,表明了该行业上市公司的财务合规比较好。

4. 中小股东利益治理

股利是上市公司为投资者提供的相对稳定、可预期的现金回报。发放股利能够让平时无法直接影响公司经营的中小股东分享到公司发展的成果。苏州专用设备制造业5家公司自上市以来,重视投资者的合理回报,对分红标准、比例及利润分配政策的决策程序进行了明确的规定,在保障公司发展的前提下,每年度都进行了不同程度的利润分配。

四、苏州市专用设备制造业上市公司面临的挑战与对策

（一）面临的挑战

苏州市专用设备制造行业5家上市公司自上市以来,在行业内激烈竞争的

格局中,保持了比较平稳的发展。企业规模逐年扩大,从业人员不断增加。但从报表可以看出,受国内外经济形势的影响,以及在原材料价格上涨、劳动力成本上升等因素的作用下,苏州市专用设备制造业上市公司的整体盈利能力有所降低,企业进一步发展面临着较大的瓶颈和压力。

从具体企业发展态势来看,科林环保受制造成本增加、竞争加剧等因素的影响,业务市场持续处于疲软状态,净利润逐年下降。长江润发受电梯行业疲软、电梯价格相互竞争加剧等因素影响,企业发展面临着较大的压力,公司近年利润增长空间有限。天沃科技近年来加快由传统制造企业向科研技术型企业的转型,以及从非标设备制造商向总工程承包商的转变,企业顺应传统制造业转型升级的发展趋势,正处于调整转型时期。富瑞特装面对市场形势复杂多变、外部竞争日趋激烈的不利局面,在生产销售、新项目建设、技术研发创新、资本运作方面进行了一系列的努力,企业在快速发展的态势下仍然面临着不少挑战。斯莱克在高速易拉盖设备生产经营方面取得了不俗的成绩,但易拉盖设备的市场已经趋于饱和,寻求新的利润增长点和市场,是斯莱克下一步面临的主要任务的挑战。

(二) 苏州市专用设备制造业上市公司进一步发展的对策

1. 政府政策层面

地方政府应加强行业和上市企业应对经济情况的调研,了解具体行业和企业受政府政策和经济形势影响的程度,积极推进行业、产业的平稳发展,出台相应的指导意见和政策;应积极搭建平台,完善社会服务支撑体系,鼓励建立风险投资体系,加强信息基础设施建设,引导和扶持上市公司在深化改革中得到长足的发展。另外,应结合行业和企业实际,对上市企业给予政策扶持和帮助。苏州市5家专用设备制造业上市公司均在中小板和创业板上市,企业规模相对较小,科技型、创新型企业较多,处于快速发展的时期,政府可以在政策上予以一定的优惠,推进企业加强国内国际的合作,帮助效益好的企业做强做大,协助效益差的企业实现盈利和持续发展。

2. 企业自身层面

苏州市专用设备制造业上市公司是苏州专用设备制造业的代表,对于带动苏州地区装备制造业的发展具有重要的意义。未来要进一步发展,企业应制定科学合理的规划和战略,加强企业的自主创新,加大科技投入,提升企业持续创新的能力,主动对接国家关于先进制造业发展的重大战略项目。利用好资本市场融资扩展的功能。伴随着国家《中国制造2025》"工业4.0"的战略规划的出台,以及苏州经济转型升级步伐的加快,苏州专用设备制造行业面临着更大的发展机遇。

参考文献:

[1]覃新林.我国化工专用设备制造行业发展现状及市场前景分析[J].化工管理,2014(5):133-134.

[2]孟晓华等.高管团队特征与企业环境责任——基于制造业上市公司的实证研究[J].系统管理学报,2012(6):825-834.

[3]张赘.我国装备制造业研发创新效率的动态分析研究[J].科技进步与对策,2012(11):14-19.

(胡　勇)

专题篇

苏州市姑苏区上市公司发展的对策与建议

一、苏州市姑苏区上市公司发展现状及原因分析

苏州市姑苏区作为国家历史文化名城保护区,目前在辖区内尚无上市公司,是苏州大市范围内唯一没有上市公司的行政区,上市公司发展明显滞后。辖区内原有的几家上市公司,如创元科技股份有限公司等,也因政策、企业发展需要等原因,从姑苏区迁至苏州高新区或苏州工业园区。

苏州市姑苏区是苏州市最核心的区域,是苏州历史文化的精髓所在。作为全国首个国家历史文化名城保护区,姑苏区肩负着古城保护与经济发展的双重使命。姑苏区未来的发展需要强有力的资金支持。当前,姑苏区经济总量偏小,可用财力不足,古城保护发展、产业转型升级、经济提质增效等方面都受到了一定程度的影响和限制。之所以会造成上市公司不能在姑苏区落地的局面,除了周边有土地供给、政策优势等原因以外,制约苏州市姑苏区上市公司发展的原因主要来自三个方面。

一是产业结构以小规模、第三产业为主,难以达到上市要求。苏州市姑苏区的产业结构以第三产业为主,服务业占全区经济总量的85%左右。经过苏州市几轮大的转型升级之后,姑苏区内第一产业已经全部退出。第二产业以新型加工业等行业为主,但经济总量也不大。随着古城区"退二进三"政策的进一步落实,原先一些颇具规模的企业已全部迁出古城区,纷纷落户工业园区、高新区、吴中区及相城区。第三产业以商贸、金融、文化、旅游为主,是区内的主体产业。从姑苏区服务业的内部结构看,批发和零售业,交通运输、仓储和邮政业,住宿和餐饮业等传统服务业占比较大,其中批发和零售业占绝对主导。根据2015年上半年姑苏区市场主体分析统计显示,姑苏区在业私营企业中,批发零售类企业占比47.71%;而信息传输、软件和信息技术服务业,科学研究和技术服务业等现代服务业占比很小,其中信息传输、软件和信息技术服务业企业仅占比4.81%。姑苏区现有企业规模较小、行业单一,产业结构仍处于产业结构链条的中低端。而上市对公司的股本总额、盈利能力、公司治理模式等都有严格的要求,且上市公司大多以"实业"(即生产制造业)为主,同时涉足多领域、多行业。以姑苏区现有企业的产业结构和规模,要达到上市的要求,还有很大的距离。

二是传统老字号企业集聚,企业经营观念落后。姑苏区拥有众多老字号企业,如松鹤楼、得月楼、黄天源等。根据《苏州本土品牌企业发展报告——老字号卷》研究显示,苏州的72家老字号企业中,姑苏区占了"半壁江山"。从目前情况看,老字号企业大多仍秉持着传统的经营理念,为保证产品质量,生产过程很多仍为手工劳动,企业规模也受种种因素制约;一些老字号企业认为"酒香不怕巷子深",从而坚持传统营销模式,忽视品牌宣传;还有一些老字号企业的经营者一直信奉着"小富即安"的观念,不求盈利很多,只要"够吃够花",因此也没有竞争的压力和意识,没有进一步发展壮大的战略谋划。姑苏区的老字号企业大多沿袭过去家庭作坊式的经营模式,工业化生产和现代化管理程度低,产品单一,缺乏创新,规模小,获利微。众多的老字号企业,本应是姑苏区经济文化发展的特色和优势,但经营观念的落后以及体制的僵化,制约了这些企业的发展。

三是企业对上市存在顾虑和担忧。上市虽然有着帮助企业筹集资金、降低融资成本、增强资产流动性、提高公司知名度、提升企业形象等一系列好处,但是企业经营者对上市也存有诸多顾虑和担忧。有些企业因为某些原因"无心"上市,比如,认为自有资金充足,没有融资需求,或是担心上市后暴露公司机密,不希望信息公开透明;有些企业面对筹备上市繁琐的手续、需要支付的高额费用以及公司战略的重新规划等问题,对上市"望而却步";还有一些企业在改制过程中,由于历史原因,股权结构不清,股改无法进行,导致"有心"上市却"力不从心"。总之,上市对很多企业而言,可能是非常"遥远"的事。

二、促进苏州市姑苏区上市公司发展的对策与建议

引进和发展上市公司,最直接的红利就是企业扩大融资、政府获得税金。根据2014年上市公司年报显示,全国上市公司2014年上缴财政税金25 438亿元,有力地支持了国家经济社会文化建设。可以预见,如果苏州市姑苏区引进和发展上市公司,这些上市公司每年上缴的税费将成为区域经济发展的强大"后盾"。引进和发展上市公司,也将促进区域内就业。2010年4月在深交所上市的苏州东山精密制造股份有限公司,不仅解决了当地青年劳动力的就业问题,还带动了周边大批适龄劳动力加入公司。由此可见,引进和发展上市公司,对苏州市姑苏区经济社会发展具有十分积极的作用。

但综合上述因素可以看出,将苏州市姑苏区现有企业发展成上市公司存在一定的难度。因此,苏州市姑苏区上市公司的发展途径只能另辟蹊径。笔者认为,可以借鉴上海"别墅型总部办公楼"的经验,利用姑苏区自身资源优势,将辖区内的私家园林和老厂区打造成"园林式办公区",从外部引进上市公司总部。

(一)上海别墅型总部办公楼的发展和特点

20世纪末,沈阳合金等上市公司总部及其他一些国内大型企业集团曾出现"总部迁移"浪潮,这些企业纷纷从原注册地向北京、上海等中心城市迁移。当时,上海浦东源深路的几幢欧式小型办公楼吸引了一批知名企业的争相入驻,实现了一个企业总部一幢办公楼、几家企业总部汇聚一处的新格局。近几年,许多企业越来越重视办公环境的选择,加上"总部经济"的热度持续攀升,别墅型总部办公楼作为高端物业的一种,其需求与日俱增。上海多地都在打造别墅型办公园区,这些园区集合办公、商业、生活服务、高端物业等功能于一体。例如,张江高科技园区着力打造专为高科技创新型企业量身定做的别墅型办公区;上海星月建设发展有限公司联手松江工业园区开发的大型总部类项目——"大业领地",致力于成为拥有500余座集展示、研发、贸易、财务结算于一体的低密度、智能化、生态型花园总部群落。

(二)苏州市姑苏区"园林式办公"吸引上市公司总部的可行性分析

苏州市姑苏区是城市化发展的成熟地区,文化、教育、行政等资源要素集聚。一方面有着深厚的文化底蕴,众多历史悠久的私家园林、具有独特建筑风格的老厂区,都成为区别于苏州市其他行政区域的天然优势;另一方面空间有限,土地资源不足。对寸土寸金的姑苏区来说,如果对这些待开发的私家园林和闲置的老厂区加以保护利用,必然可以挖掘和发挥这些资源的"聚宝盆"作用。苏州园林自身的吸引力,加上姑苏区已有多个对私家园林和老厂区成功改造的案例,使得利用"园林式办公"吸引上市公司进驻具有一定的可行性。

1. 苏州园林从古至今一直深受商人和游客的青睐

苏州深厚的文化底蕴、优美的生活环境,从古至今都深深吸引着世界各地的人们。而园林作为苏州文化的代表,一直深受成功商人的青睐。历史上,名冠苏城的"狮子林"几经易主。1917 年,上海颜料巨商贝润生以 80 万银元从民政总长李钟钰手中购得"心头好",并对园林进行了修复和改造,在园林的东部修建了家族的祠堂和学校。

2. 苏州市姑苏区私家园林改造的成功案例

随着近年来苏州市古城区的开发和利用,很多私家园林被改造成高档酒店。这些酒店客房虽然不多,但由于自身环境充满苏州元素,因此深受国内外高端商务人士的欢迎。目前在观前地区以及平江路附近,这类酒店已具有很高的知名度。书香世家平江府酒店就是其中一个比较典型的案例。这个酒店由有着三百年历史的私家古园林——北半园开发而成,酒店因其"体验古园林生活方式,分享古苏州文化历史"的独特风格,吸引了大批外地客人入住。即便在旅游淡季,也要提前预订,进入旺季时要入住书香世家平江府更是一房难求。

3. 苏州市姑苏区特色老厂区改造的成功案例

苏纶场,源于 1895 年创建的苏纶厂,如今已被改造成为苏州市最具规模、最具特色的城市综合体之一。整个苏纶场项目划分为北区商业、南部综合体、西部住宅区、吴门新天地四个部分,形成了一个集购物、餐饮、娱乐、文化、旅游、休闲、商务于一体的综合商圈。

鸿生火柴厂,在改革开放后退出了历史舞台,但其极具西方特色的建筑,作为当年苏州现代工业的标志,因具有纪念意义而得以保留,现已被打造成苏州环古城风光带之一景。

苏州古城区最大的文化创意产业园——"姑苏·69 阁",也是通过改造苏州第二制药厂的 69 栋单体老厂房,将文化、艺术、休闲、娱乐有机结合,形成了自然风景、后工业遗迹、人造景观完美融合的文化产业空间。

从上述几个案例可见,苏州私家园林和老厂区有着巨大的开发利用空间,完全可以借鉴上海利用别墅式办公吸引总部经济的经验,以及苏州私家园林和老厂区开发利用的成功案例,通过打造具有苏州古典园林特色的办公环境,为发展上市公司创造条件。

(三)苏州市姑苏区"园林式办公"吸引上市公司总部的途径分析

近年来,随着经济社会的发展,国际化程度越来越高,苏州已成为全球优秀人才集聚的热土。姑苏区可以利用自身优势,借鉴上海海派风格的别墅式办公之路,通过发展具有苏州风格的"园林式办公",创造更多的发展机遇。

1. 吸引上市公司总部入驻园林式办公区

上市公司的资金实力雄厚,管理模式成熟,发展经验丰富,吸引这些上市公司总部进驻姑苏区,不仅会给姑苏区带来宝贵的发展经验,提供新鲜的发展思路,同时也会带动整个姑苏区产业的转型升级和产业结构的优化调整,促进姑苏区新产业、新业态、新模式的茁壮成长。姑苏区可以通过两种方式进行。其一是"先开发后招商"。将现有可开发利用的私家园林统一打造成融合历史文化、优雅环境、高端物业的园林式办公区,然后通过招商、出租、出售或其他多种形式吸引上市公司总部进驻。其二是"先招商后开发"。将存量可开发利用的私家园林,通过一定方式发布,再与有意向的上市公司总部洽谈合作方式,在此基础上根据上市公司要求实行"私人定制",将私家园林改造成满足其需求的办公区。

2. 吸引战略投资者发展上市公司

通过"园林式办公"方式吸引上市公司总部或其他战略投资者,除了能够直接促进姑苏区经济发展,更重要的意义在于,可以促进本土企业的上市。姑苏区有着很多蕴含历史文化资源的特色产业。其一是融合姑苏文化的旅游业。依托深厚的文化底蕴,姑苏区一直致力于推进文化与旅游深度融合,将历史文化资源优势转化为旅游产业发展优势,旅游业已成为姑苏区的特色产业。其二是富有地方特色的饮食文化。苏州的饮食文化将地方特色呈现得淋漓尽致,它作为一种旅游资源,越来越受到重视。其三是承载苏州历史的老字号企业。苏州市的老字号企业中,姑苏区占了"半壁江山"。这些老字号具有悠久的历史和浓厚的文化底蕴,它们承载着苏州的历史,凝聚着传统文化,是姑苏区经济和文化发展的特色优势。如果将这些老字号、特色产业加以整合,与上市公司实行资产组合、产业调整,必然有利于这些上市公司优化产业结构,同时可大力促进苏州市姑苏区上市公司的发展。

(杨 曦)

上市公司的知识产权问题探讨

无论是拟上市企业还是上市挂牌企业,知识产权只是诸多公司经营管理业务中的一个方面。先前的失败案例告诉我们,仅仅这一个方面的问题,就有可能阻碍企业宏大的上市进程或给企业带来其他严重的负面影响。这是由于知识产权业务特殊的专业性要求和时间性要求,对于一般企业的专职人员来说并不容易掌握,也不是所有的律师或专业人士都能时时注意其中的风险,帮助企业提前预防并及时采取措施。同样,无论在上市前还是在上市后,与一般公司相比,知识产权对于上市企业也有着更为特殊的要求。本文尝试从公司的知识产权风险控制出发,探讨上市企业的知识产权规划、上市企业的知识产权经营管理和风险控制,不涉及有关上市企业知识产权的评估、使用、出售、入股和吸收资金等知识产权的运用问题。

一、上市公司的知识产权及其重要性

根据《与贸易有关的知识产权协议》(TRIPS)等文件的规定,知识产权包括著作权与邻接权、商标权、地理标记权、工业品外观设计权、专利权、集成电路布图设计权、未披露过的信息专有权,此外,还包括商号权、植物新品种、非物质文化遗产、产品名称、包装、装潢等。《巴黎公约》、世界知识产权组织(WIPO)等对于知识产权有着略有差异的定义,但都是以不穷尽列举的方法尝试定义。本文暂取 TRIPS 协议对知识产权的定义,在论述时涉及常见的专利权、商标权以及著作权。对于不同的企业而言,不同的知识产权在实践中因企业的性质不同而有一定的差异,具有不同的战略或者战术价值。比如,对于生产型企业,专利、商业秘密通常更为重要;对于服务型企业而言,通常企业名称、字号、标识、商标则可能更为重要;对于互联网企业而言,可能著作权、域名相对重要。

当今世界是知识经济时代,经济全球化是必然趋势,真正意义上的知识产权的拥有量,尤其是知识产权的质量,影响的广度、深度和时间维度,是衡量一个国家科技水平、经济实力和综合竞争力的重要标准。我们国家势必应当从以往只重数量,向提升知识产权的含金量方面正确引导国内企业健康发展。尤其是吸纳公众资金、具备一定规模的上市公司,占有较大的市场份额,具备良好的发展前景,因而拥有相当质量的知识产权是极其重要的。

二、知识产权对上市公司的股票市值的影响

知识产权与上市公司的股票价格密切相关。股民购买股票实际是对将来的一种投资。如上所述,知识产权作为无形资产,不仅是现在,更是未来盈利能力的基本保障,是一种排他性资源。独占性的权利是利润、超额利润的来源和基本保障。所以,股民买股票就应当关注上市公司的知识产权情况,包括知识产权的法律状态,这一说法并非言过其实。

三、上市公司普遍存在的知识产权法律问题

(一)证监会《首次公开发行股票并在创业板上市管理暂行办法》规定

该《办法》第十四条第三款明确规定:"发行人应当具有持续盈利能力,不存在下列情形:……发行人在用的商标、专利、专有技术、特许经营权等重要资产或者技术的取得或者使用存在重大不利变化的风险。"设置这一规定的理由是显而易见的,企业的生存发展、主要业绩,如果是与某项或者某些知识产权有一定关联,那么此类知识产权应当被视为企业的核心资产之一,其核心资产的安全性与风险评估,显然是证监会和广大股民们关心的问题。

根据上述规定,拟上市公司只要是其知识产权存在不利的不稳定状态,就应当被终止上市审查,从而给拟上市企业带来风险。

(二)拟上市公司面临的知识产权法律风险

拟上市公司的上市辅导期,也是企业面临诉讼的高发期。此类诉讼往往与应收账款、产品销售等运营管理不一定有直接关系,但是这类诉讼风险通常可以预见并控制。而且,有关涉及知识产权的诉讼往往会突如其来,让人猝不及防。因此,知识产权诉讼就非常有可能成为竞争对手用以干扰上市计划的一种手段;

也可能被知识产权所有者或持有人利用,借机进行高额索赔。原告如果有意阻挠被告上市,或以给被告施加压力为目的,可以简单地通过法律程序,合法地冻结拟上市公司的资金、产品、原料;也可以根据2013年新实施的《民事诉讼法》和相关知识产权法律规定申请"禁令"。这样在法院判决之前即可要求被告禁止从事某一行为。由于知识产权诉讼涉及的领域十分广泛,既有可能依据版权、商标、专利提起侵权诉讼或权属纠纷,也有可能依据反不正当竞争法等提起诉讼,如果没有对自身知识产权的足够了解,对风险不予以预见和防控,那么必然会处于被动局面,甚至带来灾难性后果。

拟上市公司的知识产权法律风险,通常出现在以下两个环节:

1. 自有知识产权的登记注册环节

知识产权作为一种合法的市场垄断权利,已成为衡量企业市场竞争力和发展前景的重要指标。对于拟上市公司而言,尤其是创业板上市公司,是否已经申请注册了商标、专利权和著作权(主要指软件),申请或登记了多少数量,申请的质量如何,法律状态如何,都是衡量该公司是否有发展前景的重要参考内容。

2. 对自有知识产权的日常管理环节

公司将商标注册申请、专利注册申请提交以后,并非已获得确定的权利。商标申请除了可能被商标局驳回外,还有可能被他人提出异议;即便核准注册了,也有被认定无效的可能(与其他在先权利冲突,与驰名商标相冲突,或《商标法》规定的其他情形)。实用新型和外观设计专利都不经过实质性审查,每年都需要缴纳年费,如果一时疏忽没有缴纳,意味着专利可能失效。以下是苏州市著名的知识产权反面案例:拟上市企业苏州恒久在招股书里公布了有机光导体、有机光导体管体等5项专利,但其后这5项专利在2009年并没有缴纳年费;而其在上市招股说明书中声称正在向国家知识产权局申请的"光导体用含高分子材料的新型阻挡层"、"改善有机光导体光疲劳性能的方法"两项发明型专利也在2008年4月已被视为撤回。苏州恒久的证券律师可能并不十分熟悉知识产权法律实践,并未发现上述知识产权披露不实的情况,最终导致苏州恒久的上市止步在首次公开募股阶段。

知识产权的权利状态是动态的,比如,商标领域中类似产品的判断随着技术和市场的发展而变化;又比如,专利每年的年费缴纳情况、到期失效的情况、被他人提出无效请求宣告的情况等也都是不断变化的。这些都需要专业人士对上市公司的知识产权进行即时的日常管理工作。

另外,拟上市公司在管理好自身知识产权的同时,同样需要尊重他人的知识产权或其他民事权利,防止由于侵犯他人知识产权引发法律纠纷。企业在发展的初期往往对知识产权未足够重视,或在之后又未能在经营活动中逐步纠正,有可能存在侵犯他人知识产权的隐患。因此,当企业积极谋求上市时必须排查企业在创立初期或运作过程中是否存在知识产权纠纷的隐患。

(三) 上市公司知识产权信息披露问题

1. 知识产权信息披露不真实

上市公司信息披露的真实性原则要求对外披露的信息内容必须与客观事实一致,无虚假性陈述。

2. 知识产权信息披露不准确或不清晰

上市公司信息披露的准确性原则要求对外披露信息的内容必须与实际相符,无误导性陈述。一些上市公司担心利益受到不利影响,对不利信息的披露避重就轻,导致披露不准确。

3. 知识产权信息披露欠完整

上市公司信息披露的完整性原则要求对外披露的信息内容必须完整,无重大遗漏。但一些上市公司的知识产权信息披露与此项要求尚有距离。例如,有的上市公司对其核心业务的知识产权来源及关联交易信息有选择性披露或对有关事实不予披露。比如,一些母公司剥离部分资产发起成立上市公司,但并未充分披露上市公司业务经营必须使用的知识产权及其权属状况和真实客观的法律状态。结果掌握了知识产权所有权的母公司通过转让或许可商标等知识产权,从上市公司手中套取现金。

4. 知识产权信息披露不及时

上市公司信息披露的及时性原则要求在法定时间内及时完成对外信息披露。

5. 知识产权信息披露不规范

如果我们研究一下不同上市公司在每项知识产权上所披露的信息细节(比如专利类型、发明名称、专利申请日、商标使用范围等),就会发现他们的表述相互之间存在许多差异,缺乏统一的规范。

四、上市公司的知识产权规划管理工作

针对上述风险,作为有一定规模的上市公司,科学地进行企业知识产权的规划管理工作是有效进行风险控制的重要举措。

(一)上市企业对自身知识产权的规划

由于上市企业对知识产权的管理要求高于一般企业,作为一家运营业绩良好的上市企业,首先应当对自身的知识产权需要有所了解,建立基本的台账:自己有多少知识产权;有些什么样的知识产权;准备获得或如何获得什么样的新的知识产权;知识产权如何维护;知识产权的扩张、丰富以及知识产权的保护等。

(二)上市公司知识产权管理的基本结构

上市公司知识产权管理的基本结构包括但并不限于以下方面的建设:

(1)设立专门的机构或人员,赋予其对公司知识产权的信息收集、登记、管理、建立数据库等职责,同时明确相关的负责领导人员。

(2)建立一套对公司知识产权的申报、跟踪、使用、维护、维权等管理机制。

(3)投入相应的经费,包括研发经费、奖励经费、登记注册维护经费、维权经费等。

(4)根据知识产权的不同性质,建立不同的知识产权利用平台,比如,对于专利的实施许可与商业秘密的管理是不同的。前者的信息是公开的,如何充分利用管理是关键;后者则侧重于固定相应的载体,实施一套合理的保密措施。

(三)通过合同明确有关知识产权的归属

上市公司应当通过合同确定有关知识产权的归属,避免潜在的权属纠纷。例如,公司的技术合作或委托开发合同中对技术成果分享的约定;研发人员的技术成果是否属于职务发明,公司是否需要与之订立合同来明确;商标或著作权的设计合同对知识产权归属是否明确;作品设计的来源是什么,设计时有无借鉴或抄袭其他的作品;普通员工的知识产权和公司的关系有没有在劳动合同中进行特别约定;等等。

(四)知识产权的发展规划

关于知识产权的发展规划通常需要解决诸如以下的一系列问题:

(1)对于公司可能产生的新的知识产权要主动发现和关注。

(2)对该知识产权的获得是否需要履行相关的程序,有无必要启动相应的申请或登记程序进行论证。

(3) 对有关知识产权需要获得的法域进行规划。

(4) 对委托知识产权律师或代理人的工作质量进行信息反馈与评估。

(5) 对有关知识产权的实质性权利进行确认,如外观设计和实用新型的新颖性和创造性;申请中的商标获得授权的可能性;已注册商标或专利被宣告无效的可能性;等等。

(6) 对有关知识产权可能产生的冲突进行信息收集工作,如商标权与他人的企业名称权、商标权与他人的外观设计或著作权的冲突可能。

(7) 对有关知识产权的维护进行论证。

(8) 对有关知识产权实施、布局进行研究规划,特别指专利。

(9) 对有关知识产权的利用,包括许可及其管理进行研究规划。

(10) 对发布的宣传、广告、网页中的有关知识产权内容是否存在知识产权冲突或其他风险进行分析,等等。

(五) 对知识产权保护范围的确认

(1) 对商标,需要了解商标标识和指定的商品或服务是否包括了所有公司正在使用、将要使用的领域。

(2) 对专利,与现有技术比对,了解其要求保护的客观的范围。

(3) 对著作权,是否需要对各种形式都进行一些基本登记程序以保留证据。

(4) 对商业秘密,是否作了一定的载体固定,信息是否作了相当的归纳和总结工作;对于技术秘密,是否可以抽取相应的秘密点,固定在相应的载体上。

总之,包括其他知识产权,如企业名称、动植物新品种等,由于各种知识产权的取得要求不同,其法律稳定性都不相同,并且存在着冲突可能,梳理出不同知识产权的保护范围和不同的稳定性是重要的工作。

(六) 知识产权法律状态的确认

知识产权由于其具有无形性,其法律状态处于一个动态的过程,有时间性。对知识产权熟悉的专业人士才会十分关注这个问题。

(七) 上市公司知识产权信息披露的制度建设

上市公司的知识产权信息披露可以从完善制度、有效监督、专业服务、信息反馈等各方面加以建设。

五、上市公司对知识产权的风险控制和应对

做好上述对知识产权的规划管理工作后,会对企业自身的知识产权有比较客观的了解。风险控制的工作,是在了解的基础上,对其权利的属性进一步加以确定。

针对上面出现问题的环节,作为上市公司,可通过以下环节来进行梳理、控制风险:

(一)对公司知识产权的稳定性的客观、动态了解

对公司知识产权的稳定性的了解包括:知识产权处分权是否完整,权利的实施是否依赖他人的知识产权或其他民事权利,即来源是否合法,等等。

在知识产权研发形成的过程中同样需要进行风险控制,比如立项时的检索、收集信息的工作,研发后对知识产权的及时申请工作等。

企业经营过程中有意或无意对他人知识产权构成侵害的风险,以及内部职工、交易对方及竞争对手因各种原因给本企业造成的知识产权侵权风险等也是需要了解的内容。

知识产权的作价入股、投资转让以及市场交易环节中,风险控制同样非常重要。

此外,在经营活动中,涉及商标、专利等知识产权的订单、合同都需要进行风险控制。

(二)对知识产权的法律风险的评估

对知识产权的法律风险的评估包括知识产权法律风险预警、知识产权法律风险分析和知识产权法律风险评估。

知识产权法律风险预警,首先是要查找企业工作中存在的知识产权法律风险,对查找出的法律风险进行客观描述并加以分类,针对不同的情况,对可能产生的后果和影响、处理的可能成本等进行分析归纳,最终生成企业的知识产权法律风险清单。

知识产权法律风险分析是指对识别出的知识产权法律风险进行定性、定量的分析,考虑法律风险源或导致法律风险事件的具体原因,法律风险事件发生的可能性及其后果,影响后果和可能性的因素,为法律风险评价和应对提供支持。

知识产权法律风险评估是指将知识产权法律风险分析的结果与企业的综合

法律风险相比较,或在各种风险的分析结果之间进行比较,确定法律风险的等级,帮助企业决策。

(三)发生知识产权法律风险后的积极、合法和科学应对

知识产权法律风险应对是指企业针对知识产权法律风险或法律风险事件采取相应措施,将法律风险控制在企业可承受的范围内。只有措施得当,才能救企业于困境。由于知识产权涉及比较专业的法律和技术问题,且有极强的期限要求,建议委托有经验的专业机构处理。

总之,与一般企业相比,上市公司,包括拟上市公司,对知识产权的运用、管理和风险控制是一项极其重要的工作。知识产权因其具有专业性、无形性、随着时间推移状态的变化性以及一定程度的涉外性,对从事该项工作的律师和专业人士有着非常高的要求。本文仅指出了知识产权法律风险管理工作的大致方向,只有构建科学的知识产权法律风险管理体系,实施有效的知识产权法律风险管理,才能使上市企业在知识产权这一环节不致马失前蹄。

表1 企业发行股票并上市过程中专利、商标知识产权及权利的尽职调查一览表

资产/权利类型	核查目标	基本方法	获取资料范围	走访部门或单位	主要相关法律规定
专利权(境内)	所有者或使用者名称、证书号码、权利期限、取得方式、他项权利、许可使用情况、纠纷及潜在纠纷	1. 查阅并验证权属证明文件 2. 境内外网络检索 3. 咨询专利代理机构 4. 查询专利公报、登记簿副本 5. 必要时至国家知识产权局查询专利登记簿	项目合作委托开发合同、权利证书、缴费凭证、变更手续通知书、登记簿副本、他项权协议及登记备案文件、许可使用或转让协议及登记备案文件、发行人及有关当事人对于是否有纠纷等的情况说明	1. 国家及地方知识产权局、科技部门、行业协会或主管部门 2. 专利代理机构等专业机构或人员 3. 住所地人民法院(中级法院或被授权管辖的基层法院) 4. 情报研究所 5. 企业开发人员	1. 专利法及专利法实施细则 2. 最高人民法院关于审理专利纠纷案件适用法律问题的若干规定 3. 最高人民法院关于在专利侵权诉讼中当事人均拥有专利权应如何处理问题的批复 4. 关于对诉前停止侵犯专利权行为适用法律问题的若干规定 5. 专利实施强制许可办法 6. 专利权质押合同登记管理暂行办 7. 专利实施许可合同备案管理办法 8. 关于实施专利权海关保护若干问题的规定 9. 物权法及担保法

续表

资产/权利类型	核查目标	基本方法	获取资料范围	走访部门或单位	主要相关法律规定
商标专用权(境内)	所有者或使用者名称、证书号码、权利期限、取得方式、他项权利、许可使用情况、纠纷及潜在纠纷	1. 查阅并验证权属证明文件 2. 网络检索 3. 咨询商标代理机构 4. 查询商标公告、商标注册簿 5. 交叉检索相关的类别（不一定是近似产品）有无其他近似在先权利 6. 查阅商品类似区分表的变动情况以及了解产品的实际技术发展情况	权利证书、缴费凭证、变更手续通知书、他项权协议及登记备案文件、许可使用或转让协议及登记备案文件、发行人及有关当事人对于是否有纠纷（包括商标创意设计情况）等的情况说明等	1. 国家商标局及其下属的通达商标服务中心、地方工商局 2. 商标代理机构等专业机构或人员 3. 住所地人民法院（中级法院或被授权管辖的基层法院）	1. 商标法及商标法实施条例 2. 最高人民法院关于人民法院对注册商标权进行财产保全的解释 3. 最高人民法院关于审理商标案件有关管辖和法律适用范围问题的解释 4. 最高人民法院关于诉前停止侵犯注册商标专用权行为和保全证据适用法律问题的解释 5. 最高人民法院关于审理商标民事纠纷案件适用法律若干问题的解释 6. 集体商标、证明商标注册和管理办法 7. 关于申请商标注册要求优先权的暂行规定 8. 国家工商行政管理局商标局关于进出口公司商标使用许可问题的意见 9. 驰名商标认定和保护规定 10. 商标使用许可合同备案办法 11. 物权法及担保法 12. 商标专用权质押登记程序
包括计算机软件著作权(版权)在内的著作权	所有者名称、证书号码、登记时间及保护期限、许可使用情况、取得方式、他项权利等	1. 查阅并验证权属证明文件 2. 网络检索 3. 咨询国家版权局 4. 查询软件登记公告	权利证书、缴费凭证、他项权协议及登记备案文件、许可使用或转让协议及登记备案文件、发行人及有关当事人对于是否有纠纷（包括著作权创意设计情况）等的情况说明等	1. 国家版权局 2. 中国版权保护中心及地方办事机构 3. 住所地人民法院(中级法院或被授权管辖的基层法院)	1. 著作权法 2. 计算机软件保护条例 3. 计算机软件著作权登记办法 4. 最高人民法院关于审理涉及计算机网络著作权纠纷案件适用法律若干问题的解释 5. 著作权质押合同登记办法
集成电路布图设计专有权	所有者或使用者名称、证书号码、权利期限、取得方式、他项权利、许可使用情况、纠纷及潜在纠纷	1. 查阅并验证权属证明文件 2. 网络检索 3. 咨询专利代理机构 4. 查询布图设计公报及登记簿。	权利证书、缴费凭证、变更手续通知书、登记簿副本、他项权协议及登记备案文件、许可使用或转让协议及登记备案文件、发行人及有关当事人对于是否有纠纷等的情况说明等	1. 国家及地方知识产权局、科技部门、行业协会或主管部门 2. 专利代理机构等专业机构或人员 3. 住所地人民法院（中级法院或被授权管辖的基层法院）	1. 集成电路布图设计保护条例 2. 集成电路布图设计保护条例实施细则 3. 物权法及担保法

注：本表系笔者根据王成住律师制作的表格稍加增改，删除与本文无关部分，调整后制作而成。

（孙小青）

苏州市上市公司社会责任披露与分析研究报告

一、引言

企业社会责任报告(CRS 报告)是企业根据其履行社会责任的理念、制度、方法和绩效所进行的系统信息披露报告,是企业非财务信息披露的主要方式,也是企业与其利益相关者,如员工、消费者、社会公众等,进行沟通交流的重要载体和依托。深圳证券交易所于 2006 年发布了《深圳证券交易所上市公司社会责任指引》,鼓励上市公司承担社会责任,披露社会责任信息;上海证券交易所于 2008 年发布了《上海证券交易所上市公司社会责任指引》,对上市公司环境信息披露提出明确要求;同年,国务院资产监督管理委员会也发布了 1 号文件《关于中央企业履行社会责任的指导意见》,要求央企能够定期发布社会责任报告或可持续发展报告,及时了解和回应利益相关者的意见建议,主动接受利益相关者和社会的监督;2009 年至 2014 年,中国社会科学院经济学部企业社会责任研究中心连续 6 年发布了《社会责任蓝皮书》;2014 年,国内首份《企业社会责任报告关键定量指标指引》发布。

二、苏州市上市公司社会责任披露的描述统计

苏州作为全国经济强市,截至 2015 年 3 月底,境内上市公司有 74 家,境外上市公司有 21 家。在中国主板上市的公司有 18 家,在中国中小板上市的公司有 35 家,在创业板上市的公司有 21 家。本文以 2014 年发布社会责任报告的苏州上市公司为研究对象,经统计发现境内 74 家企业在 2014 年共有 10 家企业发

布了社会责任报告,其中9家发布的是社会责任报告,1家企业发布的是环境报告,见图1。

在苏州2014年10家发布社会责任报告的企业当中,有3家中小板上市公司发布了社会责任报告;1家中小板上市公司发布了环境报告;6家主板上市公司发布了社会责任报告,其中上海证券交易所5家,深圳证券交易所1家;在创业板上市的公司当中,没有企业对外发布企业社会责任报告,见表1。另外,在这10家企业中,有5家民营企业,3家国有企业,见图2。

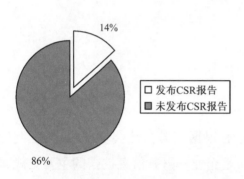

图1 苏州市上市公司2014年发布社会责任报告情况

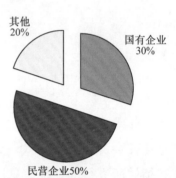

图2 苏州2014年发布企业社会责任报告的上市公司性质

表1 苏州2014年发布企业社会责任报告的上市公司分布情况

类　别	数　量
沪市主板	5
深市主板	1
深市中小板	4
深市创业板	0

另外,我们对苏州2014年发布了企业社会责任报告的10家企业往年发布社会责任报告的情况作了一下回顾,这些企业历年来总共发布了34份企业社会责任报告,见表2。其中东方市场从2008年就开始发布社会责任报告,截至目前,已连续7年发布了

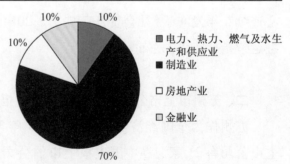

图3 苏州2014年发布企业社会责任报告的上市公司所属行业

企业社会责任报告。进一步,我们对这10家企业所属行业也进行了简单的描述统计,制造业企业有7家发布了社会责任报告,另外3家分别属于房地产业、金融业和电力热力燃气及水生产供应业,见图3。

表2 苏州10家上市公司历年发布企业社会责任报告情况

证券代码	公司简称	首发上市日期	报告总数	报告年份
000301	东方市场	2000年5月29日	7	2008—2014
002079	苏州固锝	2006年11月16日	3	2012—2014
002172	澳洋科技	2007年9月21日	5	2010—2014
002450	康得新	2010年7月16日	1	2014
002635	安洁科技	2011年11月25日	3	2012—2014
600736	苏州高新	1996年8月15日	5	2010—2014
601313	江南嘉捷	2012年1月16日	4	2011—2014
601555	东吴证券	2011年12月12日	4	2011—2014
603005	晶方科技	2014年2月10日	1	2014
603699	纽威股份	2014年1月17日	1	2014

(数据来源:各公司社会责任报告来自于巨潮网资讯和同花顺iFinD)

三、苏州市上市公司社会责任披露情况分析

(一)管理责任

1. 建立CRS管理机构

从苏州上市企业2014年已披露的社会责任报告和公司内部控制报告来看,这10家企业社会责任报告主要由董事会及全体董事保证披露,其中江苏澳洋科技股份有限公司设有环境管理机构,其环境报告是由专门的环境报告书编制领导小组完成。其中,有50%的企业以"本公司董事会及全体董事保证本报告内容不存在任何虚假记载、误导性陈述或重大遗漏,并对其内容的真实性、准确性和完整性承担个别及连带责任"为社会责任报告的开头,做出声明。在这10家企业中,有5家企业公布了董事会结构,董事会内部设有董事会秘书处、战略委员会、提名委员会、审计委员会、薪酬与考核委员会等,没有明确指出社会责任报告的撰写由哪个部门负责。此外,苏州上市公司2014年披露的社会责任报告可以归纳为3类,分别是:以企业文化为主要载体形成的社

责任报告、以利益相关者为主线形成的社会责任报告和以环境报告为形式的社会责任报告。

2. 明确利益相关方

根据苏州10家企业发布的企业社会责任报告,经统计分析,本文把企业利益相关者分为政府、证券监管机构、投资者、员工、客户、供应商、社区和公众8类。政府主要关注企业是否促进地方经济发展,是否依法经营、依法纳税,苏州企业对政府责任的具体行为是定期汇报、参加会议、接受监督检查;证券监管机构关注企业是否及时准确披露企业财务状况及重大变更事项等,企业则需按照法律法规及时披露合法的相关信息;投资者主要关注企业的成长和风险,企业通过股东大会、信息披露、受理电话、访问、面对面沟通和媒体宣传等方式履行责任;员工这一利益相关方关心自己的合法权益是否得到保障、工作有没有福利保障等,企业履行职责的途径有职代会、职工之家、合理化建议征集和信访等;客户看中的是企业的产品和服务是否达到预期的满意度,企业对客户会采取定期走访、用户座谈会培训、客服热线和增值服务等方式使客户满意;针对供应商一方需要得到企业的产品需求信息,企业则采取了现场考察、战略合作、定期走访和征求意见等措施实现社会责任;社区则希望企业能够为居民创造更好的生活环境,因此,走进社区、组织参观和走访慰问等方式被企业采纳使用;最后,对于公众这一重要的社会责任利益相关者,企业通过公益宣传、慈善捐助、济困助学和志愿者服务的方式来执行社会责任。

3. 苏州市上市公司历年发布CRS情况

苏州2014年发布企业社会责任报告的10家上市企业自2008年至2014年,共发布了34份企业社会责任报告。其中,东方市场从2008年就开始发布社会责任报告,已连续7年发布企业社会责任报告,并且,其社会责任报告的具体内容也是相当详细完善的。苏州固锝和安洁科技各发布过3份社会责任报告,江南嘉捷和东吴证券各发布了4份社会责任报告,苏州高新发布了5份社会责任报告,澳洋科技发布了5份环境报告,康得新、晶方科技和纽威股份均在2014年发布了一份社会责任报告(见图4)。总体说来,这10家公司的社会责任报告都是持续发布的,并没有间断期。从发布的社会责任报告内容来看,发布年限较长的企业,其社会责任报告更为规范,更为详尽。

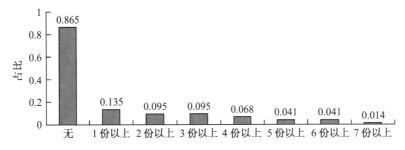

图 4 苏州市 74 家境内上市企业社会责任报告发布情况

4. 披露负面信息情况

从苏州市上市企业 2014 年发布的 34 篇社会责任报告来看,没有 1 家企业在其社会责任报告当中披露了企业的负面信息,可见我国企业的社会责任报告并未按照完整的指标体系进行逐项披露,更多的是将企业的正面信息公之于众。在社会责任报告中还涉及了企业品牌战略和公司发展情况,从这点看来,已发布的社会责任报告更侧重于对公司经营业绩成果的宣传和企业文化形象的传播,形式重于实质,不利于企业社会责任报告披露的良性发展。

5. 投资者关系

股东和债权人权益的保护是本文研究样本企业十分关注的重点,这 10 家企业中多数企业把股东和债权人权益的保护放在首要位置,并认为企业健康可持续发展是股东和债权人权益获得保障的基础,公司只有不断地完善法人治理结构,提升规范运作水平,提高企业经营业绩,才能为股东带来更多的价值,保障债权人的合法权益。对于股东,企业主要通过定期和不定期的股东大会、董事会和监事会会议的召开及议案的讨论,进一步加强与股东的交流沟通。3 家企业专门设立部门负责维护投资者关系的日常管理,通过电话交流、业绩说明会、投资者互动平台及投资者调研接待等方式与投资者建立公开透明的沟通机制,确保股东及时准确了解公司管理信息。对于债权人,企业按照签订的合同履行债务,并建立健全的资产监管、资金使用管理制度,及时向债权人通报与期债券权益相关的重大信息。近年来,上述 10 家企业中已有 5 家企业对公司的治理机制做出了修订和调整,这也从侧面反映出企业对投资者关系的重视程度。

(二) 环境责任

1. 环境投资

为了实现可持续发展,强化企业环保意识是十分重要的。2014 年发布社会责任报告的 10 家苏州上市企业当中,东方市场以节能降耗的理念促进企业发展,加大设施设备投入,与 2013 年相比,2014 年热电厂热效率同比提高 0.62%,供电标煤消耗同比下降 12g/kWh。康得新企业在 2 亿平方米光学膜项目建设中利用地热系统设备建立循环用水进行系统降温节能,对公司设备和操作空间进行环保处理。江南嘉捷打造 30 000 平方米的绿色建筑,绿化覆盖率达 33%,采用地源热泵提供冷热源和生活热水,设置屋顶绿化和围墙垂直绿化,设置路面、屋顶和景观河雨水收集积蓄设施,用于绿化喷灌,并采用玻璃天棚和天井设计,最大限度使用自然采光。另外,江南嘉捷还投入 9 万元将空压机房高温加以利用,每年可节省 12 000 立方米天然气;并投资 13.7 万元,更新焊接车间二氧化碳焊机,节约不少电量。

2. 环保活动

在环保公益活动中,推行圣贤文化的苏州固锝设置了环保教育站,并开展了垃圾分类体验学习、光盘宣讲、环保知识竞答、社区废旧电池回收、走进社区宣传环保、登山环保行、环保酵素制作等一系列活动,不仅号召公司员工要注重环保,还带动社会力量一起进行环保公益活动。安洁科技组织实施了办公区域空调设定温度以及门厅、走廊、楼梯等公共场所照明感应开关的措施;引进六西格玛管理理念,实行精益生产,降低物料消耗和能源消耗;并开展了回收及分类管理实现废弃物品再利用,对雨水进行回收利用,节省植物灌溉用水等环保活动。另外,东吴证券、东方市场和安洁科技 3 家企业都建立了 OA 办公自动化系统,推行无纸化办公,利用现代信息技术手段,实行绿色办公,节约成本,坚持倡导节能降耗的方式以实现可持续性发展。

3. 环境管理制度

澳洋科技编制了一系列的环境管理文件,具体制定了《环保管理制度》《污染物管理程序》《监视和测量装置控制程序》等环境管理程序和制度,从而使公司环境管理有依据,工作有程序,监督有保障。安洁科技制定了环境管理制度,包含 3 个层次:确保本公司所有经营活动符合法律法规和其他要求;在所有生产活动中,致力于节能减排和环境管理物质的控制,并做好污染预防和持续改进;公开对外承诺公司环境保护的决心,并告知全体员工。

但还有一些企业仅对环境保护进行概念性的描述,没有涉及具体项目和内容。例如,只披露过 1 次社会责任报告的晶方科技和纽威股份,均只在环境保护这方面声明公司始终坚持"节约各种资源、降低环境影响、推进持续改善、遵守法律公约、建设绿色地球、人人都要责任"的环境方针,在追求经济发展的同时,积极履行环境保护责任。

4. 减排降污

在上述分析中,我们已经提到过已发布 2014 年企业社会责任报告的苏州上市企业分别属于房地产业、金融业、制造业和电力热力燃气及水生产供应业 4 类,因此,其减排降污的处理方式各有不同。属于电力、热力、燃气及水生产和供应业的东方市场集中于对煤、烟尘及有害气体的有效控制;属于制造业的澳洋科技、江南嘉捷和安洁科技主要通过提高工艺水平,优化废弃物、危化品的处理;属于金融业的东吴证券则集中于对公司内部办公减排降污;较为特殊的房地产业苏州高新通过控股污水处理公司,增强了其对污泥、污水的处理能力。具体见表3。

表3　苏州部分上市公司减排降污措施及其效果

公司简称	减排降污项目、措施	效果
东方市场	"替代小锅炉"、"增加复合相变"、"布袋除尘"和"脱硝系统改造"等项目	每年节约标煤约2.6万吨,减少烟尘排放约3.3万吨,减少二氧化硫排放约2.5万吨,减少二氧化碳排放约1500万吨
澳洋科技	处理一般工业固废和危险废物	处置率100%
澳洋科技	大容量生产线和"二次浸渍工艺"	酸碱等原材料消耗得到有效降低
澳洋科技	开发新工艺	水、电、汽消耗达到国内先进水平
苏州高新	控股污水处理公司	污水处理量5940万吨
苏州高新	污泥处理工程	同比增加污泥处理能力130吨/日
东吴证券	网络平台、视频系统	节能减排
江南嘉捷	废弃危化品统一收集,交由具备资质的第三方集中处理	产品绿色环保占比始终在90%以上
安洁科技	提高制造工艺水平和产品质量	降低了辐射和粉尘的影响,减少了废气和废水排放

(三) 员工责任

1. 男女员工比例

随着文明的进步和社会的发展,工作岗位性别平等受到越来越多企业和机构的关注,然而,在苏州上市公司 2014 年已披露的 10 份社会责任报告当中,只有 2 家企业提及了员工性别构成。东方市场男性员工 482 人,女性员工 131 人,男女比例 3.68∶1,女性员工占员工总数的 21.37%;在高层管理者当中,7 名董事中有 1 名女性,5 名监事中有 2 名女性。东吴证券的社会责任报告显示,截至 2014 年 12 月 31 日,公司共有员工 1 713 人,其中男性员工 978 人,女性员工 735 人,男女比例为 1.3∶1;另外,公司中层及以上女性管理者占管理者比例为 21.9%。

2. 员工培训与发展

经统计分析,80%的企业十分重视员工的培训与发展,基本的方法是:采用外部与内部相结合的方式,根据工作岗位要求,分层级对员工进行岗位培训。另外,还有些较有特色的培训方式:苏州固锝成立了固锝电信学院;苏州高新开展了专题讲座培训;江南嘉捷设立了实训基地;东吴证券采用了轮岗、转岗及公开选聘的培训方式。其中,东方市场具体指出 2014 年企业有 830 人参与培训;而江南嘉捷 2014 年度共发生培训费用 714 861 元,其中内训费用 14 005 元,外训费用 374 098 元,其他教育费用 326 758 元。

3. 职场环境安全

为了保证员工的健康和安全,降低员工的职业安全风险,70%的企业在社会责任报告中披露了企业采取的职场环境安全措施。采取的主要措施有:健全各项安全生产管理制度以及职业健康安全管理体系;定期进行安全教育培训,举办安全生产、加强消防意识等宣传和演习活动,并制定相关应急疏散预案;对公司的消防、劳动防护等保护设施做好日常维护与更换;设立安全生产管理小组,定期开展安全生产的全面检查。此外,安洁科技推行了"7S"现场管理,确保长效安全机制,为职工提供健康、安全的工作环境。

4. 员工体检和社会保障

在已发布的社会责任报告中,有 8 家企业提及每年都会为员工安排年度体检。另外,江南嘉捷还设立了公司医务室和女工休息室;康得新建立了员工健康档案,定期为员工进行健康检查,并针对员工身体状况给予调整合适的工作岗位。

同时,在已披露的社会责任报告当中,有 80%的企业提及企业按国家和当地政府有关规定,足额为职工缴纳基本养老保险、基本医疗保险、工伤保险、失业保险、生育保险和住房公积金等相关社会保险,在执行国家用工制度、劳动保护制度、社会保障制度和医疗保障制度等方面不存在违法、违规情况。除去基本保障以外，部分企业还为员工提供了其他社会保障，见表4。

表4 苏州部分上市公司的社会保障情况

公司简称	除"五险一金"外的其他保障项目
东方市场	专项走访慰问关爱基金，在职职工住院医疗互助保障
苏州固锝	为员工提供医疗保健绿色通道服务，员工发生紧急状况时，可直接享受一站式免押金诊疗服务；给予怀孕女工两年的育婴假期，并每月发放育婴费
江南嘉捷	工地一线人员的意外伤害险；工会对员工生育、患病住院及困难家庭进行慰问
安洁科技	为回族员工设立了专门的就餐环境，增设电动车充电站，为聋哑人提供岗位
东吴证券	对女员工、患病员工、困难员工和老员工给予特殊关爱；为女员工在孕产期、哺乳期提供带薪休假及相关福利
晶方科技	各类重要公共假日发放福利
纽威股份	生产岗位员工返乡差旅报销，班车服务，为各中心定期举办聚餐

5. 员工生活

除了发布环境报告的澳洋科技，所有企业均在社会责任报告中披露了企业为员工提供的业余活动项目。业余活动项目既保障员工福利又确保员工身心健康，增强了员工归属感及集体荣誉感，激发了员工的工作热情，提高了公司的凝聚力、向心力，各企业开展的项目具体情况见表5。

表5 苏州部分上市公司员工业余活动开展项目情况

公司简称	员工业余活动开展项目
东方市场	建立体育健身兴趣小组，开展生产竞赛和各类友谊赛；规划系列的女德教育课程和孕期母亲的系列课程；开展员工座谈会、老乡会、幸福早餐，晚餐沟通会
苏州固锝	篮球比赛、乒乓球赛、摄影比赛、健康低碳餐厨艺大赛
江南嘉捷	年度旅游项目；亲子活动；家庭水上趣味活动
安洁科技	设立"职工之家"，设有阅读室、健身房等设施；举办千人大型活动，如家庭活动日、净山环保长跑活动
康得新	每年举办文体活动，设立员工活动中心
苏州高新	低碳骑行、舞蹈大赛、趣味运动会、健康生活讲座
晶方科技	参与苏州工业园区运动会，参与篮球、羽毛球、乒乓球等各项文体活动；开展拓展训练、家庭烧烤日、观影等活动
东吴证券	女职工"三八"庆祝活动、乒乓球比赛、环金鸡湖半程马拉松赛、国资系统乒羽比赛、篮球友谊赛等
纽威股份	组织篮球、羽毛球、台球等各项体育活动

6. 员工满意度和流动率

根据已发布的社会责任报告,只有江南嘉捷从薪酬福利、职业发展、团队氛围、工作本身、公司管理和公司环境6个角度进行分项测评,汇总得出员工的满意度和流动率,详见表6。

表6 江南嘉捷的员工满意度和流失率情况

年份	2013年	2014年
员工满意度	70.71%	71.01%
员工自然流动率	12.96%	11.3%

(四)市场责任

1. 客户关系管理

表7 苏州部分上市公司客户关系管理方案

公司简称	具体方案与做法
东方市场	重视客户的权益保护,力求与客户共同成长
	持续提供超越客户预期的服务和产品
康得新	建立了退、换货与客户服务投诉制度
	在全国大部分地区和世界80多个国家和地区建立了销售网点
安洁科技	技术交流、互访考察、共同研发
	配合客户的需要,公司在国内外设置了多处办事处
	对客户信息及相关技术、商务信息保密,重视客户满意度调查
苏州高新	建立多样化的文化、娱乐活动,提高客户满意度和忠诚度
	加强员工培训,为客户提供更专业、更贴心的服务
江南嘉捷	以总部为中心,强调国内外并重,直销、代销、安装相结合,分支机构直接营销服务与代理商服务交叉互补
东吴证券	搭建了统一客户服务平台,设立了全国统一的咨询、投诉电话
	开通互联网服务平台,高效开展客户服务与客户交流沟通

2. 服务质量管理

在服务质量管理上,只有2家企业披露了企业2014年服务质量情况。江南嘉捷进行了多重质量控制与分支机构管控,对于工程项目,工程经理每月至少抽查1次工地,做好施工过程记录、自检报告;对于公司安装、委托项目100%专检,每个项目都有专检工作报告并反馈给公司质量部;连续三年来,顾客满意率和设备维修保障服务满意率高达85%以上。苏州高新安排安全生产委员会定期或不定期对游乐项目开展排查工作,严格执行日检、周检、月检、年检的安全工作体系;强化安全责任教育、应急演练等有效工作措施,确保服务质量稳定。

3. 供应商关系管理

在苏州上市公司中,有 5 家企业披露了供应商关系管理相关信息,主要采取签订协议、防止商业贿赂、加强廉洁建设的方式履行对供应商的社会责任,见表8。与此同时,江南嘉捷建立了一套完整的供应商管理体系,该企业除了签订维护采购协议,对供应商履行的责任还有:每年对主要供应商组织相关培训;组织供应商大会以及与供方的专题会议,安排与供应商相互走访;由合同执行部、采购部、装备部、研发中心和质量中心等部门组成巡视小组,对供应商的生产进行巡视;从体系运行、产品质量、职业健康安全、环境及社会责任履行多个方面评估供应商,考核供应商的绩效;对年度优秀合作质量供应商进行表彰奖励,表彰他们在质量控制、安全生产、环境保护以及社会责任履行方面做出的成绩。

表8 苏州部分上市公司供应商关系管理措施

公司简称	供应商关系管理
东方市场	严格执行《采购预付款管理办法》,规范采购程序,大宗物资采购公开招标;加强廉政建设,杜绝商业贿赂
苏州固锝	与供应商签订廉洁合作协议,制定《公司管理人员廉洁从业若干规定》,签署《职务廉洁承诺书》
江南嘉捷	与供应商签署年度采购协议、质量验收协议、质量框架协议;实施供应商质量巡查检验
康得新	保持良好的上下游体系,在供应商中无占有权益的情况
安洁科技	强化采购过程的监督和测量,严把质量关;签订长期采购的《买卖合约》;要求供应商签署《廉洁承诺函》

4. 信用评级

在信用评级上,只有3家企业披露了相关信息,东方市场2014年信用评级为 AA 级,苏州固锝连续四年被评定为 A 级信息披露企业,苏州高新自2009年起始终保持 AA 级。

(五)社区公众关系与社会公益事业

1. 社区公众关系

表9 苏州部分上市公司社会公众关系情况

公司简称	社区公众关系
东方市场	在社区居住环境建设中,为居民提供广场舞场所,为垃圾分类活动提供场地,并举行爱心义卖活动;走访社区慰问老人,开展爱心助学活动
江南嘉捷	在传统佳节前夕带上慰问金及慰问品走访社会福利院、敬老院、附近社区困难家庭等;与贵州贫困地区小学结对帮困,传递爱心
东吴证券	组织东吴爱心拍卖;开展党员关爱基金活动;设立"东吴证券慈善爱心基金",帮扶生活困难的社会群体;开展"共植东吴林"志愿者主题环保活动;组织志愿者无偿献血;捐资助学促进教育发展
安洁科技	安排代表前往当地敬老院看望老人
苏州高新	举办"环云龙湖环保公益活动",对垃圾进行分类处理
纽威股份	向苏州高新区五所小学捐款25万元人民币;捐助吴县中学贫困生0.8万元人民币

2. 社会公益事业

公司创造经济效益的同时应努力回报社会,积极承担社会责任,经统计,上述10家上市企业中有7家企业披露了2014年所参加的社会公益事业,见表10。这类公益事业为实现企业与社会和谐发展起到了很好的模范作用。

表10 苏州部分上市公司社会公益事业情况

公司简称	社会公益事业
东方市场	在大型看板、灯杆灯箱、公交候车投放公益广告;对地方慈善基金、见义勇为基金给予资金和物质上的支持
苏州固锝	开展净街净山活动;回收废旧电池与灯管;举行天使阳光、关爱敬老院、爱心募捐、放生等活动
康得新	参与国际关怀艾滋病活动,并向中华红丝带基金捐赠款项;参加第三届"生态文明·阿拉善对话"植树活动并捐款
安洁科技	设立安洁爱心基金,资助困难员工及社会相关人士;在各大高校设立助学金,资助大学贫困学生
苏州高新	各级员工参与义务交通站岗、社会捐助及义工活动
江南嘉捷	百名员工参加无偿献血活动;近七年累计捐赠达1 364万元人民币;连续6年赞助中国乒乓球公开赛
纽威股份	参加了香格里拉大酒店组织的慈善活动,为聋哑儿童植人工耳蜗募集资金1万元人民币

四、结论与建议

1. 增强社会责任披露,完善公司治理结构

通过对苏州2014年已披露的社会责任报告分析,披露社会责任报告企业的数量占比是非常少的,仅有14%,其中披露3份以上的企业不足10%;同时,创业板上市公司中没有企业披露社会责任报告,属于披露缺失的一角;并且在这10家企业当中,披露社会责任报告较为详实的企业不足5家,有些企业披露的社会责任报告内容较少,没有全面具体地反映企业的社会责任履行情况。总的来说,苏州上市公司在披露社会责任方面还有所欠缺。

面对这一现状,苏州上市公司首先应当加强对社会责任报告的披露,自觉履行企业应当承担的社会责任,并健全完善企业社会责任报告体系,再根据具体细化的内容,进一步加强行为建设,优化公司运营模式;还应当把企业社会责任报告相关内容纳入到公司治理中去,规范化、常态化企业社会责任报告内容,完善公司治理结构,加强企业运作规范。其次,苏州上市企业利益相关方应根据相关法律法规、道德准则要求企业履行其应承担的社会责任,并对其社会责任履行程度进行监督。最后,行业协会、监管部门以及研究机构应当通过非行政手段促进上市企业社会责任的披露,例如,通过大众传媒及时通报发布在企业社会责任报告上有所为的企业和无所为的企业。同时,苏州上市企业在披露社会责任报告时,应遵循诚信易懂原则,保证社会责任报告的真实性和可理解性,并及时在证券交易所网站、《中国证券报》《证券时报》等媒体上披露,使社会公众能够及时、准确、完整地了解公司社会责任信息。

2. 完善利益相关者主体,健全社会责任体系

在上述分析中,我们发现,虽然从整体上来说,这10家企业涉及的利益相关者从不同的角度看共有8类,但从个体来看,很少有企业能够做到涉及所有的利益相关者,基本上涉及5个方面的利益相关者,稍微多点的企业涉及7类利益相关者。在利益相关方中,缺失较多的就是对客户与供应商的社会责任管理,企业一般把社会责任聚焦于股东和员工2个基本面。

从利益相关者角度来看,社会责任要求企业必须重视多方利益相关者的合法利益,所以,苏州上市企业在坚持实施已尽到的利益相关者社会责任维护的基础上,应当继续加强对履行社会责任还不到位的利益相关者的联系沟通,形成互动,履行好相应的社会责任,打造多赢的局面。例如,前文所提到的江南嘉捷对

供应商所履行的社会责任,不仅尽到社会责任义务,还为企业的供应链管理创造了优势,促进了企业发展。健全社会责任体系的主要方式方法有:企业可以通过网络平台或者直接交流互动的方式,倾听利益相关者的声音,与各个利益相关者保持良好的关系,利益相关者也可以及时向企业反映自己的利益诉求,加强合作交流;此外,企业可以从利益相关者的角度构建公司社会责任指标体系,完善企业社会责任管理制度,主要是通过设计针对利益相关者的问卷调查来确定公司履行社会责任的维度、指标和权重,使各个利益相关者找到与自己关系最密切的评价指标,对企业社会责任履行情况进行考察。

3. 建设合适的企业文化,履行企业社会责任

前文中有提及,在2014年已披露的社会责任报告当中,社会责任报告主要包括以企业文化为主要载体形成的社会责任报告、以利息相关者为主线形成的社会责任报告和以环境报告为形式的社会责任报告。环境报告虽然是社会责任的一种体现形式,但很明显其局限性太大,企业只对环境方面的社会责任作了报告,而其他利益相关者并没有提及;以利益相关者为主线的社会责任报告,大同小异,没有特色,基本围绕着投资者、员工、监管机构和社会公众等做出社会责任报告。

本报告认为,企业不仅应该按照已有的标准建立社会责任报告,设立标准的社会责任报告体系,还应当依据企业所在行业的特点,做出具有企业特色、符合企业生产经营体系和文化理念的社会责任报告。社会责任报告是企业对外的窗口,诚实守信是基本准则,但特色创新的社会责任报告也是形同于企业名字、商标一样重要的独特符号。特色创新的社会责任报告离不开企业精神、企业使命和企业远景,因此,企业文化指引着社会责任的实现,社会责任又是企业文化的具体体现。例如,苏州固锝在2014年继续推进"家"文化的中国式管理,不仅在企业内部实现了经营管理的目标,而且形成了一定的国际影响力,该企业正在向世界不断推广"用心将圣贤文化带给全世界,造福全人类"的企业文化理念。在其社会责任报告中,我们看到的就不仅仅是企业所履行的社会责任,而是整个企业的理念价值、人文关怀。苏州上市企业应该建立合作交流平台,对如何履行企业社会责任进行探讨,促进企业社会责任的共同发展。

4. 加强节能减耗,促进企业可持续发展

在苏州74家上市公司中,制造业有58家,所占比重高达78.38%,从行业本身的性质来看,就涉足社会环保、公众服务等普遍的社会责任问题,这就要求苏

州上市企业在发展过程中,不得不承担起节能减耗的社会责任。前文提到的企业环境责任涉及制造业的7家企业,其中只有3家对节能减耗的投入力度和成效成果进行了详尽的阐述,还有一些企业对于环境责任这方面采取的措施、投入的资金还不足。因此,需要更多的企业开展长远的战略发展规划,把实现可持续发展作为社会责任报告披露的重点,推进社会责任建设。

另外,有学者指出履行社会责任可能在短期内造成公司利润的减少,因此,政府和相关部门需要制定和完善相关的法律法规,引导企业正确处理好所承担的各种社会责任之间的关系。所以,在加强企业环境责任实施时,首先,有关部门需要制定严格的法律法规控制企业排污量,严格检测企业排污能力,并调动社会公众、舆论媒体共同监督企业排污情况;其次,企业也需要充分利用新的技术设备、材料工艺等改良产品生产环境,促进工艺装备结构优化,提高设备使用效率,提高能源、资源利用率,减少废气废水的排放,加强废弃危化品的处理;再者,企业应当坚持绿色发展的原则,推行"绿色办公"的理念,减少办公用品、水、电、气等各方面的损耗,推进环保工作转型升级;最后,企业可以利用内部刊物、内外网站、相关培训等大力开展节能减排宣传,使公司员工自觉地提高节俭意识,使杜绝浪费的观念融入企业文化中。这样,才能推进企业发展绿色工业,建立环境友好型企业,走可持续发展之路。

参考文献:

[1] 蔡刚.上市公司"社会责任制度"实证研究[J].统计与决策,2010(24):129-131.

[2] 王太林.长三角地区上市公司社会责任与公司绩效关系研究[J].特区经济,2011(3):60-61.

[3] 王青云,王建玲.上市公司企业社会责任信息披露质量研究——基于沪市2008—2009年年报的分析[J].财会通讯,2012(3):74-80,127.

[4] 曹建新,李智荣.上市公司社会责任履行与企业价值相关性研究[J].财会通讯,2013(21):104-107.

[5] 刘秀莉.创业板上市公司社会责任与盈余管理[J].企业经济,2014(7):172-175.

[6] 陈哲亮,曾琼芳.上市公司社会责任信息披露现状与协同治理对策[J].

财会月刊,2014(24):26-28.

[7] 李金淼,宋海风.企业社会责任报告质量影响因素研究——基于沪深主板上市公司2011年度企业社会责任报告[J].财会通讯,2014(9):60-62.

[8] 何丽梅,杜帅君.我国上市公司社会责任信息可靠性实证研究[J].会计之友,2015(5):47-51.

(雷星星、袁 鑫、朱才军、杜 莉)

企业文化与上市公司成长的关系研究
——以苏州市上市公司为例

一、引言

随着企业的发展,上市融资成为其进一步扩大规模的主要方式,然而为了实现可持续性发展,引导企业持续发展的经营理念、企业精神、行为制度等成为上市企业需要关注的重点,这些经营哲学、企业理念、行为模式、规章制度等共同构成了企业文化。所以,企业文化对企业实现可持续性发展起到至关重要的作用。据统计,截至2015年3月底,苏州境内上市公司有74家,境外上市公司有21家。在中国主板上市的公司有18家,其中上海主板15家,深圳主板3家;中国中小板上市公司有35家;创业板上市公司有21家。苏州良好的经济环境带动了地方经济的发展,促进了苏州企业的发展壮大,但就苏州市上市公司的发展质量来说,还需要对企业成长与企业文化的相互作用进行考量。为此,本文通过对苏州市上市公司的企业文化现状进行研究分析,探讨其企业文化与企业成长的关系,发现企业存在的问题,并提出相应的结论。

二、企业文化的内涵概述

企业文化是在长期的历史条件下,企业在生产经营过程中形成的具有本企业特征的文化观念、文化形式和行为模式,是企业信念、企业制度、企业形象等的整合,体现了企业价值观和企业使命。企业文化包括企业精神、企业制度、企业行为和企业物质四个层面。企业的精神文化是企业文化的核心层,它包含企业的价值观、企业愿景、企业社会责任、使命、经营哲学;企业的制度文化是中层文化,包括企业管理制度、组织结构、各项规章制度、道德规范以及行为准则等;企业的制度文化直接影响了企业的行为文化,企业的行为文化是企业精神文化以及制度文化的具体表现,从企业人员构成角度可以划分为企业家行为文化和员工行为文化;企业物质文化是指企业从事生产经营过程中创造出来的产品、服务等各种物质设施构成的文化,由物质形式具体表现出来。

三、苏州上市公司企业文化发展现状

本文在74家苏州上市企业中,剔除了7家数据不全的企业,对剩余的67个样本进行了研究分析,其中有37家企业在官方网站设立了企业文化专栏,但内容并不详尽,因此,本文将从多个层面和角度,对苏州上市公司企业文化展开统计分析。此外,本文的数据主要来源于国泰君安数据库、同花顺iFinD、上市企业年报、企业招股说明书和企业官方网站。

1. 苏州上市公司的企业精神文化现状分析

企业文化的核心层是精神文化,它包含企业价值观、企业使命和企业愿景等无形文化部分。其中,企业价值观和企业社会责任是企业精神文化的重要体现,二者涵盖了企业精神文化大部分内容,本文将从这两个角度对苏州上市企业精神文化进行分析。在研究分析中,我们发现不少企业把企业价值观定位为企业使命和企业目标,它们阐述了企业的宗旨、哲学、信念和原则等,为企业战略目标和战略方案提供依据。苏州上市企业的企业价值观分布情况具体统计结果见表1。

表1 苏州上市公司企业价值观整体分布表

特征值	企业数量	百分比	平均净利润(亿元)	平均营业收入(亿元)	平均托宾Q值
1	36	53.73%	1.63	24.53	1.96
0	31	46.27%	1.34	22.48	2.06

如表1所示,特征值为1的表示企业官网上文化板块对企业价值观进行了清晰的相关描述,特征值为0的表示没有找到企业价值观的相关描述。经统计分析,有清晰的企业价值观描述的企业占53.73%,没有相关描述的企业占46.27%。进一步来看,有清晰价值观描述的企业平均净利润为1.63亿元,无价值观描述的企业平均净利润为1.34亿元,前者比后者高出21.64个百分点;有

清晰价值观描述的企业平均营业收入为 24.53 亿元,无价值观描述的企业平均营业收入为 22.48 亿元,前者比后者也高出 9 个百分点。因此,根据分析对比,我们发现,有清晰价值观描述的苏州上市公司盈利能力更强。另外,作为衡量公司业绩表现或公司成长性的重要指标托宾 Q 值,虽然前者略小于后者,但两者均大于 1,并没有较大差别。

企业社会责任作为企业精神文化的重要部分,主要通过企业有无质量认证、环保认证、劳动保护认证及其他相关认证等来体现,并结合其对社会履行的具体社会责任行为,如捐助、慈善活动等行为来判断。本文设定履行社会责任的企业特征值为 1,在相关数据来源上没有明确显示履行社会责任情况的企业特征值为 0。由表 2 可知,有 74.63% 的企业承担了社会责任,25.37% 的企业在相关数据来源上没有明确显示履行社会责任的情况。从平均净利润和平均托宾 Q 值来看,承担社会责任义务的企业要明显高于未承担社会责任的企业,虽然平均营业收入前者略低于后者,但总体说来,前者的盈利能力和企业的成长性要略高于后者。此外,在 74 家苏州上市企业中,2014 年,共有 9 家企业发布了企业社会责任报告,1 家企业发布了环境报告,也就是有 13.51% 的企业对企业文化给予了足够的重视,但这个数量仍然是不够的。

表 2 苏州上市企业社会责任整体分布表

特征值	企业数量	百分比	平均净利润(亿元)	平均营业收入(亿元)	平均托宾 Q 值
1	50	74.63%	1.58	22.85	2.06
0	17	25.37%	1.25	25.75	1.82

2. 苏州上市公司的制度文化与行为文化现状分析

企业制度文化包括企业的领导体制、组织结构、管理制度及各项具有企业特色的规章制度、道德规范、行为准则等,合理的企业制度文化关系到企业的长远及持久发展。在苏州上市企业当中,不少企业是民营企业和家族企业,这些企业的决策权高度集中于公司的实际控制人手中,大股东持有的股权对企业制度文化的形成有着极大的影响。另外,有学者表明,股权集中度能反映上市公司的公司治理效应,如果大股东具有足够的能力控制上市公司,那么公司治理的实质演变为大股东与小股东的利益冲突。因此,本文选取股权集中度作为衡量企业制度文化的指标,见表 3。从描述性统计分析看,主板和创业板的峰度值均为负,分布较为分散,中小板的峰度值为正,其分布较为集中;三者的偏度均不大,基本可以认为平均分布在均值附近。另外,整体来看,从主板、中小板到创业板的股权集中度均值依次增加,创业板的股权集中度最高,高达40.71%。

表3 苏州上市公司股权集中度描述性统计

	均值	偏度	峰度	标准差	最小值	最大值
主板	31.62	0.55	−0.939	13.22	15.77	53.56
中小板	37.36	1.055	1.286	12.83	18.05	75.00
创业板	40.71	0.022	−0.725	16.29	12.68	69.36

企业行为文化是企业经营管理中的具体行为活动文化,体现了企业作风、精神面貌和人际关系等。本文从企业活动的主体,即员工和企业家行为对企业行为文化进行描述,员工和企业家的行为特征很大程度上取决于其所受的教育和专业水平。所以,本文选取员工受教育程度、公司董事长的受教育程度及其专业技能进行描述分析。从表4可以看到,没有说明公司董事长教育水平的为4家,另外,结果显示,苏州上市公司中具有大专及其他和本科学历的董事长数量最多,高达31.3%,硕士研究生学历紧随其后,占29.9%,博士研究生最少,仅占1.5%。进一步对企业的盈利能力和成长性进行分析,可以看到,除去特征值为0和4的两类,其余三者的平均净利润、平均托宾Q值依次按教育水平由低到高呈现递增趋势,其中董事长学历为硕士研究生的企业平均净利润比董事长学历为大专及其他和本科的企业分别要高出2倍和0.6倍;但就平均营业收入而言,本科学历的企业家所在企业最高,平均值为28.44亿元。因此,可以推断,公司董事长受教育水平越高,企业的盈利状况和成长性越好。

表4 苏州上市公司董事长教育水平统计分布

学历	教育水平	频数	百分比(%)	平均净利润(亿元)	平均营业收入(亿元)	平均托宾Q值
0	无	4	6.0	0.92	10.43	1.73
1	大专及其他	21	31.3	0.79	21.14	1.73
2	本科	21	31.3	1.5	28.44	2.07
3	硕士研究生	20	29.9	2.4	24.71	2.28
4	博士研究生	1	1.5	0.49	2.77	1.7

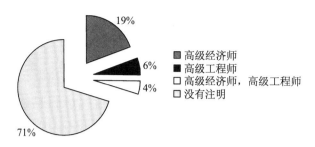

图 1 苏州上市公司董事长职称分布情况

本文根据 2014 年企业年报的说明,对苏州上市企业董事长职称分布作了简单的描述。如图 1 所示,71% 的企业年报并没有注明公司董事长职称情况;19% 的上市公司董事长是高级经济师;6% 的上市公司董事长是高级工程师;还有 4% 的上市公司董事长是高级工程师或高级经济师。

此外,本文还从员工受教育水平的角度对企业行为文化进行了统计分析。本文将大专以上员工的占比作为考核行为文化的重要指标,按照低、较低、中、较高、高对应分为 <0.2、0.2~0.4、0.4~0.6、0.6~0.8、>0.8 五个区间,统计员工受教育情况。如表 5 所示,企业员工大专学历以上人数占比在 0.2~0.4 区间的企业最多,高达 41.54%;其次是大专学历以上人数占比位于 0.4~0.6 的区间,达 33.85%;最少的区间是 0.6~0.8,仅有 4.62%。这表明苏州上市企业员工教育水平处于中等偏低的水平,企业人力资源还具有很大的提升空间。从盈利和成长性来看,频数最少的区间,大专学历以上员工占比在较高水平的时候,企业平均净利润最高,高达 6.63 亿元,平均营业收入高达 70.73 亿元;另外,单从平均净利润来说,除去最高值,其余 4 个区间是随着员工的受教育程度的提高呈递增趋势;而从平均营业收入和平均托宾 Q 值的角度,难以分辨员工受教育程度与企业盈利能力和成长性的关系,有待进一步检验。

表 5 苏州上市企业大专以上人员比重分布表

分值区间	类别	频数	百分比	平均净利润(亿元)	平均营业收入(亿元)	平均托宾 Q 值
<0.2	低	8	12.31%	0.41	33.91	2.11
0.2~0.4	较低	27	41.54%	0.85	19.18	1.92
0.4~0.6	中	22	33.85%	1.64	21.49	2.19
0.6~0.8	较高	3	4.62%	6.63	70.73	1.44
>0.8	高	5	7.69%	3.24	17.06	2

3. 苏州上市公司的物质文化现状分析

企业物质文化主要以物质形态表现出来,可以从技术和产品来考察物质文化情况,因此,本文选取研发费用占比、中国名牌指标、高新技术指标、省级名牌指标以及省级高新技术指标对企业的物质文化情况进行描述分析。经统计,苏州上市公司有11.94%的企业是中国名牌企业或拥有中国名牌产品;26.87%的企业是中国高新技术企业;28.36%的企业是江苏名牌企业;37.31%的企业是江苏高新技术企业。企业的知名度和美誉度依赖于企业的核心品牌,本文将从国家级和省级名牌企业2个角度对企业物质文化情况进行统计分析。表6表明,苏州上市公司"中国名牌企业"占比为11.94%,非"中国名牌企业"占比为88.06%,其中"中国名牌企业"的平均净利润要低于非"中国名牌企业",但平均营业收入高出34.35个百分点。

表6 苏州上市公司"中国名牌企业"分布表

特征值	企业数量	百分比	平均净利润(亿元)	平均营业收入(亿元)	平均托宾Q值
1	8	11.94%	0.74	30.43	1.73
0	59	88.06%	1.60	22.65	2.04

由表7显示,苏州上市企业中"江苏省名牌企业"占28.36%,非"江苏省名牌企业"占71.64%,省名牌企业的平均净利润和平均营业收入均小于非省级名牌企业。这些结果难以显示出品牌建设对上市企业成长能力的重要性,品牌建设对上市企业成长的影响需要进一步加强研究。

表7 苏州上市公司"江苏省名牌企业"分布表

特征值	企业数量	百分比	平均净利润(亿元)	平均营业收入(亿元)	平均托宾Q值
1	19	28.36%	0.55	12.50	2.27
0	48	71.64%	1.87	27.97	1.89

如表8所示,苏州上市企业研发费用占营业收入的比重并不高,没有明确说明研发费用情况的企业有7家;研发费用占比基本集中于1%~5%的区间,这部分企业占比高达59.7%;而研发费用占比超过10%的企业仅有5.97%,这些数据说明绝大多数苏州上市企业技术资源投入相对不足。从盈利和成长性来看,研发费用占比较低的2个区间企业的平均净利润明显高于另外2个较高的;平均营业收入随着研发投入费用的递增而减少,最高为33.57亿元,最低为3.5亿元。

表8　苏州上市公司的研发费用分布表

分值区间	企业数量	百分比	平均净利润（亿元）	平均营业收入（亿元）	平均托宾Q值
<1%	7	10.45%	0.75	33.57	1.72
1%~5%	40	59.70%	1.69	25.2	1.95
5%~10%	9	13.43%	0.55	8.01	2.2
10%以上	4	5.97%	0.74	3.5	1.96
无	7	10.45%	2.77	35.84	2.36

另外，本文从企业是否是"高新技术企业"这个角度分析企业的技术水平。由表9可见，苏州上市企业中，非"中国高新技术企业"是"中国高新企业"数量的2.7倍，"中国高新技术企业"平均净利润和平均营业收入均高于非"中国高新技术企业"，其中平均净利润高出27个百分点。但从省级高新技术企业角度来看（表10），省级高新技术企业占比为37.31%，其平均净利润和平均营业收入均要低于非江苏省高新技术企业。

表9　苏州上市公司"中国高新技术企业"分布表

特征值	企业数量	百分比	平均净利润（亿元）	平均营业收入（亿元）	平均托宾Q值
1	18	26.87%	1.77	24.31	1.72
0	49	73.13%	1.39	23.32	2.10

表10　苏州上市公司"江苏省高新技术企业"分布表

特征值	企业数量	百分比	平均净利润（亿元）	平均营业收入（亿元）	平均托宾Q值
1	25	37.31%	0.75	19.32	2.04
0	42	62.69%	1.94	26.12	1.98

四、企业文化与企业成长的实证研究

本文采用SPSS20.0统计软件，对上述没有说明各指标变量对苏州上市企业成长性影响如何的情况进行回归分析，进一步探索企业文化与企业成长性的关系。选取的自变量主要是企业制度文化、行为文化和物质文化，分设二级指标为：股权集中度、企业家教育程度、员工教育程度和研发费用。并且，本文假设这四个指标对企业成长性具有显著影响，用回归分析方法探讨自变量与企业成长性的相关关系，结果如下，并不求出线性回归方程及其系数。

(一) 企业制度文化与行为文化对企业成长性的关系研究

1. 苏州上市公司股权集中度与企业成长性关系的分析

表11 苏州上市公司股权集中度与企业成长性方差分析

模型		平方和	df	均方	F	Sig.
1	回归	2.271	1	2.271	3.036	0.086
	残差	48.624	65	0.748		
	总计	50.895	66			

表12 苏州上市公司股权集中度与企业成长性系数

模型		非标准化系数		标准系数	t	Sig.
		B	标准误差	试用版		
1	常量	2.487	0.298		8.341	0.000
	股权集中度	−0.013	0.008	−0.211	−1.743	0.086

从表11和表12中变量拟合结果来看,股权集中度与企业成长性的分回归分析中,P值为0.086,小于0.1,说明股权集中度与企业成长性具有显著正相关关系。

2. 苏州上市公司董事长受教育程度与企业成长性关系的分析

从表13和表14中的回归结果来看,将苏州上市公司董事长受教育程度按层级划分对企业成长性进行回归分析,得出P值为0.062,小于0.1,说明企业家教育程度与企业成长性具有显著正相关关系。

表13 苏州上市公司董事长受教育程度与企业成长性方差分析

模型		平方和	df	均方	F	Sig.
1	回归	2.679	1	2.679	3.612	0.062
	残差	48.216	65	0.742		
	总计	50.895	66			

表14 苏州上市公司董事长教育程度与企业成长性系数

模型		非标准化系数		标准系数	t	Sig.
		B	标准误差	试用版		
1	常量	1.602	0.235		6.812	0.000
	企业家教育程度	0.211	0.111	0.229	1.901	0.062

3. 苏州上市公司员工受教育程度与企业盈利能力关系的分析

从表15和表16中的回归分析结果得出,员工大专以上人员比例和企业盈利能力构成正相关关系,P值为0.006,远小于0.1,说明存在显著的正相关关系,表示员工受教育程度越高,企业盈利能力越好。

表15　苏州上市公司员工受教育程度对企业盈利能力方差分析

模型		平方和	df	均方	F	Sig.
1	回归	626 130 776 364 858 620.000	1	626 130 776 364 858 620.000	8.055	0.006
	残差	5 052 858 039 312 035 800.000	65	77 736 277 527 877 472.000		
	总计	5 678 988 815 676 894 200.000	66			

表16　苏州上市公司员工教育程度对企业盈利能力系数

模型		非标准化系数		标准系数	t	Sig.
		B	标准误差	试用版		
1	常量	-67 409 500.299	83 698 693.816		-0.805	0.424
	员工教育程度	88 107 373.865	31 044 995.503	0.332	2.838	0.006

(二) 企业物质文化与企业成长性的关系研究

本文采用研发费用来探讨企业物质文化对企业成长性的影响,从表17和表18中研发费用对企业盈利性的回归结果看,P值为0.014,小于0.05,说明企业的研发费用与企业盈利能力存在正相关关系,企业研发费用投入占营业收入的比重越高,企业的盈利能力越强。

表17　苏州上市企业物质文化与企业成长性方差分析

模型		平方和	df	均方	F	Sig.
1	回归	63 822 436 340 415 450 000.000	1	63 822 436 340 415 450 000.000	6.442	0.014
	残差	643 962 559 460 789 000 000.000	65	9 907 116 299 396 755 000.000		
	总计	707 784 995 801 204 500 000.000	66			

表18　苏州上市企业物质文化与企业成长性系数

模型		非标准化系数		标准系数	t	Sig.
		B	标准误差	试用版		
1	常量	3 498 433 427.307	591 365 082.710		5.916	0.000
	研发费用	-304 906 006.163	120 130 399.280	-0.300	-2.538	0.014

五、结论与建议

从上文所述的企业价值观和企业社会责任的简单统计分析可以看到,拥有企业精神文化的企业其盈利能力和成长性要优于没有企业精神文化的企业;对于企业的制度文化和行为文化,通过回归分析看到,股权集中度、公司董事长教育程度和员工受教育程度对企业的营利性和成长性均能起到促进作用;通过研发费用对企业盈利性的回归分析,P值小于0.05,说明企业的物质文化与企业成长性有显著正相关关系。但是,企业董事长的专业技能、企业是否是高新技术企业以及企业是否是名牌企业与企业成长性是否有显著正相关关系,本文没有得出明确结论,还有待进一步检验。

然而,从上述分析中可以看到,苏州上市公司对企业精神文化的塑造仍然不够,这需要引起企业的重视;其制度文化和行为文化建设的水平还不高,还需要通过完善人力资源情况增强企业的成长性和盈利性;其物质文化投入不足,需要加强企业物质文化建设。因此,本文提出以下建议:

1. 重视企业精神文化建设,提升企业成长原动力

企业文化的精髓是共同习得的价值观。不同的企业有不同的价值观,企业价值观体系直接影响到企业员工和其他利益相关者。企业价值观和企业使命是引导员工行为具体化的行动指南,清晰的企业价值观不仅产生了明确的引导作用,还能够有效约束员工行为,提高工作效率。本文研究发现,苏州上市公司中重视企业精神文化建设的企业仍不够多,需要提倡更多的企业加入到企业精神文化构建中来,具体可以从以下两个层次塑造企业精神文化:首先,企业要树立明确清晰的企业价值观,在内部推广宣传,使企业价值观成为全体员工共同遵守和拥护的思想及行为规范,同时,还要尊重员工,建设以人为本的企业文化,才能得到更多员工的赞同和认可;其次,企业应当承担相应的社会责任,维护员工利益和股东利益,积极响应政府的各项政策,对供应商、客户、媒体和社会公众尽到应履行的社会责任义务,提升企业形象和品牌影响力,获得利益相关者的认同,在企业内外部建立和谐关系。通过以上举措形成良好的企业精神文化,增强企业内部凝聚力和企业外部影响力,提升苏州上市公司经营效率,促进企业长期发展。

2. 全面提升高管和员工素质,构建企业制度和行为文化

从分析结果来看,员工素质是影响企业制度文化和行为文化的主要因素,这

就需要企业从高管素质和员工素质两个角度塑造制度文化和行为文化。企业创办人是企业文化和价值观的主要奠定者和创始人,其价值观有效影响到全体员工的价值观和企业文化的培育;企业创办人的素质影响到企业道德伦理水平、法律意识形态和制度规章的制定,其行为是企业的表率和榜样,影响着整个企业的文化建设成果。因此,提升苏州上市公司企业家素质、加强企业高管队伍建设是促进企业文化成长的必经之路。而员工是企业制度文化的主要履行者、行为文化的主要载体,员工的言行代表着企业的形象,影响着企业生产运营,是企业发展前进的主要资源。所以对员工企业制度和行为文化的教育需要贯彻到整个人力资源计划中去,要体现在选人、用人、育人和留人各个环节,塑造出与企业文化相匹配、认同企业文化的员工。因此,苏州上市公司应强化员工在企业文化建设中的参与及推动作用,形成企业特有的制度文化和行为文化氛围,培养促进企业可持续性发展的动力和源泉。

3. 加大企业研发投入,增强企业物质文化建设

企业物质文化为企业的生存发展提供了物质保障,是企业发挥职能的主要动力支持。本文在实证研究中,并没有得出名牌企业和高新技术企业与苏州上市公司成长性显著相关的结论,但名牌是企业的形象,高新技术是企业的实力,这两者都是企业综合能力的体现,代表了企业文化的各个层次,承载了企业的文化内涵,仍旧不容忽视。因此,苏州上市企业仍然需要加强品牌文化建设,打造企业品牌文化,增强企业实力,扩大企业影响力。另外,分析结果表明,研发费用与企业的盈利能力存在显著正相关关系,所以,苏州上市企业应当加大研发投入,高度重视产品研发工作,以此来增强企业的物质文化建设。主要方法有:首先,企业可以根据自身的发展战略,结合市场开拓和技术进步的要求,科学制定工艺研发和产品开发计划,强化研发的过程管理,提高研发新产品的水平;同时,还要注意巩固技术优势和服务优势,使研发和市场紧密配合,迅速响应个性化需求,提升解决高端客户重点需求的能力。这样,通过技术创新引导企业的发展变革,通过产品创新提高企业的发展能力,进一步提升企业的物质文化,保证企业的竞争力和可持续成长性。

参考文献:

[1](美)埃德加 H.沙因著.郝继涛译.企业文化生存指南[M].北京:机械

工业出版社,2004.

[2] 陈春花等.企业文化[M].北京:经济管理出版社,2011.

[3] 陈德萍,陈永圣.股权集中度、股权制衡度与公司绩效关系研究——2007—2009年中小企业板块的实证检验[J].会计研究,2011(1):38-43.

[4] 汤文华,刘小进.企业文化创新与公司绩效——基于中国上市公司的实证研究[J].理论观察,2013(4):82-84.

[5] 张燚等.企业文化、价值承诺与企业绩效的相关性研究——来自沪市上市公司的经验证据[J].中国矿业大学学报(社会科学版),2014(4):94-103.

(雷星星、王智会、张荷萍)

上市公司治理结构对企业可持续发展的影响研究
——基于苏州市上市公司的实证分析

随着社会主义市场经济体制的不断完善,以及资本市场改革的不断深入,提高上市公司质量、完善治理结构、提高经营管理水平及上市公司竞争优势,从而实现企业可持续发展,已成为推动资本市场健康发展的首要任务。据《中国证券报》报道,截至 2014 年 12 月底,沪深两市上市公司达 2 613 家,总市值达 37.254 696万亿元,实现营业总收入 63 115 亿元,同比增长 8.43%,其中主板、中小板和创业板增长率分别为 5.25%、12.09% 和 25.57%。

一、引言

上市公司作为金融市场的重要组成部分,其整体质量以及可持续发展能力直接反映金融市场的可持续发展能力,也体现了资本市场的吸引力和竞争力。上市公司作为国民经济可持续发展的重要微观主体,只有实现其可持续发展,才会有国民经济及整个社会的可持续发展。本文以沪、深两市的苏州市上市公司为研究对象,对苏州市上市公司可持续发展现状进行客观、全面的分析,从公司内部治理结构系统地研究了苏州市上市公司可持续发展能力的主要影响因素,并在此基础上构建了能综合反映苏州市上市公司可持续发展能力的具有可操作性的指标体系。

二、国内外相关文献综述

1. 国外相关文献综述

目前董事会与公司治理的研究主要集中在董事会规模、两职合一以及独立董事对公司业绩影响的研究上。早期 Lipton 和 Lorsch 对董事会规模进行研究，他们认为最佳的董事会规模为 8~9 人，最大不超过 10 人；Jensen(1993)与前两者有相似的观点，他认为，如果董事会人数太多，则各董事人浮于事，容易受到首席执行官的操纵。对于股权结构方面，Berle 和 Means(1932)的《现代公司与私有财产》出版以后，股权结构与公司绩效之间的关系已引起了学术界的普遍关注。Demsets 和 Lehn(1985)通过对 511 家美国大公司的研究，发现股权集中度与公司经营业绩会计指标（净资产收益率）并不相关；Loderer(1997)用最小二乘法(OLS)对股权结构和公司绩效之间的关系进行统计检验，发现股权结构对公司绩效有显著影响；然而 Martin(1997)用二阶段最小二乘法(2SLS)进行统计检验，却发现股权结构对公司绩效并无影响；Pedersen 和 Thomsen(1999)考察了欧洲 12 国 435 家大公司，认为公司股权集中度与公司净资产收益率呈显著正相关。激励机制是公司发展的动力机制。Berle 和 Means(1932)在对美国 200 多家大公司的股权结构进行分析的基础上，得出在股权分散、所有权与经营权分离的情况下，经理人很可能会利用公司资源来为自己谋取利益，而不是首先考虑到股东的利益。为解决高级管理者的激励问题，早在 20 世纪 30 年代，美国公司就开始向经理提供一定的股权，将管理人员收入和公司的长远发展挂钩，做出了股权激励制度最早的实践探索。

2. 国内相关文献综述

吴世农(2001)对于独立董事制度的观点为，从长期来看，独立董事可以有效帮助上市公司克服治理结构方面的缺陷；于东智(2003)认为在董事会成员中独立董事所占的比例，更多地反映了公司董事会的独立性特征，独立董事制度为公司的权益资本和劳动合同的管理提供了更多的保障；杨模荣、姚禄仕(2005)认为可以采用独立董事制度来改善和监控公司信息披露标准和质量，并有利于提升自身的效率及有效性。我国的上市公司股权结构特殊，研究的内容也比较复杂。在国有股比例对公司绩效的影响的研究中，国内研究的结论倾向于认为国有股的集中度对公司价值有负面影响，有利于提高公司治理和管理绩效。许小年和王燕(1997)认为国有股比例对公司绩效存在负效应，法人股比例对公司绩效产生正效应;李维安(2006)也认为股东行为治理在社会团体法人为第一大股东的上市公司中指数最高。我国对股权激励的研究也很多。张红军(2000)认为拥有一定股权的经理人员作为相对控股股东的代理人将有效降低对其的监督成本。作为一种长期激励制度的股权激励,其目的在于公司绩效的提升。刘国亮和王加胜(2000)认为公司绩效与管理人员的股权比例呈正相关关系。宋兆刚(2006)认为,这种状况最根本的原因在于非市场化的管理层激励,"内部人控制"则是直接原因,特别是在我国企业公司治理结构中存在的"外部人内部化"问题。

3. 国内外相关文献评价

从国内外可持续发展的研究成果可以发现,企业治理结构与企业可持续发展研究取得了很大进展,但尚未达成统一意见。虽然国内外学术界都有自己的理论框架,并对公司内部治理结构的各要素进行了深入的研究,但是各学派的研究结论差异较大,降低了对企业的实际指导意义,未能为企业提供现实性参考。我国因为体制、机制、环境等多种要素的作用,很多上市公司可持续发展不足,投资者收益率较低,投资者的信心受到了严重的打击,制约了资本市场的健康稳定发展。意识到公司治理是推动企业可持续发展重要的要素和保障后,国内外的学者在把重点转向分析企业治理结构对公司可持续发展的影响的同时,也在不断利用不同的研究方法和数据进行研究、总结,进而提出了有现实指导意义的理论。

三、研究假设

假设1:独立董事规模与上市公司可持续发展呈正相关关系

独立董事在经营决策中以局外人的身份给予建议,较少受到公司利益和权利的干扰,更加客观、公平、公正。所以独立董事规模的增加,有利于公司协调股东和董事会之间的利益,促进公司运行更加透明化,有利于公司长期发展。

假设2:董事会规模与上市公司可持续发展呈负相关关系

董事会人数增加会给公司带来更多的创意和意见,令决策更加有效,有助于协调各方面利益相关者的利益;但是董事会规模过大会使决策难度提高,降低决策效率,增加信息沟通成本,不利于企业的快速、稳定发展;而且董事会人数过多会使股东形成搭便车的心理,不利于发挥董事会作用。

假设3：董事长与总经理两职分离时有利于公司可持续发展

董事长是最高决策机构的最高决策者，而总经理是公司最高决策执行者；如果两者合一，将会极大地削弱董事会对总经理的约束力及任免权，所以董事长兼任总经理不利于公司可持续发展。

假设4：第一大股东持股比例与上市公司可持续发展呈非线性关系

第一大股东持股比例在一定程度上可以反映企业股权的集中度，根据文献综述，适度的股权集中有利于企业发展，但是股权过度集中于第一大股东，则可能出现大股东侵犯小股东的利益，使企业决策倾向于大股东利益最大化，所以本文提出上述假设。

假设5：第二位到第五位大股东持股比例与上市公司可持续发展呈正相关关系

第二位到第五位股东持股比例能够反映股权的制衡程度，合理的比例有利于实现股东间的相互监督，让企业经营决策更加民主，有助于对第一大股东形成制衡，也有利于企业可持续发展。

假设6：自由流通股比例与上市公司可持续发展呈负相关关系

由于我国资本市场不成熟，投机现象严重，股份流动性过高，难以实现资本市场的监督作用，从而导致内部监督力度的降低，所以本文提出上述假设。

假设7：高管报酬与上市公司可持续发展呈正相关关系

较高的高管薪酬有助于增加对董事、监事以及高级经理人的约束力和激励作用，减少其损害公司利益的利己行为，使其更多地从公司可持续发展角度进行经营决策。

假设8：监事会规模与上市公司可持续发展呈正相关关系

监事会作为一个独立的监督机构，与决策、执行职能彻底分开。监事会负责对董事会和经理人进行监督，相对独立，不受董事和经理层的制约，有利于规范董事和经理的行为，从而促进公司的长期有效运行。

四、研究设计

（一）样本选取

本文以苏州市境内上市公司为研究对象，考虑到数据和研究结果的实用性，本文数据以2014年苏州市上市公司披露的年度报告数据为准，并对选择的样本做如下处理：

由于样本数据分析在2014年期间,所以2015年上市的公司不在研究范围内,共剔除4家公司。

截止到2015年6月30日,苏州市共有75家境内上市公司,其中电子行业11家,房地产行业1家,纺织服装业1家,金属非金属业3家,化工业11家,机械设备业23家,家用电器业3家,建筑材料业5家,交通运输业4家,金融服务业1家,轻工制造业1家,商业贸易业2家,信息服务业1家,信息设备业6家,综合类行业2家,共计15个行业75家境内上市公司数据。

本文数据来自新浪财经网(http://finance.sina.com.cn/)、巨潮资讯网(http://www.cninfo.com.cn/)上的2014年度报告,以及同花顺iFinD数据库。数据分析使用SPSS20.0和Excel2013。

(二)指标选择

1. 上市公司可持续发展指标设定

财务指标是企业管理最基本的一个层次,是企业可持续发展的最直观反映,也是企业持续发展的财务准备,任何管理策略最终都体现在财务指标上。财务指标是评价企业可持续发展能力的确定性指标,本文从盈利能力、运营能力、偿债能力、成长性等四个方面对可持续发展的评价指标进行分析,如表1所示。

表1 苏州市上市公司可持续发展的评价指标

评价方面	指标名称	计算公式	符号
盈利能力	净资产收益率	净利润/平均净资产×100%	y_1
	总资产净利率	净利润/平均资产总额×100%	y_2
	主营业务比率	主营业务利润/利润总额×100%	y_3
运营能力	总资产周转率	销售收入/平均资产总额	y_4
	应收账款周转率	销售收入净额/平均应收账款余额	y_5
	管理费用比率	管理费用/主营业务收入×100%	y_6
偿债能力	流动比率	流动资产/流动负债	y_7
	资产负债率	负债总额/资产总额	y_8
成长能力	净利润(同比增长率)	(本年净利润总额-上年净利润总额)/上年净利润总额	y_9
	总资产(同比增长率)	(本年总资产-上年总资产)/上年总资产	y_{10}
	营业总收入(同比增长率)	(本年营业收入总额-上年营业收入总额)/上年营业收入总额	y_{11}

2. 上市公司内部治理指标设定

公司治理结构分为三个方面:董事会结构、股权结构和对管理层的激励措施。本文即从这三个方面对上市公司内部治理指标进行分析,如表2所示。

表2 公司治理结构变量

变量类型	变量定义	符号	变量描述
董事会变量	独立董事规模	X_1	独立董事人数
	董事会规模	X_2	董事会人数
	董事长是否兼任总经理	X_3	兼任取1,不兼任取0
股权结构变量	第一大股东持股比例	X_4	第一大股东持股比例
	第二至第五位大股东持股比例	X_5	第二至第五位大股东持股比例之和
	自由流通股比例	X_6	自由流通股票数/总股数
高管激励和约束机制变量	高管报酬总额	X_7	前三位高级管理人员年薪之和
	监事会规模	X_8	监事会总人数

董事会作为公司的最高决策机构,其结构的有效性直接决定着公司的兴衰。能够反映董事会结构的评价指标包括董事会规模、独立董事规模、董事长是否兼任总经理、董事会会议召开次数等。

股权结构很大程度上反映了公司治理效率。股权结构的评价指标主要选择第一大股东持股比例、第二位到第五位大股东持股比例、自由流通股比例来体现股权集中度、股权制衡度及股权流动性等方面。

企业的高级管理层作为公司的最高执行机构,因为存在委托代理和信息不对称等问题,从而出现高级管理人员和股东利益不一致现象。所以,对高级管理者必须采取激励和约束机制来维护股东和公司利益。本文主要选择高管薪酬比例、监事会规模来衡量高级管理层的激励和约束机制。

(三) 模型建立

1. 上市公司可持续发展综合评价方法模型建立

针对初选的11个可持续发展评价指标,本文通过统计产品与服务解决方案软件(SPSS)采用主成分分析法建立综合评价指标体系,将原始数据样本做标准化处理,然后根据每个指标的方差贡献率,选出8个彼此独立的主变量,利用主成分分析将相关性指标转化成一些不相关的指标,以降低指标维数,避免信息的重叠带来的虚假性,提高评价方法的可操作性,最后以每个主成分的贡献率作为权数,对主成分进行加权平均后的综合得分进行评价。

表3 KMO 和 Bartlett 的检验

取样足够度的 Kaiser-Meyer-Olkin 度量		0.585
Bartlett 的球形度检验	近似卡方	319.756
	df	55
	Sig.	0.000

表4 解释的总方差

成分	初始特征值			提取平方和载入			旋转平方和载入		
	合计	方差的%	累积%	合计	方差的%	累积%	合计	方差的%	累积%
1	2.791	25.370	25.370	2.791	25.370	25.370	2.440	22.184	22.184
2	2.054	18.677	44.047	2.054	18.677	44.047	1.914	17.404	39.589
3	1.505	13.678	57.724	1.505	13.678	57.724	1.715	15.589	55.178
4	1.246	11.327	69.051	1.246	11.327	69.051	1.526	13.873	69.051
5	1.048	9.527	78.578						
6	0.784	7.123	85.701						
7	0.546	4.966	90.666						
8	0.499	4.534	95.200						
9	0.291	2.644	97.844						
10	0.175	1.593	99.437						
11	0.062	0.563	100.000						

提取方法:主成分分析。

表5 旋转成分矩阵[a]

	成分			
	1	2	3	4
Zscore:净资产收益率	0.952			
Zscore:总资产净利率	0.937	0.102		
Zscore:净利润(同比增长率)	0.661	−0.284	0.325	
Zscore:资产负债率			−0.934	−0.126
Zscore:主营业务比率			0.928	0.146
Zscore:营业总收入(同比增长率)	0.177	0.191	0.816	

续表

	成分			
	1	2	3	4
Zscore:总资产(同比增长率)	0.284	0.206	0.801	-0.122
Zscore:应收账款周转率	-0.306		0.440	0.312
Zscore:管理费用比率				0.842
Zscore:总资产周转率				0.800
Zscore:流动比率			0.231	-0.248

提取方法:主成分。

旋转法:具有 Kaiser 标准化的正交旋转法。

a:旋转在 6 次迭代后收敛。

根据 KMO 和 Bartlett 的检验可知,Bartlett 球体法圆形检验显著性水平为 0.000,小于显著性水平 0.05,因此拒绝 Bartlett 球形度检验的零假设,可以进行主成分分析。根据表4解释的总方差,可以看出 4 个主成分的累计方差贡献率达到 69.051% 的比例,反映了大部分的信息。根据表5旋转成分矩阵,针对旋转后的 4 个因子,选取每个因子中解释度最高的变量,结合上文分类,因子 1 代表盈利能力,可用净资产收益率(0.952)、总资产净利率(0.937)来表示;因子 2 代表偿债能力,可用资产负债率(-0.934)来表示;因子 3 代表成长能力,可用营业总收入(同比增长率)(0.816)、总资产(同比增长率)(0.801)来表示;因子 4 代表运营能力,可用管理费用比率(0.842)、总资产周转率(0.800)来表示。根据以上的主成分分析,最终确定的上市公司可持续发展综合指标体系如表6所示。

表6 苏州市上市公司可持续发展的评价指标

评价方面	指标名称	计算公式	符号
盈利能力	净资产收益率	净利润/平均净资产×100%	Y_1
	总资产净利率	净利润/平均资产总额×100%	Y_2
运营能力	总资产周转率	销售收入/平均资产总额	Y_3
	管理费用比率	管理费用/主营业务收入×100%	Y_4
偿债能力	资产负债率	负债总额/资产总额	Y_5
成长能力	总资产(同比增长率)	(本年总资产-上年总资产)/上年总资产	Y_6
	营业总收入 (同比增长率)	(本年营业收入总额-上年营业收入总额) /上年营业收入总额	Y_7

根据主成分的估计值和权重做加权平均后的综合得分进行评价,上市公司可持续发展能力所选样本的综合结果如表7所示。

表7 上市公司可持续发展能力综合指标赋权

指标内容		指标名称	综合得分模型中的系数	指标权重
综合得分模型中的系数	盈利能力	净资产收益率 Y_1	0.243 3	0.220 2
		总资产净利率 Y_2	0.222 5	0.201 3
	运营能力	总资产周转率 Y_3	0.103 4	0.093 5
		管理费用比率 Y_4	0.091 5	0.082 8
	偿债能力	资产负债率 Y_5	0.121 2	0.109 7
	成长能力	总资产(同比增长率) Y_6	0.173 4	0.156 9
		营业总收入(同比增长率) Y_7	0.149 6	0.135 4

根据表7,本研究得出苏州市上市公司可持续发展能力的综合模型:

$$Y = 0.220\,2Y_1 + 0.201\,3Y_2 + 0.093\,5Y_3 + 0.082\,8Y_4$$
$$+ 0.109\,7Y_5 + 0.156\,9Y_6 + 0.135\,4Y_7 \quad (公式1)$$

其中,Y表示上市公司可持续发展综合评价值。

根据上市公司可持续发展能力的综合模型,可以计算出所选71家苏州上市公司综合可持续发展能力的得分和排名。

2. 上市公司治理结构与企业可持续发展之间的关系模型建立

上市公司内部治理结构中影响公司可持续发展的因素比较多,本文主要采用多元线性回归方法分析上市公司内部治理机构与其可持续发展的关系。根据上述分析,第一大股东持股比例与上市公司可持续发展有着非线性关系,其他公司内部治理结构指标与上市公司可持续发展存在着线性关系,从而构建出以下模型:

$$Y = \alpha_0 + \alpha_1 X_4^2 + \alpha_2 X_1 + \alpha_3 X_2 + \alpha_4 X_3 + \alpha_5 X_4 + \alpha_6 X_5 + \alpha_7 X_6 + \alpha_8 X_7 + \alpha_9 X_8 + \xi$$

(公式2)

其中,Y表示上市公司可持续发展综合评价值,α_0表示常数,ξ表示随机误差,$\alpha_i(i=1,2,\cdots,8)$表示回归系数。

确定了公司内部治理的各项指标后,对选取的苏州市71家上市公司的原始数据进行无量纲化处理。采用Z标准化方法,将各变量的平均值与每个变量值的差值除以变量的标准差,无量纲化后的变量均值为0,标准差为1,从而消除了维数和量级的影响。

其次,对处理得到的数据运用SPSS19.0软件进行逐步回归筛选(Stepwise),

得到模型的自变量,并且针对回归模型进行显著性检验、回归系数的显著性检验以及多重共线性检验。

(1)回归模型显著性检验

表8 回归模型显著性检验结果 Anova[b]

模型		平方和	df	均方	F	Sig.
1	回归	8.681	9	0.965	4.651	0.000[a]
	残差	12.652	61	0.207		
	总计	21.333	70			

a:预测变量,(常量),第一大股东持股比例平方,监事会规模,董事长是否兼任总经理,独立董事规模,前三名高管报酬总额(万元),第二到第五大股东持股比例,董事会规模,自由流动股比例,第一大股东持股比例。
b:因变量,可持续发展综合得分。

从表8的回归模型显著性检验结果可以看出,F检验的观测值为4.651,对应的概率近似值为0,在显著性水平α为0.01的水平下,概率P小于显著性水平α,所以拒绝原假设,因为各回归系数不同时为0,被解释变量与解释变量全体的线性关系是显著的,可建立线性模型,即该回归模型是可行的。

(2)回归系数及显著性检验

表9 回归系数及其显著性检验结果系数[a]

模型		非标准化系数		标准系数	t	Sig.	共线性统计量	
		B	标准误差	试用版			容差	VIF
1	常量	4.068	1.084		3.753	0.000		
	独立董事规模	-0.034	0.173	-0.025	-0.197	0.845	0.591	1.692
	董事会规模	-0.043	0.053	-0.106	-0.809	0.421	0.571	1.752
	董事长是否兼任总经理	0.085	0.115	0.077	0.744	0.460	0.901	1.110
	第一大股东持股比例	-3.761	2.289	-0.882	-1.643	0.106	0.034	29.623
	第二到第五大股东持股比例	-3.143	1.097	-0.649	-2.865	0.006	0.190	5.268
	自由流动股比例	-3.607	0.857	-1.066	-4.209	0.000	0.152	6.592
	前三名高管报酬总额(万元)	0.002	0.001	0.382	3.446	0.001	0.791	1.264
	监事会人数	-0.132	0.080	-0.169	-1.651	0.104	0.929	1.077
	第一大股东持股比例平方	0.143	2.403	0.027	0.060	0.953	0.046	21.886

a:因变量,可持续发展综合得分。

从表9中回归系数及其显著性检验结果可以看出,在显著性水平为0.01的情况下,除了第二到第五大股东股权比例、自由流动股比例、前三名高管报酬总额这三个变量之外,其他变量的回归系数显著性检验的概率 P 值明显大于显著性水平,因此应接受原假设,认为它们与被解释变量 Y(可持续发展综合得分)的线性关系是不显著的,不应该保留在此模型方程中。

(3)解释变量间多重共线性检验

表10 解释变量间多重共线性检验结果共线性诊断[a]

模型	维数	特征值	条件索引	方差比例									
				(常量)	独立董事规模	董事会规模	董事长是否兼任总经理	第一大股东持股比例	第二到第五大股东持股比例	自由流动股比例	前三名高管报酬总额(万元)	监事会规模	第一大股东持股比例平方
1	1	8.454	1.000	0.00	0.00	0.00	0.00	0.00	0.00	0.00	0.00	0.00	0.00
	2	0.546	3.936	0.00	0.00	0.00	0.03	0.00	0.01	0.00	0.05	0.00	0.01
	3	0.421	4.481	0.00	0.00	0.00	0.79	0.00	0.00	0.00	0.01	0.00	0.00
	4	0.274	5.550	0.00	0.00	0.00	0.02	0.00	0.11	0.01	0.14	0.00	0.00
	5	0.228	6.089	0.00	0.00	0.00	0.05	0.00	0.00	0.02	0.65	0.01	0.00
	6	0.038	14.889	0.00	0.01	0.02	0.00	0.00	0.00	0.02	0.00	0.91	0.00
	7	0.021	19.976	0.00	0.05	0.37	0.06	0.00	0.18	0.21	0.10	0.01	0.03
	8	0.009	30.822	0.03	0.77	0.21	0.01	0.05	0.00	0.00	0.03	0.01	0.07
	9	0.007	34.601	0.05	0.17	0.38	0.04	0.15	0.16	0.16	0.00	0.02	0.45
	10	0.002	74.124	0.91	0.00	0.01	0.00	0.80	0.53	0.57	0.01	0.04	0.43

a:因变量,可持续发展综合得分。

从表10中解释变量间多重共线性检验结果中的条件索引可以看出,第6、7、8、9、10个条件索引都大于10,说明变量间存在多重共线性。

通过上述分析可知,原回归模型存在明显的线性关系不显著和变量的多重共线性问题,所以需要重新建立回归模型。本文采用向后筛选法建立新模型。

(4)建立新的回归模型

从表11模型汇总表可以看出,经过5步的向后筛选法,建立回归模型,最后的模型为第4模型。依次剔除的方程变量为第一大股东持股比例平方、独立董事规模、董事长是否兼任总经理、董事会规模。如果显著性水平为0.01,则可发现被剔除的变量的 F 检验的概率 P 值均大于显著性水平,所以可以认为这些变量对被解释变量的线性解释没有显著贡献,不应保留在方程中。最终保留下来的是监事会规模、前三名高管报酬总额、第二至第五大股东持股比例、自由流动股比例、第一大股东持股比例,共有 5 个变量。接着进行模型的方差分析,检查新建的模型是否有效,如表 12 所示。

表 11 模型汇总 f

模型	R	R 方	调整 R 方	标准估计的误差	R 方更改	F 更改	df1	df2	Sig. F 更改	Durbin-Watson
1	0.638^a	0.407	0.319	0.45542	0.407	4.651	9	61	0.000	
2	0.638^b	0.407	0.330	0.45175	0.000	0.004	1	61	0.953	
3	0.638^c	0.407	0.341	0.44829	0.000	0.038	1	62	0.845	
4	0.634^d	0.401	0.345	0.44669	-0.005	0.544	1	63	0.463	
5	0.620^e	0.384	0.337	0.44955	-0.017	1.836	1	64	0.180	1.677

a:预测变量,(常量),X_4 平方,X_8,X_3,X_1,X_7,X_5,X_2,X_6,X_4。
b:预测变量,(常量),X_8,X_3,X_1,X_7,X_5,X_2,X_6,X_4。
c:预测变量,(常量),X_8,X_3,X_7,X_5,X_2,X_6,X_4。
d:预测变量,(常量),X_8,X_7,X_5,X_2,X_6,X_4。
e:预测变量,(常量),X_8,X_7,X_5,X_6,X_4。
f:因变量,可持续发展综合得分。

表 12 模型方差分析表 Anova^f

模型		平方和	df	均方	F	Sig.
1	回归	8.681	9	0.965	4.651	0.000^a
	残差	12.652	61	0.207		
	总计	21.333	70			
2	回归	8.681	8	1.085	5.317	0.000^b
	残差	12.653	62	0.204		
	总计	21.333	70			
3	回归	8.673	7	1.239	6.165	0.000^c
	残差	12.661	63	0.201		
	总计	21.333	70			
4	回归	8.563	6	1.427	7.153	0.000^d
	残差	12.770	64	0.200		
	总计	21.333	70			

续表

	模型	平方和	df	均方	F	Sig.
5	回归	8.197	5	1.639	8.112	0.000[e]
	残差	13.136	65	0.202		
	总计	21.333	70			

b：预测变量,(常量), X_8, X_3, X_1, X_7, X_5, X_2, X_6, X_4。
c：预测变量,(常量), X_8, X_3, X_7, X_5, X_2, X_6, X_4。
d：预测变量,(常量), X_8, X_7, X_5, X_2, X_6, X_4。
e：预测变量,(常量), X_8, X_7, X_5, X_6, X_4。
f：因变量,可持续发展综合得分。

从表 11 可以看出第 5 个模型是最终的方程,如果显著性水平为 0.01,由于回归方程显著性检验的概率 P 值小于 0.01,因此在显著性水平为 0.01 时模型的线性关系显著,所以建立的线性模型是合适的。

在第 5 个模型中,通过新模型中变量的回归系数及显著性检验(见表 13),可以得知,在显著性水平为 0.01 下,第一大股东持股比例、第二到第五大股东持股比例、自由流动股比例、前三名高管报酬总额的回归系数较显著;监事会规模在显著性水平为 0.05 时回归系数较显著,以上变量系数下的回归方程具有统计学意义,以第 5 模型为苏州市上市公司治理结构和可持续发展关系分析模型总体来看是合理的,模型中的解释变量能够很好地解释上市公司可持续发展状况。

表 13　新模型中变量的回归系数及显著性检验系数[a]

	模型	非标准化系数		标准系数	t	Sig.	共线性统计量	
		B	标准误差	试用版			容差	VIF
5	(常量)	3.761	0.915		4.112	0.000		
	第一大股东持股比例	-3.667	0.960	-0.859	-3.818	0.000	0.187	5.350
	第二到第五大股东持股比例	-3.298	1.038	-0.681	-3.178	0.002	0.207	4.843
	自由流动股比例	-3.687	0.800	-1.089	-4.611	0.000	0.170	5.889
	前三名高管报酬总额（万元）	0.002	0.000	0.339	3.386	0.001	0.947	1.056
	监事会规模	-0.132	0.079	-0.169	-1.680	0.018	0.939	1.065

a：因变量,可持续发展综合得分。

在新建立的回归模型中根据标准化残差的标准 P-P 图(见图 1),可以得知,通过向后筛选法重新建立的回归模型是可行的。

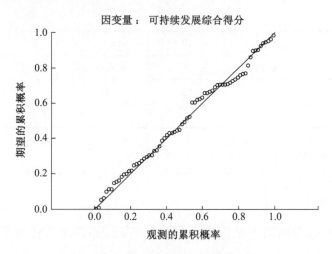

图 1　回归模型标准化残差的标准 P-P 图

根据表 13,采用原始数据回归得到回归系数,建立的回归模型如下:

$$Y = 3.761 - 3.667X_4 - 3.298X_5 - 3.687X_6 + 0.002X_7 - 0.132X_8 \quad (公式3)$$

五、研究结论

通过上述回归分析,得出以下研究结论:

(1) 独立董事的规模与企业可持续发展能力不相关。从回归分析中得出的结论与假设 1 不一致。这表明独立董事在苏州上市公司中仍然没有真正发挥作用。可能的原因有:首先,独立董事制度在 2001 年才真正引入我国,其本身就存在缺陷,需要改善,而且有些独立董事对上市公司业务不熟悉,认为独立董事制度与自身利益无关,从而没有很好地实施监督管理权力。其次,目前很多独立董事仅是形式上的岗位,没有实权和职能,而我国上市公司的董事会严重地受内部人控制和影响,董事会的核心作用还没有确立,独立董事的引入并没有显著增加董事会的独立性。所以,公司董事会和独立董事制度的重构已成为完善我国公司治理的必然要求。

(2) 董事会规模与上市公司可持续发展能力不存在显著的相关关系。在回归过程和回归模型的重新制定中,董事会规模这一变量在重新建模的第 5 步就被淘汰了。从表 9 来看,董事会规模与上市公司可持续发展综合体系的回归系数为 -0.043,相关系数 Sig 值为 0.421,由此可见,董事会规模与上市可持续发展不存在相关性,所得结论与假设 2 不相符。这可能是由于上市公司对于环境变化的适应性和灵活性不够,当董事会人数增加时,决策速度降低,导致经营成本增加和经营效率降低。由于企业自身的特殊性,董事会规模变化给不同企业带来的影响亦不同,从而产生董事会规模与上市公司可持续发展能力不相关的结果。

(3) 董事长与总经理是否两职合一与企业可持续发展能力相关性不明显。从表9中得知,"董事长是否兼任总经理"这一变量的回归系数为0.085,相关系数为0.460,所以董事长与总经理两职合一对企业可持续发展没有显著影响,说明该因素对上市公司可持续发展产生一定作用,但影响不明显,与假设3不相符。这表明,在上市公司内部,两职分离产生的积极影响和消极影响有可能被抵消。原因可能是董事长拥有公司的决策和任免权,总经理在公司仅仅作为被动的执行者。因此,公司董事长是否兼总经理与企业的可持续发展的相关性不明显。

(4) 第一大股东持股比例与企业可持续发展能力呈负相关关系。在表13重新建立的回归分析中,第一大股东比例与上市公司可持续发展综合体系的回归系数为-3.667,并在99%的置信水平下显著。这表明,第一大股东持股比例与企业可持续发展能力呈负相关关系,这与假设4不相符。结合理论研究,目前在苏州上市公司中,第一大股东比例如果再进一步增加的话,则可能发生股东过度控制、独裁、侵害其他股民利益等现象。这恰好也反映了大多数国有企业中"一股独大"的利弊,国有股减持作用在本文中也得到了充分体现。

(5) 第二至第五位股东持股比例与企业可持续发展能力呈显著负相关关系,与假设5相反。说明苏州市上市公司中不存在第二至第五大股东对第一大股东的相对持股比例越高,则可持续发展能力越强的规律。这是因为我国上市公司股权结构并未形成真正的制衡机制,未能充分发挥其作用,主要原因在于目前我国股权相对集中,从而影响了其他大股东参与公司治理的积极性。从长期来看,股权集中的优势将最终被股权不制衡的劣势抵消,缺乏充分的民主决策,经营者没有受到全面、有效监督,最终不利于企业可持续发展。

(6) 自由流通股比例与企业可持续发展能力呈负相关关系。从回归结果来看,自由流通股与上市公司可持续发展能力指标体系的回归系数为-3.687,相关系数的sig值为0,通过显著性检验。由此可知,自由流通股比例与企业可持续发展能力呈负相关关系,与研究假设6一致。这可能是由于我国资本市场股权分置和市场分割,以及我国资本市场的投机和跟风炒作较严重,使流通股买卖不利于上市公司可持续发展。

(7)报酬金额最高的前三名高级管理人员的报酬总额与企业可持续发展能力呈显著正相关关系,即高管人员的薪酬激励有利于企业的可持续发展,与假设7相符。所以,在一定程度上提高高管的报酬水平,可以产生有效激励作用,使管理者更加尽职尽责地为企业服务,从而增强企业的可持续发展能力。

(8)监事会规模与企业可持续发展能力呈负相关关系,与假设8不相符。从实证结果来看,虽然上市公司中设立了监事会,但由于受制于董事会,监事会很难实施有效的监督和约束;并且监事会在我国目前还没有对管理层的解聘权或者相关业务的批准权等实际权力,所以监事会规模的扩大,势必会不利于企业长期发展。

参考文献:

[1] Hermalin and Weisbach. Boards of Directors as an Endogenously Determined Institution: A Survey of the Economic Literature [J]. SSRN Working Papers, 2000,34(1):17-26.

[2] Hsu Hwa-Hsien, Wu Yu-Hsuan. Board composition, grey directors and corporate failure in the UK[J]. The British Accounting Review, 2013,46(3):215-217.

[3] Hsin-I Chou, Huimin Chung, Xiangkang Yin. Attendance of board meetings and company performance: Evidence from Taiwan[J]. Journal of Banking and Finance, 2013,37(11):4157-4171.

[4] Joseph J, Ocasio W, Mcdonnell M-H. The structural elaboration of board independence:Executive power, institutional logics, and the adoption of CEO-only board structures in US corporate governance[J]. The Academy of Management Journal, 2014,57(6):1535-1543.

[5] 姚禄仕.上市公司可持续发展研究[D].合肥工业大学,2009.

[6] 赵晨,章仁俊,陈永斌.董事会结构特征与企业成长关系研究——以竞争性行业上市公司为例[J].经济问题,2010(6):59-62.

[7] 郝云宏,周翼翔.董事会结构、公司治理与绩效——基于动态内生性视

角的经验证据[J]. 中国工业经济,2010(5):110-120.

[8] 骆晓亚,李宁. 关于公司治理与绩效关系研究的文献综述[J]. 经营管理者,2013(3):104-105.

[9] 张荣艳,蔡丽娜. 上市公司公司治理与业绩关系研究——来自房地产的数据[J]. 财会通讯,2013(15):66-69.

[10] 石大林,路文静. 公司治理效率与公司综合绩效间的关系——基于面板数据模型和主成分分析方法[J]. 山东财政学院学报,2014(3):83-92.

[11] 张志坡,王果. 我国上市公司监事会治理的实践[J]. 金陵法律评论,2014(2):112-125.

[12] 高明华,苏然,方芳. 中国上市公司董事会治理评价及有效性检验[J]. 经济学动态,2014(2):24-35.

[13] 郭泽光,敖小波,吴秋生. 内部治理、内部控制与债务契约治理——基于A股上市公司的经验证据[J]. 南开管理评论,2015(1):45-51.

[14] 曾新丽,于兴波. 基于公司治理结构的我国上市公司内部控制[J]. 财会研究,2015(5):63-66.

[15] 于朝晖. 提升国有企业公司治理水平的路径探讨[J]. 中国市场,2015(22):134-139.

[16] 韩少真,潘颖,张晓明. 公司治理水平与经营业绩——来自中国A股上市公司的经验证据[J]. 中国经济问题,2015(1):50-62.

(胡 菊、杨 峰、房师华、王海燕)

高管团队内部薪酬差距对公司绩效的影响研究
——基于沪深上市公司的经验数据

一、引言

两权分离是现代企业最为显著的特征之一。与任何两权分离的委托代理关系一样,由于契约的不完备性、所有者与经营者之间目标的不一致性、信息不对称性以及单个股东监督上的外部性等原因,道德风险性质的代理问题的出现不可避免。而以物质性为基础的经济性报酬即薪酬的激励是为大家普遍认同的,且人与人之间的需求差异也不大。因此,对高管人员薪酬的设计成为众多上市公司极其关注的问题。

在薪酬结构方面,中国上市公司高管之间的差距明显低于美国,薪酬最高的前两位高管的总直接现金薪酬的比例均为1∶0.85左右,而在美国企业 CEO 的权力和职责更大,其薪酬和其他高管差异较大(薪酬第二高的高管通常是 CEO 的50%~60%)。那么,高管薪酬到底如何设计才能降低代理成本,促使股东与高管之间利益的一致呢?本文立足中国特有的制度背景,从内生性视角来研究高管团队内部薪酬差距对上市公司绩效的影响。

二、相关文献评述与研究假设

(一)相关文献评述

国外学者的实证结果大多支持了锦标赛理论的观点,即认为大的薪酬差距有利于公司绩效的提升。Milgrom 和 Roberts(1992)指出,较大的薪酬差距不仅是对高水平、高能力的绩效较高者的薪酬补偿,同时也是对绩效较低者的一种强激励,使有潜力的绩效较低者更加努力地工作,从而整体上提高了公司绩效。Lambert 等(1993)发现,在高管团队内部,层级内部薪酬差距随着行政层级的提高而加大,不管团队独立性如何,高管薪酬差距与公司绩效始终呈现正相关关系。Tsoua 和 Liu(2005)实证研究发现,企业内部薪酬差距与员工离职率负相关,从而支持了锦标赛理论的观点。国外相关研究大多证明了高管薪酬差距和公司绩效存在着正相关关系,体现了锦标赛理论在现代企业中具有一定的普适性。

总体而言,锦标赛理论主要是从竞争的角度出发,强调对个人物质利益的追求,认为大的高管薪酬差距能够降低监控成本,为委托人和代理人的利益一致提供强激励,从而可以提高企业绩效。而行为理论则从团队合作的角度出发,强调较小的高管薪酬差距可以满足人们对公平的需求。锦标赛理论和行为理论,都有各自的理论和实证研究的支撑,具体哪种理论更适合现代企业的发展状况,国内外学者并未达成一致。况且人的需求具有多样性,只是在不同时期不同环境下所体现出来的主导需求不一样而已。因此,本文认为无论是锦标赛理论还是行为理论对中国的上市公司都有一定的适用性,至于哪种理论更适合中国国情,主要看二者合力的方向,即高管团队内部薪酬差距所产生的锦标赛激励的正面效应与基于行为理论的合作破坏的负面效应的合力的方向。

(二)研究假设

与西方文化强调自由竞争思想不同,中国文化素来信奉"中庸"之道,讲求"以和为贵",强调人际关系的和谐发展,且在成果分配上也一直就有"不患寡而患不均"的观念,这反映了公平因素对集体凝聚力的巨大影响。然而,分配的相对平均并不意味着公平。尽管从 20 世纪 80 年代开始,我国在个人收入分配制度上先后进行了一系列的改革,高管团队内部的薪酬差距在逐渐加大,但由于我国实行市场经济的时间不长,且受本国集体主义文化的影响,与发达国家相比,我国高管团队内部的薪酬差距仍然较小。而近年来,我国上市公司也已基本上建立起了市场经济下基于效率目标的薪酬结构体系,这将进一步要求拉大高管团队内部薪酬差距以激励高管人员更加努力地工作。俞正、冯巧根(2010)发现上市公司高管层薪酬差距的扩大,有利于减少高管层的盈余管理串谋,从而抑制了为提高薪酬而进行的盈余管理行为。同时,薪酬差距的加大会激励高管层更加努力地工作,体现在薪酬差距大的公司的净资产收益率更高。Lin 等人(2006)的研究也为锦标赛理论在我国的适用性提供了强有力的支撑。因此,基于以上分析,提出研究假设1:

假设1:在不考虑内生性的情况下,高管团队内部薪酬差距对公司绩效具有正向影响,即高管团队内部薪酬差距与公司绩效正相关。

行为理论在中国也有一定的适用性,因为受中国几千年的儒家文化的影响,对"公平、平等"的追求已经在人们的脑海中根深蒂固,这决定了过大的薪酬差距可能是人们所不能接受的。况且人的需求具有多样性,只是在不同时期不同环境下所体现出来的主导需求不一样而已。鲁海帆(2009)以 2001—2007 年沪深两市 A 股上市公司面板数据为样本,从内生性角度验证锦标赛理论和行为理论在中国的适用性,结果发现,在控制内生性后,高管团队内部薪酬差距与公司绩效存在曲线关系。刘春、孙亮(2010)以 2001—2007 年沪深两市国有上市公司面板数据为样本研究国企内部薪酬差距与公司绩效的关系,结果发现,在考虑内生性后,国有企业内部薪酬差距对公司绩效仍具有显著的正向影响。因此,关于薪酬差距与公司绩效相互作用的效应是相互加强还是相互抵消,我们还无法确定。另外,以上研究都承认高管团队内部薪酬差距对公司绩效的显著影响,所以本文提出研究假设2:

假设2:高管薪酬差距具有内生性,在适当控制内生性后,高管团队内部薪酬差距对公司绩效仍有显著影响,其具体方向有待检验。

(三) 研究模型构建

基于以上假设,本文构建了模型 1 和模型 2,模型 1 主要是分析高管团队内部薪酬差距对公司绩效的影响,而同时由于高管薪酬差距可能是个内生性变量,所以本文也对高管薪酬差距的影响因素进行了研究,主要是为高管薪酬差距内生性的检验及控制做准备,因此本文构建了模型 2。

模型 1:高管团队内部薪酬差距对公司绩效的影响

$$perf_{it} = \alpha_1 + \alpha_2 gap_{it} + \alpha_3 indu_{it} + \alpha_4 size_{it} + \alpha_5 state_{it} + \alpha_6 beta_{it} + \alpha_7 debt_{it} \quad (1)$$

其中,下标 i 代表所对应的公司,t 代表年度,由于本文主要是对 2008 年上市公司数据进行分析,故 t 都是指 2008 年。具体变量定义见表1。

模型 2:高管团队内部薪酬差距的影响因素

$$gap_{it} = \beta_1 + \beta_2 perf_{it} + \beta_3 perf_{i(t-1)} + \beta_4 size_{it} + \beta_5 state_{it} + \beta_6 indu_{it} + \beta_7 supersize_{it}$$

$$+ \beta_8 teamsize_{it} + \beta_9 area_{it} + \beta_{10} mult_{it} \tag{2}$$

下标 i, t 的含义同上，其中 $perf_{i(t-1)}$ 代表第 i 个公司上一年的公司绩效，也即第 i 个公司 2007 年的公司绩效。具体变量定义见表 2。

三、研究设计

（一）样本数据的选取及数据来源

1. 样本的选取

自 1998 年起，上市公司按规定开始公布管理层的年度薪酬信息，并分别在 1999 年、2001 年出台了新的规定对高管层薪酬进行进一步的披露。而最近出台的关于薪酬详细披露的规定源于 2007 年，2007 年修订的《年度报告的内容与格式》中规定：上市公司年度报告中必须披露董事、监事和高级管理人员报酬的决策程序、报酬确定依据以及报酬的实际支付情况，同时要求披露每一位现任董事、监事和高级管理人员在报告期内从公司获得的税前报酬总额（包括基本工资、奖金、津贴、补贴、职工福利费和各项保险费、公积金、年金以及以其他形式从公司获得的报酬）以及全体董事、监事和高级管理人员的报酬总额。而 2007 年为新政策出台的第一年，很多公司可能对高管薪酬的披露不是很成熟，因此，本文以 2008 年沪深两市的一般上市公司为样本，由于模型涉及公司上一年的绩效，故本文同时也选取了 2007 年的样本数据作为补充。选择不包括金融业的一般上市公司为样本主要是基于金融业经营业务和财务表现与其他行业差别较大。另外，本文还在初选样本的基础上做了如下处理：

（1）ST 和 *ST 公司经营状况受到了较多非正常因素的干扰，因此较多数据会出现异常，另外，此类公司可能受外部压力的影响，对一些数据进行不准确的披露以避免外部的搜查，而且此类公司经营情况很不稳定，管理层机会主义倾向也较大，因此所披露的管理层薪酬可能并非管理层薪酬的真实代表。所以本文对 2008 年度 ST 和 *ST 公司予以剔除。

（2）因为本文主要以一般上市公司为样本，对于 2008 年度发行 S 股、G 股的样本予以剔除。

（3）由于公司的核心高管人员相对普通高管人员具有更高的能力和素质，且其所做的决策更具有战略性，需要更多的时间和精力去完成，对公司的运营起着更为重要的作用，所以相应来说应该获得更高的报酬。而现实生活中，很多核心高管人员主要通过持股来获取报酬,而对于固定年薪只是象征性领取一点甚至不领,这将导致有些公司高管薪酬差距为负的情况。对于 2008 年上市公司样本中的此类公司,本文予以剔除。

(4)剔除 2008 年所需模型 1 数据或模型 2 数据缺失的公司。

(5)对于 2008 年度公司中所需数据异常的样本予以剔除。如在公司数据中出现的资产收益率为 -97% 的公司。

(6)将 2007 年的公司绩效数据与 2008 年的数据进行匹配,对 2008 年度样本中上一年公司绩效数据缺失或异常的样本,予以剔除。

经过上述筛选,本文得到 2008 年上市公司样本 961 家。

2. 数据来源和处理

本文的原始数据主要来源于 CCER 数据库和 CSMAR 数据库。

本研究所使用的统计软件和数据处理软件有 Excel、Stata10.0 以及 SPSS17.0,其中基本数据的处理和计算使用了 Excel 软件,数据的描述性统计和相关检验使用了 SPSS17.0,而工具变量的外生性检验、内生变量的内生性检验、联立方程的联立性检验以及回归分析均使用了 Stata10.0。

(二)变量设置

1. 模型 1 的变量设置(见表 1)

表 1　模型 1 的变量定义表

变量类型		变量名称	变量符号	具体定义
被解释变量		公司绩效	roa	资产收益率(净利润)
			Tobin's Q	托宾 Q 值
解释变量	薪酬差距	绝对薪酬差距	gap	lg(核心高管人员平均薪酬-其他高管年度平均薪酬)
	控制变量	公司规模	size	年末总资产取以 10 为底的对数
		资本结构	debt	年末负债/年末总资产
		股权性质	state	国有股股数/总股数
		行业	indu	虚拟变量,样本公司所属行业若为制造业,则取 1,否则为 0
		风险	beta	beta 系数

2. 模型2的变量设置(见表2)

表2 模型2的变量定义表

变量类型		变量名称	变量符号	具体定义
被解释变量		绝对薪酬差距	gap	lg(核心高管人员平均薪酬－其他高管年度平均薪酬)
解释变量	公司绩效	当年公司绩效	$perf_1$	2008年的公司绩效指标
		上年的公司绩效	$perf_2$	2007年的公司绩效指标
	控制变量	公司规模　总资产对数	$size$	年末总资产取以10为底的对数
		股权性质　国有股比例	$state$	国有股股数/总股数
		高管规模　高管团队规模	$teamsize$	所有高管人数取自然对数
		监事规模　监事会规模	$supersize$	监事会人数
		行业　制造业	$indu$	虚拟变量,样本公司所属行业若为制造业,则取1,否则为0
		地区差异　发达地区	$area$	虚拟变量,公司属于沪、京、津、浙、苏、粤时取1,否则为0
		多元化　多元化战略	$mult$	公司经营业务数

四、实证结果和分析

(一) 描述性统计

表3为变量的描述性统计表,在2008年的961个样本中,资产收益率均值仅为0.024 3,说明2008年我国上市公司整体绩效不佳。而标准差为0.069 1,变异系数＝标准差/均值,约为3,这说明2008年中国上市公司中资产收益率情况整体不均衡,不同公司之间差异较大。高管团队内部薪酬差距均值为5.260 5,即核心高管人员的实际薪酬约比普通高管人员高出20万左右,而高管薪酬差距的标准差为0.351 8,相对变异系数较小,说明不同上市公司高管薪酬差距的差异不大。公司规模均值为9.474 5,标准差为0.492 5,说明上市公司总资产平均为十几亿左右,且上市公司规模差异不大。beta均值为1.134 1,说明2008年中国上市公司面临的外部风险整体偏大。国有股比例最低为零,最高为84%,均值为23%,这说明我国上市公司中国有股比例相对较高。资产负债比率均值为0.52,这说明我国上市公司整体资产负债率偏高。高管团队规模均值为2.915 4,这说明我国上市公司监事、董事、高管总人数平均为18～20人。监事会规模最小值为2,不符合《公司法》规定的监事会人数不少于3人的规定。另外,

中国上市公司平均总资产在十几亿左右,而监事会平均人数却不足5人,监事会规模总体偏小。公司经营的业务数目平均为4~5之间,标准差为2.560,这说明我国上市公司普遍存在着业务多元化的情况。我国上市公司Tobin's Q均值约为1.31,这说明我国上市公司价值总体上存在着被市场高估的情况。

表3 变量的描述性统计表

年度	变量名称	极小值	极大值	均值	标准差
2008	roa	-0.4376	0.4476	0.0243	0.0691
	gap	3.2218	6.3917	5.2605	0.3518
	size	8.0745	11.8762	9.4745	0.4925
	beta	0.4340	1.8473	1.1341	0.1743
	state	0.0000	0.8400	0.2344	0.2151
	debt	0.0386	1.1511	0.5202	0.1774
	teamsize	2.3026	3.6636	2.9154	0.2271
	supersize	2	15	4.34	1.615
	mult	1	28	4.35	2.560
	Tobin's Q	0.5503	8.3563	1.3054	0.5016

(二)相关分析

由于本文主要是分析薪酬差距对公司绩效的影响,因此本文只对模型1中的变量进行相关性分析,见表4。

表4 变量的pearson相关分析表

	roa	Tobin's Q	gap	indu	beta	debt	size	state
roa								
Tobin'sQ	0.152***							
	0.000							
gap	0.278***	0.037**						
	0.000	0.046						
indu	-0.054*	0.021	-0.158***					
	0.086	0.412	0.000					

续表

	roa	Tobin's Q	gap	indu	beta	debt	size	state
beta	-0.150***	-0.243***	-0.071**	0.070**				
	0.000	0.000	0.527	0.029				
debt	-0.396***	-0.226***	-0.005	-0.049	0.139***			
	0.000	0.000	0.866	0.128	0.000			
size	0.144***	-0.340***	0.378***	-0.140	-0.033	0.306***		
	0.000	0.000	0.000	0.198	0.303	0.008		
state	0.035*	-0.194***	0.019*	-0.044	-0.028	0.072	0.270***	
	0.076	0.000	0.065	0.175	0.390	0.423	0.006	

注：a. ***、**、*分别表示在0.01、0.05、0.10水平上统计显著(双侧检验)。
　　b. 每一行上面表示相关系数,下面表示相应 p 值(显著水平)。

表4给出了各变量之间的相关关系。解释变量高管薪酬差距 gap 与代表公司绩效的财务指标 roa 以及市场指标 Tobin's Q 均呈显著正相关。控制变量行业 indu 在0.1的显著性水平上与 roa 负相关,而与 Tobin's Q 正相关但不显著。而 beta 系数、资产负债率与 roa、Tobin's Q 均呈显著负相关,公司规模 size 与 roa 显著正相关,而与 Tobin's Q 却显著负相关,国有持股比例在0.1的显著性水平上与公司绩效的财务指标正相关,但却与上市公司绩效的市场指标显著负相关。

(三) OLS 回归分析

一般认为,高管团队内部薪酬差距从两个方面影响着公司绩效:一方面,高管团队内部薪酬差距的加大,可以激励企业的核心员工更加努力地工作,同时又可以降低监督成本,从而能提高公司绩效;另一方面,高管团队内部薪酬差距的加大,使普通管理人员产生不公平感,从而出现不合作、破坏团队工作的行为而影响公司绩效。国内外许多研究对此也作出了实证研究,虽然结果不一,但他们都承认高管团队内部薪酬差距会影响公司绩效。因此,为了研究高管团队内部薪酬差距对上市公司绩效的影响,本文对模型1进行简单的 OLS 回归分析,结果发现高管团队内部薪酬差距对公司绩效具有正向激励作用。其具体结果见表5、表6。

表5　模型1的回归分析表：高管薪酬差距对公司绩效的促进效应

变量	roa	
	不考虑 gap 内生性	考虑 gap 内生性后
	OLS 回归	3SLS 回归
gap	0.037 761 1***	0.087 722 5***
indu	-0.001 678 4	0.002 258 3
size	0.028 425 8***	0.012 830 2**
state	0.002 101 4	0.009 619 8
beta	-0.026 403 9**	-0.029 53***
debt	-0.174 533 6***	-0.158 671 9***
F-stat	38.66	ch2 = 334.55
R-sq	0.195 6	0.217 5
观测值	961	961

注：***、**、*分别表示在 0.01、0.05、0.10 水平上统计显著（双侧检验）。

表6　模型2的回归分析表：高管薪酬差距对公司绩效的反馈效应

变量	gap	
	不考虑 gap 内生性	考虑 gap 内生性后
	OLS 回归	3SLS 回归
roa	0.658 440 6***	0.051 033 6*
roa_2	1.136 34***	2.048 126***
indu	-0.040 295 8**	-0.051 543 4***
state	-0.148 404 2***	-0.141 118 4***
size	0.185 245 5***	0.180 570 1***
teamsize	0.388 651 8***	0.361 828 2***
area	0.210 200 4***	0.176 450 2***
supersize	-0.009 897 8	-0.002 058 3*
mult	-0.004 111 8	-0.002 058 3
F-stat	48.12	ch2 = 527.71
R-sq	0.312 9	0.335 1
观测值	961	961

注：a. ***、**、*分别表示在 0.01、0.05、0.10 水平上统计显著（双侧检验）。
　　b. 其中 roa_2 是指公司上一年的绩效，即相应公司 2007 年的 roa 值。

由表5可知，无论是考虑内生性还是不考虑内生性，高管团队内部薪酬差距对公司绩效都具有正向影响,研究假设 1 得到了验证。另外,观察两种回归结果中高管薪酬差距的回归系数,我们可以看出,在控制内生性后,高管薪酬差距对公司绩效的正向作用大大加强,假设 2 得到了验证。而在模型 2 的回归结果中,我们也发现公司绩效对高管薪酬差距有正向反馈效应,且主要是上一期的公司绩效对高管团队内部薪酬差距的反馈效应较大,这种反馈效应在控制内生性后得到进一步加强,而当期公司绩效对高管团队内部薪酬差距的反馈效应较小,且在控制内生性后反馈效应减弱,但作用方向仍为正。换言之,高管团队内部薪酬差距对公司绩效的促进作用以及公司绩效对薪酬差距的反馈作用均十分强烈,且在控制内生性以后,它们之间的这种相互作用得到了加强。在 OLS 回归结果中,高管团队内部薪酬差距的值增加 1 个单位,公司绩效 roa 相应提升 0.037 8 个单位。而在用 3SLS 方法控制内生性后,高管团队内部薪酬差距的值增加 1 个单位,公司绩效 roa 相应提升 0.087 7 个单位,高管团队内部薪酬差距对公司绩效的正向作用力增强了 132%,即认为 OLS 回归结果中高管团队内部薪酬差距对公司绩效的较弱的正相关关系是不可靠的,是内生性低估了这两个变量之间的关系。高管团队内部薪酬差距与公司绩效之间是一个相互促进的良性循环过程。如果仅仅单方面地研究两者的关系,很难得到准确而可靠的结论。且以上研究结果中,无论是模型 1 还是模型 2,$R\text{-}sq$ 均为 0.19 以上,具有一定的解释力。由此可见,在中国目前的制度背景下,强调竞争激励的锦标赛理论占主导地位,而强调平等、公平的集体主义思想的行为理论在中国当前制度背景下适用性有限。

五、研究结论与管理建议

(一) 研究结论

本文对我国上市公司高管团队内部薪酬差距这一激励形式进行研究,以公司前三位高管人员的平均薪酬与其他高管人员、监事、董事等的平均薪酬的差额取以 10 为底的对数作为高管团队内部薪酬差距的衡量指标,研究其对公司绩效的影响。而目前关于薪酬差距的理论主要存在着两个结论完全相反的理论——锦标赛理论和行为理论。本文结合中国的制度背景,以及以往学者的研究分析结果,分析了两种理论在中国的适用性,并提出了相应的假设。然后选取 2008 年的截面数据为研究样本进行多元线性回归,对假设进行验证。同时本文还发现高管薪酬差距可能是个内生性变量,并对这一猜想进行验证,进一步研究在考虑高管薪酬差距的内生性后,高管团队内部薪酬差距对公司绩效的影响情况。通过以上研究思路,本文得出了以下结论:

(1)不考虑高管薪酬差距的内生性时,高管团队内部薪酬差距对公司绩效有正向影响。本文分析了公司绩效的影响因素,建立了模型1,用多元线性回归的方法,对高管团队内部薪酬差距对公司绩效的影响进行研究,结果发现,无论是以 roa 作为公司绩效的衡量指标,还是以 Tobin'sQ 作为公司绩效的衡量指标,高管团队内部薪酬差距对公司绩效的回归系数均显著为正,这说明,随着经济的不断发展和外部竞争思想的引入,强调通过内部竞争来激励高管的锦标赛理论更符合现代企业的实际情况。而强调团队成员之间的公平、平等的行为理论虽然与中国传统文化相符,在中国也有一定的适用性,但其作用力有限。在监督成本高昂的情况下,公司应该通过扩大高管团队内部薪酬差距的方式去激励高管相互竞争,相互监督,从而持续提升企业的活力使公司受益。

(2)高管团队内部薪酬差距具有内生性,不管是当期公司绩效还是上一期的公司绩效,对高管团队内部薪酬差距均有正向影响。由于现实生活中,高管薪酬的确定很大程度上都依赖于绩效,所以本文认为高管团队内部薪酬差距可能具有内生性,并用工具变量法对这一猜想进行了验证。另外本文还发现,不管是当期绩效还是上一期绩效,对高管薪酬差距均有正向影响,且当以 roa 作为绩效的衡量指标时,上一期绩效对高管薪酬差距的正向作用力较当期绩效强,而以 Tobin'sQ 作为公司绩效的衡量指标时,当期绩效较上一期绩效对高管薪酬差距的正向作用力强,这可能是由 Tobin'sQ 作为市场指标具有一定的预见性决定的。

(3)在控制内生性后,高管团队内部薪酬差距对公司绩效仍然具有正向影响,且其作用力增强。本文联立模型1和模型2,建立联立方程组,用3SLS方法对方程组进行回归分析,结果发现,无论是以 roa 作为公司绩效的衡量指标,还是以 Tobin'sQ 作为公司绩效的衡量指标,在控制内生性后,高管团队内部薪酬差距对公司绩效的正向作用都大大提高了。虽然人的需求是多种多样的,但在中国目前的制度背景下,人们对物质的追求超过了对公平的渴求,因此,适度扩大高管团队内部薪酬差距有利于激励高管人员为了获取更高的薪酬而努力工作,从而有利于公司绩效的提高。另外,本文还发现不仅高管团队内部薪酬差距对公司绩效具有正向的促进效应,公司绩效对高管团队内部薪酬差距也有强烈的反馈效应,两种效应是相互加强的,以往不考虑高管团队内部薪酬差距与公司绩效之间的内生性,用OLS对其关系进行简单回归的做法,低估了高管团队内部薪酬差距对公司绩效的激励作用。

(二)管理建议

本文从内生性视角出发,采用规范分析和实证研究的方法,研究了高管团队内部薪酬差距对公司绩效的影响,并且为了进一步提高上市公司绩效,本文分别从政府角度和上市公司角度提出以下建议:

1. 从政府角度提出的建议

(1)建立完善的经理人市场,形成规范成熟的职业经理定价机制。建立完善的经理人市场,引入人才的市场价位,建立和完善以岗位绩效工资为主体、短期薪酬分配与中长期薪酬激励有机结合的规范成熟的职业经理定价机制。一方面,可以降低企业信息不对称程度,选拔到合适的人才,从而降低代理成本;另一方面,在市场竞聘机制中,对高管人员的替换威胁能够较好地制约高管人员的短期行为。此外,引入职业经理定价机制,能够使其他高管人员更加信服核心高管人员的能力,从而减少由于大的高管团队内部薪酬差距而引起的"不公平"感。

(2)完善高管薪酬的信息披露制度,加强对高管薪酬的监督和管理。完善对高管人员薪酬的披露不仅有助于股东清晰地评价公司的财务情况以及高管薪酬方案的合理性,降低监督成本,还有助于增加高管团队内部薪酬比较的透明性,从而消除团队内部成员间不必要的猜测,减少合作破坏行为的发生。美国证券交易委员会2006年相关法律规定上市公司将高管薪酬信息分为三类,包括当期薪酬、以前授予的但未完成的薪酬和退休薪酬及其他离职后薪酬。而在我国信息披露还不够完善,内部股东以及外部市场无法通过信息的披露有效地观测到高管薪酬的多少,因此高管人员操纵空间较大,商业贿赂、在职消费等现象频频发生。这严重影响了市场的交易秩序,增加了公司成本。因此,国家应该完善高管薪酬的信息披露制度,加强高管薪酬的监督和管理。

2. 从上市公司角度提出的建议

适度拉开高管团队内部薪酬差距,引入团队内部竞争机制。本文的实证结果表明,在不考虑在职消费、高管持股和分配过程中程序公平的影响时,适当拉开高管团队内部薪酬差距是有利于提高公司绩效的。另外,模型2的研究结果也表明,国有股比例越高,高管团队内部薪酬差距越小。因此,上市公司应适度拉开高管团队内部薪酬差距,让高管团队内部形成有效的竞争机制,从而为提高公司绩效而努力。

(三)研究的局限性和研究展望

1. 研究的局限性

本研究的局限性主要表现在以下方面:

(1)由于上市公司年报薪酬数据的限制,且我国上市公司的股权、期权激励机制尚不成熟,本文对于薪酬的衡量仅仅包括了 CCER 数据库中披露的年度薪酬。然而我国很多企业为了吸引和留住人才,引进了高管持股计划,除此之外,还有一些企业特别是国有持股比例较高的企业在职消费现象特别严重,这可能会影响研究结果。

(2)本文在研究高管团队内部薪酬差距对公司绩效的影响时,主要使用了 2008 年的截面数据作为研究对象,仅在模型 2 中加入了上一年公司绩效这一跨期变量。但是薪酬制度的设定是一个长期的过程,仅跨一年的数据并不足以证明研究结果的有效性。

(3)高管团队内部薪酬差距的激励效果针对高管团队的不同群体是不一样的,例如,有的公司核心高管人员的薪酬与非核心高管人员薪酬差距的扩大,可能有利于公司绩效的提高,而非核心高管人员内部薪酬差距的扩大却不利于公司绩效的提高。所以公司在设定高管团队内部薪酬差距时应当进行进一步的考虑,而不是一味地套用本文的研究结果。

2. 研究展望

(1)因为薪酬制度的设定是一个长期的过程,所以未来的研究应该更多地集中于对多年面板数据的研究。

(2)研究中考察的薪酬差距仅仅代表了一种分配结果,未来的研究应该考虑到分配的过程,即程序公平对于薪酬差距以及公司绩效的影响,使得研究结论具有更高的外部效度。

(3)由于目前我国的激励机制还不完善,且上市公司对于薪酬的披露仅为显性的货币性收入,而在现实情况下,高管人员的很大一部分收入都来自于股票期权、在职消费等,因此,未来的研究应更多地集中于对高管人员隐性收入的监督和量化上。

(4)国内现有的研究主要是集中于实证研究,理论支撑大部分都来自于国外。除此之外,在薪酬差距对公司绩效的影响的研究上,大部分都是从外生性角度进行的研究,即使有少数从内生性角度来研究,也缺少相关理论的支撑。所以未来的研究应更多地集中在从动态内生性角度进行的理论和实证分析。

(5)现有很多研究都认为仅有一种理论对中国上市公司起作用。而事实上,锦标赛理论和行为理论在中国都有一定的适用性,只是适用程度不一样而已。因此,未来的研究应该把锦标赛理论和行为理论结合起来,建立关于两种理论的博弈模型,以此来解释在中国制度背景下,高管团队内部薪酬差距对公司绩效的激励效应。

参考文献:

[1] Lambert R., Lareker D., Weigelt K. The structure of organizational incentives[J]. Administrative Science Quarterly,1993(38):438-461.

[2] 陈书怡.公司高管内部薪酬差距与组织绩效的关系研究评述——基于锦标赛理论和行为理论的争论[J].管理观察,2010(3):20-21.

[3] 王浩,黄小玲.上市公司高管团队长期薪酬差距与公司绩效关系研究[J].科技进步与对策,2010(7):146-149.

[4] 黄晓红,张昉.国有企业高管薪酬管制有效性的实证研究——来自A股上市公司的证据[J].上海金融,2012(5):98-103.

[5] 刘绍娓,万大艳.高管薪酬与公司绩效:国有与非国有上市公司的实证比较研究[J].中国软科学,2013(2):90-101.

[6] 关明坤,曾庆东.我国上市公司高管薪酬结构差异性对经营绩效影响的实证研究[J].生产力研究,2013(6):159-161.

[7] 沈永建,倪婷婷.政府干预、政策性负担与高管薪酬激励——基于中国国有上市公司的实证研究[J].上海财经大学学报,2014(6):62-70.

[8] 肖坤.高管薪酬对公司业绩激励效应研究——来自中国上市公司的经验证据[J].经济问题,2014(8):113-117.

(赵 娜、童 宇、佘彩云)

科技型中小企业治理结构与绩效关系的实证研究

——基于中小板上市公司的经验数据

一、引言

公司治理的目标在于控制代理成本、提高公司绩效以及满足其利益相关者的利益。科技型中小企业作为中小企业中最活跃的因素,是高技术企业的雏形,如果得到适当的培育,很有可能会成长为高技术企业。然而,在市场经济条件下,科技型中小企业在公司治理方面存在诸多问题,影响了企业绩效及其竞争力的提升。

在我国,科技型企业主要是指以创新为发展动力,以高技术含量为产品特征,主要从事高新技术产品的研制、开发、生产和服务业务的企业。科技部于1999年设立了科技型中小企业技术创新基金,首次定义了科技型中小企业。根据创新基金的定义,申请科技型中小企业技术创新基金的企业必须具备以下条件:在中国境内所在地工商行政管理机关依法登记注册,具备企业法人资格;具有健全的财务管理制度;职工人数原则上不超过500人,其中具有大专以上学历的科技人员占职工总数的比例不低于30%;应主要从事高新技术产品的研制、开发、生产和服务业务;企业负责人应当具有较强的创新意识、较高的市场开拓能力和经营管理水平;每年用于高新技术产品研究开发的经费不低于销售额的3%,直接从事研究开发的科技人员占职工总数的10%以上;对于已有主导产品并将逐步形成批量和已形成规模化生产的企业,必须有良好的经营业绩。

中小企业板,是在现行法律法规不变、发行上市标准不变的前提下,在深圳证券交易所设立的一个运行独立、监察独立、指数独立的板块。深市中小企业板于2004年5月设立,截至2014年年底,中小企业板块共有746家上市公司。中小企业板重点为主业突出、具有成长性和科技含量的中小企业提供直接融资平台,是解决中小企业发展瓶颈的重要探索。本研究通过对公司治理结构与绩效关系的理论论述,并以我国深市中小板上市的科技型中小企业为研究样本,具体考察我国中小板上市的科技型中小企业治理结构与绩效的关系。

二、相关文献评述与研究假设

(一)相关文献评述

科技型中小企业是高科技公司的雏形,是一种特殊的企业形态。本研究关于科技型中小企业的定义主要是从中小企业和科技型企业的双重角度来界定的。截止到目前,以在我国中小板上市的科技型中小企业为样本来研究公司治理结构对绩效影响的文献几乎没有。所以本研究从科技型中小企业的定义出发,分别综述中小企业治理结构与绩效的关系和科技型企业治理结构与绩效的关系。

从文献回顾来看,在有关公司治理结构与公司绩效关系问题的研究上,国内外学者大多采用了类似的研究方法,选取一个或多个公司治理结构和公司绩效替代变量进行回归分析,并结合代理理论对回归结果进行解释说明。但是各学者所得的研究结果却呈现不一致性和多样性,原因可能如下:

(1)选择的研究对象存在差异。例如:高劲、刁伟娜(2009)选择2007年深市的78家深圳本地公司;姚禄仕、吴海滨(2009)选择研究沪、深两市300家优秀上市公司,以2006年的数据为研究基础。由于我国资本市场目前尚处于发展的初级阶段,相关的法律法规还有待完善,选择在不同年份不同板块上市的企业,因为受到不同政策的影响,在不同时期会表现出不同的经营业绩。

(2)选择的替代变量存在差异。例如:国内学者大多选择每股盈余、市净率、总资产收益率和净资产收益率等财务指标来代表公司绩效,或者利用这些指标建立指标体系来综合反映公司绩效,而国外学者更倾向于使用托宾Q值。

(3)选择的研究方法存在差异。在研究中,尽管大多数学者都是依据委托代理理论预先提出几个基本假设,然后建立回归模型进行验证,得出公司治理结构与公司绩效是线性相关或线性无关的结论。但是,学者们建立的回归模型却存在着很大差异，有的用线性模型，有的则采用曲线模型，得出的结论当然会不同。

另外，上述文献尚缺乏对科技型中小企业治理结构与绩效关系的研究，本研究试图以在我国中小企业板上市的科技型中小企业为研究对象，以2007—2009年面板数据为窗口，实证研究我国科技型中小企业治理结构与绩效的关系。

（二）研究假设

我国科技型中小企业大多是由民营企业发展起来的。企业的创业者一般情况下就是公司的第一大股东，同时他们也是企业的经营者，这些创业者从心理和行动上，都可能会认为公司仍然是其个人的财富，基于这种私利的心理，他们有很强的积极性来改善公司治理的水平，以提高企业的业绩，增加自己的财富。并且第一大股东持股比例越高，其利益与上市公司利益的一致性就越高，这在一定程度上减少了委托—代理问题对公司绩效的不利影响。

本研究基于以上分析提出如下假设：

H1：科技型中小企业股权集中度与公司绩效之间存在正相关关系。

在上市公司中，第一大股东持股比例越高，越会影响公司治理效率。其他大股东特别是第二大股东，是第一大股东隐藏转移财富的障碍，并且增加了控制权的流动性，提高了治理控制市场的效率。除控股股东以外的大股东所持有的股权越集中，越会加强对企业经营管理的监督，并且能够增强对企业控制权的有效竞争；同时也会降低控股股东实施"隧道行为"的可能性，并有助于保护小股东的利益。

本研究基于以上分析提出如下假设：

H2：科技型中小企业股权制衡度与公司绩效之间存在负相关关系。

根据代理理论，当公司经理与股东之间存在信息不对称的时候，股东会与经理签订报酬—绩效契约，以减少经理由于道德风险和逆向选择等信息不完全所带来的代理成本。在报酬—绩效契约下，经理的报酬将由企业的经营业绩来决定，因而，公司高级管理人员势必会通过提高企业经营业绩来提高自己的报酬。

本研究基于以上分析提出如下假设：

H3：科技型中小企业高管薪酬激励与公司绩效之间存在正相关关系。

根据不完全契约理论，股东与管理层虽然签订了激励合同，但由于个人的有限理性、信息的不对称性以及外部环境的复杂性，股东不可能把所有可能发生的未来事件和相应处理方法都写入合约条款中。因此,股东通过给管理层股份或股票期权作为长期的激励机制,以解决股东与经营者之间的委托代理问题,对称分配控制权和剩余索取权,激励高级管理人员克服目标短期化,注重公司的长远发展。

本研究基于以上分析提出如下假设:

H4:科技型中小企业高管股权激励与公司绩效之间存在正相关关系。

董事会规模较大会带来较多的知识和经验,保证有更多的观点和人才加入讨论,发挥较好的互补作用,拥有不同利益相关代表的董事会有利于协调不同股东和利益相关者的利益;但规模过大不利于发挥该组织机构该有的功能,给公司的内部治理机制带来不利影响:一是董事会人数过多增加了董事会成员的沟通成本;二是当人数较多时,董事会中的成员存在"搭便车"的心理,他们不再直率地批评或者评价总经理等高级管理人员的工作或业绩表现,因为这种批评将会导致经理人员的不满甚至报复。总之,规模过大导致好的创意与策略因沟通困难而无法实施,负面影响可能超过较大规模董事会带来的好处。

本研究基于以上分析提出如下假设:

H5:科技型中小企业董事会规模与公司绩效之间存在负相关关系。

董事会代表着股东的利益,是公司外部的广大股东与公司内部的经营者之间的一座桥梁,因此董事会中的独立董事即外部董事比内部董事明显独立性更强。我国上市公司的公司治理中,存在着"大股东控制模式",监事会无法有效行使监督权力发挥监督效力。在这种实际情况下,"董事会监督"在公司治理中的地位和作用显得愈发重要。因此,直接增加核心治理机构中的外部董事,有利于制约大股东董事代表的权利,减少大股东对现金流的控制,以及防止大股东利用各种非公允性关联交易侵害小股东利益,提高公司绩效。

本研究基于以上分析提出如下假设:

H6:科技型中小企业董事会独立性与公司绩效之间存在正相关关系。

三、研究设计

(一)样本选取和数据来源

本研究选取2009年12月31日前在我国中小板块上市的科技型中小企业作为研究对象,以2007、2008、2009年三年数据为窗口进行分析。为了保证所选取数据的有效性,尽量消除异常样本对研究结果的影响,最终样本的选取基于如下考虑:

第一,为了避免异常数值的影响,在所选取的总体样本中剔除发行 A 股的同时还发行 B 股或 H 股的公司,以及三年中被冠以 ST、PT、*ST 的 T 类公司和 2007—2009 年间曾因为信息披露等原因被证监委处分过的公司。

第二,本研究以 CCER 为基本数据库,剔除本研究所涉及的变量信息不全的样本,对于存在明显错误(例如:独立董事比例大于 1)的样本,本研究从巨潮咨询网通过上市公司经审核的年度报告对数据信息进行了更正。

最终,本研究得到了 108 家符合要求的科技型中小企业及其三年的相关数据。

(二)变量选择

1. 公司绩效——基于因子分析法

因子分析法作为一种降维的统计方法,它是主成分分析法的推广和发展。它把众多的原始指标用尽可能少的综合指标(主因子)来进行代替,并且主因子是互相独立的,能反映原有变量的绝大部分信息。

对公司绩效进行评价的评价方法和指标体系比较复杂,若用传统的评价方法,不仅由于数据量过大会给采集工作带来一定的难度,而且可能会产生成本问题,同时也无法避免各种变量之间的相关性问题。因此,本研究采用因子分析法对科技型中小企业绩效进行分析。公司财务指标定义见表1。

表1 公司财务指标定义表

类别	变量	子指标	计算公式
盈利能力	X_1	基本每股收益	(净利润 - 优先股股利)/发行在外的普通股平均股数
	X_2	净资产收益率	净利润/股东权益总额
发展能力	X_3	总资产增长率	本期总资产/前一期总资产 - 1
	X_4	净资产增长率	本期净资产/前一期净资产 - 1
	X_5	税后利润增长率	本期税后利润/上期税后利润 - 1
偿债能力	X_6	流动比率	流动资产/流动负债
	X_7	速动比率	(流动资产 - 存货)/流动负债
	X_8	资产负债率	负债总额/资产总额
营运能力	X_9	存货周转率	营业成本 ×2/(当年存货净额 + 前一年存货净额)
	X_{10}	应收账款周转率	主营业务收入净额 ×2/(当年应收账款 + 前一年应收账款)
	X_{11}	资产周转率	主营业务收入净额 ×2/(当年资产合计 + 前一年资产合计)

2. 解释变量

解释变量主要包括股权结构、高管激励和董事会特征三个方面(见表2)。

表2 本研究解释变量

变量名称	变量符号	变量说明
前五大股东持股比例	CR_5	前五大股东持股比例之和
Z制衡指标	Z	第一大股东持股比例/第二大股东持股比例
Herfindahl-10	H_{10}	前10大股东持股比例的平方和
董事持股比例	DR	董事会成员持股比例之和
高管持股比例	MR	高级管理人员(不包括董事、监事)持股比例之和
前三名董事报酬和	LND	薪酬最高的前三名董事报酬之和的自然对数
前三名高管报酬和	LNM	薪酬最高的前三名高管(不包括董事、监事)报酬之和的自然对数
董事会规模	DS	董事会成员人数
董事会独立性	IDR	独立董事占董事会成员总人数的比例
董事会领导结构	DL	董事长完全兼任总经理则为1,完全分离为0,其他为0.5

(1)科技型中小企业股权结构变量。股权集中度是指全部股东因持股比例不同所表现出来的股权集中还是分散的数量化指标。股权集中度是衡量公司的股权分布状态的主要指标,也是衡量公司稳定性强弱的重要指标。股权制衡是指少数几个大股东分享控制权,通过内部牵制,使得任何一个大股东都无法单独控制企业的决策权,达到互相监督、抑制掠夺的效果。以下是度量股权结构的常用指标:① 第一大股东持股比例(CR_1),指第一大股东持股份额在公司总股份中所占的比重。② Z指数,即第一大股东与第二大股东持股份额的比值(CR_1/CR_2)。Z指数越大,第一大股东与第二大股东的力量差异越大,第一大股东的优势越明显,该指标能够很好地界定第一大股东对公司的控制能力。③ CR指数,一般用于衡量公司股权分布状态,表示企业前N大股东持股比例之和。④ 赫芬达尔指数,指公司前N位大股东持股比例的平方和,该指标相对于前N大股东持股比例之和的优点在于:对持股比例取平方后,会出现强者恒强、弱者恒弱的马太效应,即比例大的取平方后与比例小的取平方后差距拉大,从而突出股东持股比例之间的差距。该指数越大,表明股权越集中,股权被少数几个股东拥有,最大值1表示只有一个大股东,持股比例为100%。

本研究选择以下 3 种计量方法：

第一，CR_5 指数，指公司前 5 位大股东持股比例之和。

第二，Z 指数，指公司第一大股东持股比例与第二大股东持股比例的比值。

第三，Herfindahl-10 指数，指公司前 10 位大股东持股比例的平方和。

（2）科技型中小企业高管激励变量。由于企业所有权与控制权的分离导致了委托—代理关系的产生，委托—代理关系所引致的代理问题包括两个方面：一是由于代理人的"经济人"本性和利己追求，代理人有可能并不总是按委托人的利益采取行动，从而在代理活动中背离委托人的利益。二是为确保代理人按委托人的利益目标采取行动，防止委托人的利益遭受损失而采取的相应措施。这些措施包括对委托人的监督和激励，以合约形式限制委托人的行动选择或让代理人保证不采取损害委托人利益的行为。委托人对代理人的监督、激励和约束会产生监督成本和保证支出成本，它们与剩余损失一起构成代理成本。可见，由于委托—代理关系的存在，企业需要设计一套有效的制度来监督和约束代理人的行为，促使代理人按照委托人效用最大化的目标采取行动，从而降低代理成本。从本研究的文献综述部分可以看出上市公司主要是采用高管薪酬激励和高管股权激励相结合的激励方式来克服代理成本问题。

本研究选取科技型中小企业高管激励的具体变量如下：

第一，相对值指标——董事持股比例 DR，高管人员持股比例 MR；

第二，绝对值指标——薪酬最高的前三名董事报酬之和的自然对数 LND，薪酬最高的前三名高管报酬之和的自然对数 LNM。

（3）科技型中小企业董事会特征变量。国内学者关于上市公司董事会的特征主要是从独立董事比例、董事长与总经理两职设置状态、董事会规模、年度会议次数、董事年度报酬等方面来描述的。本研究选取董事会规模、董事会独立性和董事会领导结构来表述董事会特征，具体变量设定如下：

第一，董事会规模——董事会成员数量 DS；

第二，董事会独立性——董事会成员中独立董事的比例 IDR；

第三，董事会领导结构——两职兼任情况 DL。

3. 控制变量

从公司治理结构变量对公司绩效的影响关系来看，学术界由于研究角度和出发点的不同，产生了很多不同的结果，有时甚至对同一问题得出不同的结论。

但在研究中,每个人都无法回避非观测效应对观测结果的影响。因此本研究为了控制其他公司内部特征对公司绩效的影响,在参照国内外研究的基础上,选取公司规模作为控制变量。本研究所采用的控制变量指标公司规模是用公司年末报表披露的总资产账面价值的自然对数来表示的。

4. 模型构建

本研究采用的面板数据模型如下:

$$F_{i,t} = \alpha_i + \beta_i^1 CR_5 + \beta_i^2 Z + \beta_i^3 H_{10} + \beta_i^4 LND + \beta_i^5 LNM + \beta_i^6 DR + \beta_i^7 MR_i + \beta_i^8 DS + \beta_i^9 IDR + \beta_i^{10} DL + \beta_i^{11} LNC + \varepsilon_{i,t}$$

模型中的 i 代表各样本企业自身特性,t 表示 2007—2009 年份。

四、实证分析

(一)描述性统计分析

根据本研究选定的在中小板上市的 108 家科技型中小企业 2007、2008、2009 年三年的数据,将其综合绩效和治理结构进行描述性的归类统计。

1. 科技型中小企业绩效描述性统计分析

本研究基于因子分析法计算出科技型中小企业绩效的综合得分,其描述性统计分析见表3。

表3 科技型中小企业绩效的描述性统计

年份	均值	中位数	标准差	最小值	最大值
2007 年	0.193 0	0.088 4	0.495 7	-0.723 8	2.482 5
2008 年	-0.065 3	-0.137 7	0.503 2	-1.118 2	3.990 5
2009 年	-0.127 6	-0.197 7	0.513 5	-1.874 6	3.622 3

从表3中可以看出:2007年科技型中小企业绩效的均值为0.193,2008年绩效的均值为-0.065 3,2009年绩效的均值为-0.127 6,这表明我国科技型中小企业的绩效在逐年下降,并且2008年和2009年样本企业的绩效均值均为负值,说明这两年企业经营业绩为亏损状况。2007—2009年这三年,科技型中小企业绩效的标准差分别为0.495 7、0.503 2、0.513 5,这说明2007年各样本企业间的绩效差距最小,2009年各样本企业间的绩效差距最大。

2. 科技型中小企业股权结构描述性统计分析

科技型中小企业股权结构的描述性统计分析从股权集中度和股权制衡度两

个方面,用 CR_5 指数、Z 指数两个指标进行分析。

据统计,大多数科技型中小企业的前五大股东持股比例之和在 40%~80% 之间,其中,2007 年有 89.82% 的样本企业的前五大股东持股比例之和在 40%~80% 之间,2008 年有 93.52% 的样本企业的前五大股东持股比例之和在 40%~80% 之间,2009 年有 91.67% 的样本企业的前五大股东持股比例之和在 40%~80% 之间。2007 年科技型中小企业的绩效算术平均值在前五大股东持股比例之和为 50%~60% 时取得最大值 0.414 7;2008 年科技型中小企业的绩效算术平均值在前五大股东持股比例之和为 0~30% 时取得最大值 0.231 5,但由于只有一个企业的前五大股东持股比例之和在 0~30% 之间,这不足以说明样本总体情况;2009 年科技型中小企业的绩效算术平均值在前五大股东持股比例之和为 50%~60% 时取得最大值 -0.060 5。这说明科技型中小企业的股权相对集中,且前五大股东持股比例之和越高,科技型中小企业的绩效越好,这与研究假设 H1 相吻合。

3. 科技型中小企业高管激励描述性统计分析

本研究所选取的 108 家科技型中小企业 2007—2009 年这三年高级管理人员持股比例的均值分别为 18.63%、18%、15.26%,这说明高管持股比例平均已达到一定比例。但是仍然有接近 30% 的科技型中小企业的高管持股比例低于 1‰,超过 50% 的样本企业的高管持股比例低于 10%。说明我国上市科技型中小企业的股权激励制度仍需积极改进。同时,通过观察 2007 年绩效均值与持股比例的数据可以看出科技型中小企业高管股权激励对绩效有着正向影响作用,这与研究假设 H4 一致。

4. 科技型中小企业董事会特征描述性统计分析

科技型中小企业董事会特征的描述性统计分析从董事会规模、董事会独立性和董事会领导结构三个方面,用董事会成员人数、董事会中独立董事所占比例和董事长与总经理的两职兼任情况三个指标进行分析。

本研究所选取的 108 家科技型中小企业 2007 年、2008 年和 2009 年三年中 9 人规模的董事会所占比例最大,分别为 43.51%、46.3% 和 40.74%,这也验证了以前学者提出的关于董事会规模"最优状态为 9 人"的研究。此外,从董事会规模为奇数构成的公司明显占优势可以看出,大多数公司都认识到"一票定乾坤"的作用而更多采用奇数的董事会规模,从而避免出现投票僵局。2007 年有

71.29%的样本企业的董事会规模在7~9人之间,2008年有64.82%的样本企业的董事会规模在7~9人之间,2009年有70.36%的样本企业的董事会规模在7~9人之间,这表明大多数的样本企业认为7~9人为最优的董事会规模。但是,从董事会人数与绩效算术平均值的数据比对分析中无法看出公司绩效与董事会人数之间存在显著的负相关趋势,这并不符合研究假设H5。

(二)相关性分析

本研究先利用皮尔森相关系数对样本企业两两变量之间的相关关系进行了分析。结果表明:① 前五大股东持股比例CR_5、赫芬达尔指数H_{10}、薪酬最高的前三名高管(不包括董事、监事)薪酬之和的自然对数LNM三个变量之间的相关性较高。② 董事会持股比例DR与高管(不包括董事、监事)持股比例MR两者之间的相关性也很高。③ 科技型中小企业前五大股东持股比例与绩效在0.05水平上显著正相关。④ 科技型中小企业股权制衡度Z指数与绩效不存在显著相关关系。⑤ 科技型中小企业高管薪酬与绩效在0.05水平上显著正相关。⑥ 科技型中小企业高管持股比例与绩效在0.05水平上显著正相关。⑦ 科技型中小企业董事会人数与绩效在0.05水平上显著正相关。⑧ 科技型中小企业独立董事比例、两职兼任与绩效不存在显著相关关系。

3. 回归结果分析

本研究回归结果分析如下:

(1) 综合绩效固定效应模型的R^2达到85.6983%,F检验的P值为0.0000,说明回归拟合效果很好。DW值为2.849247,接近于3,表明残差序列不存在相关性,即相互独立。

(2) 科技型中小企业前五大股东持股比例之和(CR_5)与公司绩效存在显著正相关关系(P值为0.0029,系数为2.38)。前十大股东持股比例平方和(H_{10})与公司绩效存在负相关关系,但不显著(P值为0.0069,系数为-1.541791)。科技型中小企业Z指数与公司绩效负相关,但不显著(P值为0.9737,系数为-0.000137)。

(3) 科技型中小企业薪酬最高的前三名董事薪酬之和的自然对数(LND)与公司绩效存在显著正相关关系(P值为0.0048,系数为0.044668),薪酬最高的前三名高级管理人员(不包括董事、监事在内)薪酬之和的自然对数(LNM)与公司绩效不存在相关关系(P值为0.1867)。科技型中小企业董事持股比例(DR)

与公司绩效存在显著正相关关系(P值为0.049 9,系数为0.335 205),高管(不包括董事、监事在内)持股比例(MR)与公司绩效不存在相关关系(P值为0.347 5)。

(4)科技型中小企业董事会规模(DS)与公司绩效不存在显著相关关系(P值为0.864 7)。科技型中小企业独立董事比例(IDR)与公司绩效不存在显著相关关系(P值为0.074 0)。科技型中小企业两职合一(DL)与公司绩效存在显著正相关关系(P值为0.000 0,系数为0.121 025)。

五、研究结论与管理建议

(一)研究结论

(1)科技型中小企业股权集中度与公司绩效呈正相关关系,即研究假设H1成立。

(2)科技型中小企业股权制衡度与公司绩效呈负相关关系,但统计上不显著,即研究假设H2不完全成立。

(3)科技型中小企业高管薪酬激励与公司绩效呈正相关关系,即研究假设H3成立。

(4)科技型中小企业高管股权激励与公司绩效呈正相关关系,即研究假设H4成立。

(5)科技型中小企业董事会规模与公司绩效呈负相关关系,但统计上不显著,即研究假设H5不成立。

(6)科技型中小企业董事会独立董事比例与公司绩效在统计上没有显著性,即研究假设H6不成立。

(二)管理建议

(1)优化科技型中小企业股权结构。本研究发现,我国科技型中小企业股权比较集中,这点对于上市或未上市公司都是一样的,在非上市公司中表现更加突出。在这种股权高度集中、企业主享有最终所有权的现状下,股权结构的高度分散不可能在短期内得到实现。科技型中小企业股权结构的构建,应立足于我国现实情况,形成适度集中而且有大股东权力制衡的股权结构,不仅有利于发挥大股东的治理作用,而且能够弥补小股东对公司治理的不足,同时又能够抑制控股大股东的剥夺,从而降低代理成本,规范公司行为,提高公司效率。

(2)建立均衡的科技型中小企业高管激励机制。由于固定工资和红利都属于短期导向的激励措施,因此要使公司经理层尤其是高级管理人员真正从股东和长期的角度提升公司价值,必须引入长期激励机制。本研究认为,在未来我国科技型中小企业对高管实施的激励应当是:一方面,从报酬的总量上可以继续提高;另一方面,加大股权激励在整个报酬体系中的比重。

(3)完善科技型中小企业董事会制度。本研究实证结果表明,科技型中小上市公司的独立董事并没有真正发挥作用。应着重从以下方面完善独立董事制度,发挥独立董事作用:第一,完善独立董事出席董事会会议制度,强化独立董事勤勉尽责意识;第二,制定明确独立董事制度功能的法律依据,赋予其责权利方面的保障和约束,让独立董事真正参与到企业的生产、经营和决策中去;第三,建立完善的独立董事劳动力市场,引入市场竞争,培育独立董事职业素质。

(三)研究的局限性

本研究只考虑了我国2007—2009年在中小板上市的科技型中小企业,没有考虑所有的上市公司。本研究在讨论公司治理结构与绩效的相关关系时,没有考虑内生性问题。本研究只探讨了治理结构对公司绩效的促进效应,并未涉及公司绩效对治理结构的反馈效应。此外,本研究样本受到一定的限制。

参考文献:

[1]高劲,刁伟娜.我国上市公司董事会结构与公司绩效的实证研究——以深圳上市公司为例[J].浙江金融,2009(1):41-42.

[2]李育红.公司治理结构与内部控制有效性——基于中国沪市上市公司的实证研究[J].财经科学,2011(2):69-75.

[3]胡茜.基于契约理论的科技型中小企业治理结构分析[J].内蒙古社会科学,2012(3):108-111.

[4]史若昀.我国科技型中小企业成长性研究——以电子信息行业上市公司为例[J].海峡科学,2013(3):3-7.

[5]陈威,孙小鹏.科技型中小企业管理层持股与价值创造能力实证分析[J].重庆理工大学学报(社会科学版),2014(2):32-36.

[6]王全在,包萌.独立董事制度与公司绩效关系研究——基于中小板上市公司的数据[J].财会通讯,2014(27):28-30.

(居路琴、申振林、翟英才)

案例篇

东吴证券 财富家园
——东吴证券股份有限公司成长之路

1993年,东吴证券的前身苏州证券正式成立。二十余年来,东吴证券紧紧把握住中国资本市场发展的脉搏,顺势而为,乘势而兴,成功实现了从传统国有企业向现代企业的跨越,从区域性公司向全国性公司的跨越,从经纪类公司向综合类公司的跨越。

东吴证券是一个有根的企业。得益于富庶的江南水土的滋养与深厚的吴地文化的浸润,深耕苏州,扎根苏州,全心全意为地方经济社会发展服务,与苏州同呼吸、共命运,在服务发展的同时分享发展成果。

东吴证券更是一个有雄心的企业。在公司实力显著提升的新阶段,面对资本市场波澜壮阔的新篇章,紧扣人才与资本两个核心要素,加速布局上海、北京、深圳的业务,围绕"一带一路"国家战略,积极启动海外业务,努力在全国乃至全球金融资源配置中发出东吴的声音。

东吴证券的使命是服务客户。为广大投资者服务,满足百姓的多样化理财需求;为广大的中小企业服务,助力中小企业突破成长瓶颈;为地方政府服务,支持城镇化和美丽中国建设;为金融机构服务,实现协同发展合作共赢。东吴证券要创造的,是一个与客户、股东共享的财富家园,让股东满意,让客户满意,让员工满意,让监管部门放心。

一、二十余载艰苦创业,实现了辉煌的历史跨越

二十余年,东吴证券股份有限公司从诞生到成长,从弱小到壮大,在发展中

日益规范,在规范中持续发展。

1. 公司规模大幅扩张

二十余年来,公司资产从1993年成立时的3 000万元注册资本,发展到2014年年底注册资本27亿元、总资产574.61亿元、净资产140.79亿元;员工人数从成立时的20多人发展到目前的2 099人;营业网点从成立时的1家发展到目前下属北京、上海、南京等15家分公司,99家证券营业网点,并控股东吴基金管理有限公司、东吴期货有限公司,下设全资子公司东吴创业投资有限公司和东吴创新资本管理有限责任公司。

2. 业务能力全面提高

公司从成立时单一的经纪业务发展到目前包括经纪、投资、投行、资产管理、固定收益、融资融券、新三板七大业务,拥有基金、期货、直投以及综合类券商的所有业务资格。公司业务遍布北京、上海、深圳、重庆、江苏、浙江、安徽、广东、广西、辽宁、湖南、山东、福建、云南、海南等15个省市。

3. 经营业绩大幅提升

成立之初,公司的利润在苏州市国有企业中微不足道,而目前已成为苏州市国有企业利润的重要组成部分。2014年公司实现营业收入32.41亿元,同比增长101.34%,利润总额14.49亿元,同比增长173.95%,净利润11.25亿元,同比增长184.30%,净资产收益率为8.2%。在全行业117家券商中,综合排名在25名左右。

4. 基础设施今非昔比

公司刚成立时,交易手段单一,交易系统非常简单,几台服务器,几台工作机器,整个公司在信息系统上的投入不足200万。二十多年后的今天,公司的信息系统发生了革命性的变化,公司新大楼通过A级标准数据中心验收,设施设备、备份能力、网络构架等均已达到业内领先水平,成功构筑总部和狮山路"同城双中心"的数据运行模式。

5. 成功实现历史跨越

在公司二十多年的发展过程中,有过两次大的跨越:2002年公司在完成增资扩股的基础上,成功实现了具有重要战略意义的"三大跨越",即从传统国有企业向现代企业的跨越;从区域性公司向全国性公司的跨越;从经纪类公司向综合类公司的跨越。2011年,东吴人一鼓作气敲响了上海证券交易所的钟声,公司成功上市,成为全国第 18 家和地级市第 1 家上市的证券公司。由此,东吴证券股份有限公司迈上了更大、更广阔的发展平台,实现了新的历史性跨越。

二、正确的发展定位,使公司走上了一条科学发展的道路

2003 年,公司确立了"做深、做熟、做透、做细"苏州市场的根据地发展战略,同时明确提出了公司的发展定位:把东吴证券建设成为有根的企业,扎根苏州;在强化苏州根据地建设的同时,适度向外扩张。

在根据地发展战略的指导下,公司始终把为地方政府服务、为企业服务、为家乡父老服务作为工作的重点。

1. 为地方政府服务,积极发挥地方金融平台的作用

为政府提供金融综合解决方案,为地方城镇化建设和国有资源整合提供投融资支持。

2. 为企业服务,推进企业多渠道融资

公司积极为苏州市企业 IPO(首次公开募股)发行、增发、资产重组提供服务和帮助,为企业发行各类债券融资。近年来,公司大力推进新三板业务,为苏州众多中小企业跨入资本市场提供捷径。

3. 为家乡父老服务,致力于地方百姓财富增值

经过多年的努力,公司打造了集投资资讯、投资研究、理财服务、理财顾问和投资者教育为一体的"五牛"服务品牌系列,为客户提供一系列贴心的服务。

实践证明,在激烈的市场环境下,公司坚持根据地发展战略,充分利用区域内的经济优势、地域优势、资源优势、人脉优势,稳固地占领了苏州市场,为公司走上科学发展之路奠定了坚实的基础。

三、共同的价值取向,成为全体员工的行动纲领

公司要求全体员工要以优良的内在品格、正确的价值观念投身金融证券事业。经过多年的实践,公司提炼总结出了其核心价值观,即"三满意、一放心"(让股东满意、让客户满意、让员工满意、让监管部门放心)。

"三满意、一放心"的宗旨就是要在合规经营的基础上,创造股东价值最大化、客户价值最大化、员工价值最大化,也就是让股东的资产实现不断增值,让客户在赚钱的过程中享受到良好的服务,让员工在为企业创造价值的同时实现个

人价值。

"三满意、一放心"较好地体现了证券公司的特性,兼顾了国家、集体、投资者、员工各方面的利益,具有长期的指导性。"三满意、一放心"已成为公司各项工作的检验标准和工作准则,也成为全体员工的行动纲领。

四、积极的机制创新,有效地发挥了国有与市场的两大优势

东吴证券是国有控股企业,又处在市场化程度相对较高的证券行业,因此,处理好两者关系,发挥好两大优势,做到扬长避短,是公司稳定发展的关键。

1. 实行弹性预算管理

在预算管理方面,公司创造性地引入了弹性预算管理理念和管理办法,较好地解决了证券市场不确定性给企业预算管理造成的难度,适应了证券市场波动性的特点,建立了较为合理的经营业绩评价体系。

2. 实施分模块考核办法

在企业内部考核方面,公司建立了一整套较为成熟的分模块考核办法,适应了公司在行业发展过程中各种经营活动情况的变化,保护了各业务部门的积极性,有效地促进了各项业务的发展。在分模块考核的基础上,各业务部门又制定了与市场更为贴近的考核机制。

3. 建立市场化的薪酬体系

公司结合自身特色,按照"对内公平性、对外竞争力、吸引留住关键人才、体现公司文化"的薪酬设计原则,确立了"按岗付薪、按绩效付薪、按能力付薪"的理念,制订了"以模块、职位体系、固浮结合为基础的年度总收入"的薪酬架构。

五、有效的合规体系,成为公司建成"百年老店"的重要保障

公司坚持"看不透的事不做,没有设计好的事不做"的合规理念,建立和完善了公司的治理架构、合规制度和风控体系,保障了公司的持续稳健经营。

1. 稳定的治理结构

公司加强股东会、董事会、监事会三会制度建设,建立了分工合理、职责明确、报告关系清晰的组织结构。公司经过多次股权变更后,股权相对集中,这使公司拥有较为稳定的治理架构和经营班子,有利于提高公司的决策效率和执行力,也有利于公司的稳健经营和中长期经营战略的实施。

2. 健全的合规制度

公司建立了一百多项各类基础管理制度、业务制度和风险管理制度,建立了规范化的业务操作流程体系,基本完善了公司合规制度体系,做到了全面覆盖、有效衔接。

3. 完善的风控体系

公司构建了以风险控制委员会、风险控制执行委员会、风险管理部、风险管理岗位为垂直型的四级风险控制管理体系,实行跨部门工作衔接程序规范化,形成了切合实际的、行之有效的事前防范、事中控制、事后稽核与问责的风险控制机制。

六、灵活的用人机制,培育了一支高素质的员工队伍

证券行业是资本密集和知识密集型行业,技术含量高,经营风险大,人才是券商核心竞争力的主要体现。建立起适合企业发展的用人机制,是公司在竞争中取胜的关键。

1. 构筑"高起点、多层次、广渠道"的人才体系

坚持外部引进与内部培养相结合。公司通过在中国人民大学等著名高校进行定向招聘应届毕业生,以及通过直接引进有工作经验的高端优秀业务人才,为公司各项业务的发展储备人才,目前公司本科以上学历员工已占员工总数的81.85%,其中硕士研究生505名、博士研究生22名。

2. 建立了较为系统的人才培训计划

把人才培训纳入公司发展的总体规划,公司始终把建设学习型组织、培育创新知识体系、培养高素质人才作为塑造企业核心竞争力的策略。公司每年选送一批中层以上干部和业务骨干到国内外重点院校学习。

3. 稳步推进与市场接轨的激励机制

公司坚持市场化改革取向与公司实际相结合的原则,逐步与市场接轨,在政府有关部门、股东、董事的支持下,公司建立了较为先进的激励机制,为引进人才、留住人才起到了积极的作用。

七、特有的管理模式,形成了具有个性和特色的竞争力

全面确立具有个性和特色的服务地方经济的管理模式,这是东吴证券的优

势所在。在市场变革和竞争压力的大背景下,公司在组织架构上进行了多次创新,采取了适应根据地发展的管理模式。

2007年,公司在苏州所属5个县级市和2个区,成立了7个地区总部。投资银行总部也相应成立了地区事业部,在各个地区派驻2~3名投行专业人员,长期驻守当地。

2009年,经中国证监会批准,公司在原7个地区总部的基础上变更设立了6家分公司。在县级市设立分公司是公司的大胆创新,也是公司在苏州这块根据地上进行的一次重要布局。

2012年,公司又以分公司转型为抓手,进一步充实分公司力量,从机构、人员、流程、考核等方面设计好分公司的管理体制和考核机制,充分发挥分公司的综合金融业务职能,在分公司内部逐步形成三条线:投资银行、财富管理、综合管理,通过分公司综合金融平台,实现和业务部门的全面协同作战,把分公司的资源转化为业务的触角,为公司开展综合金融业务提供了有力的组织保证。

八、亲和的家园文化,营造了快乐健康、积极向上的工作氛围

公司始终坚持"东吴证券,财富家园"的企业文化,这种家园式的企业文化与苏州"圆融亲和"的城市理念相结合,形成了健康向上的文化氛围,增强了员工对企业的归属感和认同感,营造出一种积极向上的工作氛围和高效而富有战斗力的团队。

家园文化的特征体现在十个字:诚信、责任、奉献、激情、合作。

诚信是"东吴人"为人处事的基本准则。"待人忠、办事诚,以德兴业"既是东吴人在证券行业的复杂环境中总结出来的经营理念,同时也是姑苏古老商业文明的现代传承。

责任是"东吴人"一种责无旁贷的使命感。"不苦不累难做东吴人,不乐不富谁做东吴人",一种永远用行动而不是用语言来兑现承诺的敬业精神,她要求这个群体的全体成员对所从事的事业和目标加以认同并共同追求,形成一种共同的责任。

奉献是"东吴人"所必须具备的精神。"未来是用现在换来的","你身上最值钱的是大家对你的信任",东吴的每一位员工都在默默奉献于企业、奉献于社会,用现在的默默奉献换来个人良好的职业发展环境和发展机会。

激情是"东吴人"所处行业的特征。证券行业竞争激烈,不进则退。"以往的一切只是开场的引子","大浪淘沙,是金自存,是沙自流",她要求每一个东吴人必须永远保持高度的工作激情,积极进取,开拓创新。

合作是"东吴人"成功的基础。公司十分注重团队合作,"团结就是力量,拼搏才能胜利",公司所取得的每一项成果都是团队合作的结果。

"过去的一切,只是开场的引子"。面向未来,东吴证券正迎来千载难逢的历史性机遇。党的十八大提出了全面建成小康社会和全面深化改革开放的目标,资本市场将发挥更加重要的作用。城市化、工业化、农业现代化离不开资本市场;促进中小企业发展、扩大就业离不开资本市场;促进"大众创新、万众创业"离不开资本市场;改进民生、健全社会保障离不开资本市场。站在新的历史起点上,东吴人既激情满怀,又深感责任重大。

在前进的道路上,"东吴人"将始终坚持创新发展,在不断的创新中更好地满足客户的投融资需要,在不断的创新中实现可持续发展,进一步创新盈利模式,改进服务模式,完善管理模式。

在前进的道路上,"东吴人"将始终坚持控制风险。要成就百年基业,就必须始终将控制风险放在首位。有了坚实的基础,才能稳固传统业务,推进创新业务,使公司永远充满生机和活力。

在前进的道路上,"东吴人"将始终坚持以人为本。员工是公司最宝贵的资源,要为员工提供更好的职业发展环境和发展机会。核心管理层要讲奉献,讲敬业,讲稳定;要通过培养和引进形成一支顶尖的专业人才队伍;要通过完善的考核激励制度打造一支优秀的员工队伍。

扬帆东吴万里船。东吴证券将牢记历史所赋予的使命,积极进取,开拓创新,为中国经济的转型升级、为中国资本市场的发展壮大贡献自己的绵薄之力,让更多的投资者能够分享到中国经济发展的成果。

(吴　清、平　磊)

战略转型与企业成长
——创元科技的发展阶段及其对国企改革的促进作用

一、创元科技股份有限公司概况及其发展阶段

创元科技股份有限公司是一家国有背景的投资控股型的企业,成立于1993年,1994年在深圳证券交易所挂牌上市。截至2014年年底,公司总资产为35.8亿元,归属于母公司的净资产为13.24亿元。公司目前股份总数为400 080 405股,拥有全资、控股企业7家。公司控股股东苏州创元投资发展(集团)有限公司是国有独资公司,隶属于苏州市政府国有资产管理委员会,拥有公司34.10%股份(截至2014年年底)。

公司从成立至今,可分为四个发展阶段:

(一)公司成立及初创阶段(1993年9月—1999年11月)

公司原名为苏州物资集团股份有限公司,成立于1993年9月28日,1993年11月,经中国证监会批准公开发行股票,共发行7 500万股,其中向发起人发行4 500万股,发起人分别为苏州物贸中心、中国物资开发投资总公司、中国黑色金属材料总公司、中国轻工物资供销华东公司。公开发行的A股于1994年1月6日在深交所挂牌上市。

公司上市后经营稳健,按照"抓住机遇,拓展经营,扩张规模,加快发展"的方针,涉足内外贸易业、金融业、房地产业等行业,较好地发挥了多元化经营的优势。

(二)资产重组及深化重组阶段(1999年11月—2005年12月)

1. 资产重组阶段(1999年11月—2000年11月)

1999年11月,在江苏证监局、苏州市政府的大力支持和指导下,由苏州机械

控股(集团)有限公司(苏州创元投资发展(集团)有限公司的前身,以下简称"机械控股")对公司进行了重大资产重组。

资产重组包括:(1)变更大股东。公司原第一大股东江苏苏州物贸中心(集团)有限公司变更为机械控股。(2)资产置换。公司以15家全资、控股、参股公司的全部或部分股份用来置换苏州电梯厂、苏州轴承厂、苏州仪表总厂等3家全资子公司。(3)清偿欠款。资产重组前,物贸中心欠上市公司约3.7亿元的款项,在重组中物贸中心以五宗有效房地产抵还了对上市公司的欠款1.5亿元。(4)机构重组。机械控股在接任上市公司第一大股东之后,迅速重组了公司决策机构和管理机构。按照法定程序,更换了公司董事长、董事、监事会主席、监事,聘任了公司总经理、副总经理和财务总监,建立了公司财务审计部、综合管理部、战略发展部以及董事会秘书处等管理机构。(5)主营业务的变更。经过重组,公司的主营业务新增了紧密机械加工及智能化仪器仪表的开发生产。

2000年,公司正式更名为"创元科技股份有限公司"。

2. 深化重组阶段(2000年11月—2005年1月)

深化重组包括:(1)收购优质资产股权。公司于2000年11月及2003年11月分两次收购了优质资产股权,包括江苏苏净、一光仪器、晶体元件、创元汽销、创元房产、远东砂轮、福科莱起重机械、小羚羊电动车、双喜乳业、横河电表等的股权。(2)收购土地使用权。包括胥城大厦的全部在建工程以及苏州仪表总厂、苏州轴承厂的土地使用权。

经过资产重组和深化重组,上市公司的面貌发生了实质性的变化,不仅实现了扭亏为盈,主营业务也发生了重大变化,形成了多元化的股权控股类的格局,涉及专用设备、机械设备、输变电及控制设备、测量仪器、电子元件制造、房地产开发、零售等多个行业,为未来的可持续发展奠定了良好的基础,预留了空间。

(三) 企业扩张性整体搬迁及股权分置改革阶段(2005年1月—2006年3月)

2005年度,根据苏州市政府产业调整的要求,公司下属苏州小羚羊电动车、苏州电瓷、苏州轴承、创元双喜乳业等企业实施了扩张性的、升级型整体搬迁。通过搬迁,更新了设备,改进了工艺流程,提高了生产效率,提升了公司核心竞争力。

2004年1月31日,国务院发布《国务院关于推进资本市场改革开放和稳定发展的若干意见》,明确提出"积极稳妥解决股权分置问题"。公司经过大量的调研及准备工作,2006年2月20日,被深交所列为第21批股改企业。股权分置的改革方案为:流通股股东每10股获得非流通股股东支付的2.5元对价股份和2.3元的对价现金。3月10日获得江苏省国资委批准。3月20日召开股东大会,公司的股改方案一次高票通过。

历时9个月的股改工作得到了全体股东的大力支持,董事会精心组织、科学部署,会同有关专业机构合理拟定股改方案,并在此基础上形成了广泛的一致意见。股改工作自始至终得到江苏证监局以及深交所等监管部门的指导和支持。

股权分置改革的成功意义重大,不但能够促进公司治理结构的改善,更有助于公司长期健康持续发展。

(四) 从多元化到双主业战略,集聚主业阶段(2006年3月至今)

1. "构筑多元精英产业"战略阶段(2006年3月—2009年9月)

股改完成以后,公司围绕"科技创新为动力,构筑多元精英产业格局"的战略,在当时的产业基础上对子公司进一步整合,把部分非主业发展型、非控股企业型、非财务投资型或者发展前景不明朗的业务分离出去。例如,出售了苏州迅达股权,减持了创元双喜乳业股权,将主要资源集结于主体产业和精英产业上,进一步增强对磨料磨具、电瓷、测绘仪器、净化等产业的投资和培育力度。

经过调整后,创元科技初步形成了以高科技洁净环保和光电测绘仪器产业为支柱、进出口贸易和汽车销售服务相结合、工贸一体化的江苏省高新技术企业。公司涉及超净空气装备、光机电测绘仪器、高压瓷质绝缘子、中高端磨料磨具等主导产品,形成了品牌服务业的多元精英产业格局。

2. 厘清思路,明确双主业阶段(2009年9月—2013年)

公司在围绕做大做强先进制造业战略的同时,在培育主业、调整产业的过程中进一步明确了思路。2011年,基于瓷绝缘子及洁净环保系统集成业务领域的领先优势和内在成长性,公司提出了两轮驱动双引擎的新主营业态,基本确立了以洁净环保和瓷绝缘子为双主业的战略思路。

(1) 积极培育主业。在瓷绝缘子领域,通过快速的产能扩张和产品结构优化进一步强化公司的龙头地位;在洁净技术领域,将江苏苏净打造成为洁净环保工程整体方案的提供者和解决者。

2009年12月,经过前期调研、谈判、资产审计及评估等各项准备工作,公司收购了抚顺高科43%的股权,并对其单方面增资至51%的持股比例。对高科电瓷的增资款用于实施超高压、特高压电瓷生产线项目。同时启动公司再融资,通过非公开发行股票的方式引进战略投资者,共发行普通股2 499.39万股,募集资金3.44亿元。公司积极利用资本市场的融资功能做大做强公司主营业务,提升了公司在资本市场的形象。

公司通过对江苏苏净单方面增资1 200万元,提高对江苏苏净公司的持股比例,提升洁净板块的创新能力,积极培育公司洁净环保主业。

(2)剥离非主业。在此期间,公司先后转让了持有的迅达电梯、小羚羊电动车、创元双喜乳业的全部股权;还将持有的胥城大厦、创元房产、晶体元件和创元汽销的股权全部出售。

3. 深化改革,资产证券化阶段(2013年至今)

2013年国务院发布"国十条",提出将中小企业股份转让系统试点扩大至全国。随后中国证监会确定境内符合条件的股份公司均可提出在全国中小企业股份转让系统挂牌公开转让、定向发行证券的申请。

2013年8月,公司控股子公司苏州轴承率先启动改制,设立股份有限公司,申请在全国中小企业股份转让系统(简称"新三板")挂牌。2014年1月24日,苏州轴承成功在新三板挂牌,证券简称为"苏轴股份",证券代码为"430418"。

2015年4月9日,公司参股公司创元期货在新三板挂牌,证券简称为"创元期货",证券代码为"832280"。

2015年5月,公司控股子公司苏州电瓷启动股份制改造。2015年6月10日,苏州电瓷股份制改革完成。

二、创元科技对国企改革的促进作用

资本市场具有发现价值、筹集资金、分散投资风险、优化资源配置等重要功能。创元科技股份有限公司借助资本市场的功能,促进了国企的改革和发展,主要体现在以下方面:

(1)促进了资金的筹集,为国有企业的持续发展发挥了重要的作用。公司通过股份制改制上市、增发股票、配股等形式,筹集到生产经营发展所需资金,减轻了债务负担,优化了资本结构。公司作为上市公司,只要有好的项目,经过审批,就可以通过发行债券、短期融资券、非公开发行股票、配股、增发等各种方式筹措资金,促进实体经济发展。公司从成立之日起,通过发行、配股、非公开发行,共募集资金 5.4 亿元。资本市场对公司筹措资金、持续发展起到了重要的作用。

（2）促进了公司治理的建设,为公司建立现代企业制度发挥了十分重要的推动和促进作用。借助现代资本市场具有的规范企业制度和约束企业行为的功能,迫使已经改制上市的国有控股企业完善现代企业制度,改善公司治理结构,即通过"倒逼机制",推进国有企业建立现代企业制度。公司通过改制上市,建立了股东大会、董事会、监事会、经理层的框架结构,治理结构逐步完善,信息披露得到改进,内外制衡得到提升。总体上,近年来公司的治理水平逐步提升。

（3）促进了国有企业的市场化资产重组,为国有企业布局和结构的优化发挥了十分重要的作用。并购重组是优化国有经济布局和结构的重要方式,也是国有企业做强做优、增强活力和竞争力的必由之路。资本市场使得上市企业的资产通过证券化得以顺畅流转,布局和结构得以优化。借助资本市场的资源优化配置功能,国有企业的市场化资产重组取得显著进展。一方面,通过资本市场促进了优胜劣汰,一批丧失市场竞争力、资不抵债的国有企业退出了市场;另一方面,一批适应市场竞争要求的国有企业脱颖而出,成为所在行业的佼佼者和"领头羊"。同时,通过资本市场加快了并购重组,按照"有进有退"、"有所为、有所不为"的原则,不断做"加法"和"减法",使得公司主业越来越集中,战略越来越明晰。

（4）促进了国有资本的价格发现和价值重估,为国有资产的公平和公正交易发挥了十分重要的作用。在资本市场出现之前,企业的估值通常基于企业的净资产,资本市场的出现,使企业资产的定价机制发生根本性变化。企业的价值主要由市场对企业未来盈利能力的预期而非净资产决定,未来盈利能力越强,预期产生的现金流越大,企业的价值就越高,由此确定的企业价值往往数倍甚至数十倍于企业的净资产。资本市场的发展使得公司的资产价格得以发现,价值得以重估,许多国有控股上市公司的市场价值远远高于原先评估体系下的价值,促进了国有资产的保值增值。同时,资本市场的出现和发展还提高了国有企业资产转让的透明度。证券主场与产权市场共同构成了国有企业股权转让和国有资产流转的主要交易平台,使得国有资产流转更多地在"阳光下操作",更加公平、公正。

（周成明、周微微）

区域发展的重要引擎
——苏州新区高新技术产业股份有限公司的产业转型

苏州高新,一家源自开发区的园区类地产上市公司,依托苏州高新区同时又超越苏州高新区,立足于地产开发同时又超越传统地产开发的创新发展,成就中国园区类上市公司可持续发展的新模式并实现自身的跨越式发展。

它作为政府的"一只手",通过开发、建设、运营、融资等功能支持并分享了苏州高新区的建设发展,政府使命和园区建设既没有成为它的依靠,也没有成为它的疆界。苏州高新通过不断的产业转型,不断走向新的高度,尤其是伴随着苏州高新区崛起步入全国高新区第一方阵,苏州高新作为区域发展的重要引擎,需要在政府使命和社会责任方面勇于担当,更要在市场化、产业化领域逐步强化自身实力,成为与时俱进的超越者。

一、苏州高新是苏州地区在资本市场的一张名片

苏州高新,由苏州高新区经济发展集团总公司在 1994 年 5 月发起设立,1996 年 7 月在上海证券交易所挂牌上市(证券代码:600736),成为苏州市在上海证交所上市的首批上市企业。公司主营业务为高技术产品的投资、开发和生产,能源、交通、通讯等基础产业,以及市政基础设施的投资、工程设计、施工及科技咨询服务。拥有直接和间接控股的子公司 19 家及参股企业 10 家。截至 2014 年年末,总资产达 213 亿元,净资产达 35 亿元,总股本 11.9 亿股。

公司以房地产和旅游为核心产业,旗下有高新地产集团(新港、新创、永新三大房地产公司)以及苏州、徐州两大主题乐园,并辅以水务、热电、物流等业务的基础设施开发与经营产业和金融与股权投资业。

近三年,公司实现年均主营收入35亿元,净利润2亿元,主业房地产业年均开发规模210万平方米。自上市以来,公司通过首发、两次配股、两次增发、两次发债在资本市场共募集资金43亿元,通过产业发展与资本运作双轮驱动,实现企业的做强做大。

1997年,在沪深证券交易所上市公司经营业绩综合评分中,苏州高新名列第三位。1998年4月,苏州高新股票被美国道琼斯公司选为"道中88指数"样本股;同年7月,又被上海证交所选为"上证30指数"样本股,并被香港《亚洲周刊》评为中国上市公司100强。2005—2007年连续三年,被国务院发展研究中心企业研究所、清华大学房地产研究所和中国指数研究院评为"2005年中国房地产上市公司综合实力10强"、"2006年中国房地产上市公司绩优股10强"、"2007年中国房地产上市公司最具投资价值10强"。2009年7月,公司被选为"上证180指数"样本股;同时入选上海证券交易所公司治理板块成分股。2014年11月,成为股港通标的股。

二、公司产业转型促成综合开发

1996年上市之初,苏州高新还只是一家以基础设施和土地开发为主业,并专门从事苏州高新区建设的政府导向型企业。苏州高新几乎承担了高新区的所有基础建设任务,项目投资和产业投向都是为配合开发区的需要而设置的。和其他开发区板块的地产开发公司一样,它的基本商业模式和收入来源为:将政府划拨的土地进行"七通一平"的基础设施建设,然后通过将熟地转让给投资者获得土地转让收入,同时,也通过开发、建设然后出售或出租房产获得房产收入,并扮演孵化器角色入股支持入园企业的发展。虽然当时已经涉及房地产业,但其业务主要局限于厂房或办公用房。

依赖于政府业务是一把双刃剑。一方面,它有利于公司获得更多的社会资源及稳定的发展,但同时它也在相当程度上限制了公司的发展。随着改革开放和招商引资的深入,各开发区之间的竞争开始激烈,甚至出现了土地价格和优惠政策的恶性竞争,更有甚者,土地开发成本与出让价格出现倒挂。而另一面,国家土地利用政策的变革和土地资源的稀缺性也日益凸显。双面夹击之下,主要收入来源于土地开发的苏州高新不但面临眼前效益下降的挑战,而且前途也显得迷茫。在这样的形势下,苏州高新人选择主动突围,走出一条新路来,开始在政府与市场之间寻找新的平衡术。一方面积极服务和配套政府,另一方面按照市场经济的规则办事,重新定位和规划企业发展。苏州高新开始了根植园区又超越园区的发展之路,进而策动了公司产业的第一次产业转型。

1999年起,在新区管委会的指导下,开始实行政企分开,政府管理职能被彻底剥离,公司蜕变成为一个经营实体,并完全推向市场。与此同时,住宅地产商业开发已开始蓬勃发展。2001年,苏州高新的主要业务向房地产业靠拢、聚焦。起初几年,开发规模和销售规模都不是很大,2004年之后,高新区区域面积从之前的52平方千米扩大到258平方千米,这为苏州高新的地产业务起到了巨大的推动作用。作为高新区建设主力军,苏州高新承接了政府大量的动迁房业务,从2004年到2008年,苏州高新先后承建了400多万平方米的动迁小区。虽利润微薄,但使公司建设规模、融资规模大幅度提高,为公司锻炼和成就了在地产业的人才队伍、开发建设管理水平和融资创新能力,促进了商品房开发规模的扩大和速度的提高。到2010年,苏州高新房地产在建规模达到240多万平方米。

2006年,公司进一步明确了以"房地产开发为主体,积极培植基础设施经营产业,适度优化参股企业股权投资"的发展战略。抓住房地产业高速发展的契机,实现了经营规模、专业化程度、品牌建设等综合开发经营能力的大跨越,并成为区域地产企业翘楚。苏州高新在地产领域的发展,主要通过三大平台实施。今天,这三个平台都已经发展成为区域内领先并各有所长的专业地产企业:新港建设集团有限公司作为房地产业务旗舰,扮演了苏州高新整个集团的品牌形象代言人和主业探路者的角色,也是公司住宅地产和商业地产"双轮驱动"发展战略的实施者,更是"异地开发"战略的先行者;新创建设发展有限公司的定位是苏州高新区开发及配套建设,在新区招商引资、筑巢引凤的工业化发展中居功至伟,从工业厂房、外资企业配套服务区、商业用房、办公大楼及动迁房建设到专业地产公司,新创建设已经从拓荒者向筑城者的新角色转变;苏州永新置地有限公司更侧重深耕苏州新区的市场,"挥师西进",投身于苏州高新区"北扩西进"的人居建设之中,进而成为苏州高新区西部建设的主力军。

公司积极围绕高新区"退二进三"和区域现代服务业的发展计划,通过不断强化房地产业务的本地化优势及品牌效应,并改善业务结构,向商业地产延伸,努力把公司的房地产业发展成为"住宅+商业"双轮驱动的产业发展模式。专门搭建了商业地产的开发运营平台——高新商旅,通过旗下平台开发了新港天都商贸、高新商旅狮山广场等大型城市综合体项目,通过盘活存量资源实现苏州乐园水上世界商业的开发、钻石金粉公司钻石广场的腾笼换鸟等。高新商旅在短短几年内开发了两大重点项目——清山酒店和日航酒店及酒店式公寓。位于苏州科技城的清山酒店总投资4亿元,是公司旗下的第一个高星级涉外酒店。清山酒店充分挖掘了科技城的山水资源,构建了宕口改造规划的新思路,将自然山水与建筑景观巧妙地融为一体,建成后将成为山水田园式的自然生态酒店,进一步完善和提升科技城的服务配套环境,并成为苏州高新区政府的政务接待中心。日航酒店总投资12亿元,建筑面积14.3万平方米。酒店客房总数478间,拥有豪华大堂、大型宴会厅、室内泳池、日式澡堂等多项特色高端配置。日航酒店引进日航集团酒店管理模式,承袭世界500强企业的完善管理,致力于将中国传统文化和日式周到细致的服务相结合,为客人提供宾至如归的服务,成为狮山商圈商业地产新地标。

商业地产领域的初步成功,同样没有满足苏州高新成就更大辉煌的进取心。依托已在住宅、商业地产领域,以及建设运营苏州乐园过程中获得的经验,苏州高新开始挑战地产开发的全新高度——集住宅、商业及旅游于一体的综合开发模式。地处苏州高新区中心,规划面积94万平方米的苏州乐园是苏州的一张城市名片。由加拿大多伦多福莱克公司总体规划,于1997年建成的苏州乐园,是一个以东方迪士尼为主题,集西方游乐园的活泼、欢快、壮观和东方园林的安闲、宁静、自然为特点,融参与性、观赏性、娱乐性、休闲健身于一体的现代化主题乐园,也是国家首批AAAA级旅游景区、全国著名的游乐园。近年来,苏州高新把握旅游业发展的机会,切合苏州乐园的实际,不断做深做透旅游产业,先后发展和引入了水上世界、苏迪糖果乐园儿童世界、金逸国际电影城、迪卡侬体育用品商店等新运营模式,拓展了温泉世界、白马涧生态世界等新的经营项目,让苏州乐园也大步踏上新的升级发展之路。2014年,苏州乐园旗下旅游项目实现营业收入3亿元,接待游客总数260万人次。

一个标志性的转折是:2010年12月20日,苏州高新正式签约徐州彭城欢乐世界项目。彭城欢乐世界项目总规划面积2 533亩,总投资预计为60亿元,将建成集乐园、商贸、生态社区于一体的大型城市综合体。其中一期开发的主题乐园规划面积1 229亩,拟投资15亿元,将引进技术水平和技术含量较高的游乐设施,建设一批形式新颖、内容丰富、活泼健康、惊险刺激、寓教于乐、参与性强的主题项目,建成后,将成为淮海经济区乃至全国知名的第五代高科技主题公园。主题公园建成开业后,将聚集更多人流,促进旅游业务的良性发展,大大提升商业地产价值空间,进而实现房地产与旅游项目的共赢,同时也使该区域城市功能水平得到整体提升。在彭城欢乐世界项目中,苏州高新将住宅、商业与旅游三业并举,进而为其转型升级的"旅游+地产+商业"的综合开发模式迈出关键性步伐。依靠综合开发模式的实践,苏州高新将完成又一次蜕变,由园区类地产上市公司华丽转身成为一家真正意义上的城市综合开发运营商。

三、公司资本运作成就跨越发展

产业发展是企业持续发展的内生力量,而资本运作则是企业实现跨越式发展的外在催化剂。不仅是开发量的扩大,后续开发资源的储备,产业资源的注入,以及实施走出去战略,还有创造新的发展模式,都需要资金的保障,而对于上市公司来说,上市的目的就是要更好地发挥融资功能,实现金融资本对产业资本的放大效应。良好的公共形象为公司在资本市场开展融资工作提供了好的基础,苏州高新也充分立足和应用这个基础,开展了一系列融资活动,推动公司规模和实力不断迈上新台阶。

以房地产主业发展为例,上市以来,苏州高新就一直不断地通过资本市场募集资金壮大旗下地产业务平台。上市之初,苏州高新的房地产业务平台只有新创公司一家,公司持股比例也只有50%。上市之后,尤其是公司明确将业务重心转向地产之后,苏州高新开始借力资本市场,并形成了今日在地产业务上的三大旗舰:1998年,公司配股募资近2亿元收购了新港公司75%的股权;2001年,公司再次通过配股募资3.74亿元对新港公司进行增资,增资后持股比例增至84.94%,并同时对物流中心进行了扩建投资;2005年,新港公司收购华融资产管理公司托管的新创公司50%的股权,进而拥有了新创公司整个权益;2007年,公司通过定向增发募集资金5亿对新港公司和新创公司增资,通过新港公司实施单方面增资控股永新置地。通过这两次配股、一次增发,苏州高新从资本市场获得资金超过10亿元,同时,也实现了对房地产资源的整合,增强了房地产支柱产业的实力,完成了对基础设施经营产业的培育,并在区域内形成强有力的自然垄断优势。2014年,公司抓住资本市场对房地产上市公司融资放开的政策趋势,及时启动非公开发行股票项目,以 9.53 元每股的价格顺利完成 13 亿元资金募集,主要投向徐州万悦城一期及扬州名泽园商品房项目。通过股权融资,股本扩张至 12 亿,增强了公司资本实力,降低了公司资产负债率水平,扩大了后续债权融资的空间,同时,大大夯实了公司主业的发展,为高新区的发展注入持续的建设资金。

2009 年,公司踏准资本市场向债权融资倾斜的风向,及时启动了 10 亿元五年期公司债的发行,最终以 5.5% 的低利率完成发行,按当时 7% 的平均发行利率水平计算,每年节约财务成本 1 500 万元。2014 年,公司再次启动 7 亿元公司债的发行,抓住比较好的发行时机,最终以 4.67% 三年期的超低利率完成发行,远低于市场上同评级、同类型的公司债发行利率,又一次刷新了苏州高新公司债发行利率历史低点。公司债的成功发行不仅实现了公司财务结构的优化,降低了财务成本,更重要的是苏州高新在资本市场上又增添了历史的一笔,公司资本市场形象进一步提升,为今后更大规模的再融资创造了良好的融资基础。

为了进一步增强抵御行业发展可能出现风险的能力,公司不断优化投资结构,在投资于有稳定现金流的基础设施业务的基础上,不断加大对金融产业的投资力度,最大化分享资本市场发展带来的收益。公司通过资本投入持有拟上市企业、基金以及银行等的股权,并通过稳定分红收益及股权出让溢价收益大大增加公司业绩。持有的东吴证券 500 万股上市解禁后通过二级市场出售获得 2 500 万元净收益,持有江苏银行 6 600 多万股、中新开发集团(CSSD)5% 的股权、南京金埔园林 7.5% 的股权等,这些拟上市公司中江苏银行和中新开发上市进程较快,提供了未来资本市场获取较高溢价的想象空间。参股拟上市企业只是小试牛刀,公司抓住"新三板"扩容机遇,成立以新兴产业投资为主题的股权投资基金才是公司吹响正式进军创投产业的冲锋号角。2012 年 12 月,公司出资 1 亿元与苏州高新创投、央企投资平台(国投高科技投资公司)等社会资本合作设立 3.8 亿元江苏省第一家成立的国家新兴产业创投引导基金——融联产业基金,主要投向新一代信息技术产业领域,大力扶持高新区内科技创新型中小企业的发展。此外,公司还持有华泰柏瑞基金管理公司 2% 的股权,华泰柏瑞基金管理的资产规模已达 500 多亿,在基金中排名 27 位。近年来,公司金融及股权投资产业规模逐步做大,已经成为公司重要的产业并逐步形成稳定的业绩支撑。

四、公司新的转型再造区域蓝筹形象

随着政策的变化、市场的变化以及开发区发展的成熟度变化,公司抓住了中国房地产市场黄金发展的十年,形成了以房地产为主业的产业架构。公司的第一次成功转型创造了资产规模、营收规模、利润规模的历史高点,开创了文化旅游地产新的发展模式。近几年,在国家的持续调控下,房地产行业已经跨过了高速发展时期,行业暴利时代已经终结,并进入行业集中化整合阶段。作为区域型房地产主业公司,与行业龙头相比,在开发规模、资金实力、综合开发能力以及品牌影响力等方面并没有竞争优势,在这种形势下,根据自身特点选择细分市场或创新经营模式甚至实施产业转型成为当下大部分中小房企的选择。苏州高新站在新的历史起点,将继续依托高新区的资源优势和发展势头,通过整合内外部资源,逐渐调整产业布局,实施大的资本运作,进一步优化管理模式。逐步改变房地产比重过大的产业现状,逐步提高旅游、环保、创投等业务规模,形成四大业务板块均衡化发展。通过第二次战略转型,再筑区域蓝筹股市场形象。

2015年,公司进一步整合地产资源,将三大地产业务平台合并成立苏州高新地产集团,从而开启了公司产业集团化发展道路。通过项目资源、人才资源、营销资源及品牌资源的有效整合,进一步提升标准化、流程化、精细化管理能力,从此"高新地产"将以全新的品牌形象、更先进的管理模式、更快速的项目周转、更完善的服务体系承担好区域开发主体的角色。公司房地产业将在保证原有开发体量的基础上,更加注重质的提升。在开发模式上借助原有旅游、地产综合开发经验,向复合地产转变,主要包括产业地产、旅游地产以及以动迁房和代建为主的基础设施开发业务。如果说地产业务模式的转变是为了迎合竞争的需要做出的调整,那么在地产业务以外进一步发挥开发建设功能则是公司抓住未来发展契机的主动出击。公司针对中央提出的控制政府融资平台融资并以PPP融资模式为今后政府性项目主要融资方式的政策趋势,发挥上市公司社会资本的角色便利以及融资优势,把PPP项目作为公司开发建设业务新的增长点。

以苏州乐园、徐州乐园两大主题公园为核心的旅游产业已初具规模,如果说通过资源整合实现旅游项目的加速投入是公司旅游产业集团化发展的重要手段,那以轻资产运营为对外扩张模式则是公司在旅游产业经营能力以及品牌影响力的充分体现,也是未来旅游产业实现良性发展和效益保证的创新举措。为了更好地打造高新旅游的大品牌概念,公司以苏州乐园为平台,借助高新区"真

山真水园中城"的优势,进一步整合区域生态旅游资源,推动西部旅游产业的布局,加强外部合作,引进国际级旅游项目和品牌,丰富旅游产品,延伸旅游产业链,打造苏州西部旅游集散地。2014年,公司成立大阳山旅游开发公司,大阳山24平方千米的区域将给公司带来持续发展的空间,大阳山植物园、温泉世界二期、探索世界、汉诺威马场等项目将陆续给高新区西部旅游添加新的生态科技旅游亮点,大、小贡山岛的开发更是将公司旅游产业推向了更高的水平和层次。公司将以品牌输出及管理输出作为轻资产扩张模式,以水上世界、儿童世界等亲子游产品与大型商业综合体运营商展开联盟合作,实施多点布局,实现合作共赢。

公司瞄准环保产业巨大的发展空间,借助污水产业经营管理的优势,采取轻资产扩张,实施异地污水处理项目的管理输出。利用污水处理、污泥处置以及除臭技术等业务技术的领先地位,参股投资或兼并收购污水处理上下游产业,如供水、水净化、水处理设备的生产等产业,实施相关化延伸,增加产业协同。进一步整合区内水务资源,借助产业并购基金,突破区域的产能限制,实施跨区域、跨业务扩张,形成大的环保产业概念。

实体产业的调整和布局为公司未来实现健康发展提供了保障,而新三板、创投概念、苏南创新示范区等市场热点则给予了苏州高新很高的市场估值,更为公司参与资本市场大发展提供了更广阔的想象空间。公司正借助上市公司再融资、市场并购、资产重组等大的资本运作处于高峰期的契机,主动对接市场,在现有投资规模基础上进一步扩大股权投资规模,发挥融联产业基金的功能,加快新兴产业的投资,增加对成长性比较好的新三板企业、其他拟上市公司及与公司产业相关联企业的直接投资规模;介入产业并购基金,形成注入优质资产的长期机制;抓住区内丰富的新三板企业资源,加大兼并收购力度,结合资产注入,不断做大做强创投产业。

当前,苏州高新区正着力推进"十三五规划",努力向全国高新区第一方阵目标迈进,在未来的发展阶段,高新区将逐步向西扩展,走向太湖时代。苏州高新作为高新区开发、建设、运营及融资的主体,将在西部的大发展中赋予新的使命和发展动力,并完成新的蜕变。苏州高新也将迈向新的发展阶段,并以全新的区域蓝筹形象呈现资本市场。

(宋才俊)

创新魅力在太湖之滨尽情绽放
——苏州东山精密制造股份公司发展之路

2010年4月9日,苏州东山精密制造股份有限公司正式登陆深圳证券交易所,从此中国资本市场增添了一个响亮的名字"东山精密"。这家来自苏州太湖之滨的民营企业,上市首日就吸引了众多投资者的目光,当日涨幅达到168%。同年,公司第一家异地子公司在深圳投资设立。从太湖之滨的渔歌唱晚到增亮深圳湾璀璨的灯光,东山精密用了数十年的时间艰苦跋涉,从一家初始资本只有3 000元人民币的小作坊车间起步,成长为国内最大的专业从事精密金属和精密电子研发、制造、销售的企业集团,在行业内拥有较高的知名度和影响力。公司产品领域涵盖通信、半导体设备、消费电子、汽车零部件等众多行业。

一、顺应时代潮流求发展,艰苦创业

苏州东山精密制造股份有限公司的前身为吴县市东山钣金有限责任公司(简称"东山钣金"或"DSBJ"),创办于20世纪90年代,早期的业务模式主要以传统的金属加工赚取加工费为主。

20世纪90年代中后期,外资企业如火如荼地在中国纷纷落户,这片古老的土地顿时焕发出勃勃的生机与活力。外资带来了厚实的资金和先进的理念,引领这片土地走向新的工业时代。然而,意想不到的事情发生了,外资企业突然为在国内找不到与之相配套的优质的供应商而忧心忡忡。

时任东山钣金的当家人,敏锐地感觉到这其中的商机,在亲自调研和实地考察之后,果断地倾其所有,克服重重困难,大胆地从德国、比利时等国引进当时全

球最先进的精密钣金加工设备,同时潜心观摩学习外资企业现代化的生产技术和管理经验,开始尝试与世界知名企业之间的合作,并努力为客户提供"一站式"的增值服务。正是凭着这股朴实的韧劲,公司赢得了众多知名企业的信赖。

正是这一惊人的举动,为东山精密奠定了现代企业的基本框架和实施路径,在更大意义上成就了东山精密如今的事业。

二、高瞻远瞩,改变观念,不拘一格引人才

经过多年的打拼,东山钣金逐步形成了一家专业以钣金制造为主业的规范化企业,建立了自己的品牌,赢得了众多客户的青睐,"DSBJ"在"老外们"的心里已刻下了深深的烙印。

随着企业规模的不断扩大与发展,公司当家人深切地感到,企业要持续发展,一定要克服传统管理的弊端,要善于引进各类优秀的人才,任人唯贤。当今世界企业的竞争,归根到底就是人才的竞争,没有人才,如何能够在竞争中存活?离开了人才,企业如同无源之水,无根之木。

为了增强发展后劲,公司积极实施"人才兴企"战略,不拘一格引进高级管理人才,许多在知名企业有过从业经历的精英纷纷加盟东山钣金,甚至很多"洋人"都漂洋过海来打工。这一举措,使得公司的领导力、执行力越来越强。公司放手让职业经理人去科学管理企业,为企业赚取更多的利润。

公司在引进人才的同时,也高度重视员工培训和继续教育,制定了一套覆盖员工职业生涯周期的人才培训体系,持续提高员工的专业技能和素养。同时引入竞争和选择机制,完善考评考核机制,完善干部继任计划,根据公司发展战略,前瞻性地进行储备人才的引进和培养,实现人力资源的合理配置。

三、矢志不渝,登陆资本市场展翅腾飞

2004年6月25日,深圳证券交易所中小企业板第一支股票正式挂牌上市,这一消息给了公司莫大的压力和动力,特别是直接融资平台对企业做大做强的支持成为督促公司努力触及资本市场的原动力。东山钣金的经营管理层意识到,一个企业要想有所突破,快速发展,必须借助于资本市场。2007年12月,经江苏省苏州市工商行政管理局核准,苏州市东山钣金有限责任公司整体变更为苏州东山精密制造股份有限公司,东山精密迈开了向资本市场进军的步伐,上市

号角正式吹响。

在东山精密董事会和管理层的携手努力下,公司法人治理结构越来越规范,公司经营业绩连年递增,产品领域也越来越广泛,从通信到半导体设备再到新能源等行业都有了东山精密的身影,客户分布也越来越广泛。以上成绩的取得,使得公司上市步伐加速。2009年12月,公司终于满足了上市发行条件,首次公开发行获得中国证券监督管理委员会审核通过。2010年4月9日,东山精密在深圳证券交易所挂牌上市,募集企业发展资金10.4亿元。募集资金的到位,不仅给予公司充足的资金支持,支持企业持续、稳健、高速发展,公司还通过在募集资金使用方面的合理规划,使得自身的核心竞争力得以全面提升。2015年的再融资为公司再次募集发展资金11.75亿元,有效实现了资本与企业发展的持续互动,为公司转型发展奠定了坚实的基础。

资本市场为东山精密插上了腾飞的翅膀,资本市场要求的上市公司治理结构使得企业的发展更加规范。程序化、制度化的管理体系为东山精密做强做大奠定了基础。东山精密结合自身的实际情况,从法人治理结构、企业内控、核心竞争力建设等方面制定了一系列发展和完善的计划并一一落实。正是由于构建了严格的内控流程和可追溯的管理体系,东山精密更快地实现了科学、高效的现代企业管理模式。

四、融资价值凸显,助力产业升级促转型

上市后,公司进入快速、健康、持续的发展轨道,企业盈利能力、产业规模、行业地位、客户认可度、社会声誉等均得到全面提升。五年风雨,一路走来。从2010年到2015年,东山精密历经了两次产业转型升级。无论是第一次转型还是第二次变革升级,东山精密均积极主动求新求变,实现产业规模、产业质量、转型效果等方面突飞猛进的发展。公司一直致力于在精密制造及其延伸领域中的积极探索和不断突破,目前,公司的精密制造产品及服务已经成熟应用于3C产业链和机电设备两大领域。

上市前公司的传统产品为精密金属组件产品,上市后公司用首次募集资金扩产了整套精密金属产品,开拓了LCD模组背板业务,用自有资金开拓了精密制造电子业务(从LED封装到模组组装业务),完善了公司精密制造服务体系,增加了公司在产业链中的价值比重。公司LED业务通过加强自主研发和技术创新,开创了国内小功率背光源领域的先河,得到了市场广泛认可和客户的好评。这一创举不仅让国内的电视机厂商摆脱了一直受台湾及国外供应商控制的局面,也为公司成功进入 LED 领域取得了开门红。

2014 年,公司进一步延伸了精密电子制造产业链。一方面,公司建设完成了应用于中小尺寸屏幕的液晶显示模组(LCM)生产线,可进行高精度、高洁净度的液晶显示模组组装,并在投产当年就实现了产品销售收入超亿元的成绩,成功开拓了联想、夏普、OPPO、JDI 等知名客户。另一方面,公司为进一步整合消费电子业务的产业链,全资收购了位于苏州工业园区的触控产品生产企业——牧东光电(苏州)有限公司,通过此举增加了触控面板业务,具备了触控显示模组的整体供应能力,进一步完善了精密制造服务体系。通过多年的产业布局,公司已拥有 LED 背光、触控面板、模组贴合、金属结构件的完整产能,打通了消费电子触控显示全产业链,从而为公司获得更多消费电子订单、拓展高端客户奠定了扎实的基础。

五、肩负使命,做优秀企业公民

东山精密在快速发展的同时,积极投身公益事业,回报社会,秉承作为优秀企业公民的理念,全面贯彻执行可持续发展的方针,在促进地方经济发展、扩大就业、节能减排、新农村建设、抗灾救困等方面勤勉尽职地履行作为一个公众公司的社会责任和使命。

多年来公司持续关注和帮助所在地的敬老院和学校的发展。公司还为面向在苏外来务工人员子女设立的"光彩班"提供助学金,帮助这些品学兼优、生活贫困的学子完成学业。为当地的乡村道路安装路灯,解决附近老百姓夜间出行难的问题。东山精密在稳健增长的同时,为当地的可持续发展做出贡献,优先吸收本地人才的就业,积极实施面向本地农民工的"农民工蓝领培训录用工程",累计培训录用当地农民工就业近 2 000 人,并努力为他们提供丰厚的薪资福利待遇(包括缴纳五险一金、免费的班车、可口的工作餐等)。公司一直是当地的纳税大户,为当地的可持续发展做出了巨大的贡献。

展望未来,公司将坚持产业发展与资本运作双轮驱动的发展思路不动摇,努力将东山精密打造成年销售超百亿、资产质地优良、产业布局合理、投资回报丰厚、企业规范运作、投资者关系良好的上市公司,为社会经济发展做出更多的贡献。

(冒小燕)

江苏吴中实业股份公司的转型升级之路

在经济进入新常态的大背景下,加快推进转型升级,全面提升企业的核心竞争力,是实现经济又好又快发展的必由之路。江苏吴中实业股份有限公司(以下简称"江苏吴中")在20年艰难跋涉、奋发图强的发展历程上,从校办服装厂起步,构建产业新格局,打造企业新优势,创出发展新路径,走出了一条"转方式、调结构、强主业"的转型升级之路。

一、顺应时代变革,走企业改制之路

江苏吴中的成立,本身就是校办企业的一次转型升级。20世纪80年代初,学校教育经费普遍不足,国家出台政策鼓励学校开展以校办产业为主要形式的勤工俭学活动,一群吴县优秀青年教师踏入了商海,历经摸爬滚打使吴县校办企业逐渐壮大,有效弥补了学校教育经费的不足。但校办企业严重依赖于学校人力、物力,缺乏独立自主的经营权,资金不足、规模小、基础薄弱制约了其进一步发展壮大。1994年4月14日,经江苏省体改委批准成立江苏吴中实业股份有限公司,使吴县校办企业的经营、发展充分适应社会主义市场经济的要求,盘活了存量资产,形成了规模效益。

江苏吴中成立后陆续收购了吴县服装辅料厂、吴县喷胶棉厂、苏州市工艺品进出口公司、吴县制衣厂、江苏吴中集团天翔实业公司等服装企业,逐步形成了早期公司以服装为主业的产业格局。公司依托教育系统的优势,瞄准空白市场,把校服作为主营方向,很快在吴县市场站稳脚跟,并与江苏省中等师范、重点职业高中和省级重点高中达成购销合作,获得了稳定的利润增长点。1996年,公司被前国家教委推荐为全国学生装专业协作委员会的首批会员单位,1997年又被江苏省教委认定为全省唯一的学生装定点生产企业,此后,"365"校服和"吴中"系列服装又多次被评定为名优产品。

经过多年的打拼,江苏吴中服装产业逐步成为一家大型的生产加工销售各类服装、床上用品、羽绒制品的规范化服装企业,建立了自己的服装品牌,赢得了资本市场的青睐,不仅为江苏吴中的上市做出了巨大贡献,并且在后来很长一段时间成为主营业务。

二、借力资本市场,走上市发展之路

压力之下方有动力,在经济结构转型的大背景下,江苏吴中承载了一定压力,这也恰恰成为督促江苏吴中努力转型升级的动力源泉。20世纪90年代,沪深交易所相继开市后,资本市场风起云涌,对于一家毫不起眼的县级普通校办企业,上市在众人眼里还是个遥远的梦想,但敏锐的经营管理层已经意识到,一个企业要想有所突破,快速发展,必须借助于资本市场,上市是必然。1994年6月,江苏吴中完成了股份制改造,取得了工商营业执照,上市计划正式吹响了号角。

为了增强发展后劲,在打造"365"服装品牌产销体系的同时,江苏吴中提前布局,涉足高科技、高成长的医药产业。1996年,江苏吴中筹建了苏州中凯生物药业有限公司,正式切入生物医药领域。1998年,全资收购了原吴县十大骨干企业之一的苏州第六制药厂。服装、医药双轮驱动的产业格局雏形初显,上市步伐加速。就这样,江苏吴中经过几年的发展,满足了当时上市的条件,管理团队用他们出众的智慧、坚定的信念、无与伦比的工作热情,最终击败强大的竞争对手,获得了教育部的推荐函,取得了上市的准入证,将梦想变成了事实。

1999年4月1日,江苏吴中顺利在上海证券交易所挂牌上市,实现了产业与资本的对接,募集资金巩固了江苏吴中在服装和医药这两大业务板块的竞争优势,扩大了江苏吴中的生产规模,提高了江苏吴中的品牌知名度,为江苏吴中的后续发展提供了持续动力。

三、调整产业结构,走科技创新之路

江苏吴中转型升级是一个渐进性过程,需立足实际、一步一个脚印地走下去,既要有时不我待的紧迫感,也要有长久坚持的韧性。自1996年江苏吴中果

断切入医药产业后,管理层谋而后动,利用区域和自身积累的优势,顺应产业结构调整的方向,不断坚持在医药产业上耕耘和加大投入。上市之后不久,江苏吴中即收购江苏省军区所属的苏州长征制药厂,与美国欣凯公司合作成立苏州长征-欣凯制药有限公司;并加大对技术研发的投入,与江苏省药物研究所合资成立江苏吴中苏药医药研发有限公司,承担建设了江苏省基因药物工程技术研究中心。另外,江苏吴中在生产上不断加大原有医药产业项目的技改投入,实施了原苏州第六制药厂和苏州长征制药厂的搬迁、整合,建立了管理规范、设备先进的集约化生产基地。2005年,江苏吴中整合全部医药资产,成立了江苏吴中医药集团有限公司,"研产销"一体化医药产业平台构建成型。

多年来,吴中医药紧紧把握市场需求,重点围绕"抗肿瘤、抗感染抗病毒、免疫调节、心脑血管"四大领域组织生产经营,逐步完善技术开发体系,大力推进技术创新和新品研发,逐步树立起产品和技术的核心竞争优势。近年来,吴中医药设立了省级企业技术中心、江苏省企业院士工作站和江苏省内唯一的基因药物工程技术研究中心,陆续承担国家级科技项目7项、省级科技项目19项,其中国家重大新药创制专项课题4个、省重大成果转化项目2项,获得了苏州市历史上医药企业第一个江苏省科技进步一等奖,并拥有已获授权发明专利27项。

吴中医药主打明星产品芙露饮在提高免疫力方面具有独到功效,在国内市场独领风骚;连芩珍珠滴丸这一具有现代中药特色的国家独家品种,则成为国内治疗口腔溃疡领域的知名品牌。江苏吴中具有自主知识产权的"国家一类生物抗癌新药重组人血管内皮抑素注射液"被列入了国家新药创制重大科技专项和江苏省科技成果转化专项,项目Ⅲ期临床试验目前正在全国近40家国家药品临床研究基地按计划稳步推进,一直牵动着资本市场的敏感神经。为适应国家药品招标、药品降价、医药分开、医保体系改革等一系列医改政策的变化,江苏吴中不断调整营销策略,优化营销手段,努力把自营终端、区域招商、商业配送以及OTC销售这几种营销模式做实做强,不断拓展营销的广度和深度。同时,江苏吴中积极开拓国际市场,不断建设、完善医药进出口贸易平台,G-CSF、阿比多尔原料药等多个产品已实现出口柬埔寨、墨西哥、罗马尼亚等国家。

经历了市场多年的潮起潮落,数次资源整合和产业结构调整,江苏吴中医药产业持续发展壮大,成为火炬计划国家重点高新技术企业、国家重大新药创制重大专项"抗肿瘤药物技术创新产学研联盟"成员企业、江苏省高新技术企业、苏州市医药行业协会会长和江苏省医药行业协会副会长单位、苏州市五星级用户满意企业,位列中国化学制药工业百强,成为江苏吴中多元化产业发展平台的核心。从服装向医药产业的调整,成为江苏吴中发展过程中最重要的一次转型。

四、优化股权结构,走科学治理之路

2002年12月,为解决产权不清、出资人不到位等弊端,原大股东江苏吴中集团实施了改制,15名自然人将取得改制后的集团公司51%的股权,其中8人是江苏吴中的高层管理人员。改制是对整个管理层的激励,既将股权明细到个人,又避免造成某个人的"一股独大"。之后,公司又针对企业发展中的骨干给予了一定的期权激励,对公司吸引人才、留住人才起到了很好的激励作用。这次改制进一步明晰了产权,完善了法人治理结构,调动了管理层的积极性,对江苏吴中今后的决策、投资和管理机制等方面均产生了积极的影响。

2009年10月,在监管部门批准和广大股东的拥护下,江苏吴中与江苏吴中集团顺利完成了存续分立,分立后的江苏吴中由董事长、总经理等9位自然人控股。存续分立的完成进一步理清了公司产权,完善了公司治理结构,促进了公司长期激励机制的建立,使企业发展的内在动力和活力得到进一步激发,揭开了江苏吴中发展的新篇章。

存续分立和产业结构重整使江苏吴中重新焕发出勃勃生机,江苏吴中借"分立"后所赢得的产业发展空间做出了重大的产业结构调整,将用工成本较高、品牌附加值和利润较低的服装业务整体置换出江苏吴中,将当时已经有所发展的房地产开发业务置换进来,通过确立以医药为核心主业、房地产为重要产业这样的主业布局,进一步拓展了公司发展空间。2010年,江苏吴中整合房地产业务,成立了江苏中吴置业有限公司,着力于住宅细分市场、商业地产以及国家保障性住房的开发建设。目前已完成6个项目的开发,合计达到100多万平方米,旗下苏州隆兴置业有限公司、宿迁市苏宿置业有限公司所开发的金枫美地、岚山别墅和苏苑花园、阳光华城分别在苏州和宿迁具有较高的知名度和美誉度,其中岚山别墅是苏州首个科技别墅和中国科技别墅样板,中吴红玺是苏州城铁新城高品质楼盘的标杆,合作开发建设的2个政府定销房项目受到了苏州市各级政府及居民的好评。

五、提升竞争能力,走跨越发展之路

站在公司成立 20 年这一新的发展起点上,公司提出了新三年战略发展规划:以医药为核心产业,集中优势资源发展医药产业,谋求经营规模和盈利水平的快速增长,提高企业持续经营能力,并选择性地通过对互补产品的兼并、收购以快速提升产业地位,扩大产业规模、增加盈利能力;以房地产行业为重要产业,稳步发展房地产开发经营,保持合理的开发量,实施滚动开发,快速周转,以求在短时间内增加公司利润来源;同时进行以资本增值和获取投资收益为目标的财务性投资。目标志存高远,发展任重道远。

公司未来的转型升级之路,以优秀的企业文化做基础。公司新的发展规划中,企业文化建设被赋予了浓墨重彩。在拼搏与创新的基础之上,江苏吴中秉持"传承、扬弃、创新"的原则,确定了新吴中"生命如青"的文化理念,形成"成就自我,福祉他人"的企业使命、"志同携进,青盛百年"的愿景、"担当协作,创新竞争"的核心价值观和"敦本务实、志存高远"的企业精神。

公司未来的转型升级之路,以专业的员工队伍来支撑。在人尽其才、共同成长的人力资源管理理念指引下,公司围绕企业发展目标,为广大员工提供一个公平、公正、公开的发展平台,为各级员工实现自身价值、分享企业发展成果创造良好的条件。公司注重人才引进和培养,加强员工培训和继续教育,逐步启动新员工和专业技术人员培训、青蓝计划、菁英计划等三级人才培养方案,不断提高员工素质。同时引入了竞争和选择机制,推动实施宽带薪酬改革、员工定岗定编,实现人力资源的合理配置,员工与职务之间相互适合,为企业发展构筑人才基础。

面对复杂多变的经济形势,江苏吴中从传统产业中突围,在企业管理中革新,在 20 年的发展历程中不断转型升级,一直坚持将战略、文化、人才作为核心要素,使企业在明晰的产业方向引领下持续前行,为企业做大做强奠定了坚实基础。江苏吴中在赢得市场竞争的同时,赢得了发展的主动权,立志在吴地企业中创造一流业绩,发展成为一家管理卓越、员工乐业、社会尊重、基业长青的多元实业集团。

(顾志锋、李兴旺)

亨通集团的社会责任

一、亨通集团概况

亨通集团创建于1991年,经过25年的发展,目前已成为一家服务于信息通信、电力传输、能源矿产、金融地产、投资贸易等领域的国家创新型企业集团,拥有全资及控股公司45家(其中2家公司在上海证券交易所主板和新加坡、中国香港上市),在全国9省市和南美、南亚、东南亚设立产业基地,在全球30个国家和地区设立营销技术服务分公司,产品覆盖100多个国家和地区,是中国光纤网络建设与运维服务领域规模最大的领军企业,入围中国企业500强、中国民企100强、全球光纤通信前3强。

创新是亨通发展的动力。亨通积极推进"三化融合"(工厂智能化、生产精益化、管理信息化),提出"能用机器人的不用工人、能用机器手的不用人手",全面向智能制造、服务制造转型;拓展"互联网+"发展新空间,积极推进向互联网、物联网产业转型;践行精益求精的制造业精神,努力打造中国质量全球品牌。亨通依托国家级企业技术中心、重点实验室、院士工作站、博士后工作站等创新平台,相继承担国家863计划项目、自然科学基金项目、国家级科技项目等174多项,参与国家及行业标准制订74项,拥有国家授权专利1 500多项,标准制订和专利数均位居国内同行首位。系统整体解决方案及服务全面应用于智慧城市、智慧社区、航空航天、国防军工、宽带中国、大数据、云计算、物联网、移动互联网、高铁地铁、特高压及智能电网、新能源与海洋工程等高端市场、高端产业。

社会责任是亨通的第一责任。亨通始终坚持诚信经营、依法纳税;积极践行循环发展、绿色发展、低碳发展理念,创建生态文明、绿色花园式工厂;成立国家民政部主管的非公募慈善基金会——亨通慈善基金会,积极参与慈善公益事业,截至2014年底,累计捐赠超4.8亿元。

未来,围绕"555"国际化目标(拥有50%以上的海外市场、50%以上的海外资本和50%以上的国际化人才),亨通将立足"3个2"(国际国内两个市场、国际国内生产要素和人才技术两种资源、境内境外两大资本渠道),"看着世界地图做企业,沿着'一带一路'走出去",大力推进三大结合(产品经营与资本经营结合、产品多元与产业多元结合、国内市场与国际市场结合),加快实施三个转型(本土企业向国际化企业转型、生产型企业向研发生产型企业转型、产品供应商向系统集成服务商转型),加快全球化运营和产业布局,向着一流的国际化企业迈进。

二、亨通的社会责任体系

1. 亨通的社会责任理念

亨通的使命是要打造一个受社会尊敬的、勇于承担社会责任的百年企业。其社会责任理念包括:诚信经营、依法纳税、为社会提供优质的产品和服务;处理好企业与各利益相关方的关系,在和谐劳动关系、关爱员工成长、回报投资者、协调公共关系、环境友好、资源节约等方面做出示范;饮水思源,懂得感恩,热心公益,回报社会。

2. 亨通的社会责任管理体系

承担企业责任不是一时、一事、一地的短期行为,需要长期系统的规范与管理。为此,亨通集团成立了专门负责企业社会责任管理的工作机构,还将借鉴国际标准,进一步搭建企业责任管理体系。

保障组织:建立由集团决策层直接领导、行政管理中心为主的专门团队,明确企业责任各项工作的职责和跨部门跨公司的协调机制。

制定政策:坚持科学合理和清晰明确的企业责任方向,保证众多责任实践活动在各子公司的整合性、有效性和可持续性。

吸引参与:自上而下,创造条件,使员工能有机会积极参与责任承担,确保企业责任在企业运营中渗透的广度和深度。

规范流程:建立企业责任项目筛选机制及决策路径,对事前分析、事中跟踪、事后评估的运作模式进行规范,对项目执行和协调进行控制。

三、亨通的经营责任

1. 价值共享

亨通视"守法经营、依法纳税"为企业的基本社会责任和商业道德,信守"比贡献,看纳税"的价值观,严格遵守国家法律法规,正确处理国家、企业、职工、股东的关系,坚持依法经营、公平竞争、理性竞争,坚决维护规范有序的竞争环境。

亨通连续多年蝉联江苏省纳税百强,是苏州市纳税大户、吴江十大纳税大户。

每股社会贡献值是反映一个公司为股东、员工、客户、债权人、社区以及整个社会所创造真正价值的重要数据,是亨通在承担社会责任情况的重要指标之一(2014年度亨通光电每股收益0.673元)。亨通在资本市场先后被评为"最具投资价值上市公司"、"最具发展潜力上市公司"等。

亨通的就业情况:亨通自成立以来吸纳就业能力逐年递增,为越来越多的劳动者提供了发挥聪明才智、服务社会的平台,让员工在享受到通过劳动得到的物质成果的同时,也得到知识的充实和技能的提高。

2. 精益制造

亨通全面推行精细化管理,实施了企业资源管理ERP系统,全面导入6S及6SIGMA管理体系,先后通过了ISO 9001、TS 16949质量管理体系认证。整个产品生产和销售过程,包括材料采购、到货验收、生产过程控制、成品测试、产品交付和售后服务等严格遵照ISO 9001标准执行;对供应商的供货质量进行记载,并定期对供应商进行评审,从而确保采购的质量;产品生产的每道工序都有下发的文件式的作业指导书来指导工艺生产,且每道工序都有严格的检测把关,只有经过测试合格的半成品才能流入下道工序。

目前,亨通旗下企业已通过质量管理体系认证、环境管理体系认证、职业健康管理体系认证、测量管理体系认证、中国强制性产品认证(CCC)、电能(北京)产品认证中心认证(PCCC)、CE认证、国军标质量管理体系认证(GJB9001B)、矿用产品安全认证、南非国家标准局认证(SABS)、中国、美国、英国、法国、德国、挪威船级社产品认证等数十项权威认证。

3. 合作共赢

亨通本着诚信、平等、理性的道德准则处理与各利益相关方的关系,并建立了一系列的规章制度。

亨通始终坚持诚信互赢的原则,先后与日本古河、日本藤仓、美国奥维信、美国 OFS 等国际企业展开了产业或资本层面的友好合作;与华为、中兴、诺基亚、西门子等国际知名的通信设备供应商建立业务合作关系。

亨通连续多年被评为全国重合同守信用企业、中国优秀诚信企业、优秀企业公民、依法治企诚信经营先进单位,为国内通信运营商和国际知名企业(中国电信、中国联通、华为技术等)的优秀供应商。

四、亨通的创新责任

创新是企业发展的动力,亨通通过不断创新为企业可持续发展注入了生机和活力。公司以战略创新为前提,在 20 多年的发展历程中,逐渐形成了全方位的创新体系。

1. 创新引领

作为国内线缆产业产品门类最齐全的企业,亨通通过自主研发,实现了核心装备自主化和装备效能技术革新,树立了从"中国制造"向"中国创造"转型的行业典范,打破了国外对中国光通信、智能电网核心技术的封锁和价格垄断,推动了国家战略的实施,为中国大规模、低成本开展光通信骨干网、城域网和光纤接入网的建设做出了突出贡献。

亨通公司成立至今,承担了多个国家和省市科技项目、火炬计划项目、重大产业化转化项目等,获得项目资助。亨通还分别获得了国家标准和行业标准的牵头起草权,并成为中国标准化协会副理事长单位,参与标准制定及获得的授权专利总数位列行业第一:参与制订国家及行业标准 74 项,其中主持制订 5 项;取得授权专利 150 多项,其中发明专利 120 项。

经过多年的努力,亨通在自主创新、集成创新、引进消化吸收再创新等方面取得了长足的进步和巨大的成就,并荣获"国家火炬计划重点高技术企业"、"中国最具竞争力高新技术百强企业"、"国家级创新型企业"、"全国大中型企业自主创新能力行业十强企业"等殊荣。

作为国家级创新型企业,亨通努力提高自主创新能力,培育自主知识产权,建立了国家级企业技术中心,拥有 3 个院士工作站、6 个省级工程技术中心以及江苏省重点实验室。先后承担 110 多项国家、省部级新产品及技术攻关项目。

2. 转型升级

在发展中求转型,在转型中促升级。亨通以转变发展方式为指引,确立了"从生产型企业向研发生产型企业转变,从产品供应商向系统集成服务商转变,从本土企业向国际化企业转变"的三大转型目标,并提出"产品经营与资本经营相结合、产品多元化与产业多元化相结合、国内市场与国际市场相结合"的三大转型方式,进一步加大自主创新,推进转型升级,加快向高端产业、高端市场、高端技术领域迈进。

3. 创先争优,党建引领促发展

创先争优是企业竞争力的体现。亨通积极践行江苏"三创三先"精神,在科技创新、人才队伍建设、管理创新、党建促工建等方面成为全省示范。

党建就是生产力。亨通在当地率先成立民营企业党委、纪委,把党的政治优势、组织优势和群团组织的配套优势转化为推进企业发展的强大动力,促进了企业的科学发展、创新发展、和谐发展,成为全国文明单位、全国企业党建工作先进单位、江苏省非公企业党建带工建"四统筹一创争"活动示范企业、江苏省委组织部20家双重管理民企党委、苏州市统筹共建先进集体、苏州市创先争优基层党组织、苏州市先锋基层党组织。

4. 品牌创新

亨通紧跟信息化时代的新形势和新要求,以"打造世界知名品牌,成就国际优秀企业"的目标为指引,将品牌建设作为一个系统工程来经营。随着品牌战略的深入推进,亨通提出了品牌的"三大转变"(国内品牌向国际品牌转变、行业品牌向公众品牌转变、知名度向美誉度转变)。亨通品牌价值的不断提升,对内来自员工的高度认同,对外则强化行业、公众的认知,获得日益高涨的知名度、美誉度。

亨通早在2004年就被国家工商行政管理总局认定为"中国驰名商标"。先后在30多个国家和地区注册海外商标,国际注册商标近百件,成为江苏省重点培育和发展的国际知名品牌、江苏省通信光电缆出口基地核心企业。品牌价值从2004年的27.33亿元跃升到203.45亿元。近年来,连续10年入选中国500最具价值品牌榜。

5. 用文化汇聚企业软实力

亨通积极创建融传统文化、本土文化、时代特征、产业特点于一体,包容开放的企业文化体系,提炼出了属于全体亨通人的企业文化,形成亨通企业文化理念体系,用优秀的企业文化为百年亨通保驾护航。亨通先后获得全国企业文化优秀成果奖、江苏省企业文化示范单位、苏州市企业文化建设示范单位等荣誉,亨通的企业歌曲、宣传片、内部报刊也先后获得多个省市级奖项。

五、亨通的环境责任

亨通牢固树立"绿色发展、循环发展、低碳发展"的理念,每年都与生产企业签订节能减排技改责任书,把资源消耗、环境影响、生态效益等生态文明建设指标纳入业绩考评体系。卓有成效的节能、环保工作使亨通成为首批中国能效之星五星级企业(最高评级),也是行业唯一获此评级的企业。

1. 绿色环保

亨通将环境保护贯穿于企业生产运营的各个环节。集团及下属子公司均通过了 ISO 9000 系列国际质量认证、OHSAS1800 职业健康安全管理体系认证、ISO 14000 环境管理体系认证、3C 质量认证等。先进的设备、专业的操作人员、规范的操作流程确保了所生产的产品符合国家规定的环保要求。公司设置循环水池节约用水,安装除尘和脱硫装置降低排放,控制噪声减少环境的噪声污染,分类处理废弃物以利于资源的回收处理和利用,对车间顶部进行改善以充分利用日照节约电能,并积极开发生产无烟低卤电力电缆、风力发电线缆、太阳能发电电缆等环保产品,鼎力支持国家环保事业发展。

从 2006 年开始,亨通光电研发中心自主研发生产光纤预制棒,从项目立项至正式投产,公司严格遵守相关环保法律法规,"同时设计、同时施工、同时投产",加大环保设施投资,在废气处理方面投资 2 700 万元,在废水处理方面投资 980 万元,均采用国内外先进处理工艺,并配备专业处理人员 14 人,在排放口安装在线监控设备,严格做到无污染排放。针对生产中产生的石英玻璃、SiO_2 干粉、SiO_2 泥浆,专门投资 62 万元修建固废仓库进行分类存放,并由有资质单位进行固废处置。

2. 低碳减排

节能减排是可持续发展战略的重要举措,历来受到亨通的重视。亨通始终把节能技改、挖潜降耗作为重点工作来抓,先后建立和健全了各项能源管理规章制度和比较合理的产品能源消耗定额指标。2014 年,亨通通过一系列的设备技改、工艺改进并引进先进的节能技术,超额完成了与政府签订的节能量目标。2014 年节能 1 924.87 吨标准煤,完成节能量目标的 370%;万元产值能耗为 0.015 54 吨标准煤/万元,同比下降了 3.73%,超额完成了与政府签订的节能量目标。

3. 循环经济

亨通按照循环经济推进的指导思想,在资源利用、生产消耗、废物回收再利用等各个环节,建立起全覆盖的资源循环利用体系,被纳入苏州市循环经济试点企业。

2005 年至今,亨通持续投入专项资金进行厂房屋顶的更换,全部换上新型绿色型材,并且留有透明式天窗,打通多余墙体,增强室内照度,优先采用无极灯、LED 灯等先进的绿色照明灯具,利用微电脑时控开关及光度自动化控制调节,此项改造工程每年能节约 160 万度电。

亨通线缆公司使用循环供水系统,每年因生产需用水 125 万吨。该公司投入专项资金新建了独立循环供水系统,实现车间用水循环使用,全年用水量从 125 万吨减少到 0.36 万吨。

亨通在光纤生产过程中,通过对光纤炉体结构的自主设计和改造,使炉体在交变电磁场作用下,光棒内部产生涡流从而达到加热或融化的效果,减少稀缺气体资源的使用,大量节约了光纤拉丝成本,年节约氦气量 51.75 万立方米。

六、亨通的社会公益责任

亨通在努力将企业做大做强的同时,把回报社会作为一种责任,倾心社会公益慈善事业。作为中国慈善联合会常务理事单位、江苏省慈善总会副会长单位、苏州慈善总会荣誉会长单位、吴江慈善总会副会长单位,亨通用于爱心助学、扶贫济困、助残扶弱、救灾赈灾等各类慈善公益事业的累计捐赠款物已超 4.6 亿元。

亨通三次荣获中华慈善奖、"最具爱心捐赠企业"称号、"最具爱心捐赠个人"称号,并被授予中国企业社会责任特别大奖、苏商社会责任大奖等多项荣誉,集团董事局主席崔根良两次入选"中国十大慈善家"。

1. 设立亨通慈善基金会

2011 年,由崔根良个人、亨通集团发起,捐资 5 000 万元,经民政部批准注册成立亨通慈善基金会,为江苏省首家民营企业发起成立的非公募慈善基金会。

亨通慈善基金会宗旨:以人为本、关注民生,推动光彩慈善福利事业;扶危济困、关心公益,致力构建和谐社会。

2. 爱心助学

青少年是国家的未来,多年来亨通通过多种途径和方式帮助青少年,注重对教育的投入,让更多的孩子接受教育,成长为社会有用之才。

(1) 通过多种途径开展爱心助学,在大专院校设立亨通奖学金。

(2) 捐资100万元,在新疆伊犁州设立亨通光彩助学基金,资助贫困家庭的高中学生完成学业。

(3) 捐资40万元帮助西藏桑日县绒乡巴朗村、扎巴村两所幼儿园购置教学活动设施。

3. 扶贫济困

扶贫济困是亨通参与公益慈善事业的重要方向。亨通连续20多年为七都镇敬老院孤寡老人送温暖。从1992年起,每逢节假日或者酷暑严寒时,亨通总是及时出现在敬老院,为敬老院的老人们送去慰问品、慰问金。此外,亨通连续多年提供资金为七都镇困难职工送温暖,扶助吴江地区的困难家庭,为陷入困境的大病患者提供救助等。

4. 志愿服务

亨通经过多年自身探索与追求,形成独具特色的亨通志愿服务链。亨通成立了亨通青年志愿者服务队,目前注册人数超过3 800人,下设5个分队:便民服务志愿队、网络文明志愿队、文化传播志愿队、扶贫帮困志愿队、传播文明风尚志愿队,定期组织志愿服务活动,每年不少于6次;对志愿者进行上岗前志愿服务培训,建立激励机制,并给予活动经费,树立起志愿服务的亨通品牌。

5. 无偿献血

亨通集团从2005年起每年组织吴江地区各公司员工参加献爱心活动,历年被评为献血工作先进单位。员工对参加集体无偿献血活动的目的和作用的认识已越来越高,参加献血的人数和献血量一次比一次增多。这种爱心行动,充分体现出企业参与社会公益活动所取得的良好效果,以及广大员工关爱生命和无私奉献的精神。据不完全统计,近五年亨通有1 138人次参与献血,累计献血量27万余毫升。

6. 残疾人就业

解决一个残疾人的就业问题，就缓解了一个家庭的困难。残疾人的就业是残疾人事业的重要组成部分，也是残疾人及其家属所关心的一个社会问题。残疾人就业是实现残疾人走向社会的根本途径。亨通多年来一直积极吸纳残疾人就业，公司下属的亨通线缆、亨通金天等子公司累计安排近2 000名残疾人就业。另一方面，亨通针对残疾人职工积极开展各类技能培训，帮助他们掌握更多的工作技能，提高他们的社会竞争能力，与此同时激励残疾人职工的工作信心，帮助他们立足岗位发挥专长，近年来在公司各条线均涌现出一批优秀残疾人职工。

展望未来，亨通将更加重视自然环境与经济发展之间的关系，着力形成"绿色生产力"，通过科技创新节能减排、发展循环经济，实现经济与资源、环境之间的和谐可持续发展。亨通还将继续坚持各利益攸关方共赢，加强与各利益相关方的沟通与交流，提升和保障员工的福利，共享发展成果。亨通将继续投身公益光彩慈善事业，积极回馈社会，为构建和谐社会贡献自己的力量。

（吴如其、肖耀良）

利益相关者保护
——中利科技集团股份有限公司发展之道

中利科技集团股份有限公司(以下简称"中利科技")前身为常熟市唐市电缆厂,成立于1988年9月5日,公司于2007年8月6日改制为股份有限公司,并于2009年11月27日成功在深交所发行上市,股票代码:002309。公司总部位于江苏省常熟市沙家浜镇,主营特种电缆、光缆、光伏产品和电站业务。

20世纪90年代初,中利科技首创国内第一根阻燃耐火软电缆。经过20多年的发展,中利科技以"阻燃耐火软电缆"单品为突破,顺应市场的发展,产品经营范围已扩大至通信电缆、船用电缆、矿用电缆、铁路及轨道交通用电缆、电力电缆、新能源电缆、光缆、太阳能电池片及其组件、太阳能光伏发电站投资建设及运营、电子信息产品系列等多区域市场;并拥有江苏总部、东北、华南三大生产基地,以及新加坡、德国、美国、中国香港等研发和销售基地,服务体系已遍布全球,产品销往20多个国家,并与客户建立了良好和稳定的战略合作关系,为全球的通信行业、设备制造行业、轨道交通行业、船用及海洋工程行业、电力行业、矿业行业、太阳能行业和新能源行业等市场提供优质的产品和服务。经过几十年的发展,中利科技已经发展成为一家国家级高新技术集团型企业。目前集团下设中利腾晖光伏科技有限公司、广东中德电缆有限公司、常熟市中联光电新材料有限责任公司、中利科技集团(辽宁)有限公司、常州船用电缆有限责任公司、深圳市中利科技有限公司、常熟利星光电科技有限公司、利星科技(亚洲)有限公司、新加坡SCA有限公司、青海中利光纤技术有限公司、宁夏中利科技有限公司、江苏中利电子信息科技有限公司、江苏长飞中利光纤光缆有限公司、苏州科宝光电科技有限公司等十多家控股、参股公司。

中利科技之所以能够取得今天的成绩,是因为公司从创建之初开始始终寻求促进企业发展的良好环境,不忘保护利益相关者的利益。这种保护利益相关者利益的良好环境是企业在发展过程中不断尽力维护才获得的。

一、在创新转型升级、人才战略中求发展

中利科技在董事长王柏兴的带领下,提倡开放、平等的精神,尊重、鼓励并激发员工的自主性和创新活动,追求技术创新、服务创新、管理创新的理念,以创新产生高附加值的产品与服务,推动企业的转型升级。公司每年坚持以销售收入的3%~5%投放科研创新和技改。中利科技还专门成立了"技术委员会",其职能主要为技术开发管理、制定企业战略目标、决定产品开发方向和长远规划及研发经费的划拨。

2014年,中利科技实现营业总收入98.256亿元,成为拥有15家子公司、5大产业板块的集团型高新技术企业,涉及电缆、光伏、光缆、高分子材料、机械电子等行业领域。2015年,中利集团将实现目标销售收入"双百"亿,助推企业升级转型,把加快创新转型发展定位为重要发展方向,提出未来三年公司将主要向能源领域及混合所有制、高端技术领域、军工技术领域转型发展。

公司拥有35项发明专利、70项实用新型专利,并承担过多项科技项目,如江苏省重点实验室项目、国家博士后科研工作站项目等。公司拥有省级工程技术研究中心,与上海电缆研究所、四川大学、南京工业大学等高校和科研机构建立了长效的产学研合作机制。公司是国内第一家成功开发新能源电动汽车充电电缆所用改性工程塑料的企业,研发的阻燃耐火软电缆填补了国内空白。2014年中利科技被认定为江苏省高新技术企业。

为保证中利科技沿着战略目标可持续发展,最关键的资源因素是人才。中利科技从人才战略的高度出发,注重复合型管理人才和专业技术人才的培养,加强人力资源管理,优化人力资源配置,建立后备人才梯队。从一定意义上说,没有适应企业发展的人才战略,就没有中利公司的今天。每年年初,公司都要制订全年人员培训计划。近年来,公司不断输送高层领导外出深造,并与上海交通大学合作,请资深老师来公司为中高层领导讲课,使管理层将理论与实际相结合,运用到日常的管理中。另外,公司还与哈尔滨理工大学、浙江大学、上海交通大学、四川大学等高校进行合作,每年为企业输送高技能人才。至目前为止,中利科技共实施国家、省重点开发计划项目和火炬计划项目十多项,靠的就是一支强有力的科技创新队伍。

除此之外,公司高层领导更是亲自参加对于各级管理者的继任者培养计划的制定和实施,通过轮岗制度,选送培养对象参观考察学习、列席公司管理会议等,并逐步对继任者委以重任,有意识地锻炼继任者,同时考察继任者的耐压能力和责任心,以此为公司更好的发展奠定良好基础。

二、在维护股东、员工利益中求发展

股东投资企业的目的是要获得利益,员工又是保证企业发展的基础,如果这两方面的利益得不到很好的维护,公司的发展将会受阻。中利科技在发展中坚持依法建立健全相关制度,完善法人治理体系,规范日常运作行为,保障股东和债权人的各项合法利益。按照公平、公正、公开的原则履行披露义务,确保所有股东及债权人及时了解公司动态;重视与投资者的沟通交流,通过开展投资者网上接待和机构投资者现场调研活动、回复投资者关系互动平台提问、电话或信箱交流等方式,提高公司透明度,强化与投资者的互动交流,促进公司健康发展。严格按照相关监管导向和公司章程的规定不断完善并严格执行利润分配政策,与投资者共享公司经营发展成果,切实保障广大投资者的利益。

中利科技集团在党委书记王柏兴的带领下先后成立了党委、纪监、工会、妇联、团委等组织。公司一向重视《劳动法》,遵章守纪,要求对新员工实行100%合同签订、100%公积金购买。同时,推行民主平等协商、集体合同制度,坚持签订"集体合同"、"工资专项集体合同"、"劳动安全卫生专项集体合同"、"女职工权益专项集体合同",切实保障职工合法权益;每年针对涉及员工重大利益的事项召开职代会,充分发挥职工代表权利。公司自2009年上市以来,职工人均收入每年以10%的速度递增,确保企业劳动关系稳定,实现了企业和职工利益双赢。坚持保护女职工的合法权益,尊重女性,做到同工同酬,并在生产过程中保护女职工的安全与健康,让所有女职工都按国家规定享用计生假、产假、哺乳假等。

在维护员工利益方面,中利科技在取得效益同时不忘回报每一位员工,投巨资兴建集宿区,给外来员工免费提供家的温暖,为全体员工免费提供工作餐。解决温饱问题后,又修建篮球场、乒乓室、电子阅览室、健身室、图书室等场所,供员工享用。当员工结婚时,都会送上一份贺礼。当员工生病或生活中有困难时,都会送上一份关爱与温暖。在得知生产部员工张建明因女儿得白血病而陷入生活困境的时候,公司动员全体职工,为其献上一份爱心,同时也为其调配了轻松的工作,以便他有更多的时间来照顾家庭。2012年9月25日,《工人日报》第二版刊登了标题为"常熟:'双向承诺'带来职企双向诚信"的报道,报道中提到了中利科技集团在建立工资集体协商的基础上,就有关未尽事宜实行"企业向职工作承诺,职工向企业作承诺"的"双向承诺"制度,做到企业和职工责任共担,利益共享。2012年,中利集团是常熟唯一一家实行"双向承诺"的单位。至今,企业继续保持着这项活动。

在关爱员工方面,公司建立了党组织、工会、团委等,制定了相关管理制度,定期与员工进行谈心,了解其工作和生活状况,掌握职工之所急、所忧、所困,切实为职工解决生活困难。每年,公司组织篮球赛、乒乓球赛、叉车技能赛、安全竞赛、猜灯谜、卡拉OK赛、羽毛球赛等业余活动,以此丰富员工的生活。公司"职工之家"每天对外开放台球室、电子阅览室、图书室、谈心室等,供员工交流、学习。公司提供免费工作餐、免费住宿、免费班车;节假日发放过节费、过节物资;实行员工健康体检;开展夏日送清凉活动;等等,体现着公司对于员工的关爱。

三、在保障客户权益中求发展

无论是供应商还销售商,他们都是中利科技的客户,"客户至上"是中利科技的经营之本。"诚信、敬业、团结、创新"是企业的核心价值观,中利科技自创建以来就坚持诚信经营,持续地为客户创造价值,在行业内积累了大批优质客户,形成了良好的口碑。同时,公司不断强化员工"换位思考,追求满意,竭诚维护客户利益"的意识,并通过月度问卷调查和季度前瞻性分析,充分了解客户当前和未来需求,以持续不断的质量改进和有求必应的快捷服务,通过合同履约率、顾客满意度等客户关注指标的提高,超越客户期望。

公司坚持以"诚实守信、互惠互利"为原则,切实维护供应商利益:高层领导将供应商视为公司的利益共同体,通过定期组织质量体系培训、现场质量指导等措施,帮助重要供应商提高产品质量和经营能力;认真履行合同,坚持及时付款,与重要供应商建立了战略合作伙伴关系。

四、在环境保护、安全生产中求发展

中利科技建立了 ISO 9001 质量管理体系、ISO 14001 环境管理体系和 OHSAS 18001 职业健康安全管理体系,并有效运行,主导产品通过了 3C、UL、VDE 等认证。针对产品质量安全、环境和安全影响及风险,分别进行质量策划,制定环境与安全管理方案。同时,通过积极主动地走访客户、社区和政府主管部门,加强法律法规的学习,现场听取员工意见等方法了解公众的隐忧。特别是当引进新产品、新工艺、新设备、重大技术改造(如新、改、扩项目)可能导致新的影响和风险时,公司会按有关法律法规、顾客及相关方的要求,系统地考虑公众对产品、服务、运营的隐忧,并对此主动预先做出应对准备。

在企业发展中,安全生产为各项工作的重中之重。每年年初,中利科技会将安全列入公司的经济考核目标之中,集团董事长会与各公司总经理签订年度安全责任状,总经理与各部门经理签订,各部门经理与主管签订,层层落实责任状,目的只有一个——"无事故"。公司设立专门的安全管理部门和安全员,设置安全管理网络机构,明确分工职责,建立完善的安全管理制度,每月进行一次大范围的安全检查,并做好记录,对隐患进行跟踪与整改。早在 2008 年,公司就通过三级安全标准化管理体系,且连年被评为安全先进集体。每位员工在入职时都会收到公司印发的《安全手册》并参加培训、学习、考试。2014 年,公司在现有的劳动保护用品基础上更是加大投入,更大程度地保证员工的劳动安全与健康。每年安全月,公司组织员工进行消防演练、逃生演练、食堂中毒演练,开展查找身边的安全隐患、"安全"主题签名、每日进行 6S 等主题活动,让员工加深对"安全"二字的理解。至目前,公司没有发生过重大劳动安全事故、重大偷窃事故、重大财产损失事故、重大食物中毒事故等。

五、在履行社会责任中求发展

二十多年来,中利科技始终不忘作为企业的社会责任,尽可能地回馈社会,奉献爱心,热心支持社会慈善事业的发展。为让特困家庭的毕业生顺利就业,中利科技在 2005 年 9 月响应市人事局倡议,与全市 42 家单位首批志愿参加了特困生就业援助系统,联手搭建我市就业援助的第一方阵,至今已接纳了 20 多名特困学生就业。2007 年 1 月,中利科技参加了苏州市"共创和谐 100 家企业慈善捐赠仪式",来自苏州大市范围的 230 家企业聚集在一起,为慈善事业添砖加瓦,

中利科技集团现场认捐善款500万元。同月,中利在"2006年同在阳光下"常熟市慈善晚会上捐款15万元后,又参加了常熟慈善电视文艺晚会,会上,王柏兴又慷慨解囊,代表公司捐资130万元给常熟市慈善基金会。2008年"5·12"汶川大地震发生以后,中利科技集团立刻发出献爱心募捐倡议书,得到了全体员工的积极响应。在当天的捐款现场,各公司领导、共产党员、共青团员和广大职工群众踊跃捐款,共向灾区人民捐赠近73万元,帮助他们共渡难关,重建家园。2010年,中利科技为常熟市科技局的科学事业捐款50万元,以表达公司对科学事业的重视。2011年,在沙家浜镇分会组织的"同在阳光下"募捐活动中,中利科技拿出了150万元为慈善事业添砖加瓦。2012年,一向注重人才培养的中利科技向苏州青少年发展基金捐赠了100万元,为青少年的培养事业贡献一份力。2013年,得知四川雅安发生地震后,中利科技又一次发起了募捐活动,本次捐款,中利科技捐赠了200套光伏发电系统,累计物资共550万元,帮助雅安人民重建家园。中利科技积极参与慈善募捐和救助活动,在助困、助残、助孤、助老、助医、助学等方面为弱势人群鼎力相助,在造桥、修路、文化、体育、救灾、扶贫等方面为社会事业慷慨解囊。累计至今,公司已向社会公益事业捐赠超过1 450万元的现金和物资。

中利科技无论是在千辛万苦的创业时期,还是在事业发展壮大的今天,总是把公司的效益、职工的利益、社会的公益紧紧联系在一起,富而思源、富而思进,勇于承担社会责任。

(陆健豪)

"好孩子"的商标品牌战略

一、好孩子公司发展概况

(一) 公司发展历程

好孩子公司的前身是昆山市陆家中学校办工厂,由宋郑还先生于1989年创立,历经20余年的发展,从一家资不抵债的校办厂转变为全球最大的儿童耐用品供应商和中国最大的母婴用品制造、分销、零售与服务平台。好孩子国际控股有限公司为好孩子集团旗下公司,公司于2010年10月24日在香港联合交易所上市(股票代码:HK 1086)。

2014年1月,好孩子宣布,全资收购德国高端儿童用品公司 Columbus Holding GmbH,这是一家以汽车安全座椅及婴儿推车为主营业务的国际性公司,旗下拥有著名品牌"Cybex";6月,好孩子再次宣布,全资收购美国公司 WP EVENFLO GROUP HOLDINGS, INC.,这家公司成立于1920年,拥有"Evenflo"、"ExerSaucer"和"Snugli"等知名品牌。当前,好孩子已初步完成全球化布局,在中国、北美和欧洲均拥有最具影响力的品牌、强大的本土化经营团队和营销服务体系。

(二) 公司销售情况

1989年,好孩子公司凭借一辆推、摇、坐、行多功能婴儿车,创立了"好孩子"品牌,并申请了第一个专利,仅四年时间,"好孩子"童车销售额便达到1.2亿,成为全国销量冠军。据沙利文咨询公司在全球三个主要市场(中国、北美和欧洲)的调查数据,好孩子婴儿车的占有率全部位居第一,分别是中国41.2%、美国55.1%、欧洲24%。好孩子已成为世界最大的婴儿车供应商。好孩子品牌在中国市场的认知度超过了95%,美誉度超过了75%,遥遥领先于其他品牌,是名副其实的婴幼儿用品第一品牌。除北美、欧洲和中国外,好孩子公司还在日本、中南美、中东、澳洲、俄罗斯、东南亚等72个国家和地区销售其产品。现该公司拥有35个分公司、41个配货中心、1 200多个经销商,涵盖1万多个第三方零售企业,5 000多个自营零售终端和加盟店。公司每年举办50余场订货会,采用多层次的零售模式,包括一站式门店、专柜、目录销售和电子商务等。公司在2010年实现销售额26亿元,并且逐年稳步增长,2013年创造了销售额62亿元的佳绩。

(三) 公司在行业中的地位和作用

当前,好孩子儿童用品有限公司已经成长为全球儿童用品业界最为知名的企业,在全球儿童用品行业建立起了强大的领先地位。经过二十多年的打造和积累,在全球行业中,公司所形成的战略性优势,无论是领先程度还是基础的可靠性,都是竞争者难以超越的。公司在行业中的地位和作用主要有以下几个方面:

1. 行业龙头企业,引领发展趋势

在世界儿童耐用品行业,好孩子拥有专利数第一,注册商标数第一,获得世界级奖项第一。在自主创新研发方面具有前瞻性的设计理念和重大目标产品研发能力,例如,在婴儿车领域拥有引领行业发展的折叠设计技术,率先推出单手折叠四轮自立婴儿车、自动折叠打开婴儿车、一拍即合婴儿车等;在标准研究方面率先推出自动刹车婴儿车、锂电助动婴儿车,并主导参与制定国际标准;在新材料及绿色设计方面研制出基于航空轻型材料应用的世界最轻婴儿车,并在婴儿车领域率先实施"从摇篮到摇篮"的设计理念。

2. 业界显赫的品牌地位

在中国市场,公司旗下品牌"gb好孩子"和"小龙哈彼Happy Dino"都具有广泛的认知度和美誉度,占有遥遥领先地位的市场份额。"好孩子"品牌是中国驰名商标、中国名牌、江苏省著名商标、江苏省名牌,好孩子品牌知名度达到95.7%,遥遥领先于最强竞争对手的39.6%;好孩子第二品牌"小龙哈彼"是江苏省著名商标,"小龙哈彼"品牌知名度达到33.5%,已逐步成长为中国家喻户晓的知名品牌。而在国际市场,好孩子"OBM"和"OPM"齐头并进,通过与当地分销商或国际著名品牌商建立战略伙伴关系,使用好孩子自己的品牌或第三方的品牌销售产品。公司产品销往72个国家和地区,是世界三大主要市场——中国、欧盟地区及北美——最大的婴儿车供应商,在那里,平均每售出2.9辆婴儿

车,就有1辆出自好孩子。

3. 丰富齐全的产品组合,遍布全球的销售网络

好孩子产品领域覆盖婴儿推车、汽车安全座椅、婴儿餐椅、婴儿床、婴儿秋千、自行车、三轮车、学步车等14大领域,拥有最为齐全的产品线组合。在中国,好孩子的分销网络包括1 200多个分销商、1 687个百货公司和大卖场、5 785家母婴用品商店;在海外市场,公司与当地分销商或国际著名品牌商建立战略伙伴关系,通过提供独一无二的创新研发技术、高品质产品制造和服务,与国际主要品牌商、地区最强的代理商建立起了长期稳定、互利互惠的战略关系,有效地掌控了覆盖面广阔的世界主要销售渠道。

二、"好孩子"商标品牌战略的发展与保护

公司不断强化商标的自主知识产权意识,规范国内外自主商标的管理和使用,使商标品牌战略服务于公司的战略愿景和发展目标。公司坚持品牌、品质打造,公司以全球化视野为基础,以行业最高标准为导向,坚持研发和知识产权并举战略,不断进行商标品牌创新,塑造和发展商标品牌的优势。

(一)"好孩子"商标品牌的创新发展过程

1989年,公司研发出一辆推、摇、坐、行多功能婴儿车,自此开创了"好孩子"这个商标品牌,并相继申请注册了"Goodbaby"、"小龙哈彼"等多个商标品牌。

1993年,"好孩子"牌童车销售额达到1.2亿元,成为全国的销售冠军并一直保持到今天。由此,"好孩子"商标首先应用到儿童自行车、学步车、三轮车、汽车安全座椅、滑板车等产品,开始了产品品牌的第一次延伸。1999年,好孩子商标被国家工商行政管理总局认定为行业中唯一的驰名商标后,公司又把"好孩子"商标品牌应用到餐椅、童装、纸尿裤等系列产品,展开了商标品牌产品的第二次延伸。

为了满足国内中低消费群体的需求,公司推出了第二商标品牌"小龙哈彼",一经推出便在市场上取得了较好的业绩。近两年,好孩子公司向儿童用品零售业进军,开出了一批一站式母婴用品专卖店,把"好孩子"这一商标品牌从产品制造业向商业服务业进行了第三次延伸拓展。

2010年7月,好孩子公司推广重塑了商标品牌形象,用"gb"取代"goodbaby",赋予了中国"好孩子"世界的气质,用红色logo代替了原来的蓝色标识,传

达了"中国"和"关怀"的信息。新图标简洁而又现代的外观设计更加符合国际品牌的发展趋势。到目前为止,根据各级各类市场需要,好孩子公司向国家工商行政管理总局商标局在 40 余个类别上分别申请注册了"gb"、"好孩子"、"Goodbaby"、"Geoby"、"小龙哈彼"等商标,已获准注册 635 件。另外,在美国、德国、法国、英国、朝鲜、西班牙、马来西亚、日本、加拿大、智利、巴西、印度、印尼、欧盟以及中国香港、澳门、台湾等 60 多个国家和地区申请注册了"gb"、"Goodbaby"、"好孩子"、"Geoby"、"Globe clairs"、"Mama's goodbaby"等商标,已获准注册了 888 件。

(二)"好孩子"商标品牌的实践与保护

1. 商标品牌的品质打造以全球化视野为基础,以行业最高标准为导向

好孩子的目标是要做世界上最优秀的童车产品,选择全球化定位,包括了发达国家的高端市场。而儿童产品这个行业,对产品品质的规范要求不比汽车行业少,且各个国家不尽相同,发达国家更是高标准、严要求。好孩子的做法是有的放矢地研究各个国家市场的产品质量标准和法律规范,提前做好预案,再进行产品开发。

2. 坚持研发和知识产权保护并举

从 2007 年开始,公司在全球战略性布局,形成了"4 + 1"的全球研发创新模式,拥有超过 330 名专业创意研发和设计工程人员,形成了以前沿市场调查为源,以创意、设计、开发为本的创新研发体系,五大研发中心顶尖人才集聚,队伍稳定。公司近三年累计申请专利 1 654 项,其中国际专利 16 项,国内发明专利 125 项,实用新型专利 795 项,外观设计专利 718 项。到目前为止,好孩子累计申请并拥有国内外专利 5 641 件。统计表明,每款好孩子童车上含有 5 ~ 6 件专利。好孩子提出"自己打倒自己",以源源不断的专利设计超越现有水平,始终站在行业前沿。好孩子每年在研发上的投入超过其销售收入的 4%,集合了全球的行业精英开发新产品,根据当地的消费导向设计产品,产品在审美、时尚等方面具有明显的地域差异,广受好评。

3. "好孩子"的商标品牌保护

好孩子公司十分重视企业知识产权的创造、运用、管理和保护,已成为中国"走研发创新之路"最具代表性的公司。1991 年公司就开始利用法律武器维权打假,1997 年 10 月成立法律部,2010 年成立了知识产权保护中心,制定实施商

标品牌战略,致力品牌建设及打假维权。在各级工商部门的支持和帮助下,相关负责人辗转江苏、浙江、上海、广东、湖北、河南、河北、山东等地,先后对无锡江阴顾山针织厂、浙江黄岩宝宝好童车厂等30余家侵权企业进行了举报投诉,工商部门对这些企业进行了处理、处罚,维护了好孩子的合法权益及商标品牌的美誉。

展望未来,好孩子公司正以"一条龙垂直整合的业务模式"进行经营,将品牌、研发、生产及供应链合一。凭借本地化经营及领先的直销平台,公司在重要地理区域均拥有战略品牌,涵盖所有价格范围。这些品牌具备其本身独特的核心竞争力,并受到公司既有的技术及研发实力的支持。

(魏文斌、洪　海、汤　华)

战略引领未来
——天顺风能(苏州)股份公司的发展战略

天顺风能(苏州)股份有限公司成立于2005年,专业从事兆瓦级大功率风力发电塔架及其相关产品的生产、销售,是全球最具规模的风力发电塔架专业制造企业之一。2009年年底公司完成股份制改造,并于2010年12月31日在深圳证券交易所挂牌上市,成为太仓市首家A股上市公司。公司注册资本82 300万元人民币,资产总额超过39亿元人民币。公司以太仓为总部,先后投资建成了太仓新区工厂、连云港工厂、沈阳工厂、包头工厂和太仓港区海上风塔工厂五大国内生产基地。2012年,公司成功收购全球排名第一的风电整机厂商Vestas位于欧洲丹麦的风塔制造工厂,实现了国际化工厂战略布局。公司生产风塔产品的技术、质量达到国际领先水平,在全球风电行业拥有较高的知名度和美誉度。

天顺风能从设立到上市只用了5年时间,从单工厂制造到多工厂协同,到跨国并购,再到跨产业发展,而今成为总资产40亿元人民币、拥有19家子公司和孙公司的跨国集团,也仅仅用了10年时间。所有这一切都得益于公司发展战略的引领。

一、公司设立之初的发展战略:努力成为行业领跑者

天顺风能在设立之初就充分地认识到,战略明确或输一时而赢一世,战术高超或赢一时而输一世。公司创始团队在充分地分析了当前的宏观环境和行业发展前景后,综合考虑了战略制定的前瞻性、全局性、长期性、层次性、稳定性、风险性等特性,并结合自身的特点,制定了公司首个发展战略:

天顺风能要致力于生产质量可靠的中高端风塔产品,满足国内外风电市场顶级客户的需求,获得更多的世界领先风电整机厂商的认证,扩大公司及产品品牌在国内外风机厂商和风电运营商中的影响力,争取上市融资,成为风塔行业的领跑者。

公司紧紧围绕发展战略,通过不断提升产品质量,持续优化产品结构设计和工艺设计,风塔产品和服务逐步获得了国内外客户的充分肯定。自 2006 年起,公司先后成为 GE、Vestas、Gamsa、Suzlon 等全球排名前十的整机厂商的合格供应商。公司也非常注重产品质量相关的认证审核,先后通过 ISO 9001、ISO 14001、OSHAS 18001(GB/T 28001)体系认证、欧盟 CE 认证、德国 DIN 18800-7E 级钢结构产品认证、ISO 3834 金属材料熔化焊认证、欧盟 EN 1090 – 1/EN 1090 – 2(EXC3)钢结构认证、加拿大 CWB 焊接认证、日本交通省大臣 H 等级钢结构认定证书等企业质量管理的相关认证,公司的质量管理水平得到了国内外客户和业内专家的高度评价。

公司与全球风电市场同步快速发展,先后建成了沈阳、连云港、包头生产基地,经营业绩快速增长,在此基础上,公司迈出了上市的第一步——股权分置改革。2009 年 12 月 7 日,经江苏省商务厅(苏商资〔2009〕169 号)文件批复,天顺风能(苏州)股份有限公司设立,以截至 2009 年 10 月 31 日经审计净资产 234 96 万元按 1∶0.64 比例折合为公司股本总额 15 000 万股,整体变更为股份有限公司。

2010 年,公司由中信证券股份有限公司作为保荐人,由华普天健会计师事务所(北京)有限公司负责审计工作,由北京市中伦律师事务所负责法律事务工作,正式向深圳证券交易所递交了股票发行申请。而正是由于天顺风能拥有高瞻远瞩的战略规划以及一直以来坚定不移的战略执行,公司凭借身处具有广阔发展前景的风能行业,凭借长期稳定的优异客户群体,凭借业内首屈一指的良好商誉,凭借快速增长的经济效益,于 2010 年 12 月 31 日在深圳证券交易所成功上市,成为太仓市第一家 A 股上市公司。

二、公司第二个发展战略:以市场为导向

随着公司实现了设立之初的战略,成功上市进入了资本市场,发展战略已经不能满足公司的快速可持续发展。公司根据自身所处的行业地位和市场形势进行了系统的战略研究和战略规划,制定了以市场为导向的发展战略。

1. 公司战略规划团队

天顺风能的战略规划团队包括董事会、战略委员会、高管团队、各职能部门。

2. 战略制定过程

天顺风能的战略制定过程如图1所示。

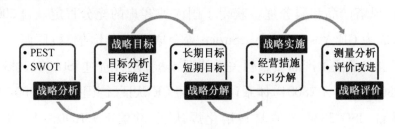

图1 公司战略制定过程

3. 战略分析信息输入

天顺风能的战略分析如表1和表2所示。

表1 公司的 PEST 分析

政治(Political)	经济(Economic)	社会(Social)	技术(Technological)
国际贸易壁垒 对新能源行业的政策支持	欧洲经济复苏缓慢,补贴减少 国内市场产能过剩	"美丽中国"概念 新能源概念获得更多支持 国家"十二五"规划	海上风塔焊接技术 海上风塔防腐技术 电网的输变电技术、储能技术 智能电网建设技术

表2 公司的 SWOT 分析

	外部分析		内部分析
潜在机会(O)	国际化对成本的要求 国内输变电技术、储能技术和智能电网技术发展 海上风电发展 国内"十二五"规划"美丽中国"概念	潜在优势(S)	技术工艺 认证和质量 管理和人才 国际化协作 客户资源 综合成本
潜在威胁(T)	国际贸易壁垒 行业发展增速放缓 国内市场竞争	潜在劣势(W)	劳动力成本上升 缺乏专业化管理人才

4. 公司新的战略确定

公司第二个发展战略为:在未来3~5年内,在保证一流产品质量的同时,建立起全面的综合成本优势,在海上风塔、大功率陆上风塔等领域确立领先优势,成为世界一流、亚太地区规模最大的高端风电塔架专业厂商之一。

2012年4月,公司募集资金投资项目,苏州天顺新能源科技有限公司在太仓港经济技术开发区设立,注册资本4亿元人民币,标志着公司正式进入海上风塔制造领域。2012年9月,公司全资孙公司天顺欧洲有限公司成功收购Vestas位于丹麦Varde风塔工厂的全部经营性资产,标志着天顺风能全球工厂布局初步形成。与此同时,公司围绕发展战略,通过技术改造和产品研发,大功率陆上风塔产品的比例已大幅提高,风塔产品销往美国、加拿大、巴西、德国、瑞典、英国、罗马尼亚、西班牙、澳大利亚、新西兰、泰国、印度、蒙古等世界各地数十个国家,已成为世界一流、亚太地区规模最大的风电塔架专业厂商,成为国内风塔行业的标杆企业。

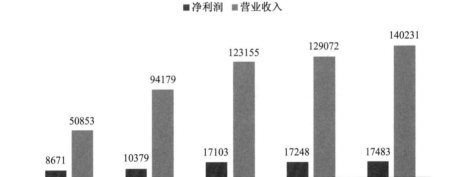

图2 公司2010—2014年经营业绩(单位:万元)

三、公司第三个发展战略:体系为王、创新为魂

随着公司在风塔制造领域强势崛起,公司的发展战略也面临两大挑战:一是风塔制造的"天花板"如何捅破;二是如何保障未来经营业绩的持续增长。针对两个问题,公司通过对内外部环境分析,结合集团事业部制管理模式,制定了新一期的可持续发展战略:

新能源设备事业部:立足新能源领域,不断研发新工艺、新技术,保证高质量、低成本、及时交付的智能定制化产品服务能力;在大型陆上风塔、海上风塔等领域建立世界一流品牌优势;依托公司品牌和客户资源优势,全力打造满足客户需求的新能源设备及其零部件供应链平台。

新能源开发事业部:大力推进清洁能源和节能环保项目的投资开发与运营。

投融资事业部:适度开展股权投资和产业投资,适时布局新型金融服务,挖掘发展商机。

新一阶段发展战略,公司确立了以"体系为王、创新为魂"的转型升级之路,建立了与发展战略相结合的企业文化体系、集团事业部制管理体系、卓越绩效体系以及全面预算体系,以保障公司战略得到有效实施。

未来,天顺风能将承载时代的担当,坚持"可靠、专业、专注、公正"的价值理念,用自己的行动不断兑现对客户、对员工、对社会的承诺,脚踏实地自信地走过一个又一个令人瞩目的里程碑,成为备受信赖和尊敬的合作伙伴。天顺风能怀揣成为"风能巨人"的梦想,坚守"美化环境、不止创造"的使命,将全身心投入清洁能源这一崇高事业,为人类生活重塑山川秀丽的宜居环境,为社会发展贡献更多生机勃勃的正能量。

(金　依)

纽威阀门的竞争优势与发展战略

一、苏州纽威阀门股份有限公司概况

苏州纽威阀门有限公司成立于2002年11月14日,经中华人民共和国商务部批准,公司于2009年12月30日整体变更设立为外商投资股份公司。经中国证券监督管理委员会《关于核准苏州纽威阀门股份有限公司首次公开发行股票的批复》(证监许可〔2013〕1653号文)核准,公开发行8 250万股人民币普通股(A股)股票,本次发行完成后公司注册资本变更为人民币75 000万元。经《上海证券交易所自律监管决定书》(〔2014〕23号文)审核批准,公司股票于2014年1月17日在上海证券交易所上市交易。

公司主营业务为工业阀门的设计、制造和销售,目前已形成以闸阀、球阀、截止阀、止回阀、蝶阀、调节阀、安全阀、核电阀及井口设备为主的九大产品系列,广泛应用于石油、天然气、炼油、化工、船舶、电厂以及长输管线等工业领域。公司是全球领先、国内综合实力最强的全套工业阀门解决方案供应商,是国内目前取得国际石油、化工行业认证许可最多的阀门企业,通过了行业内大多数的主要资质认证,主要包括:ISO 9001证书、API 6D证书、API 6A证书、CE-PED证书,美国ABS船级社和法国BV船级社的船用阀门设计和制造批准,以及欧洲权威的TA-Luft低泄漏认证和英国劳氏船级社颁发的全系列软密封浮动式及固定式球阀防火试验认证证书等。

公司多年来致力于阀门产品技术的自主创新和发展,公司自主研发的高科技阀门产品已广泛应用于高温、高压、深冷、深海、核电、军事等领域,在阀门的逸散性(低泄漏)控制技术、高温高压技术、防火技术、超低温技术、耐腐蚀技术、抗硫技术、核电阀技术、LNG超低温固定球阀技术、管道输送高压大口径全焊接球阀技术、井口采油设备技术、产品大型化、产品抗硫技术等方面在行业内居于领先水平。

二、纽威阀门的竞争优势

1. 强大的品牌影响力和广泛的高端客户资源

纽威阀门股份公司自成立以来，立志要打造自有品牌，走自主创新之路。公司制定了"两手抓"的策略，即"定牌"求生存，"品牌"谋发展，通过持续的技术研发投入，建立严格的质量管理体系，取得行业主要的国际认证和跨国企业集团的批准，公司迅速树立起了自身的品牌地位，从最初95%阀门产品的定牌生产，发展到如今95%以上的阀门产品都是"纽威"的自主品牌。

公司的阀门产品凭借可靠的产品性能取得众多大型跨国企业集团的认可，已经成为众多国际级最终用户的合格供应商。公司获得了中国石油、中国石化、壳牌石油公司、埃克森美孚公司、委内瑞拉国家石油公司、英国石油公司、沙特阿拉伯国家石油公司、雪佛龙等国内外主要石油公司的批准，获得了巴斯夫公司、杜邦公司、陶氏化学等国际级化学公司的批准，是国内阀门行业获得大型跨国企业集团批准最多的企业。

2. 全套工业阀门解决方案供应商

公司以为客户提供全套工业阀门解决方案为己任，生产的阀门产品覆盖闸阀、截止阀、止回阀、球阀、蝶阀、调节阀、安全阀和核电阀等多个系列，所用材料包括碳钢、不锈钢等材质，规格型号达5 000多种，具备为石油天然气、化工、电力等行业提供基本覆盖全行业系列产品组合的能力。而大多数最终用户青睐于由一家阀门制造商提供一揽子的产品组合，以便于保持产品质量一致性，并方便日常的维修保养。因而，公司提供一揽子产品组合的能力有利于形成差异化的竞争优势，获得更大的市场份额和盈利空间。

3. 雄厚的技术研发力量

公司多年来致力于阀门产品技术的自主创新和发展，现已建成世界级的阀门实验研发中心，配置了世界一流的实验设备。经过长期的科研积累，公司及子公司现已拥有60项专利技术，其中11项产品被评为高新技术产品。公司自主研发的高科技阀门产品已广泛应用于高温、高压、深冷、深海、核电、军事等领域，在阀门的逸散性(低泄漏)控制技术、高温高压技术、防火技术、超低温技术、耐腐蚀技术、抗硫技术、安全阀技术、核电阀技术、LNG超低温固定球阀技术、管道输送高压大口径全焊接球阀技术、井口采油设备技术、产品大型化、产品抗硫技术等方面在行业内居于领先水平。

4. 可靠的产品质量水平

公司的质量目标是致力于为客户提供"零缺陷"的阀门。公司成立了工艺研究部门对阀门生产工艺进行研究,并开发了全套先进的检验和测试设备来控制从毛坯铸件或锻件到成品的整个过程的质量,这些设备能够进行射线探伤、着色探伤、磁粉探伤、光谱分析、材料鉴别、冲击试验、拉伸试验、硬度试验、防火试验、寿命试验、超低温试验、真空试验、低泄露试验、超声波探伤和水压试验等。同时,公司积极实施零缺陷质量管理,通过先进的数据统计分析,达到持续提高过程控制与管理的能力。公司已通过挪威船级社(DNV)的ISO 9001认证、美国石油学会的API 6D和API 6A认证,并通过美国ABS船级社和法国BV船级社的船用阀门设计和制造批准,是中国第一家获得欧盟CE-PED证书(第四类,HE模式,法国船级社B. V.颁发)和TA-Luft认证的阀门制造商。公司所有软密封浮动式及固定式球阀的防火试验都已经获得英国劳氏(LR)的见证与批准。公司已成为我国少数几家同时获得民用核安全机械设备设计/制造许可证及ASME认证的阀门制造企业。

在阀门铸件领域,公司的4A双相钢通过了挪威石油标准化组织(NORSOK)的审核,是第二家通过NORSOK审核的中国公司、第一家双相钢通过NORSOK审核的中国公司、劳氏在中国见证热处理炉温均匀性测试的第二家公司,为公司高端铸件的生产提供了重要的质量保证。

5. 覆盖全球的多层次营销网络体系

公司已经形成了覆盖全球的多层次营销网络体系。公司在北美洲、南美洲、欧洲、东南亚、中东等国家或地区直接设立销售子公司或办事处,负责当地市场的开拓;在若干市场需求旺盛的地区直接或通过经销商设立地区库存中心,储存公司的阀门产品,及时满足客户的日常采购需求。而且,公司广泛地与各个国家的主要阀门经销商建立起合作关系,通过当地经销商获得源源不断的订单。

6. 有效的成本管理系统

公司长期注重成本控制,通过推行全面成本管理体系,促使生产管理组织流程的每一个环节都参与到成本管理的过程中。公司对物资及服务实行集中采购,发掘、筛选优秀的供应商资源,建立起长期稳定的供应合作关系,以获得最优惠的采购价格。公司推行全面质量管理,以"零缺陷"为目标,对从铸件生产到阀门成品装配的每个生产环节进行质量检查,最大限度地减少报废品和返修品的产生。公司建立起高效的仓储系统,加快存货流转,减少资金占用,缩短产品交货期,有效地控制仓储成本及存货持有成本。受益于不断完善和优化的成本控制系统,公司产品在保证高质量、高标准的同时,与国际同类产品相比具有明显的价格优势,在市场竞争中处于较为有利的地位。

7. 原材料生产的垂直整合

对于阀门产品来说,原材料的质量至关重要。公司拥有两家专业的阀门铸件生产配套企业——纽威工业材料(苏州)有限公司和纽威工业材料(大丰)有限公司,可以生产各种碳钢、不锈钢、合金钢铸件,铸造技术在国内阀门铸造行业中处于领先水平,为公司的阀门产品提供高质量的铸件产品。公司可靠的阀门质量水平以及通过向客户交货的及时性所体现出来的强大的履约能力,很大程度上得益于对阀门铸件生产的垂直整合,从而确立了公司独特的竞争优势,在客户中建立起了良好的信誉。

8. 优秀的管理团队

公司的主要创始人拥有近三十年的阀门行业从业和管理经验,公司管理团队其他管理人员也均在阀门行业积累了多年的经验,在管理、技术、生产、销售、财务等方面各有专长,各司其职,优势互补,保证了公司各项业务的协调和全面发展。

三、纽威阀门的发展战略

公司将继续以阀门的设计、制造和销售为主营业务,坚持中高端阀门产品的定位,走自主创新之路,完善科学和可持续的技术研发体系,巩固在石油化工领域的优势地位,逐步打造在核电、冶金、水务等阀门细分领域的市场地位,利用好国内和国际两个市场,建设全球化的营销网络体系和业务布局,努力发展成为一家拥有世界一流技术水平、提供全套工业阀门解决方案、具备较强核心竞争实力的跨国企业集团。

1. 公司的经营计划

公司将进一步发挥在研发、生产、工艺、质量、品牌、市场、渠道和人力资源等方面的综合竞争优势,以中高端产品为支柱,通过内涵增长和外延扩张的方式,进一步扩大阀门产业规模,保持产销量的国内领先地位,持续提升产品的国内和国际市场份额,优化产品结构,促进产业升级,实现公司持续快速健康发展。

(1) 进一步完善公司产品构成,优化阀门产品结构,把握行业发展趋势和市场脉搏,发挥公司在生产技术和产品工艺领域的优势,更全面和可靠地满足客户成套阀门需求。

(2) 加大在石油天然气、核电、化工等重点领域的产品研发;以高附加值、高技术含量、特种材料、特殊工艺,以及创新设计阀门产品的研发为契机,助推公司整体研发水平和技术实力的进一步提升,在国内装备行业配套阀门国产化的重点领域实现技术突破,带动国内阀门行业技术水平的整体提高。

(3) 积极实施全球市场战略,加强全球营销网络的建设,积极扩大高端市场业务,努力提高高端市场份额,在全球范围内建立区域库存中心,进一步贴近终端客户,拓展维修与替换市场。

(4) 挖掘行业内潜在的并购对象,通过并购同行业企业,形成产品优势互补,整合销售渠道和采购渠道,移植先进的管理经验,形成协同效应,以进一步增强公司的竞争优势。

2. 公司投资者关系管理战略

投资者关系既是企业内涵与外延之间的重要桥梁,也是公司与资本市场之间的重要桥梁。公司上市以来,高度重视投资者关系工作,通过电话及公共平台与投资者进行沟通,认真地解答投资者提出的问题,为公司树立健康、规范、透明的公众形象打下了坚实的基础。

管理投资者关系的首要工作是有效地满足投资者需求,认真地对待投资者提出的问题,并向投资者宣传企业的文化理念和战略思想,争取投资者的支持,改善并且维护投资者与公司之间长期稳定的良性关系。在与投资者沟通和为投资者解除疑惑的过程中,应当保持尊重和坦诚的态度,用实际行动打动投资者,提升沟通效率。

公司积极地配合投资者调研,倾听投资者意见,解答投资者疑惑,同时还安排来访投资者参观工厂新产品、新展厅,极大地调动了投资者的兴趣,使投资者对纽威的文化理念及企业的战略思想有了更深的理解。通过使用上交所"e互动"和董秘信箱这些渠道使投资者能够主动了解公司的情况,无论实际投资者还是潜在投资者都能与上市公司保持良好的互动。同时公司还在网站主页上增加了"投资者关系"链接,适时地将公司新闻、新产品动态等情况予以公布,便于投资者了解和掌握。同时,公司会不定期参加各种形式的投资者关系交流会,投资者可通过这些机会更多地了解公司的实际运营情况。

　　总之,良好的投资者关系能够增强公司透明度,有利于促进公司治理结构完善,提高规范运作水平、科学决策水平和内部管理水平,提升公司价值,带来企业的综合效益。

(张　涛)

培育竞争优势,推动企业持续发展
——苏州天孚光通信股份有限公司案例研究

一、公司基本情况与股权结构

苏州天孚光通信股份有限公司(Suzhou TFC Optical Communication Co., Ltd,简称TFC)是一家集研发、生产、销售于一体的中外合资高新技术企业,是业界领先的光网络连接精密元件制造商。公司始终坚持高端市场定位和高品质产品理念。主要有三大系列产品:氧化锆陶瓷套筒、OSA光收发组件、光纤活动连接器,公司产品在很大程度上决定了光网络信息传输的可靠性。

TFC注册资本7 434万元,总部位于苏州高新区,拥有2万平方米的研发中心与中试生产厂房,致力于新产品开发与市场营销,生产基地设在江西省高安市天孚工业园,占地100亩,厂房面积2万平方米,拥有基于ERP系统、MES系统的高度高效垂直整合的规模化生产能力,拥有氧化锆陶瓷精密加工技术、不锈钢高精密车削技术、高精密注塑模具设计与制造技术及注塑生产技术。实现了对陶瓷、不锈钢、塑胶粒子三种原材料的精密开发制造,以及关键零组件的自主研发生产,为客户提供极具工程能力的产品。

TFC于2011年引进战略投资,完成了股份制改造,并于2015年2月17日上市,股票代码:300394。上市后,公司进一步提高了企业管理水平,在研发、制造和运营中精进流程管理,遵循国际标准,建立了较为完善的企业标准和企业制度。公司拥有自主专利技术十余项,承担了国家火炬计划项目,被认定为江苏省企业技术中心和工程技术研究中心、江苏省质量信用等级A级企业。TFC十年磨一剑,秉承创新改进精神和领先业界的声誉,成为国内外光通信厂商在华首选供应商。

公司控股股东为苏州天孚仁和投资管理有限公司,持有公司64.72%的股份。天孚仁和成立于2005年6月8日,注册资本160万元。公司股权结构如表1所示。

表1 苏州天孚光通信股份有限公司股权结构

序号	股东名称	持股数(万股)	持股比例(%)
1	苏州天孚仁和投资管理有限公司	3 825.00	64.72
2	朱国栋	1 275.00	21.57
3	苏州追梦人投资管理有限公司	213.75	3.62
4	苏州天特创业投资中心(有限合伙)	180.00	3.05
5	深圳乾振投资有限公司	125.00	2.12
6	杭州丰泰投资合伙企业(有限合伙)	120.00	2.03
7	重庆麒厚股权投资合伙企业(有限合伙)	100.00	1.69
8	王志弘	71.25	1.21
合　计		5 910.00	100.00

二、公司所处的行业及竞争状况

光通信是一种以光波为传输媒质的通信方式,是从电通信发展而来的,是成熟的电通信技术与先进的光子技术的结合。光通信与电通信相比,主要优点在于传输频带宽、通信容量大;传输损耗低、中继距离长;线径细、重量轻,原料为石英,节省金属材料,有利于资源合理使用;绝缘、抗电磁干扰性能强;还具有抗腐蚀能力强、抗辐射能力强、可绕性好、无电火花、泄露小、保密性强等特点。自从1976年美国在亚特兰大进行了世界上第一个实用光纤通信系统的现场试验后,光通信进入快速发展时期,不断提高传输速率和增加传输距离,向超大容量和超长距离发展。光通信产业链从基础元器件制造开始,由光通信基础元器件厂商制造诸如陶瓷套管、插芯等基础元器件,然后由光器件厂商将各类基础元器件和其他零部件制造成诸如光纤适配器、光收发模块等光器件,然后再由通信设备厂商将各类光器件集成为通信设备,最后由电信运营商采购通信设备、光纤光缆进行组网,向终端用户提供电信服务。

公司所属的行业为计算机、通信和其他电子设备制造业,公司所处的光无源器件细分行业则是计算机、通信和其他电子设备制造业的一个分支。公司光无源器件产品是光通信系统的重要组成部分,是决定光纤传输质量的关键因素之一。光无源器件的技术水平直接决定了光通信系统的性能与质量。光无源器件行业的发展对于优化产业结构、提高经济运行质量、加速推动信息化工业化融合进程具有极其重要的意义。政府和行业主管部门对光通信产业的政策支持亦是对光无源器件行业的政策支持。

《国民经济和社会发展第十二个五年规划纲要》第十三章"全面提高信息化水平"中明确指出:"构建下一代信息基础设施:统筹布局新一代移动通信网、下一代互联网、数字广播电视网、卫星通信等设施建设,形成超高速、大容量、高智能国家干线传输网络。引导建设宽带无线城市,推进城市光纤入户,加快农村地区宽带网络建设,全面提高宽带普及率和接入带宽。"工信部公布的《电子信息制造业"十二五"发展规划》确定的主要任务之一是"以新一代移动通信、下一代互联网、物联网、云计算等领域自主技术为基础,推动计算机、通信设备及视听产品升级换代",提出的发展重点之一是"推进智能光网络和大容量、高速率、长距离光传输、光纤接入(FTTx)等技术和产品的发展"。工信部、发改委等七部委《关于推进光纤宽带网络建设的意见》(工信部联通〔2010〕105号文)提出,"加快光纤宽带网络建设,提升信息基础设施能力","以光纤尽量靠近用户为原则,加快光纤宽带接入网络部署"。《国民经济和社会发展第十二个五年规划纲要》对光通信行业具有宏观指导意义,其中对发展下一代通信网络、三网融合、光纤入户、提高带宽等方面的政策支持将大力推动光通信行业的发展,促进公司所在行业的需求增长。《电子信息制造业"十二五"发展规划》提出了光通信行业的发展方向,有利于光通信行业向更高速率、更高技术发展,有利于公司的高品质光器件的发展。

《关于推进光纤宽带网络建设的意见》《通信业"十二五"发展规划》和《"宽带中国"战略及实施方案》直接促进了国内光通信网络的建设与升级,对光纤网络覆盖、接入带宽的具体目标推动了各电信运营商加大光纤宽带投资力度。随着电信运营商加快光纤宽带建设节奏,光通信市场需求旺盛,公司的产品需求明显增加。《国务院关于促进信息消费扩大内需的若干意见》促使4G牌照在2013年发放,4G网络进入大规模部署阶段(成长期),大量的基站建设需求带来大量的光器件和光通信设备需求,公司的产品需求随之大幅增长。

近年来电信运营商的投资情况决定了光通信行业的发展情况。2011—2012年是光纤宽带建设的时期。2010年4月,工信部、发改委等七部委出台《关于推进光纤宽带网络建设的意见》,提出了3年内光纤宽带网络建设投资超过1 500亿元的目标。2011年2月,中国电信正式启动"宽带中国·光网城市"工程,国内光纤宽带网络进入大规模建设阶段。光纤宽带建设需要大量使用光纤配线架、配线箱、光收发模块,因此,陶瓷套管、光纤适配器、光收发接口组件的市场需求日益旺盛。2013年以来,4G建设从试验阶段转向大规模建设阶段。2013年12月,工信部根据《国务院关于促进信息消费扩大内需的若干意见》的要求,正式向中国移动、中国电信、中国联通颁发4G业务牌照。运营商开始大规模部署4G网络,基站设备投资、传输网络建设需求随之旺盛。由于4G基站需要接入光网络,基站设备必须将光信号接收转换为电信号再调制为无线信号,而且每个基站需配置多个光收发模块,因此,光收发接口组件的市场需求旺盛。在光通信产业链中,电信运营商处于核心地位,是光通信行业的最终需求方;公司所在行业的直接下游客户主要是各类光器件制造商,但其产品最终的市场需求取决于电信运营商新建光网络、改造升级现有网络的规模与速度。2008年中国电信业重组完成后,形成了移动、电信、联通三大运营商的寡头垄断格局;虽然虚拟运营商的加入增加了电信运营市场的竞争,但是虚拟运营商并不拥有网络,只能通过租赁网络为客户提供服务,因此通信网络的建设仍然集中于三大运营商。寡头垄断在某种程度上有利于上游光无源器件行业,电信运营商的竞争促进了上游光通信行业需求的增长。

早在2000年之前,只有Kyocera(京瓷)、Toto(东陶)等几家日本公司掌握陶瓷套管的完整生产技术,这些公司一直未向中国转让氧化锆陶瓷套管技术。此外,用于制造陶瓷套管及插芯的氧化锆原料长期以来被日本企业所垄断。经过多年的自主研发,国内企业和研究单位已掌握了从氧化锆粉体到高精密加工的陶瓷套管全套生产技术,天孚股份亦掌握了将氧化锆粉体加工成陶瓷套管的生产技术。公司主要使用国内企业制造的氧化锆粉体,其质量已能满足公司高品质陶瓷套管的生产要求。除天孚通信外,生产陶瓷套管的主要厂商有爱尔创、阿德曼、西比通信、潮州三环等。光纤适配器作为两根光纤跳线之间的连接器件,是光通信系统中使用量较大的光无源器件之一。天孚通信以及生产陶瓷套管的厂商爱尔创、阿德曼、西比通信、东陶等也生产光纤适配器,此外,光纤适配器的主要生产厂商还有光圣科技、光耀通讯、冠德光电、连展科技、上诠电信科技等。光收发接口组件是光收发模块的高精密组件,由陶瓷套管、短插芯、金属精密零件组装而成。从光收发接口组件的全球生产分布来看,约有70%以上出自中国厂商。天孚通信以及生产陶瓷套管的厂商阿德曼、京瓷也是重要的光收发接口组件生产厂商,此外,光收发接口组件的主要生产厂商还有深圳翔通、惠富康、金同利、威海誉达等。公司主要竞争对手有五到六家,行业竞争非常激烈。

三、公司竞争优势的培育与战略规划

(一)公司竞争优势的培育

1. 技术领先与进口替代优势

公司凭借其产品高精度、高一致性、数据离散性好的核心竞争优势,在国内光纤连接细分市场独树一帜。公司是国内具有自主研发能力,完全掌握从氧化锆粉体烧结到陶瓷套管精密加工、从金属零件精密加工到光收发接口组件制造、从精密注塑加工到光纤适配器装配等全套生产技术的企业之一,主要面向光无源器件的高端市场,是国内乃至全球陶瓷套管大规模生产企业之一,是国内光纤连接细分市场的领军企业。根据讯石信息咨询的数据计算,2012—2014年公司的陶瓷套管在全球市场的占有率分别达到7.73%、6.87%和5.81%,光纤适配器在全球市场的占有率分别达到1.98%、1.22%和1.55%,光收发接口组件在全球市场的占有率分别达到10.81%、8.96%和10.84%。制造陶瓷套管、光纤适配器以及光收发接口组件等光无源器件一般需要使用陶瓷套管毛坯成型技术、精密加工技术和注塑技术。陶瓷套管毛坯成型技术主要包含静压成型技术和高温烧结技术。静压成型技术是指将待压粉体装入模具后置于高压容器中,利用液体介质不可压缩和均匀传递压力的性质进行均匀加压,最终形成胚体。高温烧结技术是指将经过成型的粉状物料通过烧结工艺转变为致密体。烧结而成的陶瓷套管毛坯的性能不仅与原材料粉体有关,还与静压成型的质量、烧结而成的显微结构有密切的关系。公司采用冷等静压技术,通过控制加压过程、改进模具和装粉工艺,保证了静压成型质量,提高了效率。高温烧结技术的关键在于烧结曲线,烧结曲线直接影响显微结构中的晶粒尺寸、气孔尺寸及晶界形状和分布,从而影响烧结体的物理特性。公司的陶瓷套管毛坯成型技术经过多年的经验积累不断改进,加工而成的陶瓷套管毛坯具有良好的性能,易于后续加工,保

证了加工而成的陶瓷套管的可靠性、耐用性、稳定性。

公司坚持精益求精的高品质理念,严格执行 ISO 9001:2008 质量管理体系,从采购、研发、设计、生产、检验、储存、防护、销售和运输等方面实施全面质量管理,精细化管理落实到产品生产的每个环节。品保部全面运用 FMEA 潜在失效模式与后果分析、SPC 统计过程控制、PPAP 生产件批准程序等品质管控工具,有效保证了公司产品的精度、一致性和数据离散性。公司凭借产品品质优势和较高性价比,进口替代优势显著。随着工艺技术的改进和生产设备的升级,公司产品品质优于行业标准,获得国内外高端客户的广泛认可;在全球光器件产业向中国转移的背景下,国外厂商积极寻找中国供应商,公司产品以其高品质、高性价比优势成为许多国外客户的优选对象,越来越多的光通信厂商由进口转为使用天孚通信的产品,进口替代效应明显。

2. 产业链延伸优势

公司自 2005 年创立以来,以高品质陶瓷套管生产技术为基础,不断开发新技术、新工艺、新产品,向产业链上下游延伸,形成产业链延伸优势。公司先后建立了光纤适配器生产线和光收发接口组件生产线,发挥公司在陶瓷套管制造方面的优势,向下游光无源器件行业延伸,不断丰富产品系列。公司在制造工序方面不断向上游延伸,建立高精密 CNC 数控加工生产线,设计生产精密金属零件,提供光收发接口组件的成套应用产品和方案;建立注塑生产线,成立模具设计加工中心,实现从设计、验证到量产的全部过程,能够迅速响应客户个性化需求。

3. 研发与人才优势

公司是国家火炬计划重点高新技术企业,是苏州市人民政府认定的企业技术中心,建有苏州市光纤接口组件工程技术研究中心。公司依靠专业研发优势积累形成多种专业工艺技术,自主研发取得 26 项实用新型专利,并有发明专利申请已获受理;自主研发的高品质陶瓷套管全套生产技术、适用于光纤通信的金属高精度加工技术、注塑成型技术、精密模具制作技术、自动检测技术、裸光纤切割面重复研磨技术、自动化装配设备制作技术等构成了公司工艺技术优势。公司拥有双工一体式光纤适配器、绝缘光纤接口组件、高精度 SC 陶瓷套管、单工一体式光纤适配器、低插损 LC 陶瓷套管、高精度 LC 陶瓷套管、高 Wiggle 性能系列光纤接口组件等 7 项江苏省高新技术产品。公司紧跟光通信行业的发展趋势和市场需求,不断研发创新,完善产品体系,满足光通信行业的更新换代需求。

公司拥有一支不断壮大的研发团队,拥有来自海内外的光通信领域资深专业人才,具有广泛的国际视野,借鉴国际先进经营理念,及时跟踪国际光通信行业最新动态。公司创始人邹支农、朱国栋荣获苏州高新区2009年度科技创新创业领军人才称号;邹支农作为新型光纤接口组件项目的主要完成人员荣获2011年度苏州市科学技术进步奖一等奖。公司现已形成了一套适合自身特点的高效经营管理体系,在研发、生产、品质、技术、销售、采购、管理等关键岗位拥有高效稳定的团队,在生产制造、工艺改进、自动化设备改造等方面培养了众多熟练技术员工。公司的高素质、国际化、专业化人才优势,保障了公司的长期稳定较快发展。

4. 品牌与客户资源优势

公司秉承"为全球光网络畅通提供优质连接"的经营理念,专注于高品质光无源器件的生产。经过多年发展与积淀,公司在业内树立了优质的品牌形象,TFC成为替代进口的主要品牌之一,获得行业高端客户的广泛认可。公司高品质的产品赢得了行业内专业客户的信赖,主要客户不仅包括武汉电信器件、华工正源、中兴等国内知名光通信企业,也包括泰科电子等国际知名光通信企业。

(二)公司战略规划与措施

1. 增强制造能力计划

公司将利用上市发行的募集资金投入光无源器件扩产及升级建设项目,在充分发挥现有产能的基础上,加快募集资金投资项目的建设进度。募集资金投资项目建成后将明显扩大公司产能,缓解公司的产能瓶颈;而且通过购置先进生产设备,工艺技术水平将得到有效提升,有利于公司扩大销售区域、发展潜在客户。此外,在募集资金项目投产前,公司将充分挖掘现有设备的潜力,通过工艺改造、增加相关设备等方式提高产出量,满足市场对高端光无源器件的需求,提升市场竞争力和影响力。

2. 研发创新能力提升计划

研发能力是公司适应市场竞争、不断实现品质提升和产品升级的关键。提升研发能力是公司持续发展的原动力,公司将秉持积极进取与稳健发展相结合的原则,加大对研发创新方面的投入,完善激励机制和管理制度,保持并提升创新能力。

(1)加大投入,以研发促发展。公司将继续加大研发投入,以此促进技术创新、工艺改进和新品开发。公司将利用上市发行的募集资金投入研发中心建设项目，购置先进研发设备、提升公司研发硬实力。研发中心将持续跟踪行业发展变化趋势，在深入分析和准确把握市场的基础上，重点做好支撑公司中长期发展需要的研究开发工作，特别是不断研究开发出有市场前景和竞争力的新产品、新工艺，积极引进技术，消化、吸收和创新，形成一系列具有自主知识产权的产品和技术。以研发促发展，达到优化公司产品结构，提升公司产品竞争力的目的。

（2）提升研发团队。随着公司业务规模不断扩大，研发人才将成为公司快速发展的瓶颈。公司将进一步完善研发人员激励机制，提高研发人员的工作积极性；根据研发项目情况，给予每个研发项目人力、财力和物力等方面的支持；借助募集资金的投入，创造更好的研发环境，吸引更多高级研发人才加盟，提高公司整体研发实力。

（3）合作研发计划。公司将坚持自主研发和开放合作相结合的原则，依托公司现有的核心技术和研发队伍，加强与外部机构的多层次技术合作。公司将采取多种方式加强与国内科研机构、专业院校、行业内的领先企业开展技术合作，利用多种形式的技术交流、创新合作、成果转让等外部技术力量促进公司整体研发能力、技术水平的提升。

（4）完善知识产权保护体系。公司将加大投入，增加专利申请数量，提升专利申请质量，在研发中心设置专门的岗位负责专利事务，充分运用知识产权法律保护公司的技术与工艺。对于某些制造工艺、内部流程、技术参数等不适合公开的内容加强保密措施，通过减少知情人员数量、签订《保密协议》、提高相关人员待遇等措施，避免公司的核心技术泄漏。

3. 市场开发与拓展规划

公司将以产品品质和工艺技术优势为基础，继续推进品牌建设，完善产品结构，加强新市场、新渠道的开拓，完善销售与客户服务体系，形成一支业务精、技术强、适应市场要求的销售队伍，继续提高在国内外市场的占有率和影响力。

在国内市场方面，公司将进一步加大营销投入，加强销售队伍建设，增加客户拓展力度，形成技术性营销的良好模式。公司将加快培养专业技术营销队伍及技术服务队伍，通过技术培训、交流研讨等方式，促进公司的技术人员与营销人员共同成长；更好地、更有效地服务客户，满足客户多方面需求，适应公司业务规模的不断扩大，巩固并扩大公司在国内市场的优势地位。

在国际市场方面,公司将持续巩固与已有国际光通信厂商的合作关系,从研发、生产、销售等各方面更好地满足客户需求。同时,公司还将继续加强市场宣传工作,通过网络宣传、参加国际重大光通信行业展会等多种方式,增进国际知名光通信厂商对天孚通信的了解;重点发展潜在客户,扩大品牌优势,进一步提高公司在国际市场的竞争力。

(张 伟、欧 洋)

附录一 上市公司相关法律法规

中华人民共和国证券法

(2014年8月31日修正)

【颁布单位】全国人大常委会
【颁布时间】2014年8月31日
【生效时间】2014年8月31日

(1998年12月29日第九届全国人民代表大会常务委员会第六次会议通过。根据2004年8月28日第十届全国人民代表大会常务委员会第十一次会议《关于修改〈中华人民共和国证券法〉的决定》第一次修正,2005年10月27日第十届全国人民代表大会常务委员会第十八次会议修订。根据2013年6月29日第十二届全国人民代表大会常务委员会第三次会议《关于修改〈中华人民共和国文物保护法〉等十二部法律的决定》第二次修正。根据2014年8月31日第十二届全国人民代表大会常务委员会第十次会议《关于修改〈中华人民共和国保险法〉等五部法律的决定》第三次修正。)

目 录

第一章 总 则
第二章 证券发行
第三章 证券交易
 第一节 一般规定
 第二节 证券上市
 第三节 持续信息公开
 第四节 禁止的交易行为
第四章 上市公司的收购
第五章 证券交易所
第六章 证券公司
第七章 证券登记结算机构
第八章 证券服务机构
第九章 证券业协会
第十章 证券监督管理机构

第十一章　法律责任
第十二章　附　则

第一章　总　则

第一条　为了规范证券发行和交易行为,保护投资者的合法权益,维护社会经济秩序和社会公共利益,促进社会主义市场经济的发展,制定本法。

第二条　在中华人民共和国境内,股票、公司债券和国务院依法认定的其他证券的发行和交易,适用本法;本法未规定的,适用《中华人民共和国公司法》和其他法律、行政法规的规定。

政府债券、证券投资基金份额的上市交易,适用本法;其他法律、行政法规另有规定的,适用其规定。

证券衍生品种发行、交易的管理办法,由国务院依照本法的原则规定。

第三条　证券的发行、交易活动,必须实行公开、公平、公正的原则。

第四条　证券发行、交易活动的当事人具有平等的法律地位,应当遵守自愿、有偿、诚实信用的原则。

第五条　证券的发行、交易活动,必须遵守法律、行政法规;禁止欺诈、内幕交易和操纵证券市场的行为。

第六条　证券业和银行业、信托业、保险业实行分业经营、分业管理,证券公司与银行、信托、保险业务机构分别设立。国家另有规定的除外。

第七条　国务院证券监督管理机构依法对全国证券市场实行集中统一监督管理。

国务院证券监督管理机构根据需要可以设立派出机构,按照授权履行监督管理职责。

第八条　在国家对证券发行、交易活动实行集中统一监督管理的前提下,依法设立证券业协会,实行自律性管理。

第九条　国家审计机关依法对证券交易所、证券公司、证券登记结算机构、证券监督管理机构进行审计监督。

第二章　证券发行

第十条　公开发行证券,必须符合法律、行政法规规定的条件,并依法报经国务院证券监督管理机构或者国务院授权的部门核准;未经依法核准,任何单位和个人不得公开发行证券。

有下列情形之一的,为公开发行:

(一)向不特定对象发行证券的;

(二)向特定对象发行证券累计超过二百人的;

(三)法律、行政法规规定的其他发行行为。

非公开发行证券,不得采用广告、公开劝诱和变相公开方式。

第十一条　发行人申请公开发行股票、可转换为股票的公司债券,依法采取承销方式的,或者公开发行法律、行政法规规定实行保荐制度的其他证券的,应当聘请具有保荐资格的机构担任保荐人。

保荐人应当遵守业务规则和行业规范,诚实守信,勤勉尽责,对发行人的申请文件和信息披露资料进行审慎核查,督导发行人规范运作。

保荐人的资格及其管理办法由国务院证券监督管理机构规定。

第十二条　设立股份有限公司公开发行股票,应当符合《中华人民共和国公司法》规定的条件和经国务院批准的国务院证券监督管理机构规定的其他条件,向国务院证券监督管理机构报送募股申请和下列文件:

（一）公司章程;

（二）发起人协议;

（三）发起人姓名或者名称,发起人认购的股份数、出资种类及验资证明;

（四）招股说明书;

（五）代收股款银行的名称及地址;

（六）承销机构名称及有关的协议。

依照本法规定聘请保荐人的,还应当报送保荐人出具的发行保荐书。

法律、行政法规规定设立公司必须报经批准的,还应当提交相应的批准文件。

第十三条　公司公开发行新股,应当符合下列条件:

（一）具备健全且运行良好的组织机构;

（二）具有持续盈利能力,财务状况良好;

（三）最近三年财务会计文件无虚假记载,无其他重大违法行为;

（四）经国务院批准的国务院证券监督管理机构规定的其他条件。

上市公司非公开发行新股,应当符合经国务院批准的国务院证券监督管理机构规定的条件,并报国务院证券监督管理机构核准。

第十四条　公司公开发行新股,应当向国务院证券监督管理机构报送募股申请和下列文件:

（一）公司营业执照;

（二）公司章程;

（三）股东大会决议;

（四）招股说明书;

（五）财务会计报告;

（六）代收股款银行的名称及地址;

（七）承销机构名称及有关的协议。

依照本法规定聘请保荐人的,还应当报送保荐人出具的发行保荐书。

第十五条　公司对公开发行股票所募集资金,必须按照招股说明书所列资金用途使用。改变招股说明书所列资金用途,必须经股东大会作出决议。擅自改变用途而未作纠正的,或者未经股东大会认可的,不得公开发行新股。

第十六条　公开发行公司债券,应当符合下列条件:

（一）股份有限公司的净资产不低于人民币三千万元,有限责任公司的净资产不低于人民币六千万元;

（二）累计债券余额不超过公司净资产的百分之四十;

（三）最近三年平均可分配利润足以支付公司债券一年的利息；

（四）筹集的资金投向符合国家产业政策；

（五）债券的利率不超过国务院限定的利率水平；

（六）国务院规定的其他条件。

公开发行公司债券筹集的资金，必须用于核准的用途，不得用于弥补亏损和非生产性支出。

上市公司发行可转换为股票的公司债券，除应当符合第一款规定的条件外，还应当符合本法关于公开发行股票的条件，并报国务院证券监督管理机构核准。

第十七条　申请公开发行公司债券，应当向国务院授权的部门或者国务院证券监督管理机构报送下列文件：

（一）公司营业执照；

（二）公司章程；

（三）公司债券募集办法；

（四）资产评估报告和验资报告；

（五）国务院授权的部门或者国务院证券监督管理机构规定的其他文件。

依照本法规定聘请保荐人的，还应当报送保荐人出具的发行保荐书。

第十八条　有下列情形之一的，不得再次公开发行公司债券：

（一）前一次公开发行的公司债券尚未募足；

（二）对已公开发行的公司债券或者其他债务有违约或者延迟支付本息的事实，仍处于继续状态；

（三）违反本法规定，改变公开发行公司债券所募资金的用途。

第十九条　发行人依法申请核准发行证券所报送的申请文件的格式、报送方式，由依法负责核准的机构或者部门规定。

第二十条　发行人向国务院证券监督管理机构或者国务院授权的部门报送的证券发行申请文件，必须真实、准确、完整。

为证券发行出具有关文件的证券服务机构和人员，必须严格履行法定职责，保证其所出具文件的真实性、准确性和完整性。

第二十一条　发行人申请首次公开发行股票的，在提交申请文件后，应当按照国务院证券监督管理机构的规定预先披露有关申请文件。

第二十二条　国务院证券监督管理机构设发行审核委员会，依法审核股票发行申请。

发行审核委员会由国务院证券监督管理机构的专业人员和所聘请的该机构外的有关专家组成，以投票方式对股票发行申请进行表决，提出审核意见。

发行审核委员会的具体组成办法、组成人员任期、工作程序，由国务院证券监督管理机构规定。

第二十三条　国务院证券监督管理机构依照法定条件负责核准股票发行申请。核准程序应当公开，依法接受监督。

参与审核和核准股票发行申请的人员，不得与发行申请人有利害关系，不得直接或者间接接受发行申请人的馈赠,不得持有所核准的发行申请的股票,不得私下与发行申请人进行接触。

国务院授权的部门对公司债券发行申请的核准,参照前两款的规定执行。

第二十四条　国务院证券监督管理机构或者国务院授权的部门应当自受理证券发行申请文件之日起三个月内,依照法定条件和法定程序作出予以核准或者不予核准的决定,发行人根据要求补充、修改发行申请文件的时间不计算在内;不予核准的,应当说明理由。

第二十五条　证券发行申请经核准,发行人应当依照法律、行政法规的规定,在证券公开发行前,公告公开发行募集文件,并将该文件置备于指定场所供公众查阅。

发行证券的信息依法公开前,任何知情人不得公开或者泄露该信息。

发行人不得在公告公开发行募集文件前发行证券。

第二十六条　国务院证券监督管理机构或者国务院授权的部门对已作出的核准证券发行的决定,发现不符合法定条件或者法定程序,尚未发行证券的,应当予以撤销,停止发行。已经发行尚未上市的,撤销发行核准决定,发行人应当按照发行价并加算银行同期存款利息返还证券持有人;保荐人应当与发行人承担连带责任,但是能够证明自己没有过错的除外;发行人的控股股东、实际控制人有过错的,应当与发行人承担连带责任。

第二十七条　股票依法发行后,发行人经营与收益的变化,由发行人自行负责;由此变化引致的投资风险,由投资者自行负责。

第二十八条　发行人向不特定对象发行的证券,法律、行政法规规定应当由证券公司承销的,发行人应当同证券公司签订承销协议。证券承销业务采取代销或者包销方式。

证券代销是指证券公司代发行人发售证券,在承销期结束时,将未售出的证券全部退还给发行人的承销方式。

证券包销是指证券公司将发行人的证券按照协议全部购入或者在承销期结束时将售后剩余证券全部自行购入的承销方式。

第二十九条　公开发行证券的发行人有权依法自主选择承销的证券公司。证券公司不得以不正当竞争手段招揽证券承销业务。

第三十条　证券公司承销证券,应当同发行人签订代销或者包销协议,载明下列事项:

(一)当事人的名称、住所及法定代表人姓名;
(二)代销、包销证券的种类、数量、金额及发行价格;
(三)代销、包销的期限及起止日期;
(四)代销、包销的付款方式及日期;
(五)代销、包销的费用和结算办法;
(六)违约责任;
(七)国务院证券监督管理机构规定的其他事项。

第三十一条　证券公司承销证券,应当对公开发行募集文件的真实性、准确性、完整性进行核查;发现有虚假记载、误导性陈述或者重大遗漏的,不得进行销售活动;已经销售的,必须立即停止销售活动,并采取纠正措施。

第三十二条 向不特定对象发行的证券票面总值超过人民币五千万元的,应当由承销团承销。承销团应当由主承销和参与承销的证券公司组成。

第三十三条 证券的代销、包销期限最长不得超过九十日。

证券公司在代销、包销期内,对所代销、包销的证券应当保证先行出售给认购人,证券公司不得为本公司预留所代销的证券和预先购入并留存所包销的证券。

第三十四条 股票发行采取溢价发行的,其发行价格由发行人与承销的证券公司协商确定。

第三十五条 股票发行采用代销方式,代销期限届满,向投资者出售的股票数量未达到拟公开发行股票数量百分之七十的,为发行失败。发行人应当按照发行价并加算银行同期存款利息返还股票认购人。

第三十六条 公开发行股票,代销、包销期限届满,发行人应当在规定的期限内将股票发行情况报国务院证券监督管理机构备案。

第三章 证券交易

第一节 一般规定

第三十七条 证券交易当事人依法买卖的证券,必须是依法发行并交付的证券。

非依法发行的证券,不得买卖。

第三十八条 依法发行的股票、公司债券及其他证券,法律对其转让期限有限制性规定的,在限定的期限内不得买卖。

第三十九条 依法公开发行的股票、公司债券及其他证券,应当在依法设立的证券交易所上市交易或者在国务院批准的其他证券交易场所转让。

第四十条 证券在证券交易所上市交易,应当采用公开的集中交易方式或者国务院证券监督管理机构批准的其他方式。

第四十一条 证券交易当事人买卖的证券可以采用纸面形式或者国务院证券监督管理机构规定的其他形式。

第四十二条 证券交易以现货和国务院规定的其他方式进行交易。

第四十三条 证券交易所、证券公司和证券登记结算机构的从业人员、证券监督管理机构的工作人员以及法律、行政法规禁止参与股票交易的其他人员,在任期或者法定限期内,不得直接或者以化名、借他人名义持有、买卖股票,也不得收受他人赠送的股票。

任何人在成为前款所列人员时,其原已持有的股票,必须依法转让。

第四十四条 证券交易所、证券公司、证券登记结算机构必须依法为客户开立的账户保密。

第四十五条 为股票发行出具审计报告、资产评估报告或者法律意见书等文件的证券服务机构和人员,在该股票承销期内和期满后六个月内,不得买卖该种股票。

除前款规定外,为上市公司出具审计报告、资产评估报告或者法律意见书等文件的证券服务机构和人员,自接受上市公司委托之日起至上述文件公开后五日内,不得买卖该种股票。

第四十六条 证券交易的收费必须合理,并公开收费项目、收费标准和收费办法。

证券交易的收费项目、收费标准和管理办法由国务院有关主管部门统一规定。

第四十七条 上市公司董事、监事、高级管理人员、持有上市公司股份百分之五以上的股东,将其持有的该公司的股票在买入后六个月内卖出,或者在卖出后六个月内又买入,由此所得收益归该公司所有,公司董事会应当收回其所得收益。但是,证券公司因包销购入售后剩余股票而持有百分之五以上股份的,卖出该股票不受六个月时间限制。

公司董事会不按照前款规定执行的,股东有权要求董事会在三十日内执行。公司董事会未在上述期限内执行的,股东有权为了公司的利益以自己的名义直接向人民法院提起诉讼。

公司董事会不按照第一款的规定执行的,负有责任的董事依法承担连带责任。

第二节 证券上市

第四十八条 申请证券上市交易,应当向证券交易所提出申请,由证券交易所依法审核同意,并由双方签订上市协议。

证券交易所根据国务院授权的部门的决定安排政府债券上市交易。

第四十九条 申请股票、可转换为股票的公司债券或者法律、行政法规规定实行保荐制度的其他证券上市交易,应当聘请具有保荐资格的机构担任保荐人。

本法第十一条第二款、第三款的规定适用于上市保荐人。

第五十条 股份有限公司申请股票上市,应当符合下列条件:

(一)股票经国务院证券监督管理机构核准已公开发行;

(二)公司股本总额不少于人民币三千万元;

(三)公开发行的股份达到公司股份总数的百分之二十五以上;公司股本总额超过人民币四亿元的,公开发行股份的比例为百分之十以上;

(四)公司最近三年无重大违法行为,财务会计报告无虚假记载。

证券交易所可以规定高于前款规定的上市条件,并报国务院证券监督管理机构批准。

第五十一条 国家鼓励符合产业政策并符合上市条件的公司股票上市交易。

第五十二条 申请股票上市交易,应当向证券交易所报送下列文件:

(一)上市报告书;

(二)申请股票上市的股东大会决议;

(三)公司章程;

(四)公司营业执照;

(五)依法经会计师事务所审计的公司最近三年的财务会计报告;

(六)法律意见书和上市保荐书;

(七)最近一次的招股说明书;

(八)证券交易所上市规则规定的其他文件。

第五十三条 股票上市交易申请经证券交易所审核同意后,签订上市协议的公司应当在规定的期限内公告股票上市的有关文件,并将该文件置备于指定场所供公众查阅。

第五十四条 签订上市协议的公司除公告前条规定的文件外,还应当公告下列事项:

(一)股票获准在证券交易所交易的日期;

(二)持有公司股份最多的前十名股东的名单和持股数额;

(三)公司的实际控制人;

(四)董事、监事、高级管理人员的姓名及其持有本公司股票和债券的情况。

第五十五条 上市公司有下列情形之一的,由证券交易所决定暂停其股票上市交易:

(一)公司股本总额、股权分布等发生变化不再具备上市条件;

(二)公司不按照规定公开其财务状况,或者对财务会计报告作虚假记载,可能误导投资者;

(三)公司有重大违法行为;

(四)公司最近三年连续亏损;

(五)证券交易所上市规则规定的其他情形。

第五十六条 上市公司有下列情形之一的,由证券交易所决定终止其股票上市交易:

(一)公司股本总额、股权分布等发生变化不再具备上市条件,在证券交易所规定的期限内仍不能达到上市条件;

(二)公司不按照规定公开其财务状况,或者对财务会计报告作虚假记载,且拒绝纠正;

(三)公司最近三年连续亏损,在其后一个年度内未能恢复盈利;

(四)公司解散或者被宣告破产;

(五)证券交易所上市规则规定的其他情形。

第五十七条 公司申请公司债券上市交易,应当符合下列条件:

(一)公司债券的期限为一年以上;

(二)公司债券实际发行额不少于人民币五千万元;

(三)公司申请债券上市时仍符合法定的公司债券发行条件。

第五十八条 申请公司债券上市交易,应当向证券交易所报送下列文件:

(一)上市报告书;

(二)申请公司债券上市的董事会决议;

(三)公司章程;

(四)公司营业执照;

(五)公司债券募集办法;

(六)公司债券的实际发行数额;

(七)证券交易所上市规则规定的其他文件。

申请可转换为股票的公司债券上市交易,还应当报送保荐人出具的上市保荐书。

第五十九条　公司债券上市交易申请经证券交易所审核同意后,签订上市协议的公司应当在规定的期限内公告公司债券上市文件及有关文件,并将其申请文件置备于指定场所供公众查阅。

第六十条　公司债券上市交易后,公司有下列情形之一的,由证券交易所决定暂停其公司债券上市交易:

（一）公司有重大违法行为；

（二）公司情况发生重大变化不符合公司债券上市条件；

（三）发行公司债券所募集的资金不按照核准的用途使用；

（四）未按照公司债券募集办法履行义务；

（五）公司最近二年连续亏损。

第六十一条　公司有前条第(一)项、第(四)项所列情形之一经查实后果严重的,或者有前条第(二)项、第(三)项、第(五)项所列情形之一,在限期内未能消除的,由证券交易所决定终止其公司债券上市交易。

公司解散或者被宣告破产的,由证券交易所终止其公司债券上市交易。

第六十二条　对证券交易所作出的不予上市、暂停上市、终止上市决定不服的,可以向证券交易所设立的复核机构申请复核。

第三节　持续信息公开

第六十三条　发行人、上市公司依法披露的信息,必须真实、准确、完整,不得有虚假记载、误导性陈述或者重大遗漏。

第六十四条　经国务院证券监督管理机构核准依法公开发行股票,或者经国务院授权的部门核准依法公开发行公司债券,应当公告招股说明书、公司债券募集办法。依法公开发行新股或者公司债券的,还应当公告财务会计报告。

第六十五条　上市公司和公司债券上市交易的公司,应当在每一会计年度的上半年结束之日起二个月内,向国务院证券监督管理机构和证券交易所报送记载以下内容的中期报告,并予公告：

（一）公司财务会计报告和经营情况；

（二）涉及公司的重大诉讼事项；

（三）已发行的股票、公司债券变动情况；

（四）提交股东大会审议的重要事项；

（五）国务院证券监督管理机构规定的其他事项。

第六十六条　上市公司和公司债券上市交易的公司,应当在每一会计年度结束之日起四个月内,向国务院证券监督管理机构和证券交易所报送记载以下内容的年度报告,并予公告：

（一）公司概况；

（二）公司财务会计报告和经营情况；

（三）董事、监事、高级管理人员简介及其持股情况；

（四）已发行的股票、公司债券情况,包括持有公司股份最多的前十名股东的名单和持股数额；

（五）公司的实际控制人；

（六）国务院证券监督管理机构规定的其他事项。

第六十七条　发生可能对上市公司股票交易价格产生较大影响的重大事件，投资者尚未得知时，上市公司应当立即将有关该重大事件的情况向国务院证券监督管理机构和证券交易所报送临时报告，并予公告，说明事件的起因、目前的状态和可能产生的法律后果。

下列情况为前款所称重大事件：

（一）公司的经营方针和经营范围的重大变化；

（二）公司的重大投资行为和重大的购置财产的决定；

（三）公司订立重要合同，可能对公司的资产、负债、权益和经营成果产生重要影响；

（四）公司发生重大债务和未能清偿到期重大债务的违约情况；

（五）公司发生重大亏损或者重大损失；

（六）公司生产经营的外部条件发生的重大变化；

（七）公司的董事、三分之一以上监事或者经理发生变动；

（八）持有公司百分之五以上股份的股东或者实际控制人，其持有股份或者控制公司的情况发生较大变化；

（九）公司减资、合并、分立、解散及申请破产的决定；

（十）涉及公司的重大诉讼，股东大会、董事会决议被依法撤销或者宣告无效；

（十一）公司涉嫌犯罪被司法机关立案调查，公司董事、监事、高级管理人员涉嫌犯罪被司法机关采取强制措施；

（十二）国务院证券监督管理机构规定的其他事项。

第六十八条　上市公司董事、高级管理人员应当对公司定期报告签署书面确认意见。

上市公司监事会应当对董事会编制的公司定期报告进行审核并提出书面审核意见。

上市公司董事、监事、高级管理人员应当保证上市公司所披露的信息真实、准确、完整。

第六十九条　发行人、上市公司公告的招股说明书、公司债券募集办法、财务会计报告、上市报告文件、年度报告、中期报告、临时报告以及其他信息披露资料，有虚假记载、误导性陈述或者重大遗漏，致使投资者在证券交易中遭受损失的，发行人、上市公司应当承担赔偿责任；发行人、上市公司的董事、监事、高级管理人员和其他直接责任人员以及保荐人、承销的证券公司，应当与发行人、上市公司承担连带赔偿责任，但是能够证明自己没有过错的除外；发行人、上市公司的控股股东、实际控制人有过错的，应当与发行人、上市公司承担连带赔偿责任。

第七十条　依法必须披露的信息，应当在国务院证券监督管理机构指定的媒体发布，同时将其置备于公司住所、证券交易所，供社会公众查阅。

第七十一条　国务院证券监督管理机构对上市公司年度报告、中期报告、临时报告以及公告的情况进行监督,对上市公司分派或者配售新股的情况进行监督,对上市公司控股股东和信息披露义务人的行为进行监督。

证券监督管理机构、证券交易所、保荐人、承销的证券公司及有关人员,对公司依照法律、行政法规规定必须作出的公告,在公告前不得泄露其内容。

第七十二条　证券交易所决定暂停或者终止证券上市交易的,应当及时公告,并报国务院证券监督管理机构备案。

第四节　禁止的交易行为

第七十三条　禁止证券交易内幕信息的知情人和非法获取内幕信息的人利用内幕信息从事证券交易活动。

第七十四条　证券交易内幕信息的知情人包括:

(一)发行人的董事、监事、高级管理人员;

(二)持有公司百分之五以上股份的股东及其董事、监事、高级管理人员,公司的实际控制人及其董事、监事、高级管理人员;

(三)发行人控股的公司及其董事、监事、高级管理人员;

(四)由于所任公司职务可以获取公司有关内幕信息的人员;

(五)证券监督管理机构工作人员以及由于法定职责对证券的发行、交易进行管理的其他人员;

(六)保荐人、承销的证券公司、证券交易所、证券登记结算机构、证券服务机构的有关人员;

(七)国务院证券监督管理机构规定的其他人。

第七十五条　证券交易活动中,涉及公司的经营、财务或者对该公司证券的市场价格有重大影响的尚未公开的信息,为内幕信息。

下列信息皆属内幕信息:

(一)本法第六十七条第二款所列重大事件;

(二)公司分配股利或者增资的计划;

(三)公司股权结构的重大变化;

(四)公司债务担保的重大变更;

(五)公司营业用主要资产的抵押、出售或者报废一次超过该资产的百分之三十;

(六)公司的董事、监事、高级管理人员的行为可能依法承担重大损害赔偿责任;

(七)上市公司收购的有关方案;

(八)国务院证券监督管理机构认定的对证券交易价格有显著影响的其他重要信息。

第七十六条　证券交易内幕信息的知情人和非法获取内幕信息的人,在内幕信息公开前,不得买卖该公司的证券,或者泄露该信息,或者建议他人买卖该证券。

持有或者通过协议、其他安排与他人共同持有公司百分之五以上股份的自然人、法人、其他组织收购上市公司的股份,本法另有规定的,适用其规定。

内幕交易行为给投资者造成损失的,行为人应当依法承担赔偿责任。

第七十七条　禁止任何人以下列手段操纵证券市场:

（一）单独或者通过合谋,集中资金优势、持股优势或者利用信息优势联合或者连续买卖,操纵证券交易价格或者证券交易量;

（二）与他人串通,以事先约定的时间、价格和方式相互进行证券交易,影响证券交易价格或者证券交易量;

（三）在自己实际控制的账户之间进行证券交易,影响证券交易价格或者证券交易量;

（四）以其他手段操纵证券市场。

操纵证券市场行为给投资者造成损失的,行为人应当依法承担赔偿责任。

第七十八条 禁止国家工作人员、传播媒介从业人员和有关人员编造、传播虚假信息,扰乱证券市场。

禁止证券交易所、证券公司、证券登记结算机构、证券服务机构及其从业人员,证券业协会、证券监督管理机构及其工作人员,在证券交易活动中作出虚假陈述或者信息误导。

各种传播媒介传播证券市场信息必须真实、客观,禁止误导。

第七十九条 禁止证券公司及其从业人员从事下列损害客户利益的欺诈行为:

（一）违背客户的委托为其买卖证券;

（二）不在规定时间内向客户提供交易的书面确认文件;

（三）挪用客户所委托买卖的证券或者客户账户上的资金;

（四）未经客户的委托,擅自为客户买卖证券,或者假借客户的名义买卖证券;

（五）为牟取佣金收入,诱使客户进行不必要的证券买卖;

（六）利用传播媒介或者通过其他方式提供、传播虚假或者误导投资者的信息;

（七）其他违背客户真实意思表示,损害客户利益的行为。

欺诈客户行为给客户造成损失的,行为人应当依法承担赔偿责任。

第八十条 禁止法人非法利用他人账户从事证券交易;禁止法人出借自己或者他人的证券账户。

第八十一条 依法拓宽资金入市渠道,禁止资金违规流入股市。

第八十二条 禁止任何人挪用公款买卖证券。

第八十三条 国有企业和国有资产控股的企业买卖上市交易的股票,必须遵守国家有关规定。

第八十四条 证券交易所、证券公司、证券登记结算机构、证券服务机构及其从业人员对证券交易中发现的禁止的交易行为,应当及时向证券监督管理机构报告。

第四章 上市公司的收购

第八十五条 投资者可以采取要约收购、协议收购及其他合法方式收购上市公司。

第八十六条 通过证券交易所的证券交易,投资者持有或者通过协议、其他安排与他人共同持有一个上市公司已发行的股份达到百分之五时,应当在该事实发生之日起三日内,向国务院证券监督管理机构、证券交易所作出书面报告,通知该上市公司,并予公告;在上述期限内,不得再行买卖该上市公司的股票。

投资者持有或者通过协议、其他安排与他人共同持有一个上市公司已发行的股份达到百分之五后,其所持该上市公司已发行的股份比例每增加或者减少百分之五,应当依照前款规定进行报告和公告。在报告期限内和作出报告、公告后二日内,不得再行买卖该上市公司的股票。

第八十七条　依照前条规定所作的书面报告和公告,应当包括下列内容:
(一)持股人的名称、住所;
(二)持有的股票的名称、数额;
(三)持股达到法定比例或者持股增减变化达到法定比例的日期。

第八十八条　通过证券交易所的证券交易,投资者持有或者通过协议、其他安排与他人共同持有一个上市公司已发行的股份达到百分之三十时,继续进行收购的,应当依法向该上市公司所有股东发出收购上市公司全部或者部分股份的要约。

收购上市公司部分股份的收购要约应当约定,被收购公司股东承诺出售的股份数额超过预定收购的股份数额的,收购人按比例进行收购。

第八十九条　依照前条规定发出收购要约,收购人必须公告上市公司收购报告书,并载明下列事项:
(一)收购人的名称、住所;
(二)收购人关于收购的决定;
(三)被收购的上市公司名称;
(四)收购目的;
(五)收购股份的详细名称和预定收购的股份数额;
(六)收购期限、收购价格;
(七)收购所需资金额及资金保证;
(八)公告上市公司收购报告书时持有被收购公司股份数占该公司已发行的股份总数的比例。

第九十条　收购要约约定的收购期限不得少于三十日,并不得超过六十日。

第九十一条　在收购要约确定的承诺期限内,收购人不得撤销其收购要约。收购人需要变更收购要约的,必须及时公告,载明具体变更事项。

第九十二条　收购要约提出的各项收购条件,适用于被收购公司的所有股东。

第九十三条　采取要约收购方式的,收购人在收购期限内,不得卖出被收购公司的股票,也不得采取要约规定以外的形式和超出要约的条件买入被收购公司的股票。

第九十四条　采取协议收购方式的,收购人可以依照法律、行政法规的规定同被收购公司的股东以协议方式进行股份转让。

以协议方式收购上市公司时,达成协议后,收购人必须在三日内将该收购协议向国务院证券监督管理机构及证券交易所作出书面报告,并予公告。

在公告前不得履行收购协议。

第九十五条　采取协议收购方式的,协议双方可以临时委托证券登记结算机构保管协议转让的股票,并将资金存放于指定的银行。

第九十六条　采取协议收购方式的,收购人收购或者通过协议、其他安排与他人共同收购一个上市公司已发行的股份达到百分之三十时,继续进行收购的,应当向该上市公司所有股东发出收购上市公司全部或者部分股份的要约。但是,经国务院证券监督管理机构免除发出要约的除外。

收购人依照前款规定以要约方式收购上市公司股份,应当遵守本法第八十九条至第九十三条的规定。

第九十七条 收购期限届满,被收购公司股权分布不符合上市条件的,该上市公司的股票应当由证券交易所依法终止上市交易;其余仍持有被收购公司股票的股东,有权向收购人以收购要约的同等条件出售其股票,收购人应当收购。

收购行为完成后,被收购公司不再具备股份有限公司条件的,应当依法变更企业形式。

第九十八条 在上市公司收购中,收购人持有的被收购的上市公司的股票,在收购行为完成后的十二个月内不得转让。

第九十九条 收购行为完成后,收购人与被收购公司合并,并将该公司解散的,被解散公司的原有股票由收购人依法更换。

第一百条 收购行为完成后,收购人应当在十五日内将收购情况报告国务院证券监督管理机构和证券交易所,并予公告。

第一百零一条 收购上市公司中由国家授权投资的机构持有的股份,应当按照国务院的规定,经有关主管部门批准。

国务院证券监督管理机构应当依照本法的原则制定上市公司收购的具体办法。

第五章 证券交易所

第一百零二条 证券交易所是为证券集中交易提供场所和设施,组织和监督证券交易,实行自律管理的法人。

证券交易所的设立和解散,由国务院决定。

第一百零三条 设立证券交易所必须制定章程。

证券交易所章程的制定和修改,必须经国务院证券监督管理机构批准。

第一百零四条 证券交易所必须在其名称中标明证券交易所字样。其他任何单位或者个人不得使用证券交易所或者近似的名称。

第一百零五条 证券交易所可以自行支配的各项费用收入,应当首先用于保证其证券交易场所和设施的正常运行并逐步改善。

实行会员制的证券交易所的财产积累归会员所有,其权益由会员共同享有,在其存续期间,不得将其财产积累分配给会员。

第一百零六条 证券交易所设理事会。

第一百零七条 证券交易所设总经理一人,由国务院证券监督管理机构任免。

第一百零八条 有《中华人民共和国公司法》第一百四十六条规定的情形或者下列情形之一的,不得担任证券交易所的负责人:

(一)因违法行为或者违纪行为被解除职务的证券交易所、证券登记结算机构的负责人或者证券公司的董事、监事、高级管理人员,自被解除职务之日起未逾五年;

(二)因违法行为或者违纪行为被撤销资格的律师、注册会计师或者投资咨询机构、财务顾问机构、资信评级机构、资产评估机构、验证机构的专业人员,自被撤销资格之日起未逾五年。

第一百零九条　因违法行为或者违纪行为被开除的证券交易所、证券登记结算机构、证券服务机构、证券公司的从业人员和被开除的国家机关工作人员,不得招聘为证券交易所的从业人员。

第一百一十条　进入证券交易所参与集中交易的,必须是证券交易所的会员。

第一百一十一条　投资者应当与证券公司签订证券交易委托协议,并在证券公司开立证券交易账户,以书面、电话以及其他方式,委托该证券公司代其买卖证券。

第一百一十二条　证券公司根据投资者的委托,按照证券交易规则提出交易申报,参与证券交易所场内的集中交易,并根据成交结果承担相应的清算交收责任;证券登记结算机构根据成交结果,按照清算交收规则,与证券公司进行证券和资金的清算交收,并为证券公司客户办理证券的登记过户手续。

第一百一十三条　证券交易所应当为组织公平的集中交易提供保障,公布证券交易即时行情,并按交易日制作证券市场行情表,予以公布。

未经证券交易所许可,任何单位和个人不得发布证券交易即时行情。

第一百一十四条　因突发性事件而影响证券交易的正常进行时,证券交易所可以采取技术性停牌的措施;因不可抗力的突发性事件或者为维护证券交易的正常秩序,证券交易所可以决定临时停市。

证券交易所采取技术性停牌或者决定临时停市,必须及时报告国务院证券监督管理机构。

第一百一十五条　证券交易所对证券交易实行实时监控,并按照国务院证券监督管理机构的要求,对异常的交易情况提出报告。

证券交易所应当对上市公司及相关信息披露义务人披露信息进行监督,督促其依法及时、准确地披露信息。

证券交易所根据需要,可以对出现重大异常交易情况的证券账户限制交易,并报国务院证券监督管理机构备案。

第一百一十六条　证券交易所应当从其收取的交易费用和会员费、席位费中提取一定比例的金额设立风险基金。风险基金由证券交易所理事会管理。

风险基金提取的具体比例和使用办法,由国务院证券监督管理机构会同国务院财政部门规定。

第一百一十七条　证券交易所应当将收存的风险基金存入开户银行专门账户,不得擅自使用。

第一百一十八条　证券交易所依照证券法律、行政法规制定上市规则、交易规则、会员管理规则和其他有关规则,并报国务院证券监督管理机构批准。

第一百一十九条　证券交易所的负责人和其他从业人员在执行与证券交易有关的职务时,与其本人或者其亲属有利害关系的,应当回避。

第一百二十条　按照依法制定的交易规则进行的交易,不得改变其交易结果。对交易中违规交易者应负的民事责任不得免除;在违规交易中所获利益,依照有关规定处理。

第一百二十一条　在证券交易所内从事证券交易的人员,违反证券交易所有关交易规则的,由证券交易所给予纪律处分;对情节严重的,撤销其资格,禁止其入场进行证券交易。

第六章　证券公司

第一百二十二条　设立证券公司,必须经国务院证券监督管理机构审查批准。未经国务院证券监督管理机构批准,任何单位和个人不得经营证券业务。

第一百二十三条　本法所称证券公司是指依照《中华人民共和国公司法》和本法规定设立的经营证券业务的有限责任公司或者股份有限公司。

第一百二十四条　设立证券公司,应当具备下列条件:

(一)有符合法律、行政法规规定的公司章程;

(二)主要股东具有持续盈利能力,信誉良好,最近三年无重大违法违规记录,净资产不低于人民币二亿元;

(三)有符合本法规定的注册资本;

(四)董事、监事、高级管理人员具备任职资格,从业人员具有证券从业资格;

(五)有完善的风险管理与内部控制制度;

(六)有合格的经营场所和业务设施;

(七)法律、行政法规规定的和经国务院批准的国务院证券监督管理机构规定的其他条件。

第一百二十五条　经国务院证券监督管理机构批准,证券公司可以经营下列部分或者全部业务:

(一)证券经纪;

(二)证券投资咨询;

(三)与证券交易、证券投资活动有关的财务顾问;

(四)证券承销与保荐;

(五)证券自营;

(六)证券资产管理;

(七)其他证券业务。

第一百二十六条　证券公司必须在其名称中标明证券有限责任公司或者证券股份有限公司字样。

第一百二十七条　证券公司经营本法第一百二十五条第(一)项至第(三)项业务的,注册资本最低限额为人民币五千万元;经营第(四)项至第(七)项业务之一的,注册资本最低限额为人民币一亿元;经营第(四)项至第(七)项业务中两项以上的,注册资本最低限额为人民币五亿元。证券公司的注册资本应当是实缴资本。

国务院证券监督管理机构根据审慎监管原则和各项业务的风险程度,可以调整注册资本最低限额,但不得少于前款规定的限额。

第一百二十八条　国务院证券监督管理机构应当自受理证券公司设立申请之日起六个月内,依照法定条件和法定程序并根据审慎监管原则进行审查,作出批准或者不予批准的决定,并通知申请人;不予批准的,应当说明理由。

证券公司设立申请获得批准的,申请人应当在规定的期限内向公司登记机关申请设立登记,领取营业执照。

证券公司应当自领取营业执照之日起十五日内,向国务院证券监督管理机构申请经营证券业务许可证。未取得经营证券业务许可证,证券公司不得经营证券业务。

第一百二十九条 证券公司设立、收购或者撤销分支机构,变更业务范围,增加注册资本且股权结构发生重大调整,减少注册资本,变更持有百分之五以上股权的股东、实际控制人,变更公司章程中的重要条款,合并、分立、停业、解散、破产,必须经国务院证券监督管理机构批准。

证券公司在境外设立、收购或者参股证券经营机构,必须经国务院证券监督管理机构批准。

第一百三十条 国务院证券监督管理机构应当对证券公司的净资本,净资本与负债的比例,净资本与净资产的比例,净资本与自营、承销、资产管理等业务规模的比例,负债与净资产的比例,以及流动资产与流动负债的比例等风险控制指标作出规定。

证券公司不得为其股东或者股东的关联人提供融资或者担保。

第一百三十一条 证券公司的董事、监事、高级管理人员,应当正直诚实,品行良好,熟悉证券法律、行政法规,具有履行职责所需的经营管理能力,并在任职前取得国务院证券监督管理机构核准的任职资格。

有《中华人民共和国公司法》第一百四十六条规定的情形或者下列情形之一的,不得担任证券公司的董事、监事、高级管理人员:

(一)因违法行为或者违纪行为被解除职务的证券交易所、证券登记结算机构的负责人或者证券公司的董事、监事、高级管理人员,自被解除职务之日起未逾五年;

(二)因违法行为或者违纪行为被撤销资格的律师、注册会计师或者投资咨询机构、财务顾问机构、资信评级机构、资产评估机构、验证机构的专业人员,自被撤销资格之日起未逾五年。

第一百三十二条 因违法行为或者违纪行为被开除的证券交易所、证券登记结算机构、证券服务机构、证券公司的从业人员和被开除的国家机关工作人员,不得招聘为证券公司的从业人员。

第一百三十三条 国家机关工作人员和法律、行政法规规定的禁止在公司中兼职的其他人员,不得在证券公司中兼任职务。

第一百三十四条 国家设立证券投资者保护基金。证券投资者保护基金由证券公司缴纳的资金及其他依法筹集的资金组成,其筹集、管理和使用的具体办法由国务院规定。

第一百三十五条 证券公司从每年的税后利润中提取交易风险准备金,用于弥补证券交易的损失,其提取的具体比例由国务院证券监督管理机构规定。

第一百三十六条 证券公司应当建立健全内部控制制度,采取有效隔离措施,防范公司与客户之间、不同客户之间的利益冲突。

证券公司必须将其证券经纪业务、证券承销业务、证券自营业务和证券资产管理业务分开办理,不得混合操作。

第一百三十七条 证券公司的自营业务必须以自己的名义进行,不得假借他人名义或者以个人名义进行。

证券公司的自营业务必须使用自有资金和依法筹集的资金。

证券公司不得将其自营账户借给他人使用。

第一百三十八条 证券公司依法享有自主经营的权利,其合法经营不受干涉。

第一百三十九条 证券公司客户的交易结算资金应当存放在商业银行,以每个客户的名义单独立户管理。具体办法和实施步骤由国务院规定。

证券公司不得将客户的交易结算资金和证券归入其自有财产。禁止任何单位或者个人以任何形式挪用客户的交易结算资金和证券。证券公司破产或者清算时,客户的交易结算资金和证券不属于其破产财产或者清算财产。非因客户本身的债务或者法律规定的其他情形,不得查封、冻结、扣划或者强制执行客户的交易结算资金和证券。

第一百四十条 证券公司办理经纪业务,应当置备统一制定的证券买卖委托书,供委托人使用。采取其他委托方式的,必须作出委托记录。

客户的证券买卖委托,不论是否成交,其委托记录应当按照规定的期限,保存于证券公司。

第一百四十一条 证券公司接受证券买卖的委托,应当根据委托书载明的证券名称、买卖数量、出价方式、价格幅度等,按照交易规则代理买卖证券,如实进行交易记录;买卖成交后,应当按照规定制作买卖成交报告单交付客户。

证券交易中确认交易行为及其交易结果的对账单必须真实,并由交易经办人员以外的审核人员逐笔审核,保证账面证券余额与实际持有的证券相一致。

第一百四十二条 证券公司为客户买卖证券提供融资融券服务,应当按照国务院的规定并经国务院证券监督管理机构批准。

第一百四十三条 证券公司办理经纪业务,不得接受客户的全权委托而决定证券买卖、选择证券种类、决定买卖数量或者买卖价格。

第一百四十四条 证券公司不得以任何方式对客户证券买卖的收益或者赔偿证券买卖的损失作出承诺。

第一百四十五条 证券公司及其从业人员不得未经过其依法设立的营业场所私下接受客户委托买卖证券。

第一百四十六条 证券公司的从业人员在证券交易活动中,执行所属的证券公司的指令或者利用职务违反交易规则的,由所属的证券公司承担全部责任。

第一百四十七条 证券公司应当妥善保存客户开户资料、委托记录、交易记录和与内部管理、业务经营有关的各项资料,任何人不得隐匿、伪造、篡改或者毁损。上述资料的保存期限不得少于二十年。

第一百四十八条 证券公司应当按照规定向国务院证券监督管理机构报送业务、财务等经营管理信息和资料。国务院证券监督管理机构有权要求证券公司及其股东、实际控制人在指定的期限内提供有关信息、资料。

证券公司及其股东、实际控制人向国务院证券监督管理机构报送或者提供的信息、资料,必须真实、准确、完整。

第一百四十九条　国务院证券监督管理机构认为有必要时,可以委托会计师事务所、资产评估机构对证券公司的财务状况、内部控制状况、资产价值进行审计或者评估。具体办法由国务院证券监督管理机构会同有关主管部门制定。

第一百五十条　证券公司的净资本或者其他风险控制指标不符合规定的,国务院证券监督管理机构应当责令其限期改正;逾期未改正,或者其行为严重危及该证券公司的稳健运行、损害客户合法权益的,国务院证券监督管理机构可以区别情形,对其采取下列措施:

(一)限制业务活动,责令暂停部分业务,停止批准新业务;

(二)停止批准增设、收购营业性分支机构;

(三)限制分配红利,限制向董事、监事、高级管理人员支付报酬、提供福利;

(四)限制转让财产或者在财产上设定其他权利;

(五)责令更换董事、监事、高级管理人员或者限制其权利;

(六)责令控股股东转让股权或者限制有关股东行使股东权利;

(七)撤销有关业务许可。

证券公司整改后,应当向国务院证券监督管理机构提交报告。国务院证券监督管理机构经验收,符合有关风险控制指标的,应当自验收完毕之日起三日内解除对其采取的前款规定的有关措施。

第一百五十一条　证券公司的股东有虚假出资、抽逃出资行为的,国务院证券监督管理机构应当责令其限期改正,并可责令其转让所持证券公司的股权。

在前款规定的股东按照要求改正违法行为、转让所持证券公司的股权前,国务院证券监督管理机构可以限制其股东权利。

第一百五十二条　证券公司的董事、监事、高级管理人员未能勤勉尽责,致使证券公司存在重大违法违规行为或者重大风险的,国务院证券监督管理机构可以撤销其任职资格,并责令公司予以更换。

第一百五十三条　证券公司违法经营或者出现重大风险,严重危害证券市场秩序、损害投资者利益的,国务院证券监督管理机构可以对该证券公司采取责令停业整顿、指定其他机构托管、接管或者撤销等监管措施。

第一百五十四条　在证券公司被责令停业整顿、被依法指定托管、接管或者清算期间,或者出现重大风险时,经国务院证券监督管理机构批准,可以对该证券公司直接负责的董事、监事、高级管理人员和其他直接责任人员采取以下措施:

(一)通知出境管理机关依法阻止其出境;

(二)申请司法机关禁止其转移、转让或者以其他方式处分财产,或者在财产上设定其他权利。

第七章　证券登记结算机构

第一百五十五条　证券登记结算机构是为证券交易提供集中登记、存管与结算服务,不以营利为目的的法人。

设立证券登记结算机构必须经国务院证券监督管理机构批准。

第一百五十六条　设立证券登记结算机构,应当具备下列条件:

（一）自有资金不少于人民币二亿元；
（二）具有证券登记、存管和结算服务所必需的场所和设施；
（三）主要管理人员和从业人员必须具有证券从业资格；
（四）国务院证券监督管理机构规定的其他条件。

证券登记结算机构的名称中应当标明证券登记结算字样。

第一百五十七条　证券登记结算机构履行下列职能：
（一）证券账户、结算账户的设立；
（二）证券的存管和过户；
（三）证券持有人名册登记；
（四）证券交易所上市证券交易的清算和交收；
（五）受发行人的委托派发证券权益；
（六）办理与上述业务有关的查询；
（七）国务院证券监督管理机构批准的其他业务。

第一百五十八条　证券登记结算采取全国集中统一的运营方式。

证券登记结算机构章程、业务规则应当依法制定，并经国务院证券监督管理机构批准。

第一百五十九条　证券持有人持有的证券，在上市交易时，应当全部存管在证券登记结算机构。

证券登记结算机构不得挪用客户的证券。

第一百六十条　证券登记结算机构应当向证券发行人提供证券持有人名册及其有关资料。

证券登记结算机构应当根据证券登记结算的结果，确认证券持有人持有证券的事实，提供证券持有人登记资料。

证券登记结算机构应当保证证券持有人名册和登记过户记录真实、准确、完整，不得隐匿、伪造、篡改或者毁损。

第一百六十一条　证券登记结算机构应当采取下列措施保证业务的正常进行：
（一）具有必备的服务设备和完善的数据安全保护措施；
（二）建立完善的业务、财务和安全防范等管理制度；
（三）建立完善的风险管理系统。

第一百六十二条　证券登记结算机构应当妥善保存登记、存管和结算的原始凭证及有关文件和资料。其保存期限不得少于二十年。

第一百六十三条　证券登记结算机构应当设立证券结算风险基金，用于垫付或者弥补因违约交收、技术故障、操作失误、不可抗力造成的证券登记结算机构的损失。

证券结算风险基金从证券登记结算机构的业务收入和收益中提取，并可以由结算参与人按照证券交易业务量的一定比例缴纳。

证券结算风险基金的筹集、管理办法，由国务院证券监督管理机构会同国务院财政部门规定。

第一百六十四条　证券结算风险基金应当存入指定银行的专门账户，实行专项管理。

证券登记结算机构以证券结算风险基金赔偿后,应当向有关责任人追偿。

第一百六十五条 证券登记结算机构申请解散,应当经国务院证券监督管理机构批准。

第一百六十六条 投资者委托证券公司进行证券交易,应当申请开立证券账户。证券登记结算机构应当按照规定以投资者本人的名义为投资者开立证券账户。

投资者申请开立账户,必须持有证明中国公民身份或者中国法人资格的合法证件。国家另有规定的除外。

第一百六十七条 证券登记结算机构为证券交易提供净额结算服务时,应当要求结算参与人按照货银对付的原则,足额交付证券和资金,并提供交收担保。

在交收完成之前,任何人不得动用用于交收的证券、资金和担保物。

结算参与人未按时履行交收义务的,证券登记结算机构有权按照业务规则处理前款所述财产。

第一百六十八条 证券登记结算机构按照业务规则收取的各类结算资金和证券,必须存放于专门的清算交收账户,只能按业务规则用于已成交的证券交易的清算交收,不得被强制执行。

第八章 证券服务机构

第一百六十九条 投资咨询机构、财务顾问机构、资信评级机构、资产评估机构、会计师事务所从事证券服务业务,必须经国务院证券监督管理机构和有关主管部门批准。

投资咨询机构、财务顾问机构、资信评级机构、资产评估机构、会计师事务所从事证券服务业务的审批管理办法,由国务院证券监督管理机构和有关主管部门制定。

第一百七十条 投资咨询机构、财务顾问机构、资信评级机构从事证券服务业务的人员,必须具备证券专业知识和从事证券业务或者证券服务业务二年以上经验。认定其证券从业资格的标准和管理办法,由国务院证券监督管理机构制定。

第一百七十一条 投资咨询机构及其从业人员从事证券服务业务不得有下列行为:

(一)代理委托人从事证券投资;

(二)与委托人约定分享证券投资收益或者分担证券投资损失;

(三)买卖本咨询机构提供服务的上市公司股票;

(四)利用传播媒介或者通过其他方式提供、传播虚假或者误导投资者的信息;

(五)法律、行政法规禁止的其他行为。

有前款所列行为之一,给投资者造成损失的,依法承担赔偿责任。

第一百七十二条 从事证券服务业务的投资咨询机构和资信评级机构,应当按照国务院有关主管部门规定的标准或者收费办法收取服务费用。

第一百七十三条 证券服务机构为证券的发行、上市、交易等证券业务活动制作、出具审计报告、资产评估报告、财务顾问报告、资信评级报告或者法律意见书等文件,应当勤勉尽责,对所依据的文件资料内容的真实性、准确性、完整性进行核查和验证。其制作、出具的文件有虚假记载、误导性陈述或者重大遗漏,给他人造成损失的,应当与发行人、上市公司承担连带赔偿责任,但是能够证明自己没有过错的除外。

第九章 证券业协会

第一百七十四条 证券业协会是证券业的自律性组织,是社会团体法人。

证券公司应当加入证券业协会。

证券业协会的权力机构为全体会员组成的会员大会。

第一百七十五条 证券业协会章程由会员大会制定,并报国务院证券监督管理机构备案。

第一百七十六条 证券业协会履行下列职责:

(一)教育和组织会员遵守证券法律、行政法规;

(二)依法维护会员的合法权益,向证券监督管理机构反映会员的建议和要求;

(三)收集整理证券信息,为会员提供服务;

(四)制定会员应遵守的规则,组织会员单位的从业人员的业务培训,开展会员间的业务交流;

(五)对会员之间、会员与客户之间发生的证券业务纠纷进行调解;

(六)组织会员就证券业的发展、运作及有关内容进行研究;

(七)监督、检查会员行为,对违反法律、行政法规或者协会章程的,按照规定给予纪律处分;

(八)证券业协会章程规定的其他职责。

第一百七十七条 证券业协会设理事会。理事会成员依章程的规定由选举产生。

第十章 证券监督管理机构

第一百七十八条 国务院证券监督管理机构依法对证券市场实行监督管理,维护证券市场秩序,保障其合法运行。

第一百七十九条 国务院证券监督管理机构在对证券市场实施监督管理中履行下列职责:

(一)依法制定有关证券市场监督管理的规章、规则,并依法行使审批或者核准权;

(二)依法对证券的发行、上市、交易、登记、存管、结算,进行监督管理;

(三)依法对证券发行人、上市公司、证券公司、证券投资基金管理公司、证券服务机构、证券交易所、证券登记结算机构的证券业务活动,进行监督管理;

(四)依法制定从事证券业务人员的资格标准和行为准则,并监督实施;

(五)依法监督检查证券发行、上市和交易的信息公开情况;

(六)依法对证券业协会的活动进行指导和监督;

(七)依法对违反证券市场监督管理法律、行政法规的行为进行查处;

(八)法律、行政法规规定的其他职责。

国务院证券监督管理机构可以和其他国家或者地区的证券监督管理机构建立监督管理合作机制,实施跨境监督管理。

第一百八十条 国务院证券监督管理机构依法履行职责,有权采取下列措施:

(一)对证券发行人、上市公司、证券公司、证券投资基金管理公司、证券服务机构、证券交易所、证券登记结算机构进行现场检查;

（二）进入涉嫌违法行为发生场所调查取证；

（三）询问当事人和与被调查事件有关的单位和个人，要求其对与被调查事件有关的事项作出说明；

（四）查阅、复制与被调查事件有关的财产权登记、通讯记录等资料；

（五）查阅、复制当事人和与被调查事件有关的单位和个人的证券交易记录、登记过户记录、财务会计资料及其他相关文件和资料；对可能被转移、隐匿或者毁损的文件和资料，可以予以封存；

（六）查询当事人和与被调查事件有关的单位和个人的资金账户、证券账户和银行账户；对有证据证明已经或者可能转移或者隐匿违法资金、证券等涉案财产或者隐匿、伪造、毁损重要证据的，经国务院证券监督管理机构主要负责人批准，可以冻结或者查封；

（七）在调查操纵证券市场、内幕交易等重大证券违法行为时，经国务院证券监督管理机构主要负责人批准，可以限制被调查事件当事人的证券买卖，但限制的期限不得超过十五个交易日；案情复杂的，可以延长十五个交易日。

第一百八十一条　国务院证券监督管理机构依法履行职责，进行监督检查或者调查，其监督检查、调查的人员不得少于二人，并应当出示合法证件和监督检查、调查通知书。监督检查、调查的人员少于二人或者未出示合法证件和监督检查、调查通知书的，被检查、调查的单位有权拒绝。

第一百八十二条　国务院证券监督管理机构工作人员必须忠于职守，依法办事，公正廉洁，不得利用职务便利牟取不正当利益，不得泄露所知悉的有关单位和个人的商业秘密。

第一百八十三条　国务院证券监督管理机构依法履行职责，被检查、调查的单位和个人应当配合，如实提供有关文件和资料，不得拒绝、阻碍和隐瞒。

第一百八十四条　国务院证券监督管理机构依法制定的规章、规则和监督管理工作制度应当公开。

国务院证券监督管理机构依据调查结果，对证券违法行为作出的处罚决定，应当公开。

第一百八十五条　国务院证券监督管理机构应当与国务院其他金融监督管理机构建立监督管理信息共享机制。

国务院证券监督管理机构依法履行职责，进行监督检查或者调查时，有关部门应当予以配合。

第一百八十六条　国务院证券监督管理机构依法履行职责，发现证券违法行为涉嫌犯罪的，应当将案件移送司法机关处理。

第一百八十七条　国务院证券监督管理机构的人员不得在被监管的机构中任职。

第十一章　法律责任

第一百八十八条　未经法定机关核准，擅自公开或者变相公开发行证券的，责令停止发行，退还所募资金并加算银行同期存款利息，处以非法所募资金金额百分之一以上百分之五以下的罚款；对擅自公开或者变相公开发行证券设立的公司，由依法履行监督管理职责的机构或者部门会同县级以上地方人民政府予以取缔。对直接负责的主管人员和其他直接责任人员给予警告,并处以三万元以上三十万元以下的罚款。

第一百八十九条　发行人不符合发行条件,以欺骗手段骗取发行核准,尚未发行证券的,处以三十万元以上六十万元以下的罚款;已经发行证券的,处以非法所募资金金额百分之一以上百分之五以下的罚款。对直接负责的主管人员和其他直接责任人员处以三万元以上三十万元以下的罚款。

发行人的控股股东、实际控制人指使从事前款违法行为的,依照前款的规定处罚。

第一百九十条　证券公司承销或者代理买卖未经核准擅自公开发行的证券的,责令停止承销或者代理买卖,没收违法所得,并处以违法所得一倍以上五倍以下的罚款;没有违法所得或者违法所得不足三十万元的,处以三十万元以上六十万元以下的罚款。给投资者造成损失的,应当与发行人承担连带赔偿责任。对直接负责的主管人员和其他直接责任人员给予警告,撤销任职资格或者证券从业资格,并处以三万元以上三十万元以下的罚款。

第一百九十一条　证券公司承销证券,有下列行为之一的,责令改正,给予警告,没收违法所得,可以并处三十万元以上六十万元以下的罚款;情节严重的,暂停或者撤销相关业务许可。给其他证券承销机构或者投资者造成损失的,依法承担赔偿责任。对直接负责的主管人员和其他直接责任人员给予警告,可以并处三万元以上三十万元以下的罚款;情节严重的,撤销任职资格或者证券从业资格:

(一)进行虚假的或者误导投资者的广告或者其他宣传推介活动;

(二)以不正当竞争手段招揽承销业务;

(三)其他违反证券承销业务规定的行为。

第一百九十二条　保荐人出具有虚假记载、误导性陈述或者重大遗漏的保荐书,或者不履行其他法定职责的,责令改正,给予警告,没收业务收入,并处以业务收入一倍以上五倍以下的罚款;情节严重的,暂停或者撤销相关业务许可。对直接负责的主管人员和其他直接责任人员给予警告,并处以三万元以上三十万元以下的罚款;情节严重的,撤销任职资格或者证券从业资格。

第一百九十三条　发行人、上市公司或者其他信息披露义务人未按照规定披露信息,或者所披露的信息有虚假记载、误导性陈述或者重大遗漏的,责令改正,给予警告,并处以三十万元以上六十万元以下的罚款。对直接负责的主管人员和其他直接责任人员给予警告,并处以三万元以上三十万元以下的罚款。

发行人、上市公司或者其他信息披露义务人未按照规定报送有关报告,或者报送的报告有虚假记载、误导性陈述或者重大遗漏的,责令改正,给予警告,并处以三十万元以上六十万元以下的罚款。对直接负责的主管人员和其他直接责任人员给予警告,并处以三万元以上三十万元以下的罚款。

发行人、上市公司或者其他信息披露义务人的控股股东、实际控制人指使从事前两款违法行为的,依照前两款的规定处罚。

第一百九十四条　发行人、上市公司擅自改变公开发行证券所募集资金的用途的,责令改正,对直接负责的主管人员和其他直接责任人员给予警告,并处以三万元以上三十万元以下的罚款。

发行人、上市公司的控股股东、实际控制人指使从事前款违法行为的,给予警告,并处以三十万元以上六十万元以下的罚款。对直接负责的主管人员和其他直接责任人员依照前款的规定处罚。

第一百九十五条　上市公司的董事、监事、高级管理人员、持有上市公司股份百分之五以上的股东,违反本法第四十七条的规定买卖本公司股票的,给予警告,可以并处三万元以上十万元以下的罚款。

第一百九十六条　非法开设证券交易场所的,由县级以上人民政府予以取缔,没收违法所得,并处以违法所得一倍以上五倍以下的罚款;没有违法所得或者违法所得不足十万元的,处以十万元以上五十万元以下的罚款。对直接负责的主管人员和其他直接责任人员给予警告,并处以三万元以上三十万元以下的罚款。

第一百九十七条　未经批准,擅自设立证券公司或者非法经营证券业务的,由证券监督管理机构予以取缔,没收违法所得,并处以违法所得一倍以上五倍以下的罚款;没有违法所得或者违法所得不足三十万元的,处以三十万元以上六十万元以下的罚款。对直接负责的主管人员和其他直接责任人员给予警告,并处以三万元以上三十万元以下的罚款。

第一百九十八条　违反本法规定,聘任不具有任职资格、证券从业资格的人员的,由证券监督管理机构责令改正,给予警告,可以并处十万元以上三十万元以下的罚款;对直接负责的主管人员给予警告,可以并处三万元以上十万元以下的罚款。

第一百九十九条　法律、行政法规规定禁止参与股票交易的人员,直接或者以化名、借他人名义持有、买卖股票的,责令依法处理非法持有的股票,没收违法所得,并处以买卖股票等值以下的罚款;属于国家工作人员的,还应当依法给予行政处分。

第二百条　证券交易所、证券公司、证券登记结算机构、证券服务机构的从业人员或者证券业协会的工作人员,故意提供虚假资料,隐匿、伪造、篡改或者毁损交易记录,诱骗投资者买卖证券的,撤销证券从业资格,并处以三万元以上十万元以下的罚款;属于国家工作人员的,还应当依法给予行政处分。

第二百零一条　为股票的发行、上市、交易出具审计报告、资产评估报告或者法律意见书等文件的证券服务机构和人员,违反本法第四十五条的规定买卖股票的,责令依法处理非法持有的股票,没收违法所得,并处以买卖股票等值以下的罚款。

第二百零二条　证券交易内幕信息的知情人或者非法获取内幕信息的人,在涉及证券的发行、交易或者其他对证券的价格有重大影响的信息公开前,买卖该证券,或者泄露该信息,或者建议他人买卖该证券的,责令依法处理非法持有的证券,没收违法所得,并处以违法所得一倍以上五倍以下的罚款;没有违法所得或者违法所得不足三万元的,处以三万元以上六十万元以下的罚款。单位从事内幕交易的,还应当对直接负责的主管人员和其他直接责任人员给予警告,并处以三万元以上三十万元以下的罚款。证券监督管理机构工作人员进行内幕交易的,从重处罚。

第二百零三条　违反本法规定,操纵证券市场的,责令依法处理非法持有的证券,没收违法所得,并处以违法所得一倍以上五倍以下的罚款;没有违法所得或者违法所得不足三十万元的,处以三十万元以上三百万元以下的罚款。单位操纵证券市场的,还应当对直接负责的主管人员和其他直接责任人员给予警告,并处以十万元以上六十万元以下的罚款。

第二百零四条　违反法律规定,在限制转让期限内买卖证券的,责令改正,给予警告,并处以买卖证券等值以下的罚款。对直接负责的主管人员和其他直接责任人员给予警告,并处以三万元以上三十万元以下的罚款。

第二百零五条　证券公司违反本法规定,为客户买卖证券提供融资融券的,没收违法所得,暂停或者撤销相关业务许可,并处以非法融资融券等值以下的罚款。对直接负责的主管人员和其他直接责任人员给予警告,撤销任职资格或者证券从业资格,并处以三万元以上三十万元以下的罚款。

第二百零六条　违反本法第七十八条第一款、第三款的规定,扰乱证券市场的,由证券监督管理机构责令改正,没收违法所得,并处以违法所得一倍以上五倍以下的罚款;没有违法所得或者违法所得不足三万元的,处以三万元以上二十万元以下的罚款。

第二百零七条　违反本法第七十八条第二款的规定,在证券交易活动中作出虚假陈述或者信息误导的,责令改正,处以三万元以上二十万元以下的罚款;属于国家工作人员的,还应当依法给予行政处分。

第二百零八条　违反本法规定,法人以他人名义设立账户或者利用他人账户买卖证券的,责令改正,没收违法所得,并处以违法所得一倍以上五倍以下的罚款;没有违法所得或者违法所得不足三万元的,处以三万元以上三十万元以下的罚款。对直接负责的主管人员和其他直接责任人员给予警告,并处以三万元以上十万元以下的罚款。

证券公司为前款规定的违法行为提供自己或者他人的证券交易账户的,除依照前款的规定处罚外,还应当撤销直接负责的主管人员和其他直接责任人员的任职资格或者证券从业资格。

第二百零九条　证券公司违反本法规定,假借他人名义或者以个人名义从事证券自营业务的,责令改正,没收违法所得,并处以违法所得一倍以上五倍以下的罚款;没有违法所得或者违法所得不足三十万元的,处以三十万元以上六十万元以下的罚款;情节严重的,暂停或者撤销证券自营业务许可。对直接负责的主管人员和其他直接责任人员给予警告,撤销任职资格或者证券从业资格,并处以三万元以上十万元以下的罚款。

第二百一十条　证券公司违背客户的委托买卖证券、办理交易事项,或者违背客户真实意思表示,办理交易以外的其他事项的,责令改正,处以一万元以上十万元以下的罚款。给客户造成损失的,依法承担赔偿责任。

第二百一十一条　证券公司、证券登记结算机构挪用客户的资金或者证券,或者未经客户的委托,擅自为客户买卖证券的,责令改正,没收违法所得,并处以违法所得一倍以上五倍以下的罚款;没有违法所得或者违法所得不足十万元的,处以十万元以上六十万元以下的罚款;情节严重的,责令关闭或者撤销相关业务许可。对直接负责的主管人员和其他直接责任人员给予警告,撤销任职资格或者证券从业资格,并处以三万元以上三十万元以下的罚款。

第二百一十二条　证券公司办理经纪业务,接受客户的全权委托买卖证券的,或者证券公司对客户买卖证券的收益或者赔偿证券买卖的损失作出承诺的,责令改正,没收违法所得,并处以五万元以上二十万元以下的罚款,可以暂停或者撤销相关业务许可。对直接负责的主管人员和其他直接责任人员给予警告,并处以三万元以上十万元以下的罚款,可以撤销任职资格或者证券从业资格。

第二百一十三条 收购人未按照本法规定履行上市公司收购的公告、发出收购要约等义务的,责令改正,给予警告,并处以十万元以上三十万元以下的罚款;在改正前,收购人对其收购或者通过协议、其他安排与他人共同收购的股份不得行使表决权。对直接负责的主管人员和其他直接责任人员给予警告,并处以三万元以上三十万元以下的罚款。

第二百一十四条 收购人或者收购人的控股股东,利用上市公司收购,损害被收购公司及其股东的合法权益的,责令改正,给予警告;情节严重的,并处以十万元以上六十万元以下的罚款。给被收购公司及其股东造成损失的,依法承担赔偿责任。对直接负责的主管人员和其他直接责任人员给予警告,并处以三万元以上三十万元以下的罚款。

第二百一十五条 证券公司及其从业人员违反本法规定,私下接受客户委托买卖证券的,责令改正,给予警告,没收违法所得,并处以违法所得一倍以上五倍以下的罚款;没有违法所得或者违法所得不足十万元的,处以十万元以上三十万元以下的罚款。

第二百一十六条 证券公司违反规定,未经批准经营非上市证券的交易的,责令改正,没收违法所得,并处以违法所得一倍以上五倍以下的罚款。

第二百一十七条 证券公司成立后,无正当理由超过三个月未开始营业的,或者开业后自行停业连续三个月以上的,由公司登记机关吊销其公司营业执照。

第二百一十八条 证券公司违反本法第一百二十九条的规定,擅自设立、收购、撤销分支机构,或者合并、分立、停业、解散、破产,或者在境外设立、收购、参股证券经营机构的,责令改正,没收违法所得,并处以违法所得一倍以上五倍以下的罚款;没有违法所得或者违法所得不足十万元的,处以十万元以上六十万元以下的罚款。对直接负责的主管人员给予警告,并处以三万元以上十万元以下的罚款。

证券公司违反本法第一百二十九条的规定,擅自变更有关事项的,责令改正,并处以十万元以上三十万元以下的罚款。对直接负责的主管人员给予警告,并处以五万元以下的罚款。

第二百一十九条 证券公司违反本法规定,超出业务许可范围经营证券业务的,责令改正,没收违法所得,并处以违法所得一倍以上五倍以下的罚款;没有违法所得或者违法所得不足三十万元的,处以三十万元以上六十万元以下罚款;情节严重的,责令关闭。对直接负责的主管人员和其他直接责任人员给予警告,撤销任职资格或者证券从业资格,并处以三万元以上十万元以下的罚款。

第二百二十条 证券公司对其证券经纪业务、证券承销业务、证券自营业务、证券资产管理业务,不依法分开办理,混合操作的,责令改正,没收违法所得,并处以三十万元以上六十万元以下的罚款;情节严重的,撤销相关业务许可。对直接负责的主管人员和其他直接责任人员给予警告,并处以三万元以上十万元以下的罚款;情节严重的,撤销任职资格或者证券从业资格。

第二百二十一条 提交虚假证明文件或者采取其他欺诈手段隐瞒重要事实骗取证券业务许可的,或者证券公司在证券交易中有严重违法行为,不再具备经营资格的,由证券监督管理机构撤销证券业务许可。

第二百二十二条 证券公司或者其股东、实际控制人违反规定,拒不向证券监督管理机构报送或者提供经营管理信息和资料,或者报送、提供的经营管理信息和资料有虚假记载、误导性陈述或者重大遗漏的,责令改正,给予警告,并处以三万元以上三十万元以下的罚款,可以暂停或者撤销证券公司相关业务许可。对直接负责的主管人员和其他直接责任人员,给予警告,并处以三万元以下的罚款,可以撤销任职资格或者证券从业资格。

证券公司为其股东或者股东的关联人提供融资或者担保的,责令改正,给予警告,并处以十万元以上三十万元以下的罚款。对直接负责的主管人员和其他直接责任人员,处以三万元以上十万元以下的罚款。股东有过错的,在按照要求改正前,国务院证券监督管理机构可以限制其股东权利;拒不改正的,可以责令其转让所持证券公司股权。

第二百二十三条 证券服务机构未勤勉尽责,所制作、出具的文件有虚假记载、误导性陈述或者重大遗漏的,责令改正,没收业务收入,暂停或者撤销证券服务业务许可,并处以业务收入一倍以上五倍以下的罚款。对直接负责的主管人员和其他直接责任人员给予警告,撤销证券从业资格,并处以三万元以上十万元以下的罚款。

第二百二十四条 违反本法规定,发行、承销公司债券的,由国务院授权的部门依照本法有关规定予以处罚。

第二百二十五条 上市公司、证券公司、证券交易所、证券登记结算机构、证券服务机构,未按照有关规定保存有关文件和资料的,责令改正,给予警告,并处以三万元以上三十万元以下的罚款;隐匿、伪造、篡改或者毁损有关文件和资料的,给予警告,并处以三十万元以上六十万元以下的罚款。

第二百二十六条 未经国务院证券监督管理机构批准,擅自设立证券登记结算机构的,由证券监督管理机构予以取缔,没收违法所得,并处以违法所得一倍以上五倍以下的罚款。

投资咨询机构、财务顾问机构、资信评级机构、资产评估机构、会计师事务所未经批准,擅自从事证券服务业务的,责令改正,没收违法所得,并处以违法所得一倍以上五倍以下的罚款。

证券登记结算机构、证券服务机构违反本法规定或者依法制定的业务规则的,由证券监督管理机构责令改正,没收违法所得,并处以违法所得一倍以上五倍以下的罚款;没有违法所得或者违法所得不足十万元的,处以十万元以上三十万元以下的罚款;情节严重的,责令关闭或者撤销证券服务业务许可。

第二百二十七条 国务院证券监督管理机构或者国务院授权的部门有下列情形之一的,对直接负责的主管人员和其他直接责任人员,依法给予行政处分:

(一)对不符合本法规定的发行证券、设立证券公司等申请予以核准、批准的;

(二)违反规定采取本法第一百八十条规定的现场检查、调查取证、查询、冻结或者查封等措施的；

（三）违反规定对有关机构和人员实施行政处罚的；

（四）其他不依法履行职责的行为。

第二百二十八条　证券监督管理机构的工作人员和发行审核委员会的组成人员，不履行本法规定的职责，滥用职权、玩忽职守，利用职务便利牟取不正当利益，或者泄露所知悉的有关单位和个人的商业秘密的，依法追究法律责任。

第二百二十九条　证券交易所对不符合本法规定条件的证券上市申请予以审核同意的，给予警告，没收业务收入，并处以业务收入一倍以上五倍以下的罚款。对直接负责的主管人员和其他直接责任人员给予警告，并处以三万元以上三十万元以下的罚款。

第二百三十条　拒绝、阻碍证券监督管理机构及其工作人员依法行使监督检查、调查职权未使用暴力、威胁方法的，依法给予治安管理处罚。

第二百三十一条　违反本法规定，构成犯罪的，依法追究刑事责任。

第二百三十二条　违反本法规定，应当承担民事赔偿责任和缴纳罚款、罚金，其财产不足以同时支付时，先承担民事赔偿责任。

第二百三十三条　违反法律、行政法规或者国务院证券监督管理机构的有关规定，情节严重的，国务院证券监督管理机构可以对有关责任人员采取证券市场禁入的措施。

前款所称证券市场禁入，是指在一定期限内直至终身不得从事证券业务或者不得担任上市公司董事、监事、高级管理人员的制度。

第二百三十四条　依照本法收缴的罚款和没收的违法所得，全部上缴国库。

第二百三十五条　当事人对证券监督管理机构或者国务院授权的部门的处罚决定不服的，可以依法申请行政复议，或者依法直接向人民法院提起诉讼。

第十二章　附　则

第二百三十六条　本法施行前依照行政法规已批准在证券交易所上市交易的证券继续依法进行交易。

本法施行前依照行政法规和国务院金融行政管理部门的规定经批准设立的证券经营机构，不完全符合本法规定的，应当在规定的限期内达到本法规定的要求。具体实施办法，由国务院另行规定。

第二百三十七条　发行人申请核准公开发行股票、公司债券，应当按照规定缴纳审核费用。

第二百三十八条　境内企业直接或者间接到境外发行证券或者将其证券在境外上市交易，必须经国务院证券监督管理机构依照国务院的规定批准。

第二百三十九条　境内公司股票以外币认购和交易的，具体办法由国务院另行规定。

第二百四十条　本法自2006年1月1日起施行。

首次公开发行股票并上市管理办法

【颁布单位】 中国证券监督管理委员会
【颁布时间】 2006年5月17日
【生效时间】 2006年5月18日

第一章 总 则

第一条 为了规范首次公开发行股票并上市的行为,保护投资者的合法权益和社会公共利益,根据《证券法》、《公司法》,制定本办法。

第二条 在中华人民共和国境内首次公开发行股票并上市,适用本办法。

境内公司股票以外币认购和交易的,不适用本办法。

第三条 首次公开发行股票并上市,应当符合《证券法》、《公司法》和本办法规定的发行条件。

第四条 发行人依法披露的信息,必须真实、准确、完整,不得有虚假记载、误导性陈述或者重大遗漏。

第五条 保荐人及其保荐代表人应当遵循勤勉尽责、诚实守信的原则,认真履行审慎核查和辅导义务,并对其所出具的发行保荐书的真实性、准确性、完整性负责。

第六条 为证券发行出具有关文件的证券服务机构和人员,应当按照本行业公认的业务标准和道德规范,严格履行法定职责,并对其所出具文件的真实性、准确性和完整性负责。

第七条 中国证券监督管理委员会(以下简称"中国证监会")对发行人首次公开发行股票的核准,不表明其对该股票的投资价值或者投资者的收益作出实质性判断或者保证。股票依法发行后,因发行人经营与收益的变化引致的投资风险,由投资者自行负责。

第二章 发行条件

第一节 主体资格

第八条 发行人应当是依法设立且合法存续的股份有限公司。

经国务院批准,有限责任公司在依法变更为股份有限公司时,可以采取募集设立方式公开发行股票。

第九条 发行人自股份有限公司成立后,持续经营时间应当在3年以上,但经国务院批准的除外。

有限责任公司按原账面净资产值折股整体变更为股份有限公司的,持续经营时间可以从有限责任公司成立之日起计算。

第十条 发行人的注册资本已足额缴纳,发起人或者股东用作出资的资产的财产权转移手续已办理完毕,发行人的主要资产不存在重大权属纠纷。

第十一条 发行人的生产经营符合法律、行政法规和公司章程的规定,符合国家产业政策。

第十二条　发行人最近3年内主营业务和董事、高级管理人员没有发生重大变化，实际控制人没有发生变更。

第十三条　发行人的股权清晰,控股股东和受控股股东、实际控制人支配的股东持有的发行人股份不存在重大权属纠纷。

第二节　独立性

第十四条　发行人应当具有完整的业务体系和直接面向市场独立经营的能力。

第十五条　发行人的资产完整。生产型企业应当具备与生产经营有关的生产系统、辅助生产系统和配套设施,合法拥有与生产经营有关的土地、厂房、机器设备以及商标、专利、非专利技术的所有权或者使用权,具有独立的原料采购和产品销售系统;非生产型企业应当具备与经营有关的业务体系及相关资产。

第十六条　发行人的人员独立。发行人的总经理、副总经理、财务负责人和董事会秘书等高级管理人员不得在控股股东、实际控制人及其控制的其他企业中担任除董事、监事以外的其他职务,不得在控股股东、实际控制人及其控制的其他企业领薪;发行人的财务人员不得在控股股东、实际控制人及其控制的其他企业中兼职。

第十七条　发行人的财务独立。发行人应当建立独立的财务核算体系,能够独立作出财务决策,具有规范的财务会计制度和对分公司、子公司的财务管理制度;发行人不得与控股股东、实际控制人及其控制的其他企业共用银行账户。

第十八条　发行人的机构独立。发行人应当建立健全内部经营管理机构,独立行使经营管理职权,与控股股东、实际控制人及其控制的其他企业间不得有机构混同的情形。

第十九条　发行人的业务独立。发行人的业务应当独立于控股股东、实际控制人及其控制的其他企业,与控股股东、实际控制人及其控制的其他企业间不得有同业竞争或者显失公平的关联交易。

第二十条　发行人在独立性方面不得有其他严重缺陷。

第三节　规范运行

第二十一条　发行人已经依法建立健全股东大会、董事会、监事会、独立董事、董事会秘书制度,相关机构和人员能够依法履行职责。

第二十二条　发行人的董事、监事和高级管理人员已经了解与股票发行上市有关的法律法规,知悉上市公司及其董事、监事和高级管理人员的法定义务和责任。

第二十三条　发行人的董事、监事和高级管理人员符合法律、行政法规和规章规定的任职资格,且不得有下列情形：

（一）被中国证监会采取证券市场禁入措施尚在禁入期的；

（二）最近36个月内受到中国证监会行政处罚,或者最近12个月内受到证券交易所公开谴责；

（三）因涉嫌犯罪被司法机关立案侦查或者涉嫌违法违规被中国证监会立案调查,尚未有明确结论意见。

第二十四条　发行人的内部控制制度健全且被有效执行,能够合理保证财务报告的可靠性、生产经营的合法性、营运的效率与效果。

第二十五条 发行人不得有下列情形：

（一）最近 36 个月内未经法定机关核准，擅自公开或者变相公开发行过证券；或者有关违法行为虽然发生在 36 个月前，但目前仍处于持续状态；

（二）最近 36 个月内违反工商、税收、土地、环保、海关以及其他法律、行政法规，受到行政处罚，且情节严重；

（三）最近 36 个月内曾向中国证监会提出发行申请，但报送的发行申请文件有虚假记载、误导性陈述或重大遗漏；或者不符合发行条件以欺骗手段骗取发行核准；或者以不正当手段干扰中国证监会及其发行审核委员会审核工作；或者伪造、变造发行人或其董事、监事、高级管理人员的签字、盖章；

（四）本次报送的发行申请文件有虚假记载、误导性陈述或者重大遗漏；

（五）涉嫌犯罪被司法机关立案侦查，尚未有明确结论意见；

（六）严重损害投资者合法权益和社会公共利益的其他情形。

第二十六条 发行人的公司章程中已明确对外担保的审批权限和审议程序，不存在为控股股东、实际控制人及其控制的其他企业进行违规担保的情形。

第二十七条 发行人有严格的资金管理制度，不得有资金被控股股东、实际控制人及其控制的其他企业以借款、代偿债务、代垫款项或者其他方式占用的情形。

第四节 财务与会计

第二十八条 发行人资产质量良好，资产负债结构合理，盈利能力较强，现金流量正常。

第二十九条 发行人的内部控制在所有重大方面是有效的，并由注册会计师出具了无保留结论的内部控制鉴证报告。

第三十条 发行人会计基础工作规范，财务报表的编制符合企业会计准则和相关会计制度的规定，在所有重大方面公允地反映了发行人的财务状况、经营成果和现金流量，并由注册会计师出具了无保留意见的审计报告。

第三十一条 发行人编制财务报表应以实际发生的交易或者事项为依据；在进行会计确认、计量和报告时应当保持应有的谨慎；对相同或者相似的经济业务，应选用一致的会计政策，不得随意变更。

第三十二条 发行人应当完整披露关联方关系并按重要性原则恰当披露关联交易。关联交易价格公允，不存在通过关联交易操纵利润的情形。

第三十三条 发行人应当符合下列条件：

（一）最近 3 个会计年度净利润均为正数且累计超过人民币 3 000 万元，净利润以扣除非经常性损益前后较低者为计算依据；

（二）最近 3 个会计年度经营活动产生的现金流量净额累计超过人民币 5 000 万元；或者最近 3 个会计年度营业收入累计超过人民币 3 亿元；

（三）发行前股本总额不少于人民币 3 000 万元；

（四）最近一期末无形资产（扣除土地使用权、水面养殖权和采矿权等后）占净资产的比例不高于 20%；

（五）最近一期末不存在未弥补亏损。

第三十四条　发行人依法纳税，各项税收优惠符合相关法律法规的规定。发行人的经营成果对税收优惠不存在严重依赖。

第三十五条　发行人不存在重大偿债风险，不存在影响持续经营的担保、诉讼以及仲裁等重大或有事项。

第三十六条　发行人申报文件中不得有下列情形：

（一）故意遗漏或虚构交易、事项或者其他重要信息；

（二）滥用会计政策或者会计估计；

（三）操纵、伪造或篡改编制财务报表所依据的会计记录或者相关凭证。

第三十七条　发行人不得有下列影响持续盈利能力的情形：

（一）发行人的经营模式、产品或服务的品种结构已经或者将发生重大变化，并对发行人的持续盈利能力构成重大不利影响；

（二）发行人的行业地位或发行人所处行业的经营环境已经或者将发生重大变化，并对发行人的持续盈利能力构成重大不利影响；

（三）发行人最近1个会计年度的营业收入或净利润对关联方或者存在重大不确定性的客户存在重大依赖；

（四）发行人最近1个会计年度的净利润主要来自合并财务报表范围以外的投资收益；

（五）发行人在用的商标、专利、专有技术以及特许经营权等重要资产或技术的取得或者使用存在重大不利变化的风险；

（六）其他可能对发行人持续盈利能力构成重大不利影响的情形。

第五节　募集资金运用

第三十八条　募集资金应当有明确的使用方向，原则上应当用于主营业务。

除金融类企业外，募集资金使用项目不得为持有交易性金融资产和可供出售的金融资产、借予他人、委托理财等财务性投资，不得直接或者间接投资于以买卖有价证券为主要业务的公司。

第三十九条　募集资金数额和投资项目应当与发行人现有生产经营规模、财务状况、技术水平和管理能力等相适应。

第四十条　募集资金投资项目应当符合国家产业政策、投资管理、环境保护、土地管理以及其他法律、法规和规章的规定。

第四十一条　发行人董事会应当对募集资金投资项目的可行性进行认真分析，确信投资项目具有较好的市场前景和盈利能力，有效防范投资风险，提高募集资金使用效益。

第四十二条　募集资金投资项目实施后，不会产生同业竞争或者对发行人的独立性产生不利影响。

第四十三条　发行人应当建立募集资金专项存储制度，募集资金应当存放于董事会决定的专项账户。

第三章 发行程序

第四十四条 发行人董事会应当依法就本次股票发行的具体方案、本次募集资金使用的可行性及其他必须明确的事项作出决议,并提请股东大会批准。

第四十五条 发行人股东大会就本次发行股票作出的决议,至少应当包括下列事项:

(一)本次发行股票的种类和数量;

(二)发行对象;

(三)价格区间或者定价方式;

(四)募集资金用途;

(五)发行前滚存利润的分配方案;

(六)决议的有效期;

(七)对董事会办理本次发行具体事宜的授权;

(八)其他必须明确的事项。

第四十六条 发行人应当按照中国证监会的有关规定制作申请文件,由保荐人保荐并向中国证监会申报。

特定行业的发行人应当提供管理部门的相关意见。

第四十七条 中国证监会收到申请文件后,在 5 个工作日内作出是否受理的决定。

第四十八条 中国证监会受理申请文件后,由相关职能部门对发行人的申请文件进行初审,并由发行审核委员会审核。

第四十九条 中国证监会在初审过程中,将征求发行人注册地省级人民政府是否同意发行人发行股票的意见,并就发行人的募集资金投资项目是否符合国家产业政策和投资管理的规定征求国家发展和改革委员会的意见。

第五十条 中国证监会依照法定条件对发行人的发行申请作出予以核准或者不予核准的决定,并出具相关文件。

自中国证监会核准发行之日起,发行人应当在 6 个月内发行股票;超过 6 个月未发行的,核准文件失效,须重新经中国证监会核准后方可发行。

第五十一条 发行申请核准后、股票发行结束前,发行人发生重大事项的,应当暂缓或者暂停发行,并及时报告中国证监会,同时履行信息披露义务。影响发行条件的,应当重新履行核准程序。

第五十二条 股票发行申请未获核准的,自中国证监会作出不予核准决定之日起 6 个月后,发行人可以再次提出股票发行申请。

第四章 信息披露

第五十三条 发行人应当按照中国证监会的有关规定编制和披露招股说明书。

第五十四条 招股说明书内容与格式准则是信息披露的最低要求。不论准则是否有明确规定,凡是对投资者作出投资决策有重大影响的信息,均应当予以披露。

第五十五条 发行人及其全体董事、监事和高级管理人员应当在招股说明书上签字、盖章,保证招股说明书的内容真实、准确、完整。保荐人及其保荐代表人应当对招股说明书的真实性、准确性、完整性进行核查,并在核查意见上签字、盖章。

第五十六条　招股说明书中引用的财务报表在其最近一期截止日后6个月内有效。特别情况下发行人可申请适当延长,但至多不超过1个月。财务报表应当以年度末、半年度末或者季度末为截止日。

第五十七条　招股说明书的有效期为6个月,自中国证监会核准发行申请前招股说明书最后一次签署之日起计算。

第五十八条　申请文件受理后、发行审核委员会审核前,发行人应当将招股说明书(申报稿)在中国证监会网站(www.csrc.gov.cn)预先披露。发行人可以将招股说明书(申报稿)刊登于其企业网站,但披露内容应当完全一致,且不得早于在中国证监会网站的披露时间。

第五十九条　发行人及其全体董事、监事和高级管理人员应当保证预先披露的招股说明书(申报稿)的内容真实、准确、完整。

第六十条　预先披露的招股说明书(申报稿)不是发行人发行股票的正式文件,不能含有价格信息,发行人不得据此发行股票。

发行人应当在预先披露的招股说明书(申报稿)的显要位置声明:"本公司的发行申请尚未得到中国证监会核准。本招股说明书(申报稿)不具有据以发行股票的法律效力,仅供预先披露之用。投资者应当以正式公告的招股说明书全文作为作出投资决定的依据。"

第六十一条　发行人应当在发行前将招股说明书摘要刊登于至少一种中国证监会指定的报刊,同时将招股说明书全文刊登于中国证监会指定的网站,并将招股说明书全文置备于发行人住所、拟上市证券交易所、保荐人、主承销商和其他承销机构的住所,以备公众查阅。

第六十二条　保荐人出具的发行保荐书、证券服务机构出具的有关文件应当作为招股说明书的备查文件,在中国证监会指定的网站上披露,并置备于发行人住所、拟上市证券交易所、保荐人、主承销商和其他承销机构的住所,以备公众查阅。

第六十三条　发行人可以将招股说明书摘要、招股说明书全文、有关备查文件刊登于其他报刊和网站,但披露内容应当完全一致,且不得早于在中国证监会指定报刊和网站的披露时间。

第五章　监管和处罚

第六十四条　发行人向中国证监会报送的发行申请文件有虚假记载、误导性陈述或者重大遗漏的,发行人不符合发行条件以欺骗手段骗取发行核准的,发行人以不正当手段干扰中国证监会及其发行审核委员会审核工作的,发行人或其董事、监事、高级管理人员的签字、盖章系伪造或者变造的,除依照《证券法》的有关规定处罚外,中国证监会将采取终止审核并在36个月内不受理发行人的股票发行申请的监管措施。

第六十五条　保荐人出具有虚假记载、误导性陈述或者重大遗漏的发行保荐书,保荐人以不正当手段干扰中国证监会及其发行审核委员会审核工作的,保荐人或其相关签字人员的签字、盖章系伪造或变造的,或者不履行其他法定职责的,依照《证券法》和保荐制度的有关规定处理。

第六十六条　证券服务机构未勤勉尽责,所制作、出具的文件有虚假记载、误导性陈述或者重大遗漏的,除依照《证券法》及其他相关法律、行政法规和规章的规定处罚外,中国证监会将采取12个月内不接受相关机构出具的证券发行专项文件,36个月内不接受相关签字人员出具的证券发行专项文件的监管措施。

第六十七条　发行人、保荐人或证券服务机构制作或者出具的文件不符合要求,擅自改动已提交的文件,或者拒绝答复中国证监会审核中提出的相关问题的,中国证监会将视情节轻重,对相关机构和责任人员采取监管谈话、责令改正等监管措施,记入诚信档案并公布;情节特别严重的,给予警告。

第六十八条　发行人披露盈利预测的,利润实现数如未达到盈利预测的80%,除因不可抗力外,其法定代表人、盈利预测审核报告签字注册会计师应当在股东大会及中国证监会指定报刊上公开作出解释并道歉;中国证监会可以对法定代表人处以警告。

利润实现数未达到盈利预测的50%的,除因不可抗力外,中国证监会在36个月内不受理该公司的公开发行证券申请。

第六章　附　则

第六十九条　在中华人民共和国境内,首次公开发行股票且不上市的管理办法,由中国证监会另行规定。

第七十条　本办法自2006年5月18日起施行。《关于股票发行工作若干规定的通知》(证监〔1996〕12号)、《关于做好1997年股票发行工作的通知》(证监〔1997〕13号)、《关于股票发行工作若干问题的补充通知》(证监〔1998〕8号)、《关于对拟发行上市企业改制情况进行调查的通知》(证监发字〔1998〕259号)、《关于对拟公开发行股票公司改制运行情况进行调查的通知》(证监发〔1999〕4号)、《关于拟发行股票公司聘请审计机构等问题的通知》(证监发行字〔2000〕131号)和《关于进一步规范股票首次发行上市有关工作的通知》(证监发行字〔2003〕116号)同时废止。

首次公开发行股票并在创业板上市管理办法

【颁布单位】中国证券监督管理委员会
【颁布时间】2014年5月14日
【生效时间】2014年5月14日

第一章 总　则

第一条　为了规范首次公开发行股票并在创业板上市的行为，促进自主创新企业及其他成长型创业企业的发展，保护投资者的合法权益，维护社会公共利益，根据《证券法》、《公司法》，制定本办法。

第二条　在中华人民共和国境内首次公开发行股票并在创业板上市，适用本办法。

第三条　发行人申请首次公开发行股票并在创业板上市，应当符合《证券法》、《公司法》和本办法规定的发行条件。

第四条　发行人依法披露的信息，必须真实、准确、完整、及时，不得有虚假记载、误导性陈述或者重大遗漏。

发行人作为信息披露第一责任人，应当及时向保荐人、证券服务机构提供真实、准确、完整的财务会计资料和其他资料，全面配合保荐人、证券服务机构开展尽职调查。

第五条　发行人的控股股东、实际控制人、董事、监事、高级管理人员等责任主体应当诚实守信，全面履行公开承诺事项，不得在发行上市中损害投资者的合法权益。

第六条　保荐人及其保荐代表人应当严格履行法定职责，遵守业务规则和行业规范，对发行人的申请文件和信息披露资料进行审慎核查，督导发行人规范运行，对证券服务机构出具的专业意见进行核查，对发行人是否具备持续盈利能力、是否符合法定发行条件作出专业判断，并确保发行人的申请文件和招股说明书等信息披露资料真实、准确、完整、及时。

第七条　为股票发行出具文件的证券服务机构和人员，应当严格履行法定职责，遵守本行业的业务标准和执业规范，对发行人的相关业务资料进行核查验证，确保所出具的相关专业文件真实、准确、完整、及时。

第八条　中国证券监督管理委员会（以下简称"中国证监会"）依法对发行人申请文件的合法合规性进行审核，依法核准发行人的首次公开发行股票申请，并对发行人股票发行进行监督管理。

证券交易所依法制定业务规则，创造公开、公平、公正的市场环境，保障创业板市场的正常运行。

第九条　中国证监会依据发行人提供的申请文件核准发行人首次公开发行股票申请，不对发行人的盈利能力、投资价值或者投资者的收益作出实质性判断或者保证。

投资者自主判断发行人的投资价值，自主作出投资决策，自行承担股票依法发行后因发行人经营与收益变化或者股票价格变动引致的投资风险。

第十条　创业板市场应当建立健全与投资者风险承受能力相适应的投资者准入制度,向投资者充分提示投资风险,注重投资者需求,切实保护投资者特别是中小投资者的合法权益。

第二章　发行条件

第十一条　发行人申请首次公开发行股票应当符合下列条件:

(一)发行人是依法设立且持续经营三年以上的股份有限公司。有限责任公司按原账面净资产值折股整体变更为股份有限公司的,持续经营时间可以从有限责任公司成立之日起计算;

(二)最近两年连续盈利,最近两年净利润累计不少于一千万元;或者最近一年盈利,最近一年营业收入不少于五千万元。净利润以扣除非经常性损益前后孰低者为计算依据;

(三)最近一期末净资产不少于二千万元,且不存在未弥补亏损;

(四)发行后股本总额不少于三千万元。

第十二条　发行人的注册资本已足额缴纳,发起人或者股东用作出资的资产的财产权转移手续已办理完毕。发行人的主要资产不存在重大权属纠纷。

第十三条　发行人应当主要经营一种业务,其生产经营活动符合法律、行政法规和公司章程的规定,符合国家产业政策及环境保护政策。

第十四条　发行人最近两年内主营业务和董事、高级管理人员均没有发生重大变化,实际控制人没有发生变更。

第十五条　发行人的股权清晰,控股股东和受控股股东、实际控制人支配的股东所持发行人的股份不存在重大权属纠纷。

第十六条　发行人资产完整,业务及人员、财务、机构独立,具有完整的业务体系和直接面向市场独立经营的能力。与控股股东、实际控制人及其控制的其他企业间不存在同业竞争,以及严重影响公司独立性或者显失公允的关联交易。

第十七条　发行人具有完善的公司治理结构,依法建立健全股东大会、董事会、监事会以及独立董事、董事会秘书、审计委员会制度,相关机构和人员能够依法履行职责。

发行人应当建立健全股东投票计票制度,建立发行人与股东之间的多元化纠纷解决机制,切实保障投资者依法行使收益权、知情权、参与权、监督权、求偿权等股东权利。

第十八条　发行人会计基础工作规范,财务报表的编制和披露符合企业会计准则和相关信息披露规则的规定,在所有重大方面公允地反映了发行人的财务状况、经营成果和现金流量,并由注册会计师出具无保留意见的审计报告。

第十九条　发行人内部控制制度健全且被有效执行,能够合理保证公司运行效率、合法合规和财务报告的可靠性,并由注册会计师出具无保留结论的内部控制鉴证报告。

第二十条　发行人的董事、监事和高级管理人员应当忠实、勤勉,具备法律、行政法规和规章规定的资格,且不存在下列情形:

(一)被中国证监会采取证券市场禁入措施尚在禁入期的;

(二)最近三年内受到中国证监会行政处罚,或者最近一年内受到证券交易所公开谴责的；

（三）因涉嫌犯罪被司法机关立案侦查或者涉嫌违法违规被中国证监会立案调查，尚未有明确结论意见的。

第二十一条　发行人及其控股股东、实际控制人最近三年内不存在损害投资者合法权益和社会公共利益的重大违法行为。

发行人及其控股股东、实际控制人最近三年内不存在未经法定机关核准，擅自公开或者变相公开发行证券，或者有关违法行为虽然发生在三年前，但目前仍处于持续状态的情形。

第二十二条　发行人募集资金应当用于主营业务，并有明确的用途。募集资金数额和投资方向应当与发行人现有生产经营规模、财务状况、技术水平、管理能力及未来资本支出规划等相适应。

第三章　发行程序

第二十三条　发行人董事会应当依法就本次发行股票的具体方案、本次募集资金使用的可行性及其他必须明确的事项作出决议，并提请股东大会批准。

本次发行股票时发行人股东公开发售股份的，发行人董事会还应当依法合理制定股东公开发售股份的具体方案并提请股东大会批准。

第二十四条　发行人股东大会应当就本次发行股票作出决议，决议至少应当包括下列事项：

（一）股票的种类和数量；

（二）发行对象；

（三）发行方式；

（四）价格区间或者定价方式；

（五）募集资金用途；

（六）发行前滚存利润的分配方案；

（七）决议的有效期；

（八）对董事会办理本次发行具体事宜的授权；

（九）其他必须明确的事项。

第二十五条　发行人应当按照中国证监会有关规定制作申请文件，由保荐人保荐并向中国证监会申报。

第二十六条　保荐人保荐发行人发行股票并在创业板上市，应当对发行人的成长性进行尽职调查和审慎判断并出具专项意见。发行人为自主创新企业的，还应当在专项意见中说明发行人的自主创新能力，并分析其对成长性的影响。

第二十七条　中国证监会收到申请文件后，在五个工作日内作出是否受理的决定。

第二十八条　中国证监会受理申请文件后，由相关职能部门对发行人的申请文件进行初审，由创业板发行审核委员会审核，并建立健全对保荐人、证券服务机构工作底稿的检查制度。

第二十九条　中国证监会自申请文件受理之日起三个月内，依法对发行人的发行申请作出予以核准、中止审核、终止审核、不予核准的决定，并出具相关文件。发行人根据要求补充、修改发行申请文件的时间不计算在内。

发行人应当自中国证监会核准之日起十二个月内发行股票,发行时点由发行人自主选择;超过十二个月未发行的,核准文件失效,须重新经中国证监会核准后方可发行。

第三十条 发行申请核准后至股票发行结束前,发行人应当及时更新信息披露文件内容,财务报表过期的,发行人还应当补充财务会计报告等文件;保荐人及证券服务机构应当持续履行尽职调查职责;其间发生重大事项的,发行人应当暂缓或者暂停发行,并及时报告中国证监会,同时履行信息披露义务;出现不符合发行条件事项的,中国证监会撤回核准决定。

第三十一条 股票发行申请未获核准的,发行人可自中国证监会作出不予核准决定之日起六个月后再次提出股票发行申请。

第四章 信息披露

第三十二条 发行人应当以投资者的决策需要为导向,按照中国证监会的有关规定编制和披露招股说明书,内容简明易懂,语言浅白平实,便于中小投资者阅读。

第三十三条 中国证监会制定的创业板招股说明书内容与格式准则是信息披露的最低要求。不论准则是否有明确规定,凡是对投资者作出投资决策有重大影响的信息,均应当予以披露。

第三十四条 发行人应当在招股说明书显要位置作如下提示:"本次股票发行后拟在创业板市场上市,该市场具有较高的投资风险。创业板公司具有业绩不稳定、经营风险高、退市风险大等特点,投资者面临较大的市场风险。投资者应充分了解创业板市场的投资风险及本公司所披露的风险因素,审慎作出投资决定。"

第三十五条 发行人应当在招股说明书中分析并完整披露对其持续盈利能力产生重大不利影响的所有因素,充分揭示相关风险,并披露保荐人对发行人是否具备持续盈利能力的核查结论意见。

第三十六条 发行人应当在招股说明书中披露相关责任主体以及保荐人、证券服务机构及相关人员作出的承诺事项、承诺履行情况以及对未能履行承诺采取的约束措施,包括但不限于:

(一)本次发行前股东所持股份的限售安排、自愿锁定股份、延长锁定期限或者相关股东减持意向的承诺;

(二)稳定股价预案;

(三)依法承担赔偿或者补偿责任的承诺;

(四)填补被摊薄即期回报的措施及承诺;

(五)利润分配政策(包括现金分红政策)的安排及承诺。

第三十七条 发行人及其全体董事、监事和高级管理人员应当在招股说明书上签名、盖章,保证招股说明书内容真实、准确、完整、及时。保荐人及其保荐代表人应当对招股说明书的真实性、准确性、完整性、及时性进行核查,并在核查意见上签名、盖章。

发行人的控股股东、实际控制人应当对招股说明书出具确认意见,并签名、盖章。

第三十八条 招股说明书引用的财务报表在其最近一期截止日后六个月内有效。特别情况下发行人可申请适当延长,但至多不超过一个月。财务报表应当以年度末、半年度末或者季度末为截止日。

第三十九条　招股说明书的有效期为六个月,自公开发行前招股说明书最后一次签署之日起计算。

第四十条　发行人申请文件受理后,应当及时在中国证监会网站预先披露招股说明书(申报稿)。发行人可在公司网站刊登招股说明书(申报稿),所披露的内容应当一致,且不得早于在中国证监会网站披露的时间。

第四十一条　发行人及保荐人应当对预先披露的招股说明书(申报稿)负责,一经申报及预披露,不得随意更改,并确保不存在故意隐瞒及重大差错。

第四十二条　预先披露的招股说明书(申报稿)不能含有股票发行价格信息。

发行人应当在预先披露的招股说明书(申报稿)的显要位置作如下声明:"本公司的发行申请尚未得到中国证监会核准。本招股说明书(申报稿)不具有据以发行股票的法律效力,仅供预先披露之用。投资者应当以正式公告的招股说明书作为投资决定的依据。"

第四十三条　发行人及其全体董事、监事和高级管理人员应当保证预先披露的招股说明书(申报稿)的内容真实、准确、完整、及时。

第四十四条　发行人股票发行前应当在中国证监会指定网站全文刊登招股说明书,同时在中国证监会指定报刊刊登提示性公告,告知投资者网上刊登的地址及获取文件的途径。

发行人应当将招股说明书披露于公司网站,时间不得早于前款规定的刊登时间。

第四十五条　保荐人出具的发行保荐书、证券服务机构出具的文件及其他与发行有关的重要文件应当作为招股说明书备查文件,在中国证监会指定网站和公司网站披露。

第四十六条　发行人应当将招股说明书及备查文件置备于发行人、拟上市证券交易所、保荐人、主承销商和其他承销机构的住所,以备公众查阅。

第四十七条　申请文件受理后至发行人发行申请经中国证监会核准、依法刊登招股说明书前,发行人及与本次发行有关的当事人不得以广告、说明会等方式为公开发行股票进行宣传。

第五章　监督管理和法律责任

第四十八条　证券交易所应当建立适合创业板特点的上市、交易、退市等制度,加强对相关当事人履行公开承诺行为的监督和约束,督促保荐人履行持续督导义务,对违反有关法律、法规、交易所业务规则以及不履行承诺的行为,及时采取相应的监管措施。

第四十九条　证券交易所应当建立适合创业板特点的市场风险警示及投资者持续教育的制度,督促发行人建立健全保护投资者合法权益的制度以及防范和纠正违法违规行为的内部控制体系。

第五十条　自申请文件受理之日起,发行人及其控股股东、实际控制人、董事、监事、高级管理人员以及保荐人、证券服务机构及相关人员即对发行申请文件的真实性、准确性、完整性、及时性承担相应的法律责任。

发行人的发行申请文件和信息披露文件存在自相矛盾或者同一事实表述不一致且

有实质性差异的,中国证监会将中止审核并自确认之日起十二个月内不受理相关保荐代表人推荐的发行申请。

第五十一条 发行人向中国证监会报送的发行申请文件有虚假记载、误导性陈述或者重大遗漏的,中国证监会将终止审核并自确认之日起三十六个月内不受理发行人的发行申请,并依照《证券法》的有关规定进行处罚;致使投资者在证券交易中遭受损失的,发行人及其控股股东、实际控制人、董事、监事、高级管理人员以及保荐人、证券服务机构应当依法承担赔偿责任。

第五十二条 发行人不符合发行条件以欺骗手段骗取发行核准的,发行人以不正当手段干扰中国证监会及其发行审核委员会审核工作的,发行人或其董事、监事、高级管理人员、控股股东、实际控制人的签名、盖章系伪造或者变造的,发行人及与本次发行有关的当事人违反本办法规定为公开发行股票进行宣传的,中国证监会将终止审核并自确认之日起三十六个月内不受理发行人的发行申请,并依照《证券法》的有关规定进行处罚。

第五十三条 保荐人出具有虚假记载、误导性陈述或者重大遗漏的发行保荐书的,保荐人以不正当手段干扰中国证监会及其发行审核委员会审核工作的,保荐人或其相关签名人员的签名、盖章系伪造或变造的,或者不履行其他法定职责的,依照《证券法》和保荐制度的有关规定处理。

第五十四条 证券服务机构未勤勉尽责,所制作、出具的文件有虚假记载、误导性陈述或者重大遗漏的,中国证监会将自确认之日起十二个月内不接受相关机构出具的证券发行专项文件,三十六个月内不接受相关签名人员出具的证券发行专项文件,并依照《证券法》及其他相关法律、行政法规和规章的规定进行处罚;给他人造成损失的,应当依法承担赔偿责任。

第五十五条 发行人、保荐人或证券服务机构制作或者出具文件不符合要求,擅自改动招股说明书或者其他已提交文件的,或者拒绝答复中国证监会审核提出的相关问题的,中国证监会将视情节轻重,对相关机构和责任人员采取监管谈话、责令改正等监管措施,记入诚信档案并公布;情节严重的,给予警告等行政处罚。

第五十六条 发行人披露盈利预测,利润实现数如未达到盈利预测的百分之八十的,除因不可抗力外,其法定代表人、财务负责人应当在股东大会及中国证监会指定网站、报刊上公开作出解释并道歉;情节严重的,中国证监会给予警告等行政处罚。

利润实现数未达到盈利预测的百分之五十的,除因不可抗力外,中国证监会还可以自确认之日起三十六个月内不受理该公司的公开发行证券申请。

注册会计师为上述盈利预测出具审核报告的过程中未勤勉尽责的,中国证监会将视情节轻重,对相关机构和责任人员采取监管谈话等监管措施,记入诚信档案并公布;情节严重的,给予警告等行政处罚。

第六章 附 则

第五十七条 本办法自公布之日起施行。《首次公开发行股票并在创业板上市管理暂行办法》(证监会令第61号)、《关于进一步做好创业板推荐工作的指引》(证监会公告〔2010〕8号)同时废止。

附录二　苏州市上市公司大事记

苏州市上市公司大事记

（截止到2015年6月底）

一、苏州市境内A股上市公司大事记

1994年

创元科技股份有限公司于1994年1月6日在深圳证券交易所挂牌上市交易,股票代码为000551,发行数量:3 000.00万股,发行价格:4.60元。作为苏州市第一家成功上市的公司,创元科技股份有限公司为苏州市企业上市提供了很好的借鉴经验,引领了苏州市企业的上市之路,成为国有资产企业转制改革的典范。

1996年

苏州新区高新技术产业股份有限公司于1996年8月15日在上海证券交易所挂牌上市,股票代码为600736,发行数量:1 500.00万股,发行价格:7.95元,成为苏州市房地产行业的首家上市企业。

1997年

张家港保税科技股份有限公司于1997年3月6日在上海证券交易所挂牌上市,股票代码为600794,发行数量:1 750.00万股,发行价格:3.75元,成为苏州市仓储业的首家上市企业,也是张家港市的首家上市企业。

中核苏阀科技实业股份有限公司于1997年7月2日在深圳证券交易所挂牌上市交易,股票代码为000777,发行数量:3 000.00万股,发行价格:5.33元,是中国阀门行业和核工业系统的首家上市企业。

江苏永鼎股份有限公司于1997年9月29日在上海证券交易所上市交易,股票代码为600105,发行数量:3 500.00万股,发行价格:7.10元,成为苏州市电器机械及器材制造业的首家上市企业,也是吴江区的首家上市企业。

1999年

江苏吴中实业股份有限公司于1999年4月1日在上海证券交易所上市交易,股票代码为600200,发行数量:3 350.00万股,发行价格:7.75元。由于公司前身为普教系统校办企业,上市时被誉为"中国普教第一股",也是苏州市吴中区的首家上市企业。

2000年

吴江中国东方丝绸市场股份有限公司于2000年5月29日在深圳证券交易所挂牌交易,股票代码为000301,发行数量:10 500.00万股,发行价格:4.18元。

2003年

江苏亨通光电股份有限公司于2003年8月22日在上海证券交易所上市,股票代码为600487,发行数量:3 500.00万股,发行价格:11.20元。

江苏江南高纤股份有限公司于2003年11月27日在上海证券交易所上市,股票代码为600527,发行数量:3 000.00万股,发行价格:5.52元,是苏州市化学纤维制造业的首家上市企业,也是苏州市相城区的首家上市企业。

2006年

长城影视股份有限公司于2006年10月12日在深圳证券交易所挂牌交易,股票代码为002071,发行数量:5 000.00万股,发行价格:3.88元。

江苏沙钢股份有限公司于2006年10月25日在深圳证券交易所挂牌交易,股票代码为002075,发行数量:9 000.00万股,发行价格:4.25元。

苏州固锝电子股份有限公司于2006年11月16日在深圳证券交易所挂牌上市,股票代码为002079,发行数量:3 800.00万股,发行价格:6.39元。2015年7月8日起因"重大事项"连续停牌。

苏州金螳螂建筑装饰股份有限公司于2006年11月20日在深圳证券交易所挂牌交易,股票代码为002081,发行数量:2 400.00万股,发行价格:12.80元,是苏州工业园区的首家上市公司。

苏州新海宜通信科技股份有限公司于2006年11月30日在深圳证券交易所挂牌交易,股票代码为002089,发行数量:1 770.00万股,发行价格:8.66元。

江苏国泰国际集团国贸股份有限公司于2006年12月8日在深圳证券交易所挂牌交易,股票代码为002091,发行数量:3 200.00万股,发行价格:8.00元,是苏州市商业经纪与代理业的首家上市企业。

2007年

江苏新民纺织科技股份有限公司于2007年4月18日在深圳证券交易所挂牌交易,股票代码为002127,发行数量:2 800.00万股,发行价格:9.40元。

江苏通润装备科技股份有限公司于2007年8月10日在深圳证券交易所上市,股票代码为002150,发行数量:1 750.00万股,发行价格:13.98元,是常熟市的首家上市企业。

江苏常铝铝业股份有限公司于2007年8月21日在深圳证券交易所挂牌上市,股票代码为002160,发行数量:4 250.00万股,发行价格:6.98元。

江苏澳洋科技股份有限公司于2007年9月21日在深圳证券交易所挂牌交易,股票代码为002172,发行数量:4 400.00万股,发行价格:14.85元。

2008年

东华能源股份有限公司于2008年3月6日在深圳证券交易所挂牌交易,股票代码为002221,发行数量:5 600.00万股,发行价格:5.69元,是苏州市能源批发业的首家上市企业。

江苏澳洋顺昌股份有限公司于2008年6月5日在深圳证券交易所挂牌交易,股票代码为002245,发行数量:1 520.00万股,发行价格:16.38元。

苏州海陆重工股份有限公司于2008年6月25日在深圳证券交易所挂牌交易,股票代码为002255,发行数量:2 770.00万股,发行价格:10.46元。

江苏华昌化工股份有限公司于2008年9月25日在深圳证券交易所挂牌上市,股票代码为002274,发行数量:5 100.00万股,发行价格:10.01元。

2009年

苏州禾盛新型材料股份有限公司于2009年9月3日在深圳证券交易所挂牌上市,股票代码为002290,发行数量:2 100.00万股,发行价格:27.80元。

江苏新宁现代物流股份有限公司于2009年10月30日在深圳证券交易所上市,股票代码为300013,发行数量:1 500.00万股,发行价格:15.60元,是昆山市的首家上市企业。

中利科技集团股份有限公司于2009年11月27日在深圳证券交易所上市,股票代码为002309,发行数量:3 350.00万股,发行价格:46.00元。

2010年

苏州罗普斯金铝业股份有限公司于2010年1月12日在深圳证券交易所中小企业板上市交易,股票代码为002333,发行数量:3 920.00万股,发行价格:22.00元。

康力电梯股份有限公司于2010年3月12日在深圳证券交易所上市交易,股票代码为002367,发行数量:3 350.00万股,发行价格:27.10元,是第一家打破外资品牌在国内高速电梯市场垄断地位的内资品牌企业。

苏州东山精密制造股份有限公司于2010年4月9日在深圳证券交易所挂牌交易,股票代码为002384,发行数量:4 000.00万股,发行价格:26.00元。

苏州胜利精密制造科技股份有限公司于2010年6月8日在深圳证券交易所挂牌交易,股票代码为002426,发行数量:4 010.00万股,发行价格:13.99元。

长江润发机械股份有限公司于2010年6月18日在深圳证券交易所挂牌上市,股票代码为002435,发行数量:3 300.00万股,发行价格:15.50元。

江苏康得新复合材料股份有限公司于2010年7月16日在深圳证券交易所挂牌上市,股票代码为002450,发行数量:4 040.00万股,发行价格:14.20元。

苏州天马精细化学品股份有限公司于2010年7月20日在深圳证券交易所挂牌上市,股票代码为002453,发行数量:3 000.00万股,发行价格:14.96元。

沪士电子股份有限公司于2010年8月18日在深圳证券交易所挂牌上市交易,股票代码为002463,发行数量:8 000.00万股,发行价格:16.00元。

昆山金利表面材料应用科技股份有限公司于2010年8月31日在深圳证券交易所挂牌上市交易,股票代码为002464,发行数量:3 500.00万股,发行价格:15.50元。

苏州锦富新材料股份有限公司于2010年10月13日在深圳证券交易所上市,股票代码为300128,发行数量:2 500.00万股,发行价格:35.00元。

通鼎互联信息股份有限公司于2010年10月21日在深圳证券交易所上市,股票代码为002491,发行数量:6 700.00万股,发行价格:14.50元。

科林环保装备股份有限公司于2010年11月9日在深圳证券交易所上市交易,股票代码为002499,发行数量:1 900.00万股,发行价格:25.00元。

苏州工业园区和顺电气股份有限公司于2010年11月12日在深圳证券交易所上市交易，股票代码为300141，发行数量：1 400.00万股，发行价格：31.68元。

苏州宝馨科技实业股份有限公司于2010年11月22日在深圳证券交易所上市，股票代码为002514，发行数量：1 700.00万股，发行价格：23.00元。

江苏银河电子股份有限公司于2010年12月7日在深圳证券交易所上市，股票代码为002519，发行数量：1 760.00万股，发行价格：36.80元。

天顺风能（苏州）股份有限公司于2010年12月31日在深圳证券交易所中小板挂牌上市，股票代码为002531，发行数量：5 200.00万股，发行价格：24.90元，是太仓市的首家上市企业。

2011年

常熟风范电力设备股份有限公司于2011年1月18日在上海证券交易所中小板挂牌上市，股票代码为601700，发行数量：5 490.00万股，发行价格：35.00元。

江苏天瑞仪器股份有限公司于2011年1月25日在深圳证券交易所中小板挂牌上市，股票代码为300165，发行数量：1 850.00万股，发行价格：65.00元。

苏州春兴精工股份有限公司于2011年2月18日在深圳证券交易所挂牌交易，股票代码为002547，发行数量：3 600.00万股，发行价格：16.00元。

苏州天沃科技股份有限公司于2011年3月10日在深圳证券交易所挂牌交易，股票代码为002564，发行数量：4 800.00万股，发行价格：29.50元。

苏州科斯伍德油墨股份有限公司于2011年3月22日在深圳证券交易所挂牌交易，股票代码为300192，发行数量：1 850.00万股，发行价格：22.82元。

江苏亿通高科技股份有限公司于2011年5月5日在深圳证券交易所挂牌交易，股票代码为300211，发行数量：1 250.00万股，发行价格：25.75元。

苏州电器科学研究院股份有限公司于2011年5月11日在深圳证券交易所挂牌交易，股票代码为300215，发行数量：1 150.00万股，发行价格：76.00元。

江苏鹿港科技股份有限公司于2011年5月27日在上海证券交易所挂牌交易，股票代码为601599，发行数量：5 300.00万股，发行价格：10.00元。

张家港富瑞特种装备股份有限公司于2011年6月8日在深圳证券交易所挂牌交易，股票代码为300228，发行数量：1 700.00万股，发行价格：24.98元。

江苏飞力达国际物流股份有限公司于2011年7月6日在深圳证券交易所挂牌交易，股票代码为300240，发行数量：2 700.00万股，发行价格：20.00元。

昆山新莱洁净应用材料股份有限公司于2011年9月6日在深圳证券交易所上市，股票代码为300260，发行数量：1 670.00万股，发行价格：27.00元。

雅本化学股份有限公司于2011年9月6日在深圳证券交易所上市，股票代码为300261，发行数量：2 270.00万股，发行价格：22.00元。

德尔国际家居股份有限公司于2011年11月11日在深圳证券交易所上市交易，股票代码为002631，发行数量：4 000.00万股，发行价格：22.00元。

苏州安洁科技股份有限公司于2011年11月25日在深圳证券交易所上市交易，股票代码为002635，发行数量：3 000.00万股，发行价格：23.00元。

东吴证券股份有限公司于 2011 年 12 月 12 日在上海证券交易所上市交易,股票代码为 601555,发行数量:50 000.00 万股,发行价格:6.50 元,成为苏州市金融服务业的首家上市企业。

2012 年

江南嘉捷电梯股份有限公司于 2012 年 1 月 16 日在上海证券交易所上市交易,股票代码为 601313,发行数量:5 600.00 万股,发行价格:12.40 元。

苏州扬子江新型材料股份有限公司于 2012 年 1 月 19 日在深圳证券交易所上市交易,股票代码为 002652,发行数量:2 668.00 万股,发行价格:10.10 元。

江苏吴通通讯股份有限公司于 2012 年 2 月 29 日在深圳证券交易所上市交易,股票代码为 300292,发行数量:1 670.00 万股,发行价格:12.00 元。

怡球金属资源再生(中国)股份有限公司于 2012 年 4 月 23 日在上海证券交易所上市交易,股票代码为 601388,发行数量:10 500.00 万股,发行价格:13.00 元。

江苏德威新材料股份有限公司于 2012 年 6 月 1 日在深圳证券交易所上市交易,股票代码为 300325,发行数量:2 000.00 万股,发行价格:17.00 元。

苏州苏大维格光电科技股份有限公司于 2012 年 6 月 28 日在深圳证券交易所上市交易,股票代码为 300331,发行数量:1 550.00 万股,发行价格:20.00 元。

常熟市天银机电股份有限公司于 2012 年 7 月 26 日在深圳证券交易所上市交易,股票代码为 300342,发行数量:2 500.00 万股,发行价格:17.00 元。

江苏南大光电材料股份有限公司于 2012 年 8 月 7 日在深圳证券交易所上市交易,股票代码为 300346,发行数量:1 257.00 万股,发行价格:66.00 元。

2014 年

苏州纽威阀门股份有限公司于 2014 年 1 月 17 日在上海证券交易所上市交易,股票代码为 603699,发行数量:8 250.00 万股,发行价格:17.66 元。

苏州斯莱克精密设备股份有限公司于 2014 年 1 月 29 日在深圳证券交易所上市交易,股票代码为 300382,发行数量:1 330.92 万股,发行价格:35.15 元。

苏州晶方半导体科技股份有限公司于 2014 年 2 月 10 日在上海证券交易所上市,股票代码为 603005,发行数量:5 667.42 万股,发行价格:19.16 元。

苏州天华超净科技股份有限公司于 2014 年 7 月 31 日在深圳证券交易所上市,股票代码为 300390,发行数量:1 950.00 万股,发行价格:8.47 元。

苏州中来光伏新材股份有限公司于 2014 年 9 月 12 日在深圳证券交易所上市,股票代码为 300393,发行数量:2 988.00 万股,发行价格:16.42 元。

苏州工业园区设计研究院股份有限公司于 2014 年 12 月 31 日在上海证券交易所上市,股票代码为 603017,发行数量:1 500.00 万股,发行价格:29.97 元。

2015 年

苏州苏试试验仪器股份有限公司于 2015 年 1 月 22 日在深圳证券交易所上市,股票代码为 300416,发行数量:1 570.00 万股,发行价格:11.48 元。

苏州天孚光通信股份有限公司于 2015 年 2 月 17 日在深圳证券交易所上市交易,股票代码为 300394,发行数量:1 859.00 万股,发行价格:21.41 元。

苏州柯利达装饰股份有限公司于2015年2月26日在上海证券交易所上市,股票代码为603828,发行数量:3 000.00万股,发行价格:17.20元。

苏州莱克电气股份有限公司于2015年5月13日在上海证券交易所上市,股票代码为603355,发行数量:4 100.00万股,发行价格:19.08元。

二、苏州市境外上市公司大事记

2001年

牡丹汽车股份有限公司于2001年12月18日在香港联合交易所创业板上市,股票代码为8188,成为苏州市的首家境外上市企业。

2004年

苏州朗力福保健品有限公司于2004年6月17日在香港联合交易所创业板上市,股票代码为8037,成为苏州市相城区的首家境外上市企业。

江苏骏马化纤股份有限公司于2004年11月17日在新加坡证券交易所上市,股票代码为5TF。

2006年

阿特斯光伏科技股份有限公司于2006年11月9日在纳斯达克证券交易所上市,股票代码为CSIQ,成为苏州市高新区的首家境外上市企业。

2007年

森特科技集团股份有限公司于2007年2月18日在纳斯达克证券交易所上市,股票代码为SUTR,成为常熟市的首家境外上市企业。

苏州永盛混凝土有限公司于2007年6月24日在新加坡证券交易所上市,股票代码为5KK,成为苏州市吴中区的首家境外上市企业。

波司登国际控股有限公司于2007年10月11日在香港联合交易所上市,股票代码为3998。

2009年

格兰奇资源股份有限公司于2009年2月1日在澳大利亚证券交易所上市,股票代码为GRR。

2010年

苏州盛隆光电科技有限公司于2010年9月15日在韩国证券交易所创业板上市,股票代码为900150。

好孩子国际控股有限公司于2010年10月24日在香港联合交易所上市,股票代码为HK 1086,成为昆山市的首家境外上市企业。

苏州锦凯纺织股份有限公司于2010年12月17日在纳斯达克证券交易所上市,股票代码为MTXS,成为太仓市的首家境外上市企业。

2011年

联德控股股份有限公司于2011年4月29日在台湾证券交易所上市,股票代码为4912。

2012 年

龙灯环球农业科技有限公司于 2012 年 4 月 25 日在台湾证券交易所上市,股票代码为 4141。

东吴水泥国际股份有限公司于 2012 年 6 月 13 日在香港联合交易所上市,股票代码为 0695,是吴江区的首家境外上市企业。

鲜活控股股份有限公司于 2012 年 9 月 5 日在台湾证券交易所上市,股票代码为 1256。

KFM 金德控股有限公司于 2012 年 10 月 15 日在香港联合交易所上市,股票代码为 3816。

2013 年

吴江鲈乡农村小额贷款股份有限公司于 2013 年 8 月 13 日在纳斯达克证券交易所上市,股票代码为 CCCR。

中国汇融金融控股有限公司于 2013 年 10 月 28 日在香港联合交易所上市,股票代码为 1290。

乙盛精密工业股份有限公司于 2013 年 11 月 25 日在台湾证券交易所上市,股票代码为 5243。

2014 年

丘钛科技(集团)有限公司于 2014 年 12 月 2 日在香港联合交易所上市,股票代码为 1478。

光丽光电科技股份有限公司于 2014 年 12 月 4 日在台湾证券交易所上市,股票代码为 6431。

(胡　菊)

附录三 苏州市上市公司名单

苏州市上市公司名单

（截止到2015年6月底，苏州市上市公司共有96家，其中上海主板16家，深圳主板3家，中小板35家，创业板21家，境外21家）

区域	序号	公司名称	上市时间	股票代码	交易所
常熟 (9家)	1	江苏通润装备科技股份有限公司	2007年8月10日	002150	深圳
	2	江苏常铝铝业股份有限公司	2007年8月21日	002160	深圳
	3	中利科技集团股份有限公司	2009年11月27日	002309	深圳
	4	江苏亿通高科技股份有限公司	2011年5月5日	300211	深圳
	5	常熟市天银机电股份有限公司	2012年7月26日	300342	深圳
	6	苏州中来光伏新材股份有限公司	2014年9月12日	300393	深圳
	7	常熟风范电力设备股份有限公司	2011年1月18日	601700	上海
	8	森特科技集团股份有限公司	2007年2月18日	SUTR	纳斯达克
	9	波司登国际控股有限公司	2007年10月11日	3998	香港
张家港 (19家)	10	长城影视股份有限公司	2006年10月12日	002071	深圳
	11	江苏沙钢股份有限公司	2006年10月25日	002075	深圳
	12	江苏国泰国际集团国贸股份有限公司	2006年12月8日	002091	深圳
	13	江苏澳洋科技股份有限公司	2007年9月21日	002172	深圳
	14	东华能源股份有限公司	2008年3月6日	002221	深圳
	15	江苏澳洋顺昌股份有限公司	2008年6月5日	002245	深圳
	16	苏州海陆重工股份有限公司	2008年6月25日	002255	深圳

续表

区域	序号	公司名称	上市时间	股票代码	交易所
张家港（19家）	17	江苏华昌化工股份有限公司	2008年9月25日	002274	深圳
	18	长江润发机械股份有限公司	2010年6月18日	002435	深圳
	19	江苏康得新复合材料股份有限公司	2010年7月16日	002450	深圳
	20	江苏银河电子股份有限公司	2010年12月7日	002519	深圳
	21	苏州天沃科技股份有限公司	2011年3月10日	002564	深圳
	22	张家港富瑞特种装备股份有限公司	2011年6月8日	300228	深圳
	23	张家港保税科技股份有限公司	1997年3月6日	600794	上海
	24	江苏鹿港科技股份有限公司	2011年5月27日	601599	上海
	25	牡丹汽车股份有限公司	2001年12月18日	8188	香港创业板
	26	苏州盛隆光电科技有限公司	2010年9月15日	900150	韩国创业板
	27	江苏骏马化纤股份有限公司	2004年11月17日	5TF	新加坡
	28	格兰奇资源股份有限公司	2009年2月1日	GRR	澳大利亚
太仓（5家）	29	天顺风能（苏州）股份有限公司	2010年12月31日	002531	深圳
	30	雅本化学股份有限公司	2011年9月6日	300261	深圳
	31	江苏德威新材料股份有限公司	2012年6月1日	300325	深圳
	32	怡球金属资源再生（中国）股份有限公司	2012年4月23日	601388	上海
	33	苏州锦凯纺织股份有限公司	2010年12月17日	MTXS	纳斯达克
昆山（13家）	34	沪士电子股份有限公司	2010年8月18日	002463	深圳
	35	昆山金利表面材料应用科技股份有限公司	2010年8月31日	002464	深圳
	36	江苏新宁现代物流股份有限公司	2009年10月30日	300013	深圳
	37	江苏天瑞仪器股份有限公司	2011年1月25日	300165	深圳
	38	江苏飞力达国际物流股份有限公司	2011年7月6日	300240	深圳
	39	昆山新莱洁净应用材料股份有限公司	2011年9月6日	300260	深圳
	40	好孩子国际控股有限公司	2010年10月24日	1086	香港
	41	联德控股股份有限公司	2011年4月29日	4912	台湾
	42	龙灯环球农业科技股份有限公司	2012年4月25日	4141	台湾
	43	鲜活控股股份有限公司	2012年9月5日	1256	台湾
	44	乙盛精密工业股份有限公司	2013年11月25日	5243	台湾
	45	丘钛科技（集团）有限公司	2014年12月2日	1478	香港
	46	光丽光电科技股份有限公司	2014年12月4日	6431	台湾

续表

区域	序号	公司名称	上市时间	股票代码	交易所
吴江区（10家）	47	吴江中国东方丝绸市场股份有限公司	2000年5月29日	000301	深圳
	48	江苏新民纺织科技股份有限公司	2007年4月18日	002127	深圳
	49	康力电梯股份有限公司	2010年3月12日	002367	深圳
	50	江苏通鼎光电股份有限公司	2010年10月21日	002491	深圳
	51	科林环保装备股份有限公司	2010年11月9日	002499	深圳
	52	德尔国际家居股份有限公司	2011年11月11日	002631	深圳
	53	江苏永鼎股份有限公司	1997年9月29日	600105	上海
	54	江苏亨通光电股份有限公司	2003年8月22日	600487	上海
	55	东吴水泥国际股份有限公司	2012年6月13日	0695	香港
	56	吴江鲈乡农村小额贷款股份有限公司	2013年8月13日	CCCR	纳斯达克
吴中区（8家）	57	苏州东山精密制造股份有限公司	2010年4月9日	002384	深圳
	58	苏州天马精细化学品股份有限公司	2010年7月20日	002453	深圳
	59	苏州安洁科技股份有限公司	2011年11月25日	002635	深圳
	60	苏州电器科学研究院股份有限公司	2011年5月11日	300215	深圳
	61	苏州斯莱克精密设备股份有限公司	2014年1月29日	300382	深圳
	62	江苏吴中实业股份有限公司	1999年4月1日	600200	上海
	63	苏州永盛混凝土有限公司	2007年6月24日	5KK	红筹新加坡二板借壳上市
	64	中国汇融金融控股有限公司	2013年10月28日	1290	香港
相城区（6家）	65	苏州罗普斯金铝业股份有限公司	2010年1月12日	002333	深圳
	66	苏州扬子江新型材料股份有限公司	2012年1月19日	002652	深圳
	67	苏州科斯伍德油墨股份有限公司	2011年3月22日	300192	深圳
	68	江苏吴通通讯股份有限公司	2012年2月29日	300292	深圳
	69	江苏江南高纤股份有限公司	2003年11月27日	600527	上海
	70	苏州朗力福保健品有限公司	2004年6月17日	8037	香港创业板（已被收购）
高新区（12家）	71	创元科技股份有限公司	1994年1月6日	000551	深圳
	72	中核苏阀科技实业股份有限公司	1997年7月10日	000777	深圳
	73	苏州固锝电子股份有限公司	2006年11月16日	002079	深圳
	74	苏州胜利精密制造科技股份有限公司	2010年6月8日	002426	深圳

续表

区域	序号	公司名称	上市时间	股票代码	交易所
高新区（12家）	75	苏州宝馨科技实业股份有限公司	2010年12月3日	002514	深圳
	76	苏州新区高新技术产业股份有限公司	1996年8月15日	600736	上海
	77	苏州纽威阀门股份有限公司	2014年1月17日	603699	上海
	78	苏州柯利达装饰股份有限公司	2015年2月26日	603828	上海
	79	苏州天孚光通信股份有限公司	2015年2月17日	300394	深圳
	80	苏州莱克电气股份有限公司	2015年5月13日	603355	上海
	81	阿特斯光伏科技股份有限公司	2006年11月9日	CSIQ	纳斯达克
	82	KFM金德控股有限公司	2012年10月15日	3816	香港
工业园区（14家）	83	苏州金螳螂建筑装饰股份有限公司	2006年11月20日	002081	深圳
	84	苏州新海宜通信科技股份有限公司	2006年11月30日	002089	深圳
	85	苏州禾盛新型材料股份有限公司	2009年9月3日	002290	深圳
	86	苏州春兴精工股份有限公司	2011年2月18日	002547	深圳
	87	苏州锦富新材料股份有限公司	2010年10月13日	300128	深圳
	88	苏州工业园区和顺电气股份有限公司	2010年11月12日	300141	深圳
	89	苏州苏大维格光电科技股份有限公司	2012年6月28日	300331	深圳
	90	江苏南大光电材料股份有限公司	2012年8月7日	300346	深圳
	91	苏州天华超净科技股份有限公司	2014年7月31日	300390	深圳
	92	江南嘉捷电梯股份有限公司	2012年1月16日	601313	上海
	93	东吴证券股份有限公司	2011年12月12日	601555	上海
	94	苏州晶方半导体科技股份有限公司	2014年2月10日	603005	上海
	95	苏州工业园区设计研究院股份有限公司	2014年12月31日	603017	上海
	96	苏州苏试试验仪器股份有限公司	2015年1月22日	300416	深圳